Ertragsbesteuerung von Unternehmen in der Europäischen Union

Schriften zum Steuer-, Rechnungs- und Finanzwesen

Herausgegeben von Prof. Dr. Michael Wehrheim,
Philipps-Universität Marburg

Band 1

PETER LANG
Frankfurt am Main · Berlin · Bern · Bruxelles · New York · Oxford · Wien

Anja Marquardt

Ertragsbesteuerung von Unternehmen in der Europäischen Union

Erörterung von Grundsatzfragen unter besonderer Berücksichtigung der Mitgliedstaaten Deutschland und Frankreich

PETER LANG
Europäischer Verlag der Wissenschaften

Bibliografische Information Der Deutschen Bibliothek
Die Deutsche Bibliothek verzeichnet diese Publikation in der Deutschen Nationalbibliografie; detaillierte bibliografische Daten sind im Internet über <http://dnb.ddb.de> abrufbar.

Zugl.: Marburg, Univ., Diss., 2003

D4
ISSN 1610-983X
ISBN 3-631-51383-6

www.peterlang.de

Meiner Familie

Geleitwort

Vor dem Hintergrund eines immer stärker zusammenwachsenden Europas sowie der steigenden Relevanz politischer Entscheidungen aufgrund zunehmender Legitimierung der Europäischen Union rückt zwangsläufig auch die Frage nach den Inhalten europäischer Politik in das Blickfeld des Interesses. Insbesondere der Schaffung eines gemeinsamen Marktes als ein anerkanntes Ziel aller Mitgliedstaaten der Europäischen Union fällt große Relevanz zu. Hinsichtlich eines geeigneten Weges zur Realisation der notwendigen Rahmenbedingungen des Binnenmarktes besteht hingegen häufig Uneinigkeit zwischen den Mitgliedstaaten.

Da auch steuerliche Bedingungen Einfluss auf das Verhalten der Wirtschaftssubjekte am Markt nehmen können, sind diese als nicht unbedeutender Rahmenfaktor des gemeinsamen Marktes anzusehen. Hieraus resultiert jedoch zwangsläufig die Frage, wie eine europäische Steuerpolitik ausgestaltet werden sollte und an welchen geeigneten Parametern sie sich orientieren kann. Da sich die indirekte Besteuerung aufgrund unmittelbarer Vorgaben des Vertrags zur Gründung der Europäischen Union bereits in einem fortgeschrittenen Stadium der Harmonisierung befindet, erfolgt im Rahmen der vorliegenden Arbeit eine Beschränkung auf die direkte Unternehmensbesteuerung.

Die Zielsetzung der Arbeit besteht in dem Aufzeigen eines im Hinblick auf den gemeinsamen Markt bestehenden Handlungsbedarfs der Europäischen Union sowie der Mitgliedstaaten auf dem Gebiet der direkten Besteuerung. Dabei greift die Verfasserin insbesondere auf die Mitgliedstaaten Bundesrepublik Deutschland und Frankreich zurück, um anhand zweier wirtschaftlich eng verflochtener Mitgliedstaaten ungefähr gleich großer Wirtschaftskraft Gemeinsamkeiten, aber auch bestehende Divergenzen in der Ertragsbesteuerung von Unternehmen aufzuzeigen.

Die Arbeit zeichnet sich vor allem dadurch aus, dass sie neben einer wissenschaftlichen Analyse bereits bestehender Harmonisierungsvorschläge konkrete eigene Vorschläge für die angeforderten Harmonisierungsmaßnahmen vor dem Hintergrund einer einfachen, gerechten und effizienten Unternehmensbesteuerung im Binnenmarkt unterbreitet; diese wirken zwar an der einen oder anderen Stelle noch nicht ausgereift, können jedoch durchaus zur weiteren wissenschaftlichen Untersuchung herangezogen werden. Insbesondere vor diesem Hintergrund ist dem vorliegenden Buch eine wohlwollende Aufnahme sowohl in Theorie als auch Praxis zu wünschen.

Prof. Dr. Michael Wehrheim

Vorwort

Die vorliegende Arbeit wurde unter dem Titel „Ertragsbesteuerung von Unternehmen in der Europäischen Union – Erörterung von Grundsatzfragen unter besonderer Berücksichtigung der Mitgliedstaaten Deutschland und Frankreich“ im Juni 2003 vom Fachbereich Wirtschaftswissenschaften der Philipps-Universität in Marburg als Dissertation angenommen.

Mein aufrichtiger Dank gilt meinem Doktorvater, Herrn Prof. Dr. Michael Wehrheim. Er hat meine Arbeit nicht nur mit Interesse, Kritik und Ermunterung begleitet und als Ansprechpartner zur Verfügung gestanden, sondern er war mir darüber hinaus während meiner Tätigkeit an seinem Lehrstuhl in Marburg ein sehr geschätzter und wohlwollender Lehrer.

Herrn Prof. Dr. Horst Zimmermann möchte ich meinen tief empfundenen Dank aussprechen für seine vielen hilfreichen Ratschläge und aufmunternden Worte bei der Anfertigung dieser Arbeit sowie für die Bereitschaft, das Zweitgutachten zu übernehmen.

Besonders herzlicher Dank gebührt meiner Familie, die mir in zahlreichen Diskussionen eine wertvolle Stütze war, mich mit viel Verständnis ermutigt und zum Druchhalten bewogen hat.

Anja Marquardt

Inhaltsverzeichnis

Abbildungsverzeichnis

Anhangverzeichnis

Abkürzungsverzeichnis

A

a.F.	alte Fassung
Abb.	Abbildung
ABl.	Amtsblatt der Europäischen Gemeinschaften
Abs.	Absatz
Anm.	Anmerkung
AO	Abgabenordnung
Art.	Artikel
AStG	Gesetz über die Besteuerung bei Auslandsbeziehungen (Außensteuergesetz)
Aufl.	Auflage
Ausg.	Ausgabe
AWG	Aruba Florin (Währung)
Az.	Aktenzeichen

B

BB	Betriebsberater (Zeitschrift)
ber.	bereinigt
BFH	Bundesfinanzhof
BFuP	Betriebswirtschaftliche Forschung und Praxis (Zeitschrift)
BGBl.	Bundesgesetzblatt
BR-Drs.	Bundesratsdrucksache
Bst.	Buchstabe
BStBl.	Bundessteuerblatt
BT-Drs.	Bundestagsdrucksache
bzw.	beziehungsweise

C

ca.	circa
CGI	Code Général des Impôts

D

DB	Der Betrieb (Zeitschrift)
DBA	Doppelbesteuerungsabkommen
Diss.	Dissertation
DStR	Deutsches Steuerrecht (Zeitschrift)
DStRE	DStR Entscheidungsdienst (Zeitschrift)
DStZ	Deutsche Steuerzeitung (Zeitschrift)
DSWR	Datenverarbeitung Steuer Wirtschaft Recht (Zeitschrift)

E

EAG	Europäische Atomgemeinschaft
EC	European Community
EDV	Elektronische Datenverarbeitung
EEC	European Economic Community
EFG	Entscheidungen der Finanzgerichte (Zeitschrift)
EG	Europäische Gemeinschaft
EGKS	Europäische Gemeinschaft für Kohle und Stahl
EGKSV	Vertrag über die Europäische Gemeinschaft für Kohle und Stahl
EGV	Vertrag zur Gründung der Europäischen Gemeinschaft
endg.	endgültig
EStG	Einkommensteuergesetz
et al.	und andere
EU	Europäische Union
EuGH	Europäischer Gerichtshof
EuR	Europarecht (Zeitschrift)
EURL	Entreprise Unipersonelle à Responsabilité Limitée (französische Einmann-GmbH)

EuZW	Europäische Zeitschrift für Wirtschaftsrecht
evtl.	eventuell
EWG	Europäische Wirtschaftsgemeinschaft
EWGV	Vertrag zur Gründung der Europäischen Wirtschaftsgemeinschaft vom 25.03.1957

F

FF	Französische Francs
FG	Finanzgericht
FR	Finanz-Rundschau (Zeitschrift)

G

G.E.I.E.	Groupement Européen d'Intérêt Economique (französische Europäische Wirtschaftliche Interessenvereinigung)
G.I.E.	Groupement d'Intérêt Economique (französische Wirtschaftliche Interessenvereinigung)
GewStG	Gewerbesteuergesetz
GG	Grundgesetz
GmbH	Gesellschaft mit beschränkter Haftung
GmbHR	GmbH-Rundschau (Zeitschrift)
GmbH-StB	GmbH-Steuerberater (Zeitschrift)

I

i.w.S.	im weiteren Sinne
IAS	International Accounting Standards
IStR	Internationales Steuerrecht (Zeitschrift)
IWB	Internationale Wirtschaftsbriefe (Zeitschrift)
iwd	Informationsdienst des Instituts der deutschen Wirtschaft

J

Jg.	Jahrgang

K

KG	Kommanditgesellschaft
KGaA	Kommanditgesellschaft auf Aktien
KStG	Körperschaftsteuergesetz

M

Mio.	Million

N

Nr.	Nummer

O

o.Jg.	ohne Jahrgang
OECD	Organisation for Economic Cooperation and Development
OFD	Oberfinanzdirektion
OLG	Oberlandesgericht
öVfGH	österreichischer Verfassungsgerichtshof

R

Ratsdok.	Ratsdokument
RIW	Recht der InternationalenWirtschaft
Rs.	Rechtssache
Rz.	Randziffer

S

S.	Seite
SA	Société anonyme (französische Aktiengesellschaft)
SARL	Société à Responsabilité Limitée (französische Gesellschaft mit beschränkter Haftung)
SAS	Société par Actions simplifieé (französische vereinfachte Aktiengesellschaft)
SCA	Societé en commandite par Actions (französische KGaA)

SCS	Société en Commandite Simple (französische Kommanditgesellschaft)
SE	Societas Europaea (Europäische Gesellschaft)
SNC	Société en Nom Collectiv (französische Offene Handelsgesellschaft)
StBP	Die steuerliche Betriebsprüfung
SteuerStud	Steuer & Studium (Zeitschrift)
StuB	Steuern und Bilanzen (Zeitschrift)
StuW	Steuer und Wirtschaft (Zeitschrift)

U

u.a.	unter anderem/und andere
UntStFG	Gesetz zur Fortentwicklung des Unternehmenssteuerrechts (Unternehmenssteuerfortentwicklungsgesetz)
US	United States

V

verb.	verbunden
vgl.	vergleiche

W

WTO	World Trade Organisation (Welthandelsorganisation)

Z

z.B.	zum Beispiel

1 Einleitung

Zu der Themenstellung, der Erörterung von Grundsatzfragen zur Ertragsbesteuerung in der Europäischen Union unter besonderer Berücksichtigung der Staaten Deutschland und Frankreich, soll im Folgenden zunächst die damit verbundene Problemstellung aufgezeigt werden. Im Anschluss daran erfolgt die Darstellung der gewählten Vorgehensweise zur Bearbeitung der Themenstellung.

1.1 Problemstellung

In dem nahezu einzigartigen Staatengefüge der Europäischen Union wird durch die Beteiligung unabhängiger Staaten die Vollendung eines gemeinsamen Marktes (Artikel 2 EGV[1]) mit freiem Personen-, Waren-, Dienstleistungs- und Kapitalverkehr angestrebt. Die Mitgliedstaaten haben eigene Rechts- und Verwaltungsvorschriften, die in unterschiedlicher Weise das Marktgeschehen beeinflussen können. So treffen auch 15 verschieden ausgestaltete Steuersysteme der Mitgliedstaaten aufeinander.

In einem geeinten Europa stellt sich, wie bei rein nationalen Märkten, die Frage nach den notwendigen Rahmenbedingungen zur Gewährleistung der optimalen Funktionsweise des Marktes. Da die Besteuerung einen Einflussfaktor unternehmerischen Handelns darstellen kann, fällt auch dieser als Rahmenbedingung eines gemeinsamen europäischen Marktes Relevanz zu. Während die indirekte Besteuerung aufgrund der diesbezüglich gegebenen unmittelbaren Vorgaben des Vertrages zur Gründung der Europäischen Gemeinschaft (Artikel 90 bis 93 EGV) weitgehend harmonisiert ist[2] und dadurch von dieser allenfalls noch geringfügige Marktwirkungen ausgehen, bestehen keine unmittelbaren primärrechtlichen Regelungen zur Angleichung nationaler Normen der direkten Besteuerung, die über die Diskriminierungsverbote und die Beihilfekontrolle hinausgehen.

Die finanzwissenschaftliche Theorie hat sich mit der Frage der marktoptimalen Ausgestaltung von Steuersystemen befasst. Ein Vergleich der daraus entwickelten Kriterien und der Wirkung staatlichen Steuerwettbewerbs mit den derzeit

---

1 Vgl. Vertrag zur Gründung der Europäischen Gemeinschaft (EG), vom 7. Februar 1992 in der Fassung vom 02.10.1997, in: Presse- und Informationsamt der Bundesregierung: Vertrag von Amsterdam – Texte des EU-Vertrages und des EG-Vertrages, Bonn 1999.

2 Vgl. Sechste Richtlinie (EWG) 77/388 zur Harmonisierung der Rechtsvorschriften der Mitgliedstaaten über die Umsatzsteuern – Gemeinsames Mehrwertsteuersystem: einheitliche steuerliche Bemessungsgrundlage, vom 17.05.1977, in: ABl. L 145 vom 13.06.1977, S. 1-40, zuletzt geändert durch Richtlinie 2001/115/EG, in: ABl. L 15 vom 17.01.2002, S. 24-28.

vorherrschenden steuerlichen Bedingungen in der Europäischen Union soll dazu beitragen, verbleibenden Handlungsbedarf auf dem Gebiet der direkten Besteuerung aufzuzeigen und dessen Umsetzung auf Basis der europäischen Rechtslage zu diskutieren.

Die Betrachtung konkreter Beispielstaaten soll die Unterschiedlichkeit der gegebenen Besteuerungsnormen auch anhand problematischer Einzelregelungen verdeutlichen. Die Auswahl der Mitgliedstaaten Deutschland und Frankreich wurde getroffen, weil diese ähnlichen Parametern hinsichtlich deren Größe, demographischer Bedingungen, konjunktureller Entwicklung und wirtschaftlicher Struktur unterliegen.[3] Auch werden andere unternehmerische Kostenfaktoren, wie beispielsweise Lohnnebenkosten, in beiden Staaten in ähnlicher Höhe erhoben.[4] Ein Vergleich der Besteuerung solcher Staaten erscheint besonders geeignet, da die Ausgestaltung der Besteuerung von analogen Faktoren beeinflusst wird und sich nicht schon aufgrund anderer externer volkswirtschaftlicher Einflüsse unterscheiden darf. Insbesondere bei Staaten, die weitgehend gleichen Voraussetzungen unterliegen, scheint eine Rechtsangleichung erreichbar zu sein, deren Sinnhaltigkeit, Notwendigkeit und mögliche Umsetzung aufgezeigt werden.

1.2 Gang der Untersuchung

Im Rahmen dieser Arbeit soll zunächst eine exkursartige Darstellung französischer Besteuerungsnormen erfolgen, um ein Grundverständnis diesbezüglich zu gewährleisten. Aufbauend auf notwendigen Ausführungen gesellschaftsrechtlicher Rahmenbedingungen in Form französischer Rechtsformen für Kapital- und Personengesellschaften wird eine kurze Darstellung die in Frankreich erhobenen Arten direkter Steuern, einschließlich deren Bemessungsgrundlagen, Steuertarifen, Systematiken und einigen spezifischen Besonderheiten, verdeutlichen. Abgerundet wird das Kapitel durch einen kurzen Vergleich der Unternehmens-

---

3 Vgl. Institut der deutschen Wirtschaft Köln: Baby-Boom hält jung, in: iwd 1998, 24. Jg., S. 1; Institut der deutschen Wirtschaft Köln: Absteiger England, in: iwd 1999, 25. Jg., S. 1; Institut der deutschen Wirtschaft Köln: Europa im Wachstumstal, in: iwd 1999, 25. Jg., S. 1; Institut der deutschen Wirtschaft Köln: Unschöne Erinnerungen an 1995, in: iwd 1999, 25. Jg., S. 4-5, hier: S. 5; Institut der deutschen Wirtschaft Köln: Es geht wieder aufwärts, in: iwd 1999, 25. Jg., S. 7; Institut der deutschen Wirtschaft Köln: Thema: Unternehmen und Gesellschaft, in: iwd 2000, 26. Jg., S. 1-4, hier: S. 1; Institut der deutschen Wirtschaft Köln: Thema: Der Gewinn, in: iwd 1999, 25. Jg., S. 1-4, hier: S. 2; Institut der deutschen Wirtschaft Köln: Weiter Weg in die Weltliga, in: iwd 1999, 25. Jg., S. 4-5, hier: S. 5.

4 Vgl. Institut der deutschen Wirtschaft Köln: Deutschland bleibt ein teures Pflaster, in: iwd 1998, 24. Jg., S. 4-5.

besteuerung in Deutschland und Frankreich; Kenntnisse deutscher steuerrechtlicher Regelungen werden dabei vorausgesetzt.

Das dritte Kapitel behandelt die aus finanzwissenschaftlicher Sicht wünschenswerte Ausgestaltung der Ertragsbesteuerung von Unternehmen im internationalen Markt. Im Anschluss an die Ausführungen zur Theorie der Optimalbesteuerung sowie die Erarbeitung von Kriterien für eine aus finanzwissenschaftlicher Sicht empfehlenswerte Gewinnbesteuerung erfolgt eine Analyse der Wirkungsweise eines derzeit auch im europäischen Markt vorherrschenden internationalen Steuerwettbewerbs. Das daraufhin gezogene kurze Fazit beantwortet die Frage nach der grundsätzlichen Befürwortung oder Ablehnung der Harmonisierung steuerlicher Vorschriften aus ökonomischer Sicht.

Bei der darauffolgenden Betrachtung der gegebenen europarechtlichen Rahmenbedingungen erfolgt im Anschluss an eine kurze Darstellung des bisherigen europäischen Integrationsprozesses ein Überblick über das bestehende Primärrecht der Europäischen Union hinsichtlich dessen Implikationen auf die direkten Besteuerungsnormen der Mitgliedstaaten. Unterstützt werden die Ausführungen zu den Diskriminierungsverboten durch ausgewählte, im Zusammenhang mit deutschen und französischen Regelungen ergangene Urteile des Europäischen Gerichtshofes. Das Sekundärrecht der Europäischen Union und geplante Maßnahmen zur Harmonisierung der direkten Besteuerung werden abgerundet durch einen Vergleich einiger Teilaspekte mit durch die OECD angestrebten Maßnahmen. Das Kapitel endet mit einer Darstellung des verbleibenden Handlungsspielraums der Europäischen Union zur Harmonisierung der direkten Besteuerung.

Ein Vergleich der finanzwissenschaftlichen Vorgaben mit den realen juristischen Bedingungen erfolgt unter Einbeziehung sowohl systemimmanenter Schranken als auch diskriminierender steuerlicher Einzelregelungen und bestehender Maßnahmen des schädlichen Steuerwettbewerbs. Die Analyse wird unterstützt durch die Schlussfolgerungen des Ruding-Berichts und die Studie der Europäischen Kommission zur Unternehmensbesteuerung im Binnenmarkt. Sie erfasst sowohl quantitative als auch qualitative Merkmale der Unternehmensbesteuerung in den Mitgliedstaaten. Bei der Betrachtung diskriminierender und schädlicher Einzelregelungen erfolgt die Auswahl der betrachteten Regelungen anhand der Beispielstaaten Deutschland und Frankreich. Die Schlussfolgerungen enthalten eine Ermittlung des bestehenden Handlungsbedarfs unter Beachtung ökonomischer Notwendigkeiten und der juristischen Legitimation der Europäischen Union.

Unter Zuhilfenahme von Studien, die von der Europäischen Union in Auftrag gegeben wurden, werden Vorschläge für mögliche weitere Harmonisierungsmaßnahmen im Bereich der direkten Besteuerung aufgezeigt. Der Schwerpunkt liegt dabei auf den Empfehlungen des Ruding-Ausschusses und der Europäischen Kommission zur Unternehmensbesteuerung. Auf dieser Basis erfolgt die anschließende Auswertung der Empfehlungen.

Eine thesenförmige Zusammenfassung rundet die Arbeit ab.

2 Grundlagen der Unternehmensbesteuerung in Frankreich

Wie im deutschen Gesellschafts- und Steuerrecht wird auch in Frankreich grundsätzlich zwischen Personen- und Kapitalgesellschaften unterschieden. Auch die Erhebung von Körperschaft-, Einkommen- und Gewerbesteuer ist der Besteuerung beider Staaten gemein. Trotzdem unterscheidet sich die Unternehmensbesteuerung in Deutschland und Frankreich in vielen Aspekten, weshalb eine gesonderte Darstellung der Grundzüge des französischen Steuerrechts erfolgt, die auf der Kenntnis deutscher Besteuerungsnormen aufbaut. Bevor auf die Besteuerung der verschiedenen Rechtsformen eingegangen wird, soll zunächst eine kurze gesellschafts- und steuerrechtliche Abgrenzung der in Frankreich vorwiegend auftretenden Gesellschaftsformen erfolgen.

2.1 Darstellung klassischer französischer Gesellschaftsformen

Die nachfolgende Darstellung in Frankreich auftretender Rechtsformen dient dem Zweck, die sich daraus ergebenden Besteuerungsmerkmale innerhalb eines gesellschaftsrechtlichen Rahmens verständlich zu machen und die aus der Qualifikation einer Gesellschaft als Personen- oder Kapitalgesellschaft resultierende Besteuerung bei den Gesellschaftern der Unternehmen zu verdeutlichen.

2.1.1 Kapitalgesellschaften

Ähnlich wie das deutsche Gesellschaftsrecht bietet auch das französische Gesellschaftsrecht dem unternehmerischen Entscheidungsträger die Möglichkeit, zwischen verschiedenen Rechtsformen innerhalb der Kapitalgesellschaften zu wählen, wobei das französische Recht vorwiegend fünf Arten von Kapitalgesellschaften unterscheidet, und zwar die Société anonyme, die Société par Actions simplifieé, die Société en commandite par Actions, die Société à Responsabilité Limitée und die Entreprise Unipersonelle à Responsabilité Limitée.[5]

2.1.1.1 Société anonyme – SA – (Aktiengesellschaft)

Die Société anonyme stellt das französische Pendant zur deutschen Aktiengesellschaft dar.[6] So haften die Aktionäre einer Société anonyme nur in Höhe ihrer

---

[5] Vgl. Julien-Saint-Armand, Luc/Rubechi, Guillaume: Französisches Steuerrecht, in: Pelka, Jürgen/Niemann, Walter: Beck'sches Steuerberater-Handbuch 2000/2001, München 2000, S. 1057-1075, hier: S. 1058-1060, Rz. 402-410.

[6] Vgl. Tillmanns, Wolfhard: Das französische Aktienrecht, in: IWB, Fach 5, Gruppe 3, vom 10.07.1996, S. 481-498, hier: S. 481.

Einlagen, und die Gesellschaft unterliegt grundsätzlich der (französischen) Körperschaftsteuer.[7] Das Mindestkapital einer Société anonyme beträgt grundsätzlich 37.000 €, es erhöht sich aber bei börsennotierten Sociétés anonymes auf 225.000 €.[8] In Frankreich wählen nicht nur große, sondern auch mittlere und sogar kleine Unternehmen diese Rechtsform; insgesamt bestehen dort ca. 160.000 registrierte Sociétées anonymes.[9]

Eine Société anonyme bedarf bei ihrer Gründung und zu jedem Zeitpunkt ihres Bestehens mindestens sieben Gesellschafter, die mindestens einmal im Jahr zu einer Gesellschafterversammlung zusammentreffen.[10]

2.1.1.2 Société par Actions simplifieé – SAS – (vereinfachte Aktiengesellschaft)

Die Gründung einer Société par Actions simplifieé ist in Frankreich erst seit 1994 möglich.[11] Diese Rechtsform bedarf mindestens eines Aktionärs, der sowohl eine natürliche als auch eine juristische Person sein kann, und eines Grundkapitals von 37.000 €.[12] Sie stellt eine vereinfachte Aktiengesellschaft dar

---

7 Vgl. Stucki, Dominique: Die Reform der französischen vereinfachten Aktiengesellschaft – Eine kleine Reform, in: DB 1999, 52. Jg., S. 2622-2624, hier: S. 2623; Julien-Saint-Armand, Luc/Rubechi, Guillaume: Französisches Steuerrecht, in: Pelka, Jürgen/Niemann, Walter: Beck'sches Steuerberater-Handbuch 2000/2001, München 2000, S. 1057-1075, hier: S. 1058, Rz. 403; Tillmanns, Wolfhard: Das französische Aktienrecht, in: IWB, Fach 5, Gruppe 3, vom 10.07.1996, S. 481-498, hier: S. 482.

8 Vgl. Julien-Saint-Armand, Luc/Rubechi, Guillaume: Französisches Steuerrecht, in: Pelka, Jürgen/Niemann, Walter: Beck´sches Steuerberater-Handbuch 2002/2003, München 2002, S. 1008-1017, hier: S. 1008, Rz. 401.

9 Vgl. Tillmanns, Wolfhard: Das französische Aktienrecht, in: IWB, Fach 5, Gruppe 3, vom 10.07.1996, S. 481-498, hier: S. 481; Julien-Saint-Armand, Luc/Rubechi, Guillaume: Französisches Steuerrecht, in: Pelka, Jürgen/Niemann, Walter: Beck'sches Steuerberater-Handbuch 2000/2001, München 2000, S. 1057-1075, hier: S. 1058, Rz. 403; Stucki, Dominique: Die Reform der französischen vereinfachten Aktiengesellschaft – Eine kleine Reform, in: DB 1999, 52. Jg., S. 2622-2624, hier: S. 2623; http://www.euro.gouv.fr/administration/ montants/codege.htm.

10 Vgl. Julien-Saint-Armand, Luc/Rubechi, Guillaume: Französisches Steuerrecht, in: Pelka, Jürgen/Niemann, Walter: Beck'sches Steuerberater-Handbuch 2000/2001, München 2000, S. 1057-1075, hier: S. 1058, Rz. 403.

11 Vgl. Stucki, Dominique: Die Reform der französischen vereinfachten Aktiengesellschaft – Eine kleine Reform, in: DB 1999, 52. Jg., S. 2622-2624, hier: S. 2622.

12 Vgl. Richter, Dirk: Einführung einer vereinfachten Einmann-Aktiengesellschaft in Frankreich als Gestaltungsmittel, in: IStR 1999, 8. Jg., S. 702-703, hier: S. 702; Storp, Roger: Die vereinfachte Aktiengesellschaft französischen Rechts, in: IWB, Fach 5,

und ist vergleichbar mit einer kleineren deutschen Aktiengesellschaft. Erlaubt ist es, durch die Satzung Bestimmungen für die Übertragung von Anteilen, für die Anerkennung neuer Aktionäre und bezüglich der Gesellschafterversammlung festzusetzen.[13] Die Société par Actions simplifieé unterliegt ebenfalls der Körperschaftsteuer.[14]

2.1.1.3 Société en commandite par Actions – SCA – (Kommanditgesellschaft auf Aktien)

Bei der Société en commandite par Actions wird zwischen zwei Arten von Gesellschaftern unterschieden. Mindestens ein unbeschränkt haftender Komplementär und ein oder mehrere Kommanditisten, die nur bis zur Höhe ihrer Einlage haften, stellen die Gesellschafter einer mit der deutschen Kommanditgesellschaft auf Aktien vergleichbaren Société en commandite par Actions dar. Deren Gewinne unterliegen jedoch anders als im deutschen Steuerrecht komplett der Körperschaftsbesteuerung.[15]

2.1.1.4 Société à Responsabilité Limitée – SARL – (Gesellschaft mit beschränkter Haftung)

Die der deutschen Gesellschaft mit beschränkter Haftung entsprechende Société à Responsabilité Limitée fordert ein Mindestkapital von 7.500 € und hat – abgesehen von der Sonderform der Entreprise Unipersonelle à Responsabilité Limitée – zwischen zwei und 50 Gesellschaftern.[16] Analog zur deutschen

---

Gruppe 3, vom 09.02.2000, S. 579-582, hier: S. 579; Julien-Saint-Armand, Luc/Rubechi, Guillaume: Französisches Steuerrecht, in: Pelka, Jürgen/Niemann, Walter: Beck´sches Steuerberater-Handbuch 2002/2003, München 2002, S. 1008-1017, hier: S. 1009, Rz. 401.

13 Vgl. Stucki, Dominique: Die Reform der französischen vereinfachten Aktiengesellschaft – Eine kleine Reform, in: DB 1999, 52. Jg., S. 2622-2624, hier: S. 2624; Julien-Saint-Armand, Luc/Rubechi, Guillaume: Französisches Steuerrecht, in: Pelka, Jürgen/Niemann, Walter: Beck'sches Steuerberater-Handbuch 2000/2001, München 2000, S. 1057-1075, hier: S. 1059, Rz. 407.

14 Vgl. Storp, Roger: Die vereinfachte Aktiengesellschaft französischen Rechts, in: IWB, Fach 5, Gruppe 3, vom 09.02.2000, S. 579-582, hier: S. 579.

15 Vgl. Julien-Saint-Armand, Luc/Rubechi, Guillaume: Französisches Steuerrecht, in: Pelka, Jürgen/Niemann, Walter: Beck'sches Steuerberater-Handbuch 2000/2001, München 2000, S. 1057-1075, hier: S. 1059, Rz. 406.

16 Vgl. Tillmanns, Wolfhard: Das französische GmbH-Recht, in: IWB, Fach 5, Gruppe 3, vom 12.08.1998, S. 547-552, hier: S. 547-548; Hellio, François: Steuerliche Behandlung von Forderungsverzichten und Subventionen in Frankreich, in: IWB, Fach 5, Gruppe 2, vom 11.10.1995, S. 1053–1056, hier: S. 1053; Julien-Saint-Armand, Luc/Rubechi, Guil-

Gesellschaft mit beschränkter Haftung können einer oder mehrere Gesellschafter zur Geschäftsführung befugt sein, aber auch dritte Personen zur Geschäftsführung herangezogen werden.[17] Die Übertragung von Anteilen obliegt der Satzung und der Zustimmung einer am Kapital bemessenen ¾-Mehrheit der Gesellschafter.[18] Die Société à Responsabilité Limitée unterliegt als Kapitalgesellschaft der Körperschaftsteuer.[19]

2.1.1.5 Entreprise Unipersonelle à Responsabilité Limitée – EURL – (Einmann-GmbH)

Rechtlich ist die Entreprise Unipersonelle à Responsabilité Limitée eine Société à Responsabilité Limitée mit einem Gesellschafter, der eine natürliche oder eine juristische Person sein kann.[20] Eine natürliche Person darf jedoch nicht gleichzeitig Gesellschafter mehrerer Entreprises Unipersonelles à Responsabilité Limitée sein und diese auch nicht Gesellschafter eines Unternehmens derselben Rechtsform.[21] Eine Entreprise Unipersonelle à Responsabilité Limitée, deren Gesellschafter eine natürliche Person ist, ist nur körperschaftsteuerpflichtig, soweit das unwiderrufliche Optionsrecht ausgeübt wird. Ansonsten finden grundsätzlich die Regelungen zur Besteuerung von Personengesellschaften Anwendung.[22] Ist jedoch eine juristische Person Gesellschafter, unterliegt die

---

laume: Französisches Steuerrecht, in: Pelka, Jürgen/Niemann, Walter: Beck´sches Steuerberater-Handbuch 2002/2003, München 2002, S. 1008-1017, hier: S. 1009, Rz. 401.

17 Vgl. Julien-Saint-Armand, Luc/Rubechi, Guillaume: Französisches Steuerrecht, in: Pelka, Jürgen/Niemann, Walter: Beck'sches Steuerberater-Handbuch 2000/2001, München 2000, S. 1057-1075, hier: S. 1059, Rz. 408.

18 Vgl. Tillmanns, Wolfhard: Das französische GmbH-Recht, in: IWB, Fach 5, Gruppe 3, vom 12.08.1998, S. 547-552, hier: S. 550.

19 Vgl. Stucki, Dominique: Die Reform der französischen vereinfachten Aktiengesellschaft – Eine kleine Reform, in: DB 1999, 52. Jg., S. 2622-2624, hier: S. 2622.

20 Vgl. Tillmanns, Wolfhard: Das französische GmbH-Recht, in: IWB, Fach 5, Gruppe 3, vom 12.08.1998, S. 547-552, hier: S. 548.

21 Vgl. Stucki, Dominique: Die Reform der französischen vereinfachten Aktiengesellschaft – Eine kleine Reform, in: DB 1999, 52. Jg., S. 2622-2624, hier: S. 2622; Julien-Saint-Armand, Luc/Rubechi, Guillaume: Französisches Steuerrecht, in: Pelka, Jürgen/Niemann, Walter: Beck'sches Steuerberater-Handbuch 2000/2001, München 2000, S. 1057-1075, hier: S. 1060, Rz. 410.

22 Vgl. Kussmaul, Heinz/Schäfer, René: Die Option der Personengesellschaften für eine Besteuerung durch die Körperschaftsteuer im französischen Steuerrecht, in: IStR 2000, 9. Jg., S. 161-166, hier: S. 163.

Entreprise Unipersonelle à Responsabilité Limitée grundsätzlich der Körperschaftsbesteuerung.[23]

2.1.2 Personengesellschaften und ähnliche Rechtsformen

Bei der gesellschaftsrechtlichen Behandlung französischer Personengesellschaften steht die uneingeschränkte und gesamtschuldnerische Haftung aller Gesellschafter im Vordergrund, wovon jedoch, ähnlich wie im deutschen Recht, einige genau bezeichnete Ausnahmen existieren.[24] In der Höhe der Haftung begrenzt sind die Kommanditisten einer KG und die als stiller Gesellschafter Beteiligten.[25]

In Frankreich wird bei der Besteuerung von Personengesellschaften zwischen zwei grundlegenden Konzeptionen, dem Mitunternehmer- und dem Kapitalgesellschaftskonzept, unterschieden.[26] Wird das auch in Deutschland vorherrschende Mitunternehmerkonzept angewandt, wird nicht die Personengesellschaft, sondern die hinter ihr stehenden Gesellschafter als Steuersubjekt bezüglich der erzielten Gewinne angesehen.[27] Beim Kapitalgesellschaftskonzept hingegen wird die Personengesellschaft als eigenständiges Steuersubjekt anerkannt und wie eine Kapitalgesellschaft besteuert.[28] Zur Anwendung dieser

---

23 Vgl. Duthilleul, Frédéric: Überblick über das Steuerrecht Frankreichs, in: Debatin, Helmut/Wassermeyer, Franz: DBA-Kommentar, München 2000, S. 23, Rz. 111.

24 Vgl. Kussmaul, Heinz/Schäfer, René: Die Option der Personengesellschaften für eine Besteuerung durch die Körperschaftsteuer im französischen Steuerrecht, in: IStR 2000, 9. Jg., S. 161-166, hier: S. 161-163.

25 Vgl. Julien-Saint-Armand, Luc/Rubechi, Guillaume: Französisches Steuerrecht, in: Pelka, Jürgen/Niemann, Walter: Beck'sches Steuerberater-Handbuch 2000/2001, München 2000, S. 1057-1075, hier: S. 1060-1061, Rz. 412; Tillmanns, Wolfhard: Die Personengesellschaft im französischen Recht, in: IWB, Fach 5, Gruppe 3, vom 27.12.1996, S. 499-520, hier: S. 520.

26 Vgl. Tillmanns, Wolfhard: Die Personengesellschaft im französischen Recht, in: IWB, Fach 5, Gruppe 3, vom 27.12.1996, S. 499-520, hier: S. 501.

27 Vgl. Kussmaul, Heinz/Schäfer, René: Die Option der Personengesellschaften für eine Besteuerung durch die Körperschaftsteuer im französischen Steuerrecht, in: IStR 2000, 9. Jg., S. 161-166, hier: S. 162.

28 Vgl. Julien-Saint-Armand, Luc/Rubechi, Guillaume: Französisches Steuerrecht, in: Pelka, Jürgen/Niemann, Walter: Beck'sches Steuerberater-Handbuch 2000/2001, München 2000, S. 1057-1075, hier: S. 1063, Rz. 430.

Konzeption kann es durch Ausübung einer Option zur Körperschaftsbesteuerung oder aufgrund gesetzlicher Vorschriften kommen.[29]

Es besteht die Möglichkeit, eine Personengesellschaft in Form einer Société en Nom Collectiv, einer Société en Commandite Simple, einer Société civile, einer Société en participation, einer Groupement d'Intérêt Economique oder einer Groupement Européen d'Intérêt Economique zu begründen.

2.1.2.1 Société en Nom Collectiv – SNC – (Offene Handelsgesellschaft)

Die Société en Nom Collectiv ist die verbreitetste Form der Personengesellschaft und bedingt die gesamtschuldnerische und uneingeschränkte Haftung der Gesellschafter für sämtliche Schulden und Verpflichtungen der Gesellschaft.[30] Die Société en Nom Collectiv bedarf keines Mindestkapitals und keines Verwaltungsrates und ermöglicht die Zahlung von kapital- und stimmrechtsunabhängigen Gewinnanteilen, wodurch sie den Gesellschaftern eine hohe Flexibilität bietet.[31]

Unabhängig von ihrem Gesellschaftszweck ist die Société en Nom Collectiv aufgrund ihrer Rechtsform als Handelsgesellschaft anzusehen; Gesellschaften mit nichtgewerblichen Zwecken ist seit 1967 die Eintragung ins Handels- oder Gesellschaftsregister in dieser Rechtsform nicht mehr möglich.[32] Die Besteuerung der Société en Nom Collectiv erfolgt somit nach dem Mitunternehmerkonzept, soweit nicht unwiderruflich für die Körperschaftsteuer optiert wurde.[33]

---

29 Vgl. Kussmaul, Heinz/Schäfer, René: Die Option der Personengesellschaften für eine Besteuerung durch die Körperschaftsteuer im französischen Steuerrecht, in: IStR 2000, 9. Jg., S. 161-166, hier: S. 162-164.

30 Vgl. Tillmanns, Wolfhard: Die Personengesellschaft im französischen Recht, in: IWB, Fach 5, Gruppe 3, vom 27.12.1996, S. 499-520, hier: S. 511.

31 Vgl. Julien-Saint-Armand, Luc/Rubechi, Guillaume: Französisches Steuerrecht, in: Pelka, Jürgen/Niemann, Walter: Beck'sches Steuerberater-Handbuch 2000/2001, München 2000, S. 1057-1075, hier: S. 1060, Rz. 411.

32 Vgl. Tillmanns, Wolfhard: Die Personengesellschaft im französischen Recht, in: IWB, Fach 5, Gruppe 3, vom 27.12.1996, S. 499-520, hier: S. 511.

33 Vgl. Kussmaul, Heinz/Schäfer, René: Die Option der Personengesellschaften für eine Besteuerung durch die Körperschaftsteuer im französischen Steuerrecht, in: IStR 2000, 9. Jg., S. 161-166, hier: S. 163; Greif, Martin: Steuergestaltung bei einer international tätigen Personengesellschaft, in: Haarmann, Wilhelm: Unternehmensstrukturen und Rechtsformen im internationalen Steuerrecht: aktuelle Schwerpunkte in der Diskussion: Standortwettbewerb, Doppelansässigkeit, Personengesellschaft, stille Gesellschaft, Trust, Köln 1996, S. 89-121, hier: S. 95.

2.1.2.2 Société en Commandite Simple – SCS – (Kommanditgesellschaft)

Bei der Société en Commandite Simple existiert mindestens ein unbeschränkt haftender Komplementär und mindestens ein nur bis zur Höhe seiner Einlage haftender Kommanditist.[34] Kommanditisten einer Société en Commandite Simple sind ausdrücklich nicht zur Geschäftsführung der Gesellschaft befugt.[35] Diese wird bei nicht anderslautender Satzung von dem Komplementär oder den Komplementären gemeinsam ausgeübt.[36]

Die steuerliche Behandlung der Komplementäre erfolgt nach dem Mitunternehmerkonzept, wenn nicht gemeinschaftlich zur Körperschaftsbesteuerung optiert wurde.[37] Abweichend werden die Kommanditisten, anders als in Deutschland, zwingend dem Kapitalgesellschaftskonzept unterworfen.[38] Auf Ebene der Gesellschaft unterliegen die den Kommanditisten zuzurechnenden Gewinne der Körperschaftsteuer, und folglich beziehen diese aus der Société en Commandite Simple grundsätzlich Dividenden.[39]

Da die Kombination der für die Gewinnanteile der Kommanditisten bestehenden Körperschaftsteuerpflicht mit der Zurechnung der Gewinnanteile der Komplementäre zur persönlichen Einkommensteuer eine komplizierte und steuerlich

---

34 Vgl. Kussmaul, Heinz/Schäfer, René: Die Option der Personengesellschaften für eine Besteuerung durch die Körperschaftsteuer im französischen Steuerrecht, in: IStR 2000, 9. Jg., S. 161-166, hier: S. 163.

35 Vgl. Julien-Saint-Armand, Luc/Rubechi, Guillaume: Französisches Steuerrecht, in: Pelka, Jürgen/Niemann, Walter: Beck'sches Steuerberater-Handbuch 2000/2001, München 2000, S. 1057-1075, hier: S. 1060, Rz. 411.

36 Vgl. Tillmanns, Wolfhard: Die Personengesellschaft im französischen Recht, in: IWB, Fach 5, Gruppe 3, vom 27.12.1996, S. 499-520, hier: S. 518.

37 Vgl. Greif, Martin: Steuergestaltung bei einer international tätigen Personengesellschaft, in: Haarmann, Wilhelm: Unternehmensstrukturen und Rechtsformen im internationalen Steuerrecht: aktuelle Schwerpunkte in der Diskussion: Standortwettbewerb, Doppelansässigkeit, Personengesellschaft, stille Gesellschaft, Trust, Köln 1996, S. 89-121, hier: S. 95.

38 Vgl. Wehrheim, Michael: Einkommensteuer und Steuerwirkungslehre, Wiesbaden 2001, S. 51-54; Kussmaul, Heinz/Schäfer, René: Die Option der Personengesellschaften für eine Besteuerung durch die Körperschaftsteuer im französischen Steuerrecht, in: IStR 2000, 9. Jg., S. 161-166 , hier: S. 163.

39 Vgl. Kussmaul, Heinz/Schäfer, René: Die Option der Personengesellschaften für eine Besteuerung durch die Körperschaftsteuer im französischen Steuerrecht, in: IStR 2000, 9. Jg., S. 161-166 , hier: S. 163; Fuchs, Rainer G./Hinkelbein, Gerhard/Schabe, Torsten: Leitfaden zur Gründung eines Unternehmens in Frankreich: mit Hinweisen zum Steuer- und Arbeitsrecht, Heidelberg 1992, S. 9.

nicht vorteilhafte Konstellation darstellt, sind Neugründungen in der Rechtsform einer Société en Commandite Simple in Frankreich sehr selten.[40]

Die Gründung einer Société en Commandite Simple, deren einziger persönlich haftender Gesellschafter eine Société à Responsabilité Limitée ist, ist in Frankreich zwar nicht gesetzlich geregelt, grundsätzlich aber möglich.[41] Da jedoch aus dieser mit der in Deutschland recht verbreiteten GmbH & Co. KG vergleichbaren Rechtsform verschiedene haftungsrechtliche Fragen resultieren und die Société en Commandite Simple keine besonderen steuerlichen Anreize bietet, ist diese kombinierte Rechtsform in Frankreich eher unüblich.[42]

2.1.2.3 Société civile (Gesellschaft bürgerlichen Rechts)

Die Gesellschafter einer Société civile unterliegen grundsätzlich unbeschränkt der persönlichen Haftung ohne Möglichkeit der Haftungsbegrenzung.[43] Die der deutschen Gesellschaft bürgerlichen Rechts entsprechende Société civile entsteht durch einen Gesellschaftsvertrag, in dem der Gesellschaftszweck genau definiert ist; die Rechtspersönlichkeit der Société civile besteht nur innerhalb dieses Rahmens.[44]

Obwohl in Frankreich grundsätzlich freie Rechtsformwahl besteht, erlauben bestimmte Gesellschaftsformen nicht jede Art der wirtschaftlichen Betätigung.[45] So darf eine Société civile grundsätzlich nicht gewerblich tätig sein. Die Ausübung gewerblicher Tätigkeiten in Form einer Gesellschaft ist den Handelsgesellschaften vorbehalten.[46] Folglich darf eine Société civile auch keine unbe-

---

40 Vgl. Tillmanns, Wolfhard: Die Personengesellschaft im französischen Recht, in: IWB, Fach 5, Gruppe 3, vom 27.12.1996, S. 499-520, hier: S. 517.

41 Vgl. Julien-Saint-Armand, Luc/Rubechi, Guillaume: Französisches Steuerrecht, in: Pelka, Jürgen/Niemann, Walter: Beck'sches Steuerberater-Handbuch 2000/2001, München 2000, S. 1057-1075, hier: S. 1060, Rz. 412.

42 Vgl. Tillmanns, Wolfhard: Die Personengesellschaft im französischen Recht, in: IWB, Fach 5, Gruppe 3, vom 27.12.1996, S. 499-520, hier: S. 517.

43 Vgl. Julien-Saint-Armand, Luc/Rubechi, Guillaume: Französisches Steuerrecht, in: Pelka, Jürgen/Niemann, Walter: Beck'sches Steuerberater-Handbuch 2000/2001, München 2000, S. 1057-1075, hier: S. 1061, Rz. 415.

44 Vgl. Tillmanns, Wolfhard: Die Personengesellschaft im französischen Recht, in: IWB, Fach 5, Gruppe 3, vom 27.12.1996, S. 499-520, hier: S. 503.

45 Vgl. Julien-Saint-Armand, Luc/Rubechi, Guillaume: Französisches Steuerrecht, in: Pelka, Jürgen/Niemann, Walter: Beck'sches Steuerberater-Handbuch 2000/2001, München 2000, S. 1057-1075, hier: S. 1058, Rz. 401.

46 Vgl. Tillmanns, Wolfhard: Die Personengesellschaft im französischen Recht, in: IWB, Fach 5, Gruppe 3, vom 27.12.1996, S. 499-520, hier: S. 503-504.

schränkt haftende Gesellschafterstellung bei einer Société en Nom Collectiv oder einer Société en Commandite Simple einnehmen. Damit würde ihr die mit dieser Rechtsform nicht zu vereinbarende Kaufmannseigenschaft zufallen.[47]

Die Société Civile ist folglich eine häufige Form freiberuflicher Zusammenschlüsse, da freiberufliche Tätigkeiten auch in Frankreich per Definition keinen gewerblichen Charakter besitzen.[48] Der Gesellschaftszweck muss aber nicht zwangsläufig in der gemeinsamen Ausübung einer freiberuflichen Tätigkeit liegen.[49]

Die durch die Société civile generierten und beim Gesellschafter zur Einkommensbesteuerung heranzuziehenden nichtgewerblichen Gewinne sind in Abhängigkeit der Betätigung der Gesellschaft den entsprechenden Einkunftsarten, wie Einkünfte aus freiberuflicher Tätigkeit, aus Vermietung und Verpachtung oder aus Kapitalvermögen, zu unterwerfen.[50]

Auch die Société civile besitzt als Personengesellschaft das Optionsrecht zur Körperschaftsteuer. Einige Ausprägungen dieser Rechtsform, wie die Groupements forestiers, die Sociétés civiles ayant pour objet la constuction d`immeubles en vue de la vente, die Sociétés civiles en moyens und die Sociétés civiles de placement immobilier, sind allerdings von diesem Wahlrecht ausgeschlossen.[51] Der Gesellschaftszweck dieser Unternehmen besteht entweder

---

47 In Frankreich besteht die Möglichkeit, dass Einkünfte, die von ihrer Natur her anderen Einkunftsarten zuzuordnen sind, durch gewerbliche Einkünfte infiziert werden. Vgl. Sachs, Holger: Einkommensbesteuerung in Deutschland und Frankreich: Ein Vergleich der Konzeptionen gleichmäßiger Besteuerung, Diss. Freiburg 1998, Frankfurt am Main 1998, S. 118-120. Zur deutschen Infektionstheorie vgl. Wehrheim, Michael: Einkommensteuer und Steuerwirkungslehre, Wiesbaden 2001, S. 49-50.

48 Vgl. Julien-Saint-Armand, Luc/Rubechi, Guillaume: Französisches Steuerrecht, in: Pelka, Jürgen/Niemann, Walter: Beck'sches Steuerberater-Handbuch 2000/2001, München 2000, S. 1057-1075, hier: S. 1061, Rz. 415; Tillmanns, Wolfhard: Die Personengesellschaft im französischen Recht, in: IWB, Fach 5, Gruppe 3, vom 27.12.1996, S. 499-520, hier: S. 503.

49 Vgl. Sachs, Holger: Einkommensbesteuerung in Deutschland und Frankreich: Ein Vergleich der Konzeptionen gleichmäßiger Besteuerung, Diss. Freiburg 1998, Frankfurt am Main 1998, S. 123-124.

50 Vgl. zur Abgrenzung der im französischen Steuerrecht bestehenden Einkunftsarten Abschnitt 2.2.2.2 „Sachliche Leistungsfähigkeit". Ist eine andere Gesellschaft Gesellschafter einer Société civile, bestimmt sich die Einkunftsart entsprechend der Einkommensermittlung des Gesellschafters.

51 Vgl. Artikel 239-1 Abs. 4c CGI; Code Général des Impôts, Stand 01.01.2001; Kussmaul, Heinz/Schäfer, René: Die Option der Personengesellschaften für eine Besteuerung durch die Körperschaftsteuer im französischen Steuerrecht, in: IStR 2000, 9. Jg., S. 161-166, hier: S. 163.

ausschließlich in dem Erwerb eines Waldgrundstückes, der Realisierung eines einzigen Immobilienprogramms, dem Zusammenschluss von Freiberuflern, die ihrem Beruf nicht tatsächlich nachgehen, oder der Generierung von Mieteinnahmen.[52]

Problematisch bezüglich des Verbotes der gewerblichen Tätigkeit einer Société civile ist, dass die steuerliche Definition gewerblicher Einkünfte weiter gefasst ist als die privatrechtliche.[53] So kann eine zivilrechtlich zulässige Société civile eine gewerbliche Tätigkeit im steuerrechtlichen Sinn ausüben, wodurch jedoch auf Ebene der Gesellschaft zwangsläufig das Kapitalgesellschaftskonzept Anwendung findet.[54] Eine Körperschaftsbesteuerung findet ebenfalls statt, wenn eine Société civile wie eine Kapitalgesellschaft geführt wird, bestimmte Sonderformen im landwirtschaftlichen oder freiberuflichen Bereich auftreten oder Handwerker sich in einer Société civile zusammenschließen.[55] Vorwiegend betroffen sind von dieser Regelung die Sociétés civiles immobilières (sogenannte Grundstücksgesellschaften), deren Gesellschaftszweck in der Verwaltung ihres Immobilienvermögens liegt und bei denen der an die Bebauung anschließende Verkauf oder die mit bestimmten Gebrauchsgegenständen in Zusammenhang stehende Vermietung von Immobilien zu einer Körperschaftsbesteuerung führen kann.[56] Dadurch verliert die sonst grenzüberschreitend beliebte Gestaltungsvariante der Immobilienverwaltung durch eine Personengesellschaft in Frankreich häufig ihren Reiz und stellt damit international eine Besonderheit dar.

Folglich gibt es sowohl Sociétés civiles, denen die Möglichkeit zur Ausübung des Optionsrechts offen steht, als auch Gesellschaften dieser Rechtsform, die

---

52 Vgl. Kussmaul, Heinz/Schäfer, René: Die Option der Personengesellschaften für eine Besteuerung durch die Körperschaftsteuer im französischen Steuerrecht, in: IStR 2000, 9. Jg., S. 161-166, hier: S. 163.

53 Neben der gewerblichen sind auch die anderen in Artikel 34 und 35 CGI aufgeführten Tätigkeiten in dieser Weise schädlich. Vgl. Kussmaul, Heinz/Schäfer, René: Die Option der Personengesellschaften für eine Besteuerung durch die Körperschaftsteuer im französischen Steuerrecht, in: IStR 2000, 9. Jg., S. 161-166, hier: S. 162.

54 Vgl. Julien-Saint-Armand, Luc/Rubechi, Guillaume: Französisches Steuerrecht, in: Pelka, Jürgen/Niemann, Walter: Beck'sches Steuerberater-Handbuch 2000/2001, München 2000, S. 1057-1075, hier: S. 1063, Rz. 430.

55 Vgl. Kussmaul, Heinz/Schäfer, René: Die Option der Personengesellschaften für eine Besteuerung durch die Körperschaftsteuer im französischen Steuerrecht, in: IStR 2000, 9. Jg., S. 161-166, hier: S. 163.

56 Vgl. Kussmaul, Heinz/Schäfer, René: Die Option der Personengesellschaften für eine Besteuerung durch die Körperschaftsteuer im französischen Steuerrecht, in: IStR 2000, 9. Jg., S. 161-166, hier: S. 163.

von der Option zur Körperschaftsbesteuerung ausgeschlossen sind, als auch solche, die zwangsläufig zur Körperschaftsteuer herangezogen werden.

2.1.2.4 Société en participation (Atypische stille Gesellschaft)

Die Société en participation ähnelt auf den ersten Blick der deutschen atypisch stillen Gesellschaft, da sie nicht ins Handels- oder Gesellschaftsregister eingetragen wird und somit keine eigene Rechtspersönlichkeit besitzt,[57] kann aber auch je nach gesellschaftsvertraglicher Ausgestaltung eher einer deutschen Bruchteilsgemeinschaft, einer Gesellschaft bürgerlichen Rechts oder einer atypischen stillen Gesellschaft entsprechen.[58] Da im Regelfall kein Ausschluss von der Beteiligung an Gewinn, Verlust oder stillen Reserven erfolgt, ist eine Vergleichbarkeit mit der typischen stillen Gesellschaft deutschen Rechts nicht gegeben.[59]

Die Gesellschafter der Société en participation müssen hinsichtlich der Besteuerung in zwei Gruppen unterteilt werden. Die unbeschränkt haftenden Gesellschafter, deren Namen und Adressen der Finanzverwaltung vorliegen, unterliegen den Regelungen bezüglich der Besteuerung von Personengesellschaften.[60] Die Besteuerung erfolgt somit bei den Gesellschaftern, wenn das Optionsrecht zur Körperschaftsteuer nicht ausgeübt wurde.[61] Der auf beschränkt haftende Gesellschafter entfallende Teil des Ergebnisses unterliegt hingegen zwangsläu-

---

57 Vgl. Lefebvre, Francis: Memento Pratique Fiscal 2001, Paris 2001, S. 516, Rz. 3345.

58 Vgl. Burmester, Gabriele: Ausgewählte internationale steuerliche Probleme der stillen Gesellschaft, in: Haarmann, Wilhelm: Unternehmensstrukturen und Rechtsformen im internationalen Steuerrecht: aktuelle Schwerpunkte in der Diskussion: Standortwettbewerb, Doppelansässigkeit, Personengesellschaft, stille Gesellschaft, Trust, Köln 1996, S. 122-150., hier: S. 128.

59 Vgl. Tillmanns, Wolfhard: Die Personengesellschaft im französischen Recht, in: IWB, Fach 5, Gruppe 3, vom 27.12.1996, S. 499-520, hier: S. 520.

60 Vgl. Kussmaul, Heinz/Schäfer, René: Die Option der Personengesellschaften für eine Besteuerung durch die Körperschaftsteuer im französischen Steuerrecht, in: IStR 2000, 9. Jg., S. 161-166, hier: S. 163.

61 Vgl. Lefebvre, Francis: Memento Pratique Fiscal 2001, Paris 2001, S. 509, Rz. 3304.

fig auf Ebene der Gesellschaft der Körperschaftsbesteuerung.[62] Gleiches gilt für Gesellschafter, deren Namen der Finanzverwaltung nicht bekannt sind.[63]

2.1.2.5 Groupement d'Intérêt Economique – G.I.E. – (Wirtschaftliche Interessenvereinigung) und Groupement Européen d'Intérêt Economique – G.E.I.E. – (Europäische Wirtschaftliche Interessenvereinigung)

Die Groupement d'Intérêt Economique entspricht einer wirtschaftlichen Interessenvereinigung, die eine geeignete Struktur für die Zusammenarbeit von Unternehmen auf unterschiedlichsten Gebieten darstellt.[64] Die Mitglieder der Groupement d'Intérêt Economique haften gemeinschaftlich für deren Schulden.[65] Die Groupement d'Intérêt Economique weist sowohl Elemente der Société en participation als auch der Société à Responsabilité Limitée auf und besitzt eine eigene Rechtspersönlichkeit, wie auch die seit 1989 existierende Groupement Européen d'Intérêt Economique (Europäische wirtschaftliche Interessenvereinigung).[66] Obwohl es nicht dem eigentlichen Zweck der Groupement d'Intérêt Economique entspricht, kann diese Gewinne erzielen, die im Verhältnis der Mitgliederanteile zu verteilen sind.[67] Das grundsätzlich anzuwendende Mitun-

---

62 Vgl. Bärtels, Hans-Christian: Stille Gesellschaft im frz. Steuerrecht, in: DB 2001, 54. Jg., S. XII-XIV, hier: S. XII; Kussmaul, Heinz/Schäfer, René: Die Option der Personengesellschaften für eine Besteuerung durch die Körperschaftsteuer im französischen Steuerrecht, in: IStR 2000, 9. Jg., S. 161-166, hier: S. 163.

63 Vgl. Bärtels, Hans-Christian: Stille Gesellschaft im frz. Steuerrecht, in: DB 2001, 54. Jg., S. XII-XIV, hier: S. XII; Kussmaul, Heinz/Schäfer, René: Die Option der Personengesellschaften für eine Besteuerung durch die Körperschaftsteuer im französischen Steuerrecht, in: IStR 2000, 9. Jg., S. 161-166, hier: S. 163.

64 Vgl. Julien-Saint-Armand, Luc/Rubechi, Guillaume: Französisches Steuerrecht, in: Pelka, Jürgen/Niemann, Walter: Beck'sches Steuerberater-Handbuch 2000/2001, München 2000, S. 1057-1075, hier: S. 1060, Rz. 414.

65 Vgl. Julien-Saint-Armand, Luc/Rubechi, Guillaume: Französisches Steuerrecht, in: Pelka, Jürgen/Niemann, Walter: Beck'sches Steuerberater-Handbuch 2000/2001, München 2000, S. 1057-1075, hier: S. 1060, Rz. 414.

66 Vgl. Julien-Saint-Armand, Luc/Rubechi, Guillaume: Französisches Steuerrecht, in: Pelka, Jürgen/Niemann, Walter: Beck'sches Steuerberater-Handbuch 2000/2001, München 2000, S. 1057-1075, hier: S. 1060-1061, Rz. 414.

67 Vgl. Julien-Saint-Armand, Luc/Rubechi, Guillaume: Französisches Steuerrecht, in: Pelka, Jürgen/Niemann, Walter: Beck'sches Steuerberater-Handbuch 2000/2001, München 2000, S. 1057-1075, hier: S. 1060, Rz. 414.

ternehmerkonzept wird im Falle der Ausübung des Optionsrechts durch das Kapitalgesellschaftskonzept ersetzt.[68]

2.2 Übersicht über die Arten der französischen direkten Steuern

In Frankreich besteht – wie in fast allen westlichen Nationen – eine unterschiedliche Besteuerung in Abhängigkeit von dem betrachteten Steuersubjekt und der Art der Leistungserzielung. So werden Unternehmensgewinne bei juristischen Personen und Personengesellschaften, die das Optionsrecht ausgeübt haben, der Körperschaftsteuer unterworfen.[69] Haben sich Personengesellschaften gegen das Optionsrecht entschieden, werden die Gewinne im Regelfall unmittelbar den Gesellschaftern zugerechnet, die diese ihrer persönlichen Einkommensteuer oder der Körperschaftsteuer unterwerfen, je nachdem, ob es sich um eine natürliche Person oder einen der Körperschaftsteuer unterliegenden Gesellschafter handelt.[70] Diesbezüglich ist das französische Steuersystem mit der in Deutschland vorherrschenden Besteuerung vergleichbar, wobei sich die auf die verschiedenen Einkünfte anzuwendenden Steuerarten in vielen Wesensmerkmalen von der deutschen Besteuerung unterscheiden.

Neben der Ertragsbesteuerung durch Einkommen- oder Körperschaftsteuer unterliegen Unternehmen der Gewerbesteuer, der Grundsteuer, Lohnabgaben und sonstigen Abgaben, wohingegen natürliche Personen der Einkommen- und Vermögensteuer sowie verschiedenen (lokalen) Steuern und Abgaben unterworfen werden.[71]

---

68 Vgl. Kussmaul, Heinz/Schäfer, René: Die Option der Personengesellschaften für eine Besteuerung durch die Körperschaftsteuer im französischen Steuerrecht, in: IStR 2000, 9. Jg., S. 161-166, hier: S. 163.

69 Vgl. Hey, Johanna: Einführung zum KStG, in: Hermann, Carl/Heuer, Gerhard/Raupach, Arndt: Einkommensteuer- und Körperschaftsteuergesetz: Kommentar, Köln 1999, S. K1-K327, hier: S. K232, Rz. 260, K321, Rz. 448.

70 Vgl. Kussmaul, Heinz/Schäfer, René: Die Option der Personengesellschaften für eine Besteuerung durch die Körperschaftsteuer im französischen Steuerrecht, in: IStR 2000, 9. Jg., S. 161-166, hier: S. 162.

71 Vgl. Duthilleul, Frédéric: Überblick über das Steuerrecht Frankreichs, in: Debatin, Helmut/Wassermeyer, Franz: DBA-Kommentar, München 2000, S. 3, Rz. 8-9; Hey, Johanna: Einführung zum KStG, in: Hermann, Carl/Heuer, Gerhard/Raupach, Arndt: Einkommensteuer- und Körperschaftsteuergesetz: Kommentar, Köln 1999, S. K1-K327, hier: S. K231-K232, Rz. 259.

2.2.1 Körperschaftsteuer (Impôt sur les Sociétés)

Die französische Körperschaftsteuer stellt die bedeutendste Steuer auf Ebene der Kapitalgesellschaften dar und entspricht annähernd der alten deutschen Körperschaftsteuer mit Anrechnungsverfahren.

2.2.1.1 Persönliche Steuerpflicht

Die Körperschaftsteuer umfasst zunächst alle Kapitalgesellschaften wie die Société anonyme (Aktiengesellschaft), die Société par Actions simplifieé (vereinfachte Aktiengesellschaft), die Société en commandite par Actions (Kommanditgesellschaft auf Aktien), die Société à Responsabilité Limitée (Gesellschaft mit beschränkter Haftung) und die Entreprise Unipersonelle à Responsabilité Limitée (Einmann-GmbH), deren Gesellschafter eine juristische Person ist.[72] Zwingend unterliegt auch die gewerblich tätige Société civile (Gesellschaft bürgerlichen Rechts) der Körperschaftsteuer, ebenso wie die Gewinnanteile beschränkt haftender Gesellschafter von Personengesellschaften und die Anteile unbeschränkt haftender Gesellschafter einer Société en participation (atypische stille Gesellschaft), deren Namen der Finanzverwaltung unbekannt ist.[73]

Ein Wahlrecht besteht für die zuvor beschriebenen Personengesellschaften, das jedoch nicht widerrufen werden kann.[74] Eine Ausnahme von der Unwiderruflichkeit besteht nur für Personengesellschaften, die das Optionsrecht vor dem 1. Januar 1981 ausgeübt haben, und die sich durch einen einstimmigen Gesellschafterbeschluss gegen die Option ausgesprochen haben.[75] Ein Optionsrecht besteht ebenfalls für die Entreprise Unipersonelle à Responsabilité Limitée (Einmann-GmbH), soweit deren Gesellschafter eine natürliche Person ist.[76] Die

---

72 Vgl. Hey, Johanna: Einführung zum KStG, in: Hermann, Carl/Heuer, Gerhard/Raupach, Arndt: Einkommensteuer- und Körperschaftsteuergesetz: Kommentar, Köln 1999, S. K1-K327, hier: S. K232, Rz. 260.

73 Vgl. Duthilleul, Frédéric: Überblick über das Steuerrecht Frankreichs, in: Debatin, Helmut/Wassermeyer, Franz: DBA-Kommentar, München 2000, S. 23-24, Rz. 112.

74 Vgl. Julien-Saint-Armand, Luc/Rubechi, Guillaume: Französisches Steuerrecht, in: Pelka, Jürgen/Niemann, Walter: Beck'sches Steuerberater-Handbuch 2000/2001, München 2000, S. 1057-1075, hier: S. 1063, Rz. 430.

75 Vgl. Kussmaul, Heinz/Schäfer, René: Die Option der Personengesellschaften für eine Besteuerung durch die Körperschaftsteuer im französischen Steuerrecht, in: IStR 2000, 9. Jg., S. 161-166, hier: S. 164.

76 Vgl. Duthilleul, Frédéric: Überblick über das Steuerrecht Frankreichs, in: Debatin, Helmut/Wassermeyer, Franz: DBA-Kommentar, München 2000, S. 23, Rz. 111.

Ausübung einer Option löst jedoch im Regelfall steuerlich alle Folgen einer Umwandlung und damit eine Aufdeckung stiller Reserven aus.[77]

Eine aus dem deutschen Körperschaftsteuersystem bekannte Unterscheidung von unbeschränkter und beschränkter Steuerpflicht wird bei der französischen Körperschaftsteuer nicht vorgenommen.[78] Es ist unerheblich, ob eine Gesellschaft ihren Sitz oder Ort der Geschäftsleitung in Frankreich hat, da dort das Territorialprinzip vorherrscht und somit nicht das Welteinkommen, sondern nur die in einem französischen Geschäftsbetrieb erwirtschafteten Gewinne von der Körperschaftsteuer erfasst werden.[79] Ein Geschäftsbetrieb liegt in Frankreich vor, wenn die Tätigkeit in einer französischen Betriebsstätte ausgeübt wird, ein abhängiger Vertreter in Frankreich tätig ist oder wenn die Gesellschaft einen abgeschlossenen Geschäftszyklus (cycle commercial complet) in Frankreich abwickelt.[80]

2.2.1.2 Bemessungsgrundlage

Die Ermittlung des steuerpflichtigen Unternehmensgewinns basiert auf dem Prinzip der jährlichen Abschnittsbesteuerung, also der grundsätzlichen Erhebung der Steuer für ein Wirtschaftsjahr.[81] Als Grundsatz gilt auch das Bilanzprinzip, wodurch sämtliche bis zum Ende des Wirtschaftsjahres entstandenen Forderungen und Verbindlichkeiten zu berücksichtigen sind.[82]

---

[77] Vgl. Kussmaul, Heinz/Schäfer, René: Die Option der Personengesellschaften für eine Besteuerung durch die Körperschaftsteuer im französischen Steuerrecht, in: IStR 2000, 9. Jg., S. 161-166, hier: S. 164-166; Tillmanns, Wolfhard: Die Reform der steuerlichen Behandlung von Fusionen in Frankreich, in: IWB, Fach 5, Gruppe 2, vom 09.10.2002, S. 1315-1328, hier: S. 1315, 1318.

[78] Vgl. Hey, Johanna: Einführung zum KStG, in: Hermann, Carl/Heuer, Gerhard/Raupach, Arndt: Einkommensteuer- und Körperschaftsteuergesetz: Kommentar, Köln 1999, S. K1-K327, hier: S. K232, Rz. 260.

[79] Vgl. Tillmanns, Wolfhard: Das Steuerrecht Frankreichs, in: IWB, Fach 5, Gruppe 2, vom 10.11.1999, S. 1167-1212, hier: S. 1173; Narraina, Laurens/Krause, Michael/Viegener Johannes et al.: Vergleichende Darstellung über die Besteuerung von Betriebsstätten ausländischer Unternehmen, in: IWB, Fach 10, Gruppe 2, vom 10.11.1993, S. 925-950, hier: S. 927.

[80] Vgl. Julien-Saint-Armand, Luc/Rubechi, Guillaume: Französisches Steuerrecht, in: Pelka, Jürgen/Niemann, Walter: Beck'sches Steuerberater-Handbuch 2000/2001, München 2000, S. 1057-1075, hier: S. 1063, Rz. 431.

[81] Vgl. Baconnier, Robert: Unternehmensbesteuerung in Frankreich, in: Lang, Joachim: Unternehmensbesteuerung in EU-Staaten, Köln 1994, S. 73-92, hier: S. 80.

[82] Vgl. Baconnier, Robert: Unternehmensbesteuerung in Frankreich, in: Lang, Joachim: Unternehmensbesteuerung in EU-Staaten, Köln 1994, S. 73-92, hier: S. 80.

Die Körperschaftsteuer umfasst sämtliche inländischen Einkünfte der körperschaftsteuerpflichtigen Person, ohne dabei wie die Einkommensteuer zwischen verschiedenen Einkunftsarten zu unterscheiden.[83] Es finden nur die Regelungen über Einkünfte aus Gewerbebetrieb Anwendung.[84] Das zu versteuernde Einkommen wird aus der Handelsbilanz[85] abgeleitet, wobei das handelsbilanzielle Ergebnis aufgrund von steuerfreien oder ermäßigt besteuerten Einkünften zum Zweck der Besteuerung zu korrigieren ist.[86] Die Ermittlung des zu versteuernden Einkommens erfolgt durch einen Betriebsvermögensvergleich.[87]

Der Ertrag eines Geschäftsjahres bemisst sich aus der Summe der Erlöse und des Warenbestandes am Ende des Geschäftsjahres abzüglich der Summe der Anschaffungs- und Herstellungskosten der Waren und des Warenbestandes zu Beginn des Geschäftsjahres.[88]

Als steuerlich abziehbare Betriebsausgaben sind neben allgemeinen Kosten, die kein Wirtschaftsgut schaffen, vor allem Absetzungen für Abnutzung, Wertberichtigungen, Rückstellungen und Rücklagen relevant.[89] Anschaffungskosten für Wirtschaftsgüter, deren Wert 381,12 € nicht übersteigt, dürfen ebenfalls sofort

---

83 Vgl. Hey, Johanna: Einführung zum KStG, in: Hermann, Carl/Heuer, Gerhard/Raupach, Arndt: Einkommensteuer- und Körperschaftsteuergesetz: Kommentar, Köln 1999, S. K1-K327, hier: S.K 232, Rz. 261.

84 Vgl. Baconnier, Robert: Unternehmensbesteuerung in Frankreich, in: Lang, Joachim: Unternehmensbesteuerung in EU-Staaten, Köln 1994, S. 73-92, hier: S. 81.

85 Vgl. zum französischen Bilanzrecht Küting, Karlheinz/Altmeier, David/Günther, Barbara: Wegweiser durch das französische Bilanzrecht, in: IWB, Fach 5, Gruppe 3, vom 25. Juni 1997, S. 521-528; Küting, Karlheinz/Altmeier, David/Günther, Barbara: Die Grundpfeiler des französischen Bilanzrechts, in IWB, Fach 5, Gruppe 3, vom 14.01.1998, S. 529-544; Keun, Friedrich/Scherler, Astrid/Strothotte, Hans-Wilhelm: Rechnungslegungsvorschriften für den Einzelabschluß in Frankreich – Synoptische Darstellung deutsch-französischer Aspekte der Transformationsgesetze zur 4. EG-Richtlinie, in: IWB, Fach 5, Gruppe 3, vom 10.02.1993, S. 435-450.

86 Vgl. Julien-Saint-Armand, Luc/Rubechi, Guillaume: Französisches Steuerrecht, in: Pelka, Jürgen/Niemann, Walter: Beck'sches Steuerberater-Handbuch 2000/2001, München 2000, S. 1057-1075, hier: S. 1063, Rz. 431.

87 Vgl. Julien-Saint-Armand, Luc/Rubechi, Guillaume: Französisches Steuerrecht, in: Pelka, Jürgen/Niemann, Walter: Beck'sches Steuerberater-Handbuch 2000/2001, München 2000, S. 1057-1075, hier: S. 1063, Rz. 431.

88 Vgl. Baconnier, Robert: Unternehmensbesteuerung in Frankreich, in: Lang, Joachim: Unternehmensbesteuerung in EU-Staaten, Köln 1994, S. 73-92, hier: S. 81-82.

89 Vgl. Baconnier, Robert: Unternehmensbesteuerung in Frankreich, in: Lang, Joachim: Unternehmensbesteuerung in EU-Staaten, Köln 1994, S. 73-92, hier: S. 82-84.

als Aufwand geltend gemacht werden.[90] In Frankreich sind steuerlich die lineare und die geometrisch degressive Absetzung für Abnutzung vorgesehen, wobei Grund und Boden und der Firmenwert annahmegemäß keinem Werteverzehr unterliegen und dementsprechend nicht planmäßig abgeschrieben werden dürfen.[91] Es darf jedoch zumeist zwischen den beiden Abschreibungsmethoden nicht frei gewählt werden.[92] Hinsichtlich der Abschreibungsdauer gelten Annahmen der betriebsgewöhnlichen Nutzungsdauern.[93]

Außerplanmäßige Wertberichtigungen sind zulässig für Wirtschaftsgüter, die zwar keinem Wertverzehr unterliegen und für die entsprechend keine Absetzungen für Abnutzungen vorgenommen werden dürfen, die aber aus besonderen Gründen an Wert verloren haben.[94] Rückstellungen sind für wahrscheinliche künftige Verluste und Aufwendungen zulässig, wenn diese der Höhe nach bekannt sind.[95] Im Falle von Auslandsinvestitionen, für Preissteigerungen und Preisschwankungen sind gesetzlich ausdrücklich steuerfreie Rücklagen vorgesehen.[96]

---

90 Vgl. Julien-Saint-Armand, Luc/Rubechi, Guillaume: Französisches Steuerrecht, in: Pelka, Jürgen/Niemann, Walter: Beck'sches Steuerberater-Handbuch 2002/2003, München 2002, S. 1008-1017, hier: S. 1012, Rz. 413.

91 Die degressiven Abschreibungssätze bemessen sich in Frankreich aus dem Produkt des linearen Abschreibungssatzes und dem Koeffizienten 1,5, wenn die betriebsgewöhnliche Nutzungsdauer drei oder vier Jahre beträgt. Der Koeffizient erhöht sich auf 2 bei einer Nutzungsdauer zwischen fünf und sechs Jahren und auf 2,5 bei einer sechs Jahre übersteigenden Nutzungsdauer. Vgl. Baconnier, Robert: Unternehmensbesteuerung in Frankreich, in: Lang, Joachim: Unternehmensbesteuerung in EU-Staaten, Köln 1994, S. 73-92, hier: S. 83; Baker & McKenzie: The Effective Tax Burden of Companies in the Member States of the EU – The Perspective of a Multinational Investor, 2001, in: http://www.bakernet.com/publications/documents/1547_tx.html , S. 13a.

92 Vgl. Baker & McKenzie: The Effective Tax Burden of Companies in the Member States of the EU – The Perspective of a Multinational Investor, 2001, in: http://www.bakernet.com/publications/documents/1547_tx.html, S. 13a-13c.

93 Bei Bürogebäuden wird beispielsweise pauschal eine Nutzungsdauer von 25 Jahren angenommen. Vgl. Baker & McKenzie: The Effective Tax Burden of Companies in the Member States of the EU – The Perspective of a Multinational Investor, 2001, in: http://www.bakernet.com/publications/documents/1547_tx.html, S. 13a.

94 Vgl. Baconnier, Robert: Unternehmensbesteuerung in Frankreich, in: Lang, Joachim: Unternehmensbesteuerung in EU-Staaten, Köln 1994, S. 73-92, hier: S. 83.

95 Vgl. Baconnier, Robert: Unternehmensbesteuerung in Frankreich, in: Lang, Joachim: Unternehmensbesteuerung in EU-Staaten, Köln 1994, S. 73-92, hier: S. 83.

96 Vgl. Baconnier, Robert: Unternehmensbesteuerung in Frankreich, in: Lang, Joachim: Unternehmensbesteuerung in EU-Staaten, Köln 1994, S. 73-92, hier: S. 83.

Der übermäßigen Fremdfinanzierung und der Gefahr der Unterkapitalisierung soll vorgebeugt werden, indem für die Abziehbarkeit von Zinsen im Rahmen von Gesellschafterdarlehen einige Einschränkungen gelten.[97] So darf ein bestimmter Durchschnittszinssatz nicht überschritten werden und darüber hinaus ist die Einzahlung des Stammkapitals eine weitere Voraussetzung für den Zinsabzug.[98] Bei beherrschenden Gesellschaftern ist im Rahmen der Gesellschafterfremdfinanzierung zusätzlich das zulässige Verhältnis von Fremd- und Eigenkapital zu beachten, das den Zinsabzug nur für Darlehen bis zur Höhe des 1,5fachen Stammkapitals der französischen Tochtergesellschaft zulässt.[99] Diese Einschränkung entfällt für französische schachtelprivilegierte Muttergesellschaften und Darlehen von dieser Muttergesellschaft nahestehenden Personen.[100]

Die an die Gesellschafter einer Kapitalgesellschafte gezahlten Tätigkeitsvergütungen stellen jedoch grundsätzlich abzugsfähige Betriebsausgaben dar, wobei die Abzugsfähigkeit in Sonderfällen begrenzt sein kann.[101] Die Tätigkeitsvergütungen stellen beim Empfänger beispielsweise entweder Einkünfte geschäftsfüh-

97 Vgl. Hey, Johanna: Einführung zum KStG, in: Hermann, Carl/Heuer, Gerhard/Raupach, Arndt: Einkommensteuer- und Körperschaftsteuergesetz: Kommentar, Köln 1999, S. K1-K327, hier: S. K233, Rz. 261.

98 Vgl. Julien-Saint-Armand, Luc/Rubechi, Guillaume: Französisches Steuerrecht, in: Pelka, Jürgen/Niemann, Walter: Beck'sches Steuerberater-Handbuch 2000/2001, München 2000, S. 1057-1075, hier: S. 1069, Rz. 471.

99 Vgl. Hey, Johanna: Einführung zum KStG, in: Hermann, Carl/Heuer, Gerhard/Raupach, Arndt: Einkommensteuer- und Körperschaftsteuergesetz: Kommentar, Köln 1999, S. K1-K327, hier: S. K233, Rz. 261; Julien-Saint-Armand, Luc/Rubechi, Guillaume: Französisches Steuerrecht, in: Pelka, Jürgen/Niemann, Walter: Beck'sches Steuerberater-Handbuch 2000/2001, München 2000, S. 1057-1075, hier: S. 1069, Rz. 471.

100 Vgl. Julien-Saint-Armand, Luc/Rubechi, Guillaume: Französisches Steuerrecht, in: Pelka, Jürgen/Niemann, Walter: Beck'sches Steuerberater-Handbuch 2000/2001, München 2000, S. 1057-1075, hier: S. 1069, Rz. 471. Ein Schuldzinsenabzug setzt darüber hinaus die Aufnahme der Verbindlichkeit in die Buchführung der Gesellschaft voraus. Vgl. Bärtels, Hans-Christian: Schuldzinsenabzug in Frankreich, in: DB 2001, 54. Jg., S. XIV.

101 Vgl. Julien-Saint-Armand, Luc/Rubechi, Guillaume: Französisches Steuerrecht, in: Pelka, Jürgen/Niemann, Walter: Beck'sches Steuerberater-Handbuch 2000/2001, München 2000, S. 1057-1075, hier: S. 1069, Rz. 470. Die Bezüge geschäftsführender Gesellschafter von nicht körperschaftsteuerpflichtigen Gesellschaften können hingegen niemals abzugsfähige Ausgaben darstellen. Vgl. Baconnier, Robert: Unternehmensbesteuerung in Frankreich, in: Lang, Joachim: Unternehmensbesteuerung in EU-Staaten, Köln 1994, S. 73-92, hier: S. 80.

render Gesellschafter dar, wie bei den Geschäftsführern einer Société anonyme oder Société à Responsabilité Limitée.[102]

Verdeckte Gewinnausschüttungen dürfen grundsätzlich den körperschaftsteuerlichen Gewinn einer Gesellschaft nicht mindern, berechtigen aber, im Gegensatz zum alten deutschen körperschaftsteuerlichen Anrechnungssystem, den Anteilseigner nicht zur Steuergutschrift.[103] Bei einer Vorteilsgewährung der Gesellschaft gegenüber einem beherrschenden Gesellschafter wird vermutet, dass verdeckte Gewinnausschüttungen vorliegen; die Vermutung kann nur durch Vorlage eines die Angemessenheit des Austauschverhältnisses dokumentierenden Vertrages widerlegt werden.[104] Ebenso müssen französische Gesellschaften, die mit einem beherrschenden Gesellschafter oder mit von ihnen beherrschten Gesellschaften im Ausland Geschäftsbeziehungen unterhalten, das Fremdvergleichsprinzip für die vereinbarten Verrechnungspreise beachten, um die Annahme einer Gewinnverschiebung über die Grenze durch die Finanzbehörden zu verhindern.[105]

Einkünfte aus einer ausländischen Tochtergesellschaft oder Betriebsstätte werden aufgrund des Territorialprinzips in Frankreich nicht von der Körperschaftsteuer erfasst, weshalb auch ausländische Steuergutschriften grundsätzlich nicht geltend gemacht werden dürfen.[106] Aufgrund der mangelnden Steuerpflicht dürfen jedoch auch Aufwendungen, die eine französische Muttergesellschaft zugunsten ihres ausländischen Tochterunternehmens tätigt, analog nicht von der

---

[102] Vgl. Ruppe, Hans Georg: Einführung zum EStG, in: Hermann, Carl/Heuer, Gerhard/Raupach, Arndt: Einkommensteuer- und Körperschaftsteuergesetz: Kommentar, Köln 1999, S. E1-E359, hier: S. E129, Rz. 194; Julien-Saint-Armand, Luc/Rubechi, Guillaume: Französisches Steuerrecht, in: Pelka, Jürgen/Niemann, Walter: Beck'sches Steuerberater-Handbuch 2000/2001, München 2000, S. 1057-1075, hier: S. 1069, Rz. 470.

[103] Vgl. Hey, Johanna: Einführung zum KStG, in: Hermann, Carl/Heuer, Gerhard/Raupach, Arndt: Einkommensteuer- und Körperschaftsteuergesetz: Kommentar, Köln 1999, S. K1-K327, hier: S. K233, Rz. 261.

[104] Vgl. Hey, Johanna: Einführung zum KStG, in: Hermann, Carl/Heuer, Gerhard/Raupach, Arndt: Einkommensteuer- und Körperschaftsteuergesetz: Kommentar, Köln 1999, S. K1-K327, hier: S. K233, Rz. 261.

[105] Vgl. Julien-Saint-Armand, Luc/Rubechi, Guillaume: Französisches Steuerrecht, in: Pelka, Jürgen/Niemann, Walter: Beck'sches Steuerberater-Handbuch 2000/2001, München 2000, S. 1057-1075, hier: S. 1070, Rz. 475.

[106] Vgl. Tillmanns, Wolfhard: Das Steuerrecht Frankreichs, in: IWB, Fach 5, Gruppe 2, vom 10.11.1999, S. 1167-1212, hier: S. 1173; Julien-Saint-Armand, Luc/Rubechi, Guillaume: Französisches Steuerrecht, in: Pelka, Jürgen/Niemann, Walter: Beck'sches Steuerberater-Handbuch 2000/2001, München 2000, S. 1057-1075, hier: S. 1063, Rz. 431.

körperschaftsteuerlichen Bemessungsgrundlage abgezogen werden.[107] Auch der Ausgleich von im Ausland erzielten Verlusten ist nicht gestattet.[108]

In Frankreich ansässige Gesellschaften können jedoch alternativ zum Territorialprinzip die Besteuerung ihres Welteinkommens beantragen, um ausländische Verluste auszugleichen.[109] Die Doppelbesteuerung von Gewinnen wird in diesem Fall durch die Anrechnung der im Ausland gezahlten Körperschaftsteuer auf die französische Körperschaftsteuer vermieden.[110]

Ähnlich wie das deutsche Organschaftsverhältnis ermöglicht die französische Konzern- oder Einheitsbesteuerung (Intégration fiscale) eine Konsolidierung der inländischen Gewinne und Verluste innerhalb eines Kapitalgesellschaftskonzerns.[111] Voraussetzungen sind eine mindestens 95 %ige Beteiligungsquote am Stammkapital der Tochtergesellschaft und eine Ausübung dieses Wahlrechtes über einen Zeitraum von mindestens fünf Jahren.[112] Als Organträger kommen

---

107 Vgl. Julien-Saint-Armand, Luc/Rubechi, Guillaume: Französisches Steuerrecht, in: Pelka, Jürgen/Niemann, Walter: Beck'sches Steuerberater-Handbuch 2000/2001, München 2000, S. 1057-1075, hier: S. 1063, Rz. 431.

108 Vgl. Hey, Johanna: Einführung zum KStG, in: Hermann, Carl/Heuer, Gerhard/Raupach, Arndt: Einkommensteuer- und Körperschaftsteuergesetz: Kommentar, Köln 1999, S. K1-K327, hier: S. K232, Rz. 261.

109 Vgl. Julien-Saint-Armand, Luc/Rubechi, Guillaume: Französisches Steuerrecht, in: Pelka, Jürgen/Niemann, Walter: Beck'sches Steuerberater-Handbuch 2000/2001, München 2000, S. 1057-1075, hier: S. 1063, Rz. 431.

110 Vgl. Duthilleul, Frédéric: Überblick über das Steuerrecht Frankreichs, in: Debatin, Helmut/Wassermeyer, Franz: DBA-Kommentar, München 2000, S. 28, Rz. 134; Hey, Johanna: Einführung zum KStG, in: Hermann, Carl/Heuer, Gerhard/Raupach, Arndt: Einkommensteuer- und Körperschaftsteuergesetz: Kommentar, Köln 1999, S. K1-K327, hier: S. K232, Rz. 261.

111 Hierunter sind nicht nur Kapitalgesellschaften, sondern auch Personengesellschaften, die das Optionsrecht ausgeübt haben, zu verstehen. Vgl. Baconnier, Robert: Unternehmensbesteuerung in Frankreich, in: Lang, Joachim: Unternehmensbesteuerung in EU-Staaten, Köln 1994, S. 73-92, hier: S. 85; Duthilleul, Frédéric: Überblick über das Steuerrecht Frankreichs, in: Debatin/Wassermeyer: DBA-Kommentar, 2000, S. 29, Rz. 145; Julien-Saint-Armand, Luc/Rubechi, Guillaume: Französisches Steuerrecht, in: Pelka, Jürgen/ Niemann, Walter: Beck'sches Steuerberater-Handbuch 2000/2001, München 2000, S. 1057-1075, hier: S. 1069, Rz. 472; Hey, Johanna: Einführung zum KStG, in: Hermann, Carl/Heuer, Gerhard/Raupach, Arndt: Einkommensteuer- und Körperschaftsteuergesetz: Kommentar, Köln 1999, S. K1-K327, hier: S. K234, Rz. 263.

112 Vgl. Hey, Johanna: Einführung zum KStG, in: Hermann, Carl/Heuer, Gerhard/Raupach, Arndt: Einkommensteuer- und Körperschaftsteuergesetz: Kommentar, Köln 1999, S. K1-K327, hier: S. K234, Rz. 263; Duthilleul, Frédéric: Überblick über das Steuerrecht

auch körperschaftsteuerpflichtige französische Betriebsstätten ausländischer Gesellschaften in Betracht.[113] Zu beachten ist auch, dass im Gegensatz zum deutschen Organschaftsverhältnis die französische Konzernbesteuerung nur für körperschaftsteuerliche und nicht für gewerbesteuerliche Zwecke Anwendung findet.[114]

2.2.1.3 Körperschaftsteuertarif

Der reguläre Körperschaftsteuertarif beträgt einheitlich 33 $^1/_3$ % der Bemessungsgrundlage zuzüglich eines 3 %igen Zuschlags, wodurch eine effektive Belastung mit 34 $^1/_3$ % erreicht wird.[115] Ein gespaltener Körperschaftsteuersatz wie im alten deutschen Anrechnungsverfahren, der in Abhängigkeit der Ge-

---

Frankreichs, in: Debatin, Helmut/Wassermeyer, Franz: DBA-Kommentar, München 2000, S. 29, Rz. 145.

113 Vgl. Duthilleul, Frédéric: Überblick über das Steuerrecht Frankreichs, in: Debatin, Helmut/Wassermeyer, Franz: DBA-Kommentar, München 2000, S. 29, Rz. 145. Die Steuerkonsolidierung konnte bis 2001 allerdings nur unter der Bedingung durchgeführt werden, dass die Anteile an der Muttergesellschaft nicht zu 95 % oder mehr von einer französischen körperschaftsteuerpflichtigen Gesellschaft gehalten werden. Diese Einschränkung wurde 2002 abgeschafft. Vgl. Tillmanns, Wolfhard: Steueränderungen in Frankreich 2001/2002, in: IWB, Fach 5, Gruppe 2, vom 24.04.2002, S. 1301-1306, hier: S. 1303.

114 Vgl. Julien-Saint-Armand, Luc/Rubechi, Guillaume: Französisches Steuerrecht, in: Pelka, Jürgen/Niemann, Walter: Beck'sches Steuerberater-Handbuch 2000/2001, München 2000, S. 1057-1075, hier: S. 1071, Rz. 482.

115 Vgl. Tillmanns, Wolfhard: Steueränderungen in Frankreich 2000/2001, in: IWB, Fach 5, Gruppe 2, vom 28.03.2001, S. 1257-1262, hier: S. 1259. Der Zuschlag betrug für im Jahre 2000 endende Wirtschaftsjahre 10 % und für im Jahre 2001 endende Wirtschaftsjahre 6 %, wodurch sich Steuerbelastungen von 36 $^2/_3$ % in 2000 und von 35 $^1/_3$ % in 2001 ergaben. Vgl. auch Lefebvre, Francis: Memento Pratique Fiscal 2001, Paris 2001, S. 486, Rz. 3156.

Bei kleinen und mittelgroßen Unternehmen, an denen zu mindestens 75 % natürliche Personen beteiligt sind, deren Stammkapital vollständig eingezahlt ist und deren Umsatz weniger als 7,6 Mio. € beträgt, unterliegen die ersten 38.000,- € Gewinn in ab dem Jahr 2001 beginnenden Wirtschaftsjahren einem Körperschaftsteuersatz von 25 % und in ab 2002 beginnenden Wirtschaftsjahren nur einem Körperschaftsteuersatz von 15 %. Vgl. Tillmanns, Wolfhard: Steueränderungen in Frankreich 2000/2001, in: IWB, Fach 5, Gruppe 2, vom 28.03.2001, S. 1257-1262, hier: S. 1260; Kern, Charles: Frankreich: Globaler Plan zur Steuererleichterung und Steuerreform (2001-2003), in: IStR 2000, 9. Jg., S. 1*-2*, hier: S. 1*; http://www.euro.gouv.fr/administration/montants/codege.htm.

winnverwendung variiert, existiert nicht.[116] Weiterhin wird bei Gewinnausschüttungen innerhalb Frankreichs keine Kapitalertragsteuer erhoben.[117]

Veräußerungsgewinne sind prinzipiell Bestandteil des gewerblichen Gewinns und somit Teil der körperschaftsteuerlichen Bemessungsgrundlage. Sie werden von der regulären Körperschaftsteuer erfasst, soweit es sich nicht um langfristige Veräußerungsgewinne handelt, die nur einem reduzierten Steuersatz von 19 % zuzüglich des 3 %igen Zuschlags, also einer Effektivbesteuerung von 19,57 % unterliegen.[118] Voraussetzung der Inanspruchnahme dieses begrenzten Steuertarifs ist eine Besitzdauer von mindestens zwei Jahren.[119] Begünstigt sind jedoch nur die Gewinne aus der Veräußerung von bestimmten Beteiligungen sowie Lizenz- und Patenteinkünfte.[120]

Es existieren diverse Steuerermäßigungen oder –befreiungen beispielsweise für neugegründete Unternehmen in strukturschwachen Gebieten oder für Niederlassungen in benachteiligten Stadtvierteln.[121]

Laufende Verluste können grundsätzlich mit laufenden, der regulären Körperschaftsteuer unterliegenden Gewinnen aber auch mit reduziert besteuerten

---

116 Vgl. Julien-Saint-Armand, Luc/Rubechi, Guillaume: Französisches Steuerrecht, in: Pelka, Jürgen/Niemann, Walter: Beck'sches Steuerberater-Handbuch 2000/2001, München 2000, S. 1057-1075, hier: S. 1072, Rz. 485.

117 Vgl. Julien-Saint-Armand, Luc/Rubechi, Guillaume: Französisches Steuerrecht, in: Pelka, Jürgen/Niemann, Walter: Beck'sches Steuerberater-Handbuch 2000/2001, München 2000, S. 1057-1075, hier: S. 1072, Rz. 485.

118 Vgl. Tillmanns, Wolfhard: Steueränderungen in Frankreich 2000/2001, in: IWB, Fach 5, Gruppe 2, vom 28.03.2001, S. 1257-1262, hier: S. 1259. Der Zuschlag betrug für im Jahre 2000 endende Wirtschaftsjahre 10 % und für im Jahre 2001 endende Wirtschaftsjahre 6 %, wodurch sich Steuerbelastungen von 20,9 % in 2000 und von 20,14 % in 2001 ergaben. Vgl. auch Julien-Saint-Armand, Luc/Rubechi, Guillaume: Französisches Steuerrecht, in: Pelka, Jürgen/Niemann, Walter: Beck'sches Steuerberater-Handbuch 2000/2001, München 2000, S. 1057-1075, hier: S. 1063, Rz. 433; Hey, Johanna: Einführung zum KStG, in: Hermann, Carl/Heuer, Gerhard/Raupach, Arndt: Einkommensteuer- und Körperschaftsteuergesetz: Kommentar, Köln 1999, S. K1-K327, hier: S. K233, Rz. 262.

119 Vgl. Hey, Johanna: Einführung zum KStG, in: Hermann, Carl/Heuer, Gerhard/Raupach, Arndt: Einkommensteuer- und Körperschaftsteuergesetz: Kommentar, Köln 1999, S. K1-K327, hier: S. K232, Rz. 261.

120 Vgl. Julien-Saint-Armand, Luc/Rubechi, Guillaume: Französisches Steuerrecht, in: Pelka, Jürgen/Niemann, Walter: Beck'sches Steuerberater-Handbuch 2000/2001, München 2000, S. 1057-1075, hier: S. 1064, Rz. 434.

121 Vgl. Duthilleul, Frédéric: Überblick über das Steuerrecht Frankreichs, in: Debatin, Helmut/Wassermeyer, Franz: DBA-Kommentar, München 2000, S. 24, Rz. 113-116.

langfristigen Veräußerungsgewinnen ausgeglichen werden.[122] Eine Verrechnung von laufenden Verlusten mit langfristigen Veräußerungsgewinnen ist jedoch gegenüber dem Ausgleich mit regulären Gewinnen steuerlich eher nachteilig. Ein Vortrag von Verlusten ist in Frankreich über fünf Jahre und ein Verlustrücktrag über drei Jahre möglich.[123] Verluste aus Abschreibungen in Verlustjahren sind hingegen unbeschränkt vortragsfähig.[124] Verluste aus langfristigen Veräußerungsgeschäften sind nur mit selbigen Gewinnen verrechenbar und können über einen Zeitraum von zehn Jahren vorgetragen werden.[125]

Neben der regulären Körperschaftsteuer kennt das französische Körperschaftsteuersystem eine Mindestbesteuerung, die sich am Umsatz der Gesellschaft bemisst und unabhängig von der Ertragssituation erhoben wird, also auch, wenn die betroffene Gesellschaft Verluste zu verzeichnen hat.[126] Diese nach dem Umsatz gestaffelte Steuer bemisst sich wie folgt (vgl. Abb. 1: „Tarif der Mindest-Körperschaftsteuer" auf der nächsten Seite).

Diese Mindest-Körperschaftsteuer wird auf die Körperschaftsteuerschuld angerechnet bzw. mit den Körperschaftsteuervorauszahlungen der zwei Folgejahre verrechnet, soweit sich eine höhere Steuerschuld ergibt.[127] Anderenfalls stellt die Mindestkörperschaftsteuer eine Definitivbelastung dar.[128]

---

122 Vgl. Julien-Saint-Armand, Luc/Rubechi, Guillaume: Französisches Steuerrecht, in: Pelka, Jürgen/Niemann, Walter: Beck'sches Steuerberater-Handbuch 2000/2001, München 2000, S. 1057-1075, hier: S. 1064, Rz. 435.

123 Vgl. Hey, Johanna: Einführung zum KStG, in: Hermann, Carl/Heuer, Gerhard/Raupach, Arndt: Einkommensteuer- und Körperschaftsteuergesetz: Kommentar, Köln 1999, S. K1-K327, hier: S. K233, Rz. 261.

124 Vgl. Julien-Saint-Armand, Luc/Rubechi, Guillaume: Französisches Steuerrecht, in: Pelka, Jürgen/Niemann, Walter: Beck'sches Steuerberater-Handbuch 2000/2001, München 2000, S. 1057-1075, hier: S. 1064, Rz. 435.

125 Vgl. Julien-Saint-Armand, Luc/Rubechi, Guillaume: Französisches Steuerrecht, in: Pelka, Jürgen/Niemann, Walter: Beck'sches Steuerberater-Handbuch 2000/2001, München 2000, S. 1057-1075, hier: S. 1064, Rz. 435.

126 Vgl. Hey, Johanna: Einführung zum KStG, in: Hermann, Carl/Heuer, Gerhard/Raupach, Arndt: Einkommensteuer- und Körperschaftsteuergesetz: Kommentar, Köln 1999, S. K1-K327, hier: S. K233, Rz. 262.

127 Vgl. Julien-Saint-Armand, Luc/Rubechi, Guillaume: Französisches Steuerrecht, in: Pelka, Jürgen/Niemann, Walter: Beck'sches Steuerberater-Handbuch 2000/2001, München 2000, S. 1057-1075, hier: S. 1064, Rz. 437; Hey, Johanna: Einführung zum KStG, in: Hermann, Carl/Heuer, Gerhard/Raupach, Arndt: Einkommensteuer- und Körperschaftsteuergesetz: Kommentar, Köln 1999, S. K1-K327, hier: S. K233, Rz. 262.

128 Vgl. Duthilleul, Frédéric: Überblick über das Steuerrecht Frankreichs, in: Debatin, Helmut/Wassermeyer, Franz: DBA-Kommentar, München 2000, S. 28-29, Rz. 141.

Jährlicher Umsatz (€) von	bis	KSt (€)
-	150.000	750
150.000	300.000	1.125
300.000	750.000	1.575
750.000	1.500.000	2.175
1.500.000	7.500.000	3.750
7.500.000	15.000.000	7.500
15.000.000	75.000.000	18.750
75.000.000	∞	300.000

Abb. 1: Tarif der Mindest-Körperschaftsteuer[129]

2.2.1.4 Das französische Anrechnungsverfahren

Da es durch eine Besteuerung der Unternehmensgewinne auf Ebene der Gesellschaft und der Anteilseigner zu einer Doppelbesteuerung kommen würde, existiert in Frankreich ein Anrechnungsverfahren.[130] Dem Dividendenempfänger wird ein Anrechnungsguthaben, ein avoir fiscal, gewährt, der bei Anteilseignern in Form von Muttergesellschaften[131] 50 % und bei anderen Anteilseignern 15 % der Bruttodividende beträgt.[132]

---

[129] Vgl. Julien-Saint-Armand, Luc/Rubechi, Guillaume: Französisches Steuerrecht, in: Pelka, Jürgen/Niemann, Walter: Beck'sches Steuerberater-Handbuch 2000/2001, München 2000, S. 1057-1075, hier S. 1063, Rz. 435; http://www.euro.gouv.fr/administration/montants/codege.htm.

[130] Vgl. Hey, Johanna: Einführung zum KStG, in: Hermann, Carl/Heuer, Gerhard/Raupach, Arndt: Einkommensteuer- und Körperschaftsteuergesetz: Kommentar, Köln 1999, S. K1-K327, hier: S. K233, Rz. 263.

[131] Für die Anerkennung einer Mutter-Tochter-Beziehung ist seit dem Jahr 2001 eine 5 %ige Beteiligung einer körperschaftsteuerpflichtigen Gesellschaft an einer ebenfalls körperschaftsteuerpflichtigen Tochtergesellschaft ausreichend, wohingegen bis zum Jahre 2000 eine 10 %ige Beteiligung gefordert wurde. Vgl. Tillmanns, Wolfhard: Steueränderungen in Frankreich 2000/2001, in: IWB, Fach 5, Gruppe 2, vom 28.03.2001, S. 1257-1262, hier: S. 1259.

[132] Im Jahr 2000 betrug der reduzierte avoir fiscal noch 40 % und im Jahr 2001 25 % der Bruttodividende. Vgl. Tillmanns, Wolfhard: Steueränderungen in Frankreich 1999/2000, in: IWB, Fach 5, Gruppe 2, vom 26.04.2000, S. 1237-1242, hier: S. 1239; Tillmanns, Wolfhard: Steueränderungen in Frankreich 2000/2001, in: IWB, Fach 5, Gruppe 2, vom 28.03.2001, S. 1257-1262, hier: S. 1260; Julien-Saint-Armand, Luc/Rubechi, Guillaume:

Um Steuerausfälle zu vermeiden, muss die reguläre Körperschaftsteuer auf die ausgeschütteten Gewinne auch entrichtet worden sein.[133] Werden ermäßigt besteuerte oder steuerfreie Gewinne ausgeschüttet, ist von der ausschüttenden Gesellschaft eine Ausschüttungssteuer, die précompte mobilier, zu entrichten.[134]

Für schachtelprivilegierte Muttergesellschaften, die über mindestens 5 % der stimmberechtigten Anteile verfügen, bleiben auf Antrag die von der Tochtergesellschaft an das Mutterunternehmen ausgeschütteten Dividenden steuerfrei.[135] Zu versteuern sind allerdings 5 % der Dividendeneinkünfte und des avoir fiscal auf Ebene der erhaltenden Gesellschaft.[136] Obwohl bei der Muttergesellschaft aufgrund der weitgehenden Steuerfreiheit der Dividenden kein avoir fiscal ausgelöst wird, kann das Mutterunternehmen diese Steuergutschrift, die auf den an sie ausgeschütteten Gewinnanteil entfällt, bei einer Ausschüttung an ihre Anteilseigner weiterleiten.[137]

Französisches Steuerrecht, in: Pelka, Jürgen/Niemann, Walter: Beck'sches Steuerberater-Handbuch 2000/2001, München 2000, S. 1057-1075, hier: S. 1064, Rz. 438.

133 Vgl. Stawinoga, Rainer: Handbuch der französischen Körperschaftsteuer, 3. Aufl., Bielefeld 1994, S. 171.

134 Vgl. Julien-Saint-Armand, Luc/Rubechi, Guillaume: Französisches Steuerrecht, in: Pelka, Jürgen/Niemann, Walter: Beck'sches Steuerberater-Handbuch 2000/2001, München 2000, S. 1057-1075, hier: S. 1064, Rz. 438; Tillmanns, Wolfhard: Steueränderungen in Frankreich 2000/2001, in: IWB, Fach 5, Gruppe 2, vom 28.03.2001, S. 1257-1262, hier: S. 1260.

135 Vgl. Hey, Johanna: Einführung zum KStG, in: Hermann, Carl/Heuer, Gerhard/Raupach, Arndt: Einkommensteuer- und Körperschaftsteuergesetz: Kommentar, Köln 1999, S. K1-K327, hier: S. K234, Rz. 263; Tillmanns, Wolfhard: Steueränderungen in Frankreich 2000/2001, in: IWB, Fach 5, Gruppe 2, vom 28.03.2001, S. 1257-1262, hier: S. 1259. Bis zum Jahr 2001 wurden eine 10 %ige Beteiligung oder Anschaffungskosten i.H.v. mindestens 150 Mio. FF zur Nutzung dieses Wahlrechtes gefordert. Vgl. Tillmanns, Wolfhard: Steueränderungen in Frankreich 2000/2001, in: IWB, Fach 5, Gruppe 2, vom 28.03.2001, S. 1257-1262, hier: S. 1259; Bullinger, Patrick: Die französische Körperschaftsteuergutschrift (avoir fiscal) für deutsche Direktinvestitionen nach dem Steuersenkungsgesetz, in: IStR 2001, 10. Jg., S. 46-50, hier: S. 47; Viegener, Johannes: Vollanrechnung und Schachtelprivileg in Frankreich, in: IWB, Fach 5,Gruppe 2, vom 11.01 1993, S. 933-936, hier: S. 934; Kern, Charles: Frankreich: Steuergesetz 2001, in: IStR 2001, 10. Jg., S. 4*.

136 Vgl. Julien-Saint-Armand, Luc/Rubechi, Guillaume: Französisches Steuerrecht, in: Pelka, Jürgen/Niemann, Walter: Beck'sches Steuerberater-Handbuch 2000/2001, München 2000, S. 1057-1075, hier: S. 1071, Rz. 482.

137 Vgl. Duthilleul, Frédéric: Überblick über das Steuerrecht Frankreichs, in: Debatin, Helmut/Wassermeyer, Franz: DBA-Kommentar, München 2000, S. 27-28, Rz. 134.

Ausländische Anteilseigner nehmen in der Regel nicht am Anrechnungsverfahren teil und unterliegen zusätzlich, soweit kein anderslautendes Doppelbesteuerungsabkommen existiert, einer 25 %igen Quellenbesteuerung, durch die die beschränkte Steuerpflicht in Frankreich abgegolten ist.[138] Eine Ausnahme bezüglich der Quellenbesteuerung stellen die durch die Mutter-Tochter-Richtlinie begünstigten Dividenden an Kapitalgesellschaften innerhalb der Europäischen Union dar, die quellensteuerfrei bleiben.[139] Außerdem kann der Quellensteuersatz aufgrund eines Doppelbesteuerungsabkommens reduziert werden, beispielsweise durch das deutsch-französische Doppelbesteuerungsabkommen auf 15 %.[140]

Einige der französischen Doppelbesteuerungsabkommen sehen jedoch auch die Begünstigung ausländischer Anteilseigner durch Gewährung des avoir fiscal vor, wozu zwei verschiedene Methoden Anwendung finden.[141] Die erste Methode sieht die Erstattung des avoir fiscal nach Abzug der Quellensteuer gegenüber dem beschränkt steuerpflichtigen Anteilseigner durch den französischen Fiskus vor.[142] Abweichend davon sah die auch für deutsche Anteilseigner bis Ende 2001 angewandte zweite Methode die Steuergutschrift des avoir fiscal vor, wobei der französische Fiskus dem Fiskus des Wohnsitzstaates des Anteilseigners die mit der Steueranrechnung verbundenen Ausfälle erstattet hat.[143] Ist der

---

138 Vgl. Hey, Johanna: Einführung zum KStG, in: Hermann, Carl/Heuer, Gerhard/Raupach, Arndt: Einkommensteuer- und Körperschaftsteuergesetz: Kommentar, Köln 1999, S. K1-K327, hier: S. K234-K235, Rz. 263 und 265.

139 Vgl. Richtlinie (EWG) 90/435 über das gemeinsame Steuersystem der Mutter- und Tochtergesellschaften verschiedener Mitgliedstaaten, vom 23.06.1990, in: ABl. L 225 vom 20.08.1990, S. 6-9, ber. ABl. L 226, S. 20, geändert durch Beitrittsakte 1995, in: ABl. L 1 vom 01.01.1995, S. 1-219.

140 Vgl. Artikel 9 Abs. 2 des Abkommen zwischen der Bundesrepublik Deutschland und der Französischen Republik zur Vermeidung der Doppelbesteuerungen und über gegenseitige Amts- und Rechtshilfe auf dem Gebiete der Steuern vom Einkommen und vom Vermögen sowie der Gewerbesteuern und der Grundsteuern vom 21. Juli 1959, veröffentlicht in: BGBl. II 1961, S. 397, zuletzt geändert durch Zusatzabkommen vom 20. Dezember 2001, in: http://www.bundesfinanzministerium.de/Anlage9476/Zusatzabkommen.pdf.

141 Vgl. Hey, Johanna: Einführung zum KStG, in: Hermann, Carl/Heuer, Gerhard/Raupach, Arndt: Einkommensteuer- und Körperschaftsteuergesetz: Kommentar, Köln 1999, S. K1-K327, hier: S. K235, Rz. 265.

142 Vgl. Hey, Johanna: Einführung zum KStG, in: Hermann, Carl/Heuer, Gerhard/Raupach, Arndt: Einkommensteuer- und Körperschaftsteuergesetz: Kommentar, Köln 1999, S. K1-K327, hier: S. K235, Rz. 265.

143 Vgl. Hey, Johanna: Einführung zum KStG, in: Hermann, Carl/Heuer, Gerhard/Raupach, Arndt: Einkommensteuer- und Körperschaftsteuergesetz: Kommentar, Köln 1999, S. K1-

ausländische Anteilseigner zu einer Steuergutschrift berechtigt, wird von der Erhebung der Quellensteuer abgesehen.[144] Ab dem 1. Januar 2002 wird jedoch mit dem Zusatzprotokoll zur Änderung des deutsch-französischen Doppelbesteuerungsabkommens[145] die französische Steuergutschrift für Dividendenausschüttungen französischer Kapitalgesellschaften auf französischen Wunsch insgesamt abgeschafft, um den Auswirkungen der deutschen Unternehmensteuerreform zu begegnen.[146]

2.2.2 Einkommensteuer (Impôt sur le Revenue)

Die Einkommensteuer stellt wie die Körperschaftsteuer eine auch in Frankreich bedeutende Ertragsteuer dar. Sie unterscheidet sich von der Körperschaftsteuer, wie auch in Deutschland, vorwiegend dadurch, dass sie nicht das Einkommen

---

K327, hier: S. K235, Rz. 265; OFD Frankfurt am Main: Verfügung vom 10.02.1999, Az. S – 2293 A – 72 – St II 22, in: IStR 2001, 10. Jg., S. 59-60, hier: S. 59; Bundesministerium für Finanzen: Schreiben vom 14.11.2000, Az. IV D 3 – S 1301 Fra – 6/00, gleichlautend OFD Berlin: Verfügung vom 30. November 2000, Az. St – S 1301 – Fra 2/82, in: IStR 2001, 10. Jg., S. 60.

144 Vgl. Julien-Saint-Armand, Luc/Rubechi, Guillaume: Französisches Steuerrecht, in: Pelka, Jürgen/Niemann, Walter: Beck'sches Steuerberater-Handbuch 2000/2001, München 2000, S. 1057-1075, hier: S. 1073, Rz. 492.

145 Vgl. Abkommen zwischen der Bundesrepublik Deutschland und der Französischen Republik zur Vermeidung der Doppelbesteuerungen und über gegenseitige Amts- und Rechtshilfe auf dem Gebiete der Steuern vom Einkommen und vom Vermögen sowie der Gewerbesteuern und der Grundsteuern vom 21. Juli 1959, veröffentlicht in: BGBl. II 1961, S. 397, zuletzt geändert durch Zusatzabkommen vom 20. Dezember 2001, in: http://www.bundesfinanzministerium.de/Anlage9476/Zusatzabkommen.pdf.

146 Vgl. Bundesministerium für Finanzen: Pressemitteilung: Deutsch-französisches Doppelbesteuerungsabkommen – Erklärung über den Wegfall der französischen Steuergutschrift, 13.07.2001, in: http://www.bundesfinanzministerium.de/Internationale-Beziehungen-.597.htm; Bundesministerium für Finanzen: Pressemitteilung: Anpassung des deutsch-französischen Doppelbesteuerungsabkommens, 20.11.2001, in: http://www.bundesfinanzministerium.de/ Pressemitteilungen-.395.8436/ Anpassung-des-deutsch-franzoesischen-Doppelbeste...htm; Bundesministerium für Finanzen: Gemeinsame deutsch-französische Erklärung im Rahmen des Verständigungsverfahrens, in: http://www.bundesfinanzministerium.de/ Internationale-Beziehungen-.597.5860/ Deutsch-franzoesisches-Doppelbesteurungsabkomme...htm; Maier-Frischmuth, Markus: Neuregelung der Besteuerung französischer Dividendeneinkünfte, in: IStR 2002, 11. Jg., S. 52-55, hier: S. 52.

Ausländische Dividendeneinkünfte sind im neuen Körperschaftsteuersystem ab 2001 bei natürlichen Personen zur Hälfte und bei Kapitalgesellschaften in voller Höhe – abgesehen von einer 5 %igen Pauschalbsteuerung – von der Einkommen-/Körperschaftsteuer befreit, § 3 Nr. 40 Bst. d) EStG, § 8b Abs. 1, 5 KStG.

juristischer, sondern natürlicher Personen erfasst und mit einem progressiven Tarif ausgestaltet ist.[147]

2.2.2.1 Persönliche Steuerpflicht

Der französischen Einkommensteuer unterliegen natürliche Personen, die in Frankreich ansässig sind oder dort Einkünfte erzielen.[148] Die unbeschränkte Steuerpflicht bemisst sich dabei anhand des Wohnsitzes und erfasst das Welteinkommen und nicht wie bei der Körperschaftsteuer nur die in Frankreich erzielten Einkünfte.[149] Der Wohnsitz bestimmt sich nach persönlichen Kriterien wie Wohnstätte oder gewöhnlichem Aufenthalt und wird steuerlich auch angenommen, wenn sich der Mittelpunkt der wirtschaftlichen Interessen in Frankreich befindet oder die berufliche Haupttätigkeit in Frankreich ausgeübt wird.[150]

Die beschränkte Steuerpflicht erfasst Personen, die keinen steuerlichen Wohnsitz in Frankreich innehaben, aber in Frankreich Einkünfte aus französischen Quellen beziehen.[151] Steuerausländer, die ihren Wohnsitz in einem Land haben, mit dem kein Doppelbesteuerungsabkommen besteht und die in Frankreich eine oder mehrere Wohnungen haben, werden mit dem dreifachen Mietwert dieser Wohnungen ebenfalls zur Einkommensteuer herangezogen, selbst wenn sie in Frankreich keine Einkünfte erzielen.[152]

---

147 Vgl. Ruppe, Hans Georg: Einführung zum EStG, in: Hermann, Carl/Heuer, Gerhard/ Raupach, Arndt: Einkommensteuer- und Körperschaftsteuergesetz: Kommentar, Köln 1999, S. E1-E359, hier: S. E127, Rz. 190; Julien-Saint-Armand, Luc/Rubechi, Guillaume: Französisches Steuerrecht, in: Pelka, Jürgen/Niemann, Walter: Beck'sches Steuerberater-Handbuch 2000/2001, München 2000, S. 1057-1075, hier: S. 1064-1065, Rz. 440-444.

148 Vgl. Duthilleul, Frédéric: Überblick über das Steuerrecht Frankreichs, in: Debatin, Helmut/Wassermeyer, Franz: DBA-Kommentar, München 2000, S. 6-8, Rz. 25-31.

149 Vgl. Julien-Saint-Armand, Luc/Rubechi, Guillaume: Französisches Steuerrecht, in: Pelka, Jürgen/Niemann, Walter: Beck'sches Steuerberater-Handbuch 2000/2001, München 2000, S. 1057-1075, hier: S. 1064, Rz. 440.

150 Vgl. Ruppe, Hans Georg: Einführung zum EStG, in: Hermann, Carl/Heuer, Gerhard/ Raupach, Arndt: Einkommensteuer- und Körperschaftsteuergesetz: Kommentar, Köln 1999, S. E1-E359, hier: S. E127, Rz. 191.

151 Vgl. Julien-Saint-Armand, Luc/Rubechi, Guillaume: Französisches Steuerrecht, in: Pelka, Jürgen/Niemann, Walter: Beck'sches Steuerberater-Handbuch 2000/2001, München 2000, S. 1057-1075, hier: S. 1064, Rz. 440.

152 Vgl. Ruppe, Hans Georg: Einführung zum EStG, in: Hermann, Carl/Heuer, Gerhard/ Raupach, Arndt: Einkommensteuer- und Körperschaftsteuergesetz: Kommentar, Köln 1999, S. E1-E359, hier: S. E127, Rz. 191.

2.2.2.2 Sachliche Leistungsfähigkeit

Das französische Steuerrecht unterscheidet abschließend acht Einkunftsarten.[153] Bemessungsgrundlage der Einkommensteuer ist die Summe der Einkünfte aus diesen Einkunftsarten nach Abzug von Freibeträgen und Berücksichtigung der persönlichen Leistungsfähigkeit.[154]

2.2.2.2.1 Gewinne aus Gewerbebetrieb

Diese Einkunftsart erfasst die gewerblichen Einkünfte, die die Besteuerungsgrundlage der Unternehmen bilden.[155] Die Vorschriften zur Ermittlung der einkommensteuerpflichtigen, gewerblichen Einkünfte entsprechen weitgehend den Vorschriften zur Gewinnermittlung bei der Körperschaftsteuer.[156] Die Einkünfte sind – meist ausgehend vom handelsrechtlichen Ergebnis – durch vereinfachten oder vollständigen Betriebsvermögensvergleich zu ermitteln; nur für kleinere Handels- und Dienstleistungsbetriebe ist alternativ eine Pauschalbesteuerung durch Richtsatzschätzung vorgesehen.[157]

Die an Gesellschafter einer nicht optierten Personengesellschaft gezahlten Tätigkeitsvergütungen sind bei der Gewinnermittlung auf Ebene der Gesellschaft nicht abzugsfähig und werden den betreffenden Gesellschaftern als Vorabgewinn zugerechnet, so dass auch diese unter den Gewinnen aus Gewerbebetrieb erfasst werden.[158] Gehälter, die von einer Personengesellschaft an den

---

[153] Vgl. Ruppe, Hans Georg: Einführung zum EStG, in: Hermann, Carl/Heuer, Gerhard/ Raupach, Arndt: Einkommensteuer- und Körperschaftsteuergesetz: Kommentar, Köln 1999, S. E1-E359, hier: S. E128, Rz. 192.

[154] Vgl. Duthilleul, Frédéric: Überblick über das Steuerrecht Frankreichs, in: Debatin, Helmut/Wassermeyer, Franz: DBA-Kommentar, München 2000, S. 9-11, Rz. 38-42.

[155] Vgl. Kussmaul, Heinz/Schäfer, René: Die Option der Personengesellschaften für eine Besteuerung durch die Körperschaftsteuer im französischen Steuerrecht, in: IStR 2000, 9. Jg., S. 161-166, hier: S. 162.

[156] Vgl. Julien-Saint-Armand, Luc/Rubechi, Guillaume: Französisches Steuerrecht, in: Pelka, Jürgen/Niemann, Walter: Beck'sches Steuerberater-Handbuch 2000/2001, München 2000, S. 1057-1075, hier: S. 1065, Rz. 441.

[157] Vgl. Ruppe, Hans Georg: Einführung zum EStG, in: Hermann, Carl/Heuer, Gerhard/ Raupach, Arndt: Einkommensteuer- und Körperschaftsteuergesetz: Kommentar, Köln 1999, S. E1-E359, hier: S. E128, Rz. 193.

[158] Vgl. Ruppe, Hans Georg: Einführung zum EStG, in: Hermann, Carl/Heuer, Gerhard/ Raupach, Arndt: Einkommensteuer- und Körperschaftsteuergesetz: Kommentar, Köln 1999, S. E1-E359, hier: S. E128, Rz. 193; Julien-Saint-Armand, Luc/Rubechi, Guillaume: Französisches Steuerrecht, in: Pelka, Jürgen/Niemann, Walter: Beck'sches Steuerberater-Handbuch 2000/2001, München 2000, S. 1057-1075, hier: S. 1070, Rz. 476.

Ehegatten eines Gesellschafters gezahlt werden, können jedoch bis zur Höhe von 2.600 € pro Jahr – und unter bestimmten Voraussetzungen auch ein höherer Betrag – abgezogen werden.[159]

Zinsen für bei einem Gesellschafter einer Personengesellschaft aufgenommene Darlehen mindern das zu versteuernde Einkommen der Gesellschaft, soweit der zugrundeliegende Zinssatz einen bestimmten durchschnittlichen von Kreditinstituten geforderten Zinssatz nicht übersteigt, der dem bei Gesellschafterdarlehen im Rahmen der Körperschaftsteuer zugrundezulegenden Zins entspricht.[160] Sonstige angemessene Nutzungsentgelte für die Überlassung von Wirtschaftsgütern sind ebenfalls bei der Gewinnermittlung einer Personengesellschaft als Betriebsausgabe abzugsfähig.[161] Bei den Gesellschaftern erfolgt eine Erfassung der Zinsen bzw. Nutzungsentgelte im Rahmen der jeweiligen Einkunftsart und nicht wie in Deutschland bei den Einkünften aus Gewerbebetrieb gem. § 15 Abs. 1 S. 1 Nr. 2 EStG.[162]

Eine der deutschen Infektionstheorie ähnelnde Regelung ordnet auch Gewinne aus selbständiger Arbeit oder aus Land- und Forstwirtschaft den gewerblichen Einkünften zu, soweit diese für sich betrachtet einer dieser beiden anderen Einkunftsarten zuzuordnenden Tätigkeiten in einem inneren Zusammenhang mit der gewerblichen Tätigkeit stehen und die Umsätze aus gewerblicher Tätigkeit dominieren.[163]

---

159 Vgl. Julien-Saint-Armand, Luc/Rubechi, Guillaume: Französisches Steuerrecht, in: Pelka, Jürgen/Niemann, Walter: Beck'sches Steuerberater-Handbuch 2000/2001, München 2000, S. 1057-1075, hier: S. 1070, Rz. 476; http://www.euro.gouv.fr/administration/montants/codege.htm.

160 Vgl. Julien-Saint-Armand, Luc/Rubechi, Guillaume: Französisches Steuerrecht, in: Pelka, Jürgen/Niemann, Walter: Beck'sches Steuerberater-Handbuch 2000/2001, München 2000, S. 1057-1075, hier: S. 1070, Rz. 477.

161 Vgl. Julien-Saint-Armand, Luc/Rubechi, Guillaume: Französisches Steuerrecht, in: Pelka, Jürgen/Niemann, Walter: Beck'sches Steuerberater-Handbuch 2000/2001, München 2000, S. 1057-1075, hier: S. 1070, Rz. 478.

162 Vgl. Julien-Saint-Armand, Luc/Rubechi, Guillaume: Französisches Steuerrecht, in: Pelka, Jürgen/Niemann, Walter: Beck'sches Steuerberater-Handbuch 2000/2001, München 2000, S. 1057-1075, hier: S. 1069, Rz. 470.

163 Vgl. Cozian, Maurice: Précis de fiscalité des entreprises, 19. Aufl, Paris 1995, S. 29, Rz. 145; Sachs, Holger: Einkommensbesteuerung in Deutschland und Frankreich: Ein Vergleich der Konzeptionen gleichmäßiger Besteuerung, Diss. Freiburg 1998, Frankfurt am Main 1998, S. 119. Vgl. zur deutschen Infektionstheorie Wehrheim, Michael: Einkommensteuer und Steuerwirkungslehre, Wiesbaden 2001, S. 49-50.

2.2.2.2.2 Nichtgewerbliche Gewinne

Nichtgewerbliche Einkünfte bilden eine weitere Einkunftsart und umfassen beispielsweise Einkünfte aus freiberuflichen Tätigkeiten und Lizenzgebühren, soweit diese von Nicht-Gewerbetreibenden vereinnahmt werden.[164] Auch die Bezüge von Mitgliedern des Aufsichtsrates einer Société en commandite par Actions, der französischen Kommanditgesellschaft auf Aktien, werden durch diese Einkunftsart erfasst.[165] Die Gewinnermittlung kann alternativ zum Betriebsvermögensvergleich durch eine Einnahmen-Überschussrechnung erfolgen, oder die Gewinne können in Abhängigkeit der Höhe der jährlichen Einnahmen auch durch Bestandsvergleich oder durch Schätzung nach einer vereinfachten Steuererklärung ermittelt werden.[166]

2.2.2.2.3 Gewinne aus Land- und Forstwirtschaft

Gewinne aus Land- und Forstwirtschaft werden je nach Betriebsgröße nach Bestandsvergleich oder Pauschalsätzen ermittelt, wobei pauschalierte Landwirte für eine Besteuerung durch Bestandsvergleich optieren dürfen.[167] Gewerbliche Einkünfte und Einkünfte aus selbständiger Arbeit unterliegen ebenfalls den Regelungen für die landwirtschaftliche Gewinnermittlung, falls sie nicht mehr als 30 % am Gesamtumsatz ausmachen und unabhängig davon höchstens 30.000 € betragen.[168]

---

164 Vgl. Julien-Saint-Armand, Luc/Rubechi, Guillaume: Französisches Steuerrecht, in: Pelka, Jürgen/Niemann, Walter: Beck'sches Steuerberater-Handbuch 2000/2001, München 2000, S. 1057-1075, hier: S. 1065, Rz. 441.

165 Vgl. Ruppe, Hans Georg: Einführung zum EStG, in: Hermann, Carl/Heuer, Gerhard/Raupach, Arndt: Einkommensteuer- und Körperschaftsteuergesetz: Kommentar, Köln 1999, S. E1-E359, hier: S. E128, Rz. 193.

166 Vgl. Julien-Saint-Armand, Luc/Rubechi, Guillaume: Französisches Steuerrecht, in: Pelka, Jürgen/Niemann, Walter: Beck'sches Steuerberater-Handbuch 2000/2001, München 2000, S. 1057-1075, hier: S. 1065, Rz. 441; Ruppe, Hans Georg: Einführung zum EStG, in: Hermann, Carl/Heuer, Gerhard/Raupach, Arndt: Einkommensteuer- und Körperschaftsteuergesetz: Kommentar, Köln 1999, S. E1-E359, hier: S. E128, Rz. 193.

167 Vgl. Ruppe, Hans Georg: Einführung zum EStG, in: Hermann, Carl/Heuer, Gerhard/Raupach, Arndt: Einkommensteuer- und Körperschaftsteuergesetz: Kommentar, Köln 1999, S. E1-E359, hier: S. E128, Rz. 193.

168 Vgl. Sachs, Holger: Einkommensbesteuerung in Deutschland und Frankreich: Ein Vergleich der Konzeptionen gleichmäßiger Besteuerung, Diss. Freiburg 1998, Frankfurt am Main 1998, S. 121.

2.2.2.2.4 Einkünfte aus nichtselbständiger Arbeit

Steuerpflichtige Löhne, Gehälter, Pensionen und Leibrenten bilden eine Einkunftsart, die grob mit den deutschen Einkünften aus nichtselbständiger Arbeit vergleichbar ist, und fließen nur als Nettobetrag, das heißt nach Abzug der Sozialabgaben, in die einkommensteuerliche Bemessungsgrundlage ein.[169] Von Löhnen und Gehältern kann ein 10 %iger Werbungskostenpauschbetrag abgezogen werden, der jedoch auf einen Absolutbetrag von 12.229,- €[170] begrenzt ist, wobei ein Einzelnachweis höherer Werbungskosten zulässig ist.[171] Ein anderer 10 %iger pro zusammenveranlagtem Haushalt geltender Pauschalabzug bei Pensionen und Renten ist auf maximal 3.160,- € begrenzt.[172] Darüber hinaus kann der Steuerpflichtige einen Sonderausgabenpauschbetrag bei Gehältern und Renten in Höhe von 20 % der Resteinkünfte – begrenzt auf maximal 22.380,- € – vornehmen, um den Nachteil der kaum bestehenden Möglichkeit der (illegalen) Steuerhinterziehung für Gehaltsempfänger auszugleichen.[173] In der Regel

---

[169] Vgl. Julien-Saint-Armand, Luc/Rubechi, Guillaume: Französisches Steuerrecht, in: Pelka, Jürgen/Niemann, Walter: Beck'sches Steuerberater-Handbuch 2000/2001, München 2000, S. 1057-1075, hier: S. 1065, Rz. 441.

[170] Vgl. Tillmanns, Wolfhard: Steueränderungen in Frankreich 2001/2002, in: IWB, Fach 5, Gruppe 2, vom 24.04.2002, S. 1301-1306, hier: S. 1301; Julien-Saint-Armand, Luc/Rubechi, Guillaume: Französisches Steuerrecht, in: Pelka, Jürgen/Niemann, Walter: Beck'sches Steuerberater-Handbuch 2000/2001, München 2000, S. 1057-1075, hier: S. 1065, Rz. 441; http://www.euro.gouv.fr/administration/montants/codege.htm.

[171] Vgl. Duthilleul, Frédéric: Überblick über das Steuerrecht Frankreichs, in: Debatin, Helmut/Wassermeyer, Franz: DBA-Kommentar, München 2000, S. 19, Rz. 83; Sachs, Holger: Einkommensbesteuerung in Deutschland und Frankreich: Ein Vergleich der Konzeptionen gleichmäßiger Besteuerung, Diss. Freiburg 1998, Frankfurt am Main 1998, S. 204; Ruppe, Hans Georg: Einführung zum EStG, in: Hermann, Carl/Heuer, Gerhard/Raupach, Arndt: Einkommensteuer- und Körperschaftsteuergesetz: Kommentar, Köln 1999, S. E1-E359, hier: S. E129, Rz. 194.

[172] Vgl. Tillmanns, Wolfhard: Steueränderungen in Frankreich 2001/2002, in: IWB, Fach 5, Gruppe 2, vom 24.04.2002, S. 1301-1306, hier: S. 1301.

[173] Vgl. Julien-Saint-Armand, Luc/Rubechi, Guillaume: Französisches Steuerrecht, in: Pelka, Jürgen/Niemann, Walter: Beck'sches Steuerberater-Handbuch 2000/2001, München 2000, S. 1057-1075, hier: S. 1065, Rz. 441; Tillmanns, Wolfhard: Steueränderungen in Frankreich 2001/2002, in: IWB, Fach 5, Gruppe 2, vom 24.04.2002, S. 1301-1306, hier: S. 1301; Sachs, Holger: Einkommensbesteuerung in Deutschland und Frankreich: Ein Vergleich der Konzeptionen gleichmäßiger Besteuerung, Diss. Freiburg 1998, Frankfurt am Main 1998, S. 204; Brachet, Bernard: Le system fiscal français, 6. Aufl., Paris, 1995; http://www.euro.gouv.fr/administration/montants/codege.htm. Diese Maßnahme soll dem Gleichmäßigkeitsgrundsatz gerecht werden.

fließen also nur 72 % der Einkünfte dieser Einkunftsart in die Bemessungsgrundlage der Einkommensteuer ein.[174]

2.2.2.2.5 Einkünfte geschäftsführender Gesellschafter

Geschäftsführerbezüge von Gesellschafter-Geschäftsführern, die zu mindestens 50 % an der Gesellschaft beteiligt sind, bilden eine eigene Einkunftsart und die Empfänger sind nicht zur Inanspruchnahme des 10 %igen Arbeitnehmer-Pauschbetrages berechtigt.[175] Vergütungen an die Geschäftsführer von nicht optierten Personengesellschaften werden hingegen stets in der Einkunftsart erfasst, die der Tätigkeit der Gesellschaft entspricht.[176]

2.2.2.2.6 Einkünfte aus Kapitalvermögen

Einkünfte aus Kapitalvermögen bilden, wie auch im deutschen Steuerrecht, eine eigene Einkunftsart, die passive Einkünfte wie Zinseinkünfte und Diskonterträge sowie Dividenden und Erträge aus stillen Beteiligungen erfasst,[177] wobei die meisten Zinserträge jedoch nur ermäßigt besteuert werden.[178] Außerdem besteht für Zinserträge, nicht jedoch für andere Kapitalerträge, wie beispielsweise

---

174 Vgl. Ruppe, Hans Georg: Einführung zum EStG, in: Hermann, Carl/Heuer, Gerhard/ Raupach, Arndt: Einkommensteuer- und Körperschaftsteuergesetz: Kommentar, Köln 1999, S. E1-E359, hier: S. E129, Rz. 194.

175 Vgl. Ruppe, Hans Georg: Einführung zum EStG, in: Hermann, Carl/Heuer, Gerhard/ Raupach, Arndt: Einkommensteuer- und Körperschaftsteuergesetz: Kommentar, Köln 1999, S. E1-E359, hier: S. E129, Rz. 194. Zur genaueren Abgrenzung dieser Einkunftsart vgl. Sachs, Holger: Einkommensbesteuerung in Deutschland und Frankreich: Ein Vergleich der Konzeptionen gleichmäßiger Besteuerung, Diss. Freiburg 1998, Frankfurt am Main 1998, S. 199 und 206.

176 Vgl. Ruppe, Hans Georg: Einführung zum EStG, in: Hermann, Carl/Heuer, Gerhard/ Raupach, Arndt: Einkommensteuer- und Körperschaftsteuergesetz: Kommentar, Köln 1999, S. E1-E359, hier: S. E129, Rz. 194.

177 Vgl. Julien-Saint-Armand, Luc/Rubechi, Guillaume: Französisches Steuerrecht, in: Pelka, Jürgen/Niemann, Walter: Beck'sches Steuerberater-Handbuch 2000/2001, München 2000, S. 1057-1075, hier: S. 1065, Rz. 441.

178 Vgl. Cozian, Maurice: Précis de fiscalité des entreprises, 19. Aufl., Paris 1995, S. 200-201, Rz. 889-891; Sachs, Holger: Einkommensbesteuerung in Deutschland und Frankreich: Ein Vergleich der Konzeptionen gleichmäßiger Besteuerung, Diss. Freiburg 1998, Frankfurt am Main 1998, S. 209-210; Ruppe, Hans Georg: Einführung zum EStG, in: Hermann, Carl/Heuer, Gerhard/Raupach, Arndt: Einkommensteuer- und Körperschaftsteuergesetz: Kommentar, Köln 1999, S. E1-E359, hier: S. E129, Rz. 194.

Dividenden, die Möglichkeit, für eine Pauschalsteuer zu optieren, deren Sätze in Abhängigkeit von der Zinsart zwischen 25 und 60 % liegen.[179]

2.2.2.2.7 Einkünfte aus Grundvermögen

Zu den Einkünften aus Grundvermögen zählen unter anderem die Einkünfte aus Vermietung und Verpachtung.[180] Bestimmte Werbungskosten sind einzeln nachzuweisen, andere werden durch einen Pauschalbetrag von 14 % der Einnahmen aus dieser Quelle abgedeckt.[181] Steuervergünstigungen bestehen darüber hinaus für bestimmte Mietobjekte.[182]

2.2.2.2.8 Veräußerungsgewinne

Anders als im deutschen Steuerrecht bilden betriebliche und private Veräußerungsgewinne in Frankreich eine eigene Einkunftsart.[183] Kurzfristige Veräußerungsgewinne, die bei einer Besitzdauer von weniger als zwei Jahren (bei Grundstücken) und sonst bei einer Veräußerung innerhalb des ersten Jahres nach Erwerb entstehen, oder bei denen der Gewinn auf zuvor getätigten Abschreibungen beruht, sind nach den allgemeinen Tarifvorschriften zu versteuern.[184]

Langfristige Veräußerungsgewinne unterliegen hingegen einem ermäßigten Steuersatz.[185] Es existieren einige Besonderheiten bezüglich der Ermittlung des

---

179 Vgl. Julien-Saint-Armand, Luc/Rubechi, Guillaume: Französisches Steuerrecht, in: Pelka, Jürgen/Niemann, Walter: Beck'sches Steuerberater-Handbuch 2000/2001, München 2000, S. 1057-1075, hier: S. 1065, Rz. 441.

180 Vgl. Duthilleul, Frédéric: Überblick über das Steuerrecht Frankreichs, in: Debatin, Helmut/Wassermeyer, Franz: DBA-Kommentar, München 2000, S. 17, Rz. 76.

181 Hierzu und zur genaueren Abgrenzung dieser Einkunftsart vgl. Sachs, Holger: Einkommensbesteuerung in Deutschland und Frankreich: Ein Vergleich der Konzeptionen gleichmäßiger Besteuerung, Diss. Freiburg 1998, Frankfurt am Main 1998, S. 212-213.

182 Vgl. Julien-Saint-Armand, Luc/Rubechi, Guillaume: Französisches Steuerrecht, in: Pelka, Jürgen/Niemann, Walter: Beck'sches Steuerberater-Handbuch 2000/2001, München 2000, S. 1057-1075, hier: S. 1065, Rz. 441.

183 Vgl. Sachs, Holger: Einkommensbesteuerung in Deutschland und Frankreich: Ein Vergleich der Konzeptionen gleichmäßiger Besteuerung, Diss. Freiburg 1998, Frankfurt am Main 1998, S. 217-223.

184 Vgl. Ruppe, Hans Georg: Einführung zum EStG, in: Hermann, Carl/Heuer, Gerhard/Raupach, Arndt: Einkommensteuer- und Körperschaftsteuergesetz: Kommentar, Köln 1999, S. E1-E359, hier: S. E129, Rz. 195.

185 Vgl. Sachs, Holger: Einkommensbesteuerung in Deutschland und Frankreich: Ein Vergleich der Konzeptionen gleichmäßiger Besteuerung, Diss. Freiburg 1998, Frankfurt am Main 1998, S. 219-221.

Veräußerungsgewinns, beispielsweise in Form einer Inflationsberücksichtigung, und bei der Besteuerung hinsichtlich einer progressionsmindernden Wirkung.[186]

Der Verkauf von Gesellschaftsanteilen unterliegt einem einheitlichen Steuersatz von 19,9 %; bei Beteiligungen an börsennotierten oder gleichgestellten Gesellschaften mit einer Beteiligungsquote von weniger als 25 % sind zusätzlich Umsatzfreigrenzen vorgesehen.[187] Der Verkauf von Wertgegenständen des Privatvermögens erfolgt durch eine Art Umsatzbesteuerung auf das Veräußerungsentgelt, wobei in manchen Fällen alternativ zur Besteuerung des Veräußerungsgewinns optiert werden kann.[188]

2.2.2.3 Persönliche Leistungsfähigkeit

Ähnlich wie in Deutschland findet auch in Frankreich eine steuerliche Berücksichtigung der persönlichen Leistungsfähigkeit des Steuerpflichtigen statt. So sind neben Existenzminima, Unterhaltsleistungen und Vorsorgeaufwendungen weitere Privatausgaben steuerlich zu berücksichtigen.[189] Die Einbeziehung der persönlichen Leistungsfähigkeit kann in Abhängigkeit des vorliegenden Sachverhaltes durch eine Reduktion der einkommensteuerlichen Bemessungsgrundlage oder unter bestimmten Bedingungen und in Grenzen durch einen Abzug von der Steuerschuld erfolgen.[190]

---

186 Vgl. Duthilleul, Frédéric: Überblick über das Steuerrecht Frankreichs, in: Debatin, Helmut/Wassermeyer, Franz: DBA-Kommentar, München 2000, S. 22-13, Rz. 96-101.

187 Vgl. Sachs, Holger: Einkommensbesteuerung in Deutschland und Frankreich: Ein Vergleich der Konzeptionen gleichmäßiger Besteuerung, Diss. Freiburg 1998, Frankfurt am Main 1998, S. 222.

188 Vgl. Ruppe, Hans Georg: Einführung zum EStG, in: Hermann, Carl/Heuer, Gerhard/ Raupach, Arndt: Einkommensteuer- und Körperschaftsteuergesetz: Kommentar, Köln 1999, S. E1-E359, hier: S. E129, Rz. 195; Sachs, Holger: Einkommensbesteuerung in Deutschland und Frankreich: Ein Vergleich der Konzeptionen gleichmäßiger Besteuerung, Diss. Freiburg 1998, Frankfurt am Main 1998, S. 222.

189 Vgl. Sachs, Holger: Einkommensbesteuerung in Deutschland und Frankreich: Ein Vergleich der Konzeptionen gleichmäßiger Besteuerung, Diss. Freiburg 1998, Frankfurt am Main 1998, S. 238.

190 Vgl. Ruppe, Hans Georg: Einführung zum EStG, in: Hermann, Carl/Heuer, Gerhard/ Raupach, Arndt: Einkommensteuer- und Körperschaftsteuergesetz: Kommentar, Köln 1999, S. E1-E359, hier: S. E130, Rz. 198; Sachs, Holger: Einkommensbesteuerung in Deutschland und Frankreich: Ein Vergleich der Konzeptionen gleichmäßiger Besteuerung, Diss. Freiburg 1998, Frankfurt am Main 1998, S. 231-241.

2.2.2.4 Einkommensteuertarif

Der Grenzsteuersatz des in Frankreich vorherrschenden progressiven Einkommensteuertarifs beläuft sich ab einem zu versteuernden Einkommen einer alleinstehenden Person von über 46.343 € auf 52,75 % des zu versteuernden Einkommens, wobei der Grundfreibetrag sich auf 4.121,- € beläuft und der Eingangssteuersatz 7,5 % beträgt.[191] Zusätzlich zur Einkommensteuer unterliegen die meisten Einkünfte einer Sozialabgabe (Contribution Sociale Généralisée) in Höhe von 7,5 % und darüber hinaus einer Abgabe für die Rückzahlung der Sozialversicherungsschuld (Contribution au Remboursement de la Dette Sociale) in Höhe von 0,5 %.[192]

In Frankreich herrscht das sogenannte Familiensplitting vor, wohingegen in Deutschland das Ehegattensplitting Anwendung findet.[193] Im Rahmen des Familiensplittings werden die Einkünfte von Ehegatten und unselbständigen Kindern zusammengefasst und anschließend durch die Anzahl der Familienmitglieder dividiert, wobei die Ehegatten mit einer Anteilszahl von je eins eingehen und für Kinder eine Anteilszahl von 0,5 vorgesehen ist.[194] Für Alleinstehende mit Kindern gelten Sonderregelungen.[195] Die darauf basierende Ermittlung der Einkommensteuer geschieht analog zum deutschen Ehegattensplitting.[196]

---

191 Vgl. Tillmanns, Wolfhard: Steueränderungen in Frankreich 2001/2002, in: IWB, Fach 5, Gruppe 2, vom 24.04.2002, S. 1301-1306, hier: S. 1301.

192 Vgl. Julien-Saint-Armand, Luc/Rubechi, Guillaume: Französisches Steuerrecht, in: Pelka, Jürgen/Niemann, Walter: Beck'sches Steuerberater-Handbuch 2000/2001, München 2000, S. 1057-1075, hier S. 1065, Rz. 443.

193 Vgl. Ruppe, Hans Georg: Einführung zum EStG, in: Hermann, Carl/Heuer, Gerhard/Raupach, Arndt: Einkommensteuer- und Körperschaftsteuergesetz: Kommentar, Köln 1999, S. E1-E359, hier: S. E130, Rz. 197; Wehrheim, Michael: Einkommensteuer und Steuerwirkungslehre, Wiesbaden 2001, S. 154-155.

194 Vgl. Sachs, Holger: Einkommensbesteuerung in Deutschland und Frankreich: Ein Vergleich der Konzeptionen gleichmäßiger Besteuerung, Diss. Freiburg 1998, Frankfurt am Main 1998, S. 231-232.

195 Vgl. Ruppe, Hans Georg: Einführung zum EStG, in: Hermann, Carl/Heuer, Gerhard/Raupach, Arndt: Einkommensteuer- und Körperschaftsteuergesetz: Kommentar, Köln 1999, S. E1-E359, hier: S. E130, Rz. 197.

196 Vgl. Sachs, Holger: Einkommensbesteuerung in Deutschland und Frankreich: Ein Vergleich der Konzeptionen gleichmäßiger Besteuerung, Diss. Freiburg 1998, Frankfurt am Main 1998, S. 231-234; Wehrheim, Michael: Einkommensteuer und Steuerwirkungslehre, Wiesbaden 2001, S. 154-155.

Eine Verlustberücksichtigung findet zunächst durch einen innertemporalen Verlustausgleich statt.[197] Ein Rücktrag von Verlusten ist im französischen Einkommensteuerrecht nicht möglich und ein Vortrag ist auf fünf Jahre begrenzt.[198]

2.2.3 Gewerbesteuer (Taxe professionnelle)

In Frankreich existiert ebenso wie in Deutschland eine Gewerbesteuer, die sich jedoch in vielen Punkten von der deutschen Gewerbesteuer unterscheidet.

2.2.3.1 Persönliche Steuerpflicht

Der französischen Gewerbesteuer unterliegen anders als in Deutschland nicht nur gewerbliche, sondern in der Regel auch freiberufliche und industrielle Tätigkeiten.[199] Ausgenommen sind jedoch Landwirte und landwirtschaftliche Betriebe und bestimmte Berufsgruppen wie Künstler, Schriftsteller, Presseagenturen und ähnliche.[200]

Es wird nicht zwischen natürlichen Personen, Personengesellschaften und Kapitalgesellschaften unterschieden, da diese alle der Gewerbesteuer unterliegen, soweit sie gewohnheitsmäßig, selbständig und nachhaltig eine mit Gewinnerzielungsabsicht verbundene Tätigkeit außerhalb eines Angestelltenverhältnisses ausüben.[201]

Grundsätzlich sind nur die auf französischem Territorium tätigen Unternehmen gewerbesteuerpflichtig.[202] Wird ein ausländisches oder französisches Unterneh-

---

197 Vgl. Ruppe, Hans Georg: Einführung zum EStG, in: Hermann, Carl/Heuer, Gerhard/ Raupach, Arndt: Einkommensteuer- und Körperschaftsteuergesetz: Kommentar, Köln 1999, S. E1-E359, hier: S. E130, Rz. 196.

198 Vgl. Sachs, Holger: Einkommensbesteuerung in Deutschland und Frankreich: Ein Vergleich der Konzeptionen gleichmäßiger Besteuerung, Diss. Freiburg 1998, Frankfurt am Main 1998, S. 224-227.

199 Vgl. Julien-Saint-Armand, Luc/Rubechi, Guillaume: Französisches Steuerrecht, in: Pelka, Jürgen/Niemann, Walter: Beck'sches Steuerberater-Handbuch 2000/2001, München 2000, S. 1057-1075, hier: S. 1065-1066, Rz. 445.

200 Vgl. Duthilleul, Frédéric: Überblick über das Steuerrecht Frankreichs, in: Debatin, Helmut/Wassermeyer, Franz: DBA-Kommentar, München 2000, S. 32, Rz. 164.

201 Vgl. Julien-Saint-Armand, Luc/Rubechi, Guillaume: Französisches Steuerrecht, in: Pelka, Jürgen/Niemann, Walter: Beck'sches Steuerberater-Handbuch 2000/2001, München 2000, S. 1057-1075, hier: S. 1066, Rz. 445.

202 Vgl. Duthilleul, Frédéric: Überblick über das Steuerrecht Frankreichs, in: Debatin, Helmut/Wassermeyer, Franz: DBA-Kommentar, München 2000, S. 32, Rz. 165.

men in Frankreich tätig, indem es dort über Geschäftsräume und/oder Mitarbeiter mittelbar oder unmittelbar verfügt, so erhebt die jeweilige französische Gemeinde die Gewerbesteuer.[203]

Neugegründete Unternehmen, Forschungstätigkeiten und bestimmte Regionen Frankreichs unterliegen einer vollständigen oder partiellen Gewerbesteuerbefreiung.[204] Unter bestimmten Umständen sind neugegründete Unternehmen im ersten Jahr ihres Bestehens von der Gewerbesteuer befreit; im zweiten und dritten Jahr werden die Wertverhältnisse des Gründungsjahres bei der Steuerermittlung zugrunde gelegt und im zweiten Jahr unterliegt nur die Hälfte der so ermittelten Bemessungsgrundlage der Gewerbesteuer.[205]

2.2.3.2 Bemessungsgrundlage

Die Bemessungsgrundlage der französischen Gewerbesteuer ist anders als die der deutschen grundsätzlich ertragsunabhängig ausgestaltet und setzt sich im Allgemeinen aus drei Faktoren zusammen.[206] Der steuerliche Wert des Grundvermögens (bebaute und unbebaute Grundstücke), vergleichbar mit dem deutschen Einheitswert, bildet den ersten Bestandteil der gewerbesteuerlichen Bemessungsgrundlage.[207]

Desweiteren fließen 16 % des Wertes der sonstigen Sachanlagegüter in die Bemessungsgrundlage ein, unabhängig davon, ob diese Güter sich im rechtlichen Eigentum des Steuerpflichtigen befinden oder nicht.[208] Relevant ist die

---

203 Vgl. Duthilleul, Frédéric: Überblick über das Steuerrecht Frankreichs, in: Debatin, Helmut/Wassermeyer, Franz: DBA-Kommentar, München 2000, S. 32, Rz. 165.

204 Vgl. Julien-Saint-Armand, Luc/Rubechi, Guillaume: Französisches Steuerrecht, in: Pelka, Jürgen/Niemann, Walter: Beck'sches Steuerberater-Handbuch 2000/2001, München 2000, S. 1057-1075, hier: S. 1066, Rz. 446.

205 Vgl. Julien-Saint-Armand, Luc/Rubechi, Guillaume: Französisches Steuerrecht, in: Pelka, Jürgen/Niemann, Walter: Beck'sches Steuerberater-Handbuch 2000/2001, München 2000, S. 1057-1075, hier: S. 1066, Rz. 446.

206 Vgl. Baconnier, Robert: Unternehmensbesteuerung in Frankreich, in: Lang, Joachim: Unternehmensbesteuerung in EU-Staaten, Köln 1994, S. 73-92, hier: S. 80; Julien-Saint-Armand, Luc/Rubechi, Guillaume: Französisches Steuerrecht, in: Pelka, Jürgen/Niemann, Walter: Beck'sches Steuerberater-Handbuch 2000/2001, München 2000, S. 1057-1075, hier: S. 1066, Rz. 447.

207 Vgl. Duthilleul, Frédéric: Überblick über das Steuerrecht Frankreichs, in: Debatin, Helmut/Wassermeyer, Franz: DBA-Kommentar, München 2000, S. 33, Rz. 169.

208 Vgl. Julien-Saint-Armand, Luc/Rubechi, Guillaume: Französisches Steuerrecht, in: Pelka, Jürgen/Niemann, Walter: Beck'sches Steuerberater-Handbuch 2000/2001, München 2000, S. 1057-1075, hier: S. 1066, Rz. 447.

Nutzung durch den Steuerpflichtigen und nicht, ob dieser die Sachanlagegüter erworben, gemietet oder geleast hat.[209]

Der dritte und wohl umstrittendste Faktor der Bemessungsgrundlage besteht aus 18 % der jährlichen Lohn- und Gehaltssumme des Unternehmens des Vorjahres.[210] Da dieser Bestandteil der Bemessungsgrundlage vor allem arbeitsintensive Unternehmen belastet, wurde dessen stufenweise Reduzierung beschlossen, bis die Lohn- und Gehaltssumme im Jahr 2003 als Bemessungsgrundlage für die Gewerbesteuer entfällt.[211]

Die Summe dieser drei Faktoren bildet nach Abzug eines 16 %igen Pauschalabzugs die Bemessungsgrundlage für die Gewerbesteuer.[212] Wird allerdings ein bestimmter Prozentsatz der erwirtschafteten Wertschöpfung eines Unternehmens innerhalb eines Jahres durch die Gewerbesteuer überschritten, erfolgt die Festsetzung einer umsatzabhängigen Höchstgrenze.[213] Diese beträgt 3,5 % der Wertschöpfung bei einem Umsatz von weniger als 21 Mio. €, 3,8 % bei einem Umsatz zwischen 21 und 76 Mio. € und 4,0 % bei einem 76 Mio. € übersteigenden Umsatz.[214] Die Wertschöpfung eines Unternehmens ergibt sich durch die Differenz zwischen dem Umsatz und den durch den Einsatz von fremdbezogenen Waren und Leistungen entstandenen Kosten, wobei allerdings Mietzahlungen, Leasingraten und Betriebspachtzinsen nicht in den Kostenfaktor einbezogen werden dürfen.[215]

---

209 Vgl. Duthilleul, Frédéric: Überblick über das Steuerrecht Frankreichs, in: Debatin, Helmut/Wassermeyer, Franz: DBA-Kommentar, München 2000, S. 32-33, Rz. 168.

210 Vgl. Julien-Saint-Armand, Luc/Rubechi, Guillaume: Französisches Steuerrecht, in: Pelka, Jürgen/Niemann, Walter: Beck'sches Steuerberater-Handbuch 2000/2001, München 2000, S. 1057-1075, hier: S. 1066, Rz. 447.

211 Vgl. Duthilleul, Frédéric: Überblick über das Steuerrecht Frankreichs, in: Debatin, Helmut/Wassermeyer, Franz: DBA-Kommentar, München 2000, S. 33, Rz. 168.

212 Vgl. Lefebvre, Francis: Memento Pratique Fiscal 2001, Paris 2001, S. 599, Rz. 3895; Julien-Saint-Armand, Luc/Rubechi, Guillaume: Französisches Steuerrecht, in: Pelka, Jürgen/Niemann, Walter: Beck'sches Steuerberater-Handbuch 2000/2001, München 2000, S. 1057-1075, hier: S. 1066, Rz. 447.

213 Vgl. Duthilleul, Frédéric: Überblick über das Steuerrecht Frankreichs, in: Debatin, Helmut/Wassermeyer, Franz: DBA-Kommentar, München 2000, S. 34, Rz. 173.

214 Vgl. Julien-Saint-Armand, Luc/Rubechi, Guillaume: Französisches Steuerrecht, in: Pelka, Jürgen/Niemann, Walter: Beck'sches Steuerberater-Handbuch 2000/2001, München 2000, S. 1057-1075, hier: S. 1066, Rz. 448; http://www.euro.gouv.fr/administration/montants/codege.htm.

215 Vgl. Duthilleul, Frédéric: Überblick über das Steuerrecht Frankreichs, in: Debatin, Helmut/Wassermeyer, Franz: DBA-Kommentar, München 2000, S. 34, Rz. 173.

2.2.3.3 Gewerbesteuertarif

Auf die Bemessungsgrundlage ist ein lokaler Steuersatz anzuwenden, der zwischen den Gemeinden und Regionen recht stark variiert.[216] Im Jahre 1998 betrug der durchschnittliche Gewerbesteuersatz in Frankreich 23,55 %.[217]

2.2.4 Sonstige Steuern und Abgaben

Im Folgenden werden weitere in Frankreich erhobene direkte Steuern betrachtet, ohne dadurch das ganze Steuersystem abschließend darzustellen.

2.2.4.1 Vermögensteuer (Impôt de solidartié de la fortune)

Der französischen Vermögensteuer unterliegen nur natürliche, nicht aber juristische Personen.[218] Erhoben wird die Vermögensteuer auf das 720.000 € übersteigende Weltvermögen; eine auf Auslandsvermögen entfallende ausländische Vermögensteuer kann bis zur Höhe der auf dieses Vermögen entfallenden französischen Vermögensteuer angerechnet werden.[219] Nicht in Frankreich ansässige Personen unterliegen mit ihrem französischen Vermögen der Vermögensteuer, wobei vor allem der französische Grundbesitz und Beteiligungen von mindestens 10 % an einem französischen Unternehmen zu berücksichtigen sind.[220]

Die Vermögensteuer wird in Form eines Stufentarifs erhoben, der bei einem Vermögen von 720.000 € 0,55 % beträgt und Vermögen ab 15.000.000 € dem

---

216 Vgl. Fuchs, Rainer G./Hinkelbein, Gerhard/Schabe, Torsten: Leitfaden zur Gründung eines Unternehmens in Frankreich: mit Hinweisen zum Steuer- und Arbeitsrecht, Heidelberg 1992, S. 18.

217 Vgl. Julien-Saint-Armand, Luc/Rubechi, Guillaume: Französisches Steuerrecht, in: Pelka, Jürgen/Niemann, Walter: Beck'sches Steuerberater-Handbuch 2000/2001, München 2000, S. 1057-1075, hier: S. 1066, Rz. 449.

218 Vgl. Julien-Saint-Armand, Luc/Rubechi, Guillaume: Französisches Steuerrecht, in: Pelka, Jürgen/Niemann, Walter: Beck'sches Steuerberater-Handbuch 2000/2001, München 2000, S. 1057-1075, hier: S. 1066, Rz. 450.

219 Vgl. Duthilleul, Frédéric: Überblick über das Steuerrecht Frankreichs, in: Debatin, Helmut/Wassermeyer, Franz: DBA-Kommentar, München 2000, S. 35-36, Rz. 181; http://www.euro.gouv.fr/administration/montants/codege.htm.

220 Vgl. Duthilleul, Frédéric: Überblick über das Steuerrecht Frankreichs, in: Debatin, Helmut/Wassermeyer, Franz: DBA-Kommentar, München 2000, S. 36, Rz. 181; http://www.euro.gouv.fr/administration/montants/codege.htm.

Grenzsteuersatz i.H.v. 1,8 % unterwirft.[221] Für unbeschränkt Steuerpflichtige unterliegt die Vermögensteuer einer Kappung, wenn die Einkommensteuer und die Vermögensteuer des Vorjahres 85 % der Vorjahreseinkünfte überschreiten.[222] Ab einem zu versteuernden Vermögen von 2.300.000 € wird die Steuerkappung auf 50 % der Einkünfte des Vorjahres mit einem Mindestbetrag von 11.000 € begrenzt.[223]

2.2.4.2 Grundsteuer (Taxe froncière)

Die französische Grundsteuer ist in mehrere Einzelsteuern unterteilt, die sowohl bebaute und unbebaute Grundstücke als auch grundstücksgleiche Rechte und möblierte Räume betreffen.[224] Von der Steuerpflicht befreit sind sachbezogen unter anderem öffentliche und landwirtschaftliche Gebäude und temporär befreit sind gewisse Sozialwohnungen.[225] Personenbezogene Befreiungen gelten beispielsweise für Sozialhilfeempfänger und ältere Personen mit niedrigem Einkommen.[226] Juristische Personen mit Sitz in einem Staat, mit dem Frankreich ein Doppelbesteuerungsabkommen mit Amtshilfe oder Diskriminierungsverbot geschlossen hat, können eine Befreiung von der Grundsteuer beantragen.[227]

2.2.4.3 Erwerbsteuer (Droit d'enregistrement)

Die auch als Registersteuer bezeichnete Erwerbsteuer erfasst einige besondere Transaktionen. So unterliegt der Verkauf von Grundbesitz, der Wohnzwecken

---

221 Vgl. Julien-Saint-Armand, Luc/Rubechi, Guillaume: Französisches Steuerrecht, in: Pelka, Jürgen/Niemann, Walter: Beck'sches Steuerberater-Handbuch 2000/2001, München 2000, S. 1057-1075, hier: S. 1066, Rz. 450; http://www.euro.gouv.fr/administration/montants/codege.htm.

222 Vgl. Duthilleul, Frédéric: Überblick über das Steuerrecht Frankreichs, in: Debatin, Helmut/Wassermeyer, Franz: DBA-Kommentar, München 2000, S. 37, Rz. 190.

223 Vgl. Duthilleul, Frédéric: Überblick über das Steuerrecht Frankreichs, in: Debatin, Helmut/Wassermeyer, Franz: DBA-Kommentar, München 2000, S. 37, Rz. 190; http://www.euro.gouv.fr/administration/montants/codege.htm.

224 Vgl. Julien-Saint-Armand, Luc/Rubechi, Guillaume: Französisches Steuerrecht, in: Pelka, Jürgen/Niemann, Walter: Beck'sches Steuerberater-Handbuch 2000/2001, München 2000, S. 1057-1075, hier: S. 1066, Rz. 451.

225 Vgl. Tillmanns, Wolfhard: Das Steuerrecht Frankreichs, in: IWB, Fach 5, Gruppe 2, vom 10.11.1999, S. 1167-1212, hier: S. 1208.

226 Vgl. Duthilleul, Frédéric: Überblick über das Steuerrecht Frankreichs, in: Debatin, Helmut/Wassermeyer, Franz: DBA-Kommentar, München 2000, S. 30, Rz. 151.

227 Vgl. Tillmanns, Wolfhard: Das Steuerrecht Frankreichs, in: IWB, Fach 5, Gruppe 2, vom 10.11.1999, S. 1167-1212, hier: S. 1209-1210.

dient, einer Registersteuer von einheitlich 3,6 % auf Departementebene zuzüglich 1,2 % Kommunalsteuer und 2,5 % staatliche Zuschlagsteuer auf die Departement-Steuer, so dass sich ein Steuersatz von insgesamt 4,89 % ergibt.[228]

Der Verkauf von Anteilen an einer Société à Responsabilité Limitée löst eine Verkehrsteuer in Höhe von 4,8 % aus.[229] Der Verkauf von Anteilen an einer Société anonyme und anderen Gesellschaften auf Aktien wird in Höhe von 1 % besteuert.[230] Die Steuer ist begrenzt auf einen Betrag von maximal 3.049,- €.[231]

Der Verkauf eines Goodwill unterliegt einem gestaffelten Erwerbsteuersatz von bis zu 4,8 %.[232]

Auf den Verkauf von Patenten wird eine Verkehrsteuer von 75 € erhoben.[233]

Auf die Kapitalausstattung bei Gesellschaftsgründung sowie auf Kapitalerhöhungen entfällt eine pauschale Steuer in Höhe von 230 €; für bestimmte Sacheinlagen gelten allerdings Sonderregelungen.[234]

---

228 Vgl. Tillmanns, Wolfhard: Steueränderungen in Frankreich 1999/2000, in: IWB, Fach 5, Gruppe 2, vom 26.04.2000, S. 1237-1242, hier: S. 1240-1241. Die Übertragung von nicht Wohnzwecken dienenden Grundstücken unterliegt, abgesehen von einigen Fällen der Steuerbefreiung, der Umsatzsteuer. Vgl. Voos, Christoph: Register- und Umsatzsteuer auf Grundstücksübertragungen ab Januar 2000 in Frankreich, in: IWB, Fach 5, Gruppe 2, vom 22.03.2000, S. 1231-1235, hier: S. 1231-1234.

229 Vgl. Julien-Saint-Armand, Luc/Rubechi, Guillaume: Französisches Steuerrecht, in: Pelka, Jürgen/Niemann, Walter: Beck'sches Steuerberater-Handbuch 2000/2001, München 2000, S. 1057-1075, hier: S. 1067, Rz. 452.

230 Vgl. Julien-Saint-Armand, Luc/Rubechi, Guillaume: Französisches Steuerrecht, in: Pelka, Jürgen/Niemann, Walter: Beck'sches Steuerberater-Handbuch 2000/2001, München 2000, S. 1057-1075, hier: S. 1067, Rz. 452.

231 Vgl. Julien-Saint-Armand, Luc/Rubechi, Guillaume: Französisches Steuerrecht, in: Pelka, Jürgen/Niemann, Walter: Beck´sches Steuerberater-Handbuch 2002/2003, München 2002, S. 1008-1017, hier: S. 1016, Rz. 426.

232 Vgl. Lefebvre, Francis: Memento Pratique Fiscal 2001, Paris 2001, S. 882, Rz. 5900-5901.

233 Vgl. Julien-Saint-Armand, Luc/Rubechi, Guillaume: Französisches Steuerrecht, in: Pelka, Jürgen/Niemann, Walter: Beck´sches Steuerberater-Handbuch 2002/2003, München 2002, S. 1008-1017, hier: S. 1016, Rz. 426.

234 Vgl. Lefebvre, Francis: Memento Pratique Fiscal 2001, Paris 2001, S. 889, Rz. 6083-6087; Julien-Saint-Armand, Luc/Rubechi, Guillaume: Französisches Steuerrecht, in: Pelka, Jürgen/Niemann, Walter: Beck´sches Steuerberater-Handbuch 2002/2003, München 2002, S. 1008-1017, hier: S. 1016, Rz. 426.

2.2.4.4 Lohnsummensteuer (Taxe sur les salaires)

Unternehmen, die nicht oder nur teilweise umsatzsteuerpflichtig sind, werden von der Lohnsummensteuer erfasst mit 4,25 % der jährlichen Löhne bis 6.500 €, 8,5 % der Löhne zwischen 6.500 und 13.000 € und 13,6 % der Löhne, die 13.000 € im Jahr übersteigen.[235]

Ergänzt wird die Lohnsummensteuer durch die Lehrlingsabgabe (Taxe d'apprentissage) und die Berufsbildungsabgabe (Participation des employeurs à la formation professionnelle continue), der Gewerbebetriebe und körperschaftsteuerpflichtige Gesellschaften unabhängig von deren Umsatzsteuerpflicht unterliegen.[236] Der Steuersatz der Lehrlingsabgabe beträgt 0,5 %, die Bemessungsgrundlage entspricht der der Lohnsummensteuer, wobei jedoch zur Förderung von Ausbildungsstellen bestimmte Aufwendungen des Arbeitgebers für die Ausbildung oder Berufsfortbildung seiner Arbeitnehmer von der Steuerschuld abgezogen werden können.[237] Die Berufsbildungsabgabe beträgt 1,5 % der gezahlten Löhne und Gehälter und gestattet davon den Abzug von Aufwendungen des Arbeitgebers für die Berufsfortbildung seiner Arbeitnehmer.[238]

2.3 Vergleich der Unternehmensbesteuerung in Deutschland und Frankreich – Eine kurze Bestandsaufnahme

Bei der Erörterung der Grundzüge der Unternehmensbesteuerung in Frankreich wurden zahlreiche Unterschiede zum deutschen Steuerrecht deutlich. So finden

---

235 Vgl. Julien-Saint-Armand, Luc/Rubechi, Guillaume: Französisches Steuerrecht, in: Pelka, Jürgen/Niemann, Walter: Beck'sches Steuerberater-Handbuch 2000/2001, München 2000, S. 1057-1075, hier: S. 1067, Rz. 454; http://www.euro.gouv.fr/administration/montants/codege.htm.

236 Vgl. Tillmanns, Wolfhard: Das Steuerrecht Frankreichs, in: IWB, Fach 5, Gruppe 2, vom 10.11.1999, S. 1167-1212, hier: S. 1207-1208.

237 Vgl. Duthilleul, Frédéric: Überblick über das Steuerrecht Frankreichs, in: Debatin, Helmut/Wassermeyer, Franz: DBA-Kommentar, München 2000, S. 37, Rz. 195; Tillmanns, Wolfhard: Das Steuerrecht Frankreichs, in: IWB, Fach 5, Gruppe 2, vom 10.11.1999, S. 1167-1212, hier: S. 1207-1208. Die Steuergutschrift wird für ab dem 01.01.2002 geleistete Aufwendungen nur noch kleinen und mittleren Unternehmen mit einem Umsatz unter 7.630.000 € gewährt, die nicht Organträger sind und zu mindestens 75 % von natürlichen Personen gehalten werden. Vgl. Tillmanns, Wolfhard: Steueränderungen in Frankreich 2001/2002, in: IWB, Fach 5, Gruppe 2, vom 24.04.2002, S. 1301-1306, hier: S. 1306.

238 Vgl. Tillmanns, Wolfhard: Das Steuerrecht Frankreichs, in: IWB, Fach 5, Gruppe 2, vom 10.11.1999, S. 1167-1212, hier: S. 1186.

unterschiedliche Steuerarten mit differierenden Steuersätzen auf verschieden ausgestaltete Bemessungsgrundlagen Anwendung.

Im Rahmen der Besteuerung von Kapitalgesellschaften wird, wie auch in Deutschland, zunächst von einer Körperschaftsteuer ausgegangen, die in Frankreich allerdings auch für Personengesellschaften, die von einem Wahlrecht Gebrauch gemacht haben, Gültigkeit besitzt. Neben dem Umfang der persönlichen Steuerpflicht werden auch bei der Bemessungsgrundlage trotz der gleichen Grundsätze der Abschnittsbesteuerung und des Bilanzprinzips eine Reihe von Unterschieden offensichtlich. Sie erstrecken sich von verschiedenen Abschreibungsmethoden und –dauern, über Möglichkeiten zur Bildung von Passivposten, die Behandlung ausländischer Einkünfte, die Verlustberücksichtigung und die Organschaftsbesteuerung bis hin zu Regelungen zur Gesellschafterfremdfinanzierung. Die Tarifstruktur sieht innerhalb des französischen Anrechnungsverfahrens eine Normalbesteuerung und einen reduzierten Steuersatz für langfristige Veräußerungsgewinne vor. Obgleich das französische Anrechnungsverfahren große Ähnlichkeit mit dem bis zum Jahre 2000 in Deutschland vorherrschenden Körperschaftsteuersystem aufweist, ist es kaum mit dem neuen „klassischen System“ der reduzierten Doppelbesteuerung zu vergleichen.

Dem Umfang der sachlichen Leistungsfähigkeit ist in Deutschland und Frankreich bei der Einkommensteuer gemein, dass verschiedene genau voneinander abgegrenzte Einkunftsarten einbezogen werden. Diese unterscheiden sich jedoch inhaltlich voneinander. Auch die persönliche Leistungsfähigkeit findet in beiden Ländern Berücksichtigung, aber auf unterschiedliche Weise. Zudem werden verschiedene Tarife auf diese differierenden Bemessungsgrundlagen angewandt.

Am gravierendsten werden die Unterschiede zwischen der französischen und der deutschen Unternehmensbesteuerung bei der Gewerbesteuer deutlich. Der unterschiedliche Kreis der Steuerpflichtigen, die sich teilweise auf Gewerbesteuerbefreiungen berufen können, unterliegt in Frankreich mit einer ertragsunabhängigen Bemessungsgrundlage einem lokalen Steuersatz, wobei die Bemessungsgrundlage eher mit der der früheren deutschen Gewerbekapital- und Lohnsummensteuer vergleichbar ist als mit der heutigen Gewerbe(ertrag-)steuer.

Die anderen wesentlichen in Frankreich bestehenden Steuerarten existieren in Deutschland ebenfalls mit anderen Bemessungsgrundlagen und Steuersätzen oder werden, wie die Vermögensteuer und die Lohnsummensteuer, in Deutschland nicht mehr erhoben.

Deutlich wird auch, dass die Besteuerung nicht nur die unternehmerische Entscheidung hinsichtlich des Standorts beeinflussen kann. Auch die Finanzierung eines unternehmerischen Vorhabens kann durch steuerliche Einflüsse in Abhängigkeit des Standorts unterschiedlich gelenkt werden, um die individuelle

Steuerlast zu minimieren. Betrachtet man im Rahmen der Körperschaftsbesteuerung die Beteiligungsfinanzierung, begünstigt das in Deutschland für deutsche Dividenden geltende Abzugsverbot der damit unmittelbar wirtschaftlich zusammenhängenden Finanzierungsaufwendungen tendenziell die Eigenfinanzierung. Bei französischen Gesellschaften, denen die Abzugsfähigkeit grundsätzlich gestattet ist, weist die Fremdfinanzierung aus steuerlicher Sicht mehr Vorteile auf.

In Deutschland stellen die von einer Personengesellschaft an deren Gesellschafter gezahlten Zinsen und andere Nutzungsvergütungen auf Ebene der Personengesellschaft gewerbliche Gewinne dar.[239] In Frankreich hingegen gelten derartige Zahlungen grundsätzlich als abzugsfähig. Nur hinsichtlich der von nicht optierten Personengesellschaften an deren Gesellschafter gezahlten Tätigkeitsvergütungen ist ein Abzug auf Ebene der Gesellschaft untersagt. Während sich in Frankreich hinsichtlich der Finanzierungsquelle keine Auswirkungen ergeben, ist in Deutschland die Finanzierung durch ein Gesellschafterdarlehen steuerlich unter Umständen schlechter gestellt.

Unabhängig von weiteren komplexen Einzelregelungen wird aus dieser knappen Gegenüberstellung deutlich, dass Unternehmen am gemeinsamen Markt mit sehr unterschiedlichen komplexen steuerlichen Rahmenbedingungen der Mitgliedstaaten konfrontiert sind. Doch nicht nur die Entrichtung der Steuerlast, sondern auch die Investitionsplanung wird dadurch bei international tätigen Unternehmen erschwert. In Deutschland und Frankreich weicht trotz der gravierenden Unterschiede der steuerlichen Bedingungen die effektive auf Unternehmensgewinne entfallende Steuerbelastung nur wenig voneinander ab, woraus jedoch nicht auf eine gesamteuropäisch weitgehend einheitliche Steuerbelastung geschlossen werden darf.[240] Über die Vereinbarkeit der Inhomogenität und Komplexität der europäischen Ertragsbesteuerung von Unternehmen mit finanzwissenschaftlichen Empfehlungen wird das folgende Kapital erste Aufschlüsse geben.

---

239 Die Erfassung als gewerblicher Gewinn erfolgt nur bei gewerblich tätigen oder gewerblich geprägten Personengesellschaften. Vgl. Wehrheim, Michael: Grundzüge der Unternehmensbesteuerung, München 2002, S. 59-62.

240 Vgl. Hierzu den Steuerbelastungsvergleich in Abschnitt 5.1.3.1.2 „Quantifizierung der Effektivsteuerbelastung“ dieser Arbeit.

3 Ökonomische Kriterien als Ansatz zur Bemessung steuerlicher Harmonisierungsnotwendigkeit in Europa

International tätige Unternehmen werden in Anbetracht ihres wirtschaftlichen Ausdehnungsbereichs innerhalb des teilweise homogenisierten Wirtschaftsraums der Europäischen Union mit unterschiedlich ausgestalteten rechtsformorientierten nationalen Unternehmensbesteuerungsnormen konfrontiert.[241] So werden Entscheidungen, wie aufgezeigt, von der Wahl des Standortes bis hin zur Art und Quelle der Finanzierung auch durch steuerliche Faktoren beeinflusst. Die Komplexität wird durch die die grenzüberschreitende Geschäftstätigkeit betreffenden bilateralen und multilateralen Regelungen des internationalen Steuerrechts verstärkt. Unternehmen befinden sich als Konsequenz der Globalisierung in Anbetracht des derzeitigen Entwicklungsstandes der Europäischen Union inmitten eines staatlichen Wettbewerbs der Steuersysteme.[242] Dieser ist das Ergebnis unterschiedlicher nationaler Steuernormen, die in einem Markt mit weitestgehend realisierten Grundfreiheiten die wirtschaftlichen Akteure beeinflussen.[243]

3.1 Zur Wahl der Kriterien

Im Rahmen des europäischen Integrationsprozesses stellt sich zwangsläufig die Frage, ob, inwieweit und wie die Besteuerung in der Europäischen Union gestaltet werden sollte, um der Zielsetzung des gemeinsamen Marktes auf steuerlicher Ebene optimal zu begegnen. Insbesondere ist zu beachten, dass ein gemeinsamer Markt nicht nur durch die Durchsetzung des Prinzips der Nicht-Diskriminierung entstehen kann, sondern nur durch einen politisch unverfälsch-

---

[241] Vgl. Ritter, Wolfgang: Perspektiven für die Entwicklung des deutschen internationalen Steuerrechts, in: IStR 2001, 10. Jg., S. 430-437, hier: S. 430; Ritter, Wolfgang: Konzept einer Reform der Unternehmensbesteuerung, in: Besters, Hans: Unternehmensbesteuerung als Standortfaktor, Baden-Baden 1991, S. 61-78, hier: S. 61.

[242] Vgl. Rädler, Albert J.: Überlegungen zur Harmonisierung der Unternehmensbesteuerung in der Europäischen Gemeinschaft, in: Lang, Joachim: Unternehmensbesteuerung in EU-Staaten, Köln 1994, S. 277-293, hier: S. 279; Bos, W.J.: Netherlands: The Changing World of European Tax Policy, in: European Taxation 2000, 40. Jg., Special Issue: European Union: Tackling Harmful Tax Competition – A Round Table on the Code of Conduct, S. 409-412, hier: S. 410; Selling, Heinz-Jürgen: Deutschland im Steuerwettbewerb der Staaten – Einige steuerpolitische Überlegungen, in: IStR 2000, 9. Jg., S. 225-232, hier: S. 226.

[243] Vgl. Hauser, Heinz: WTO-Regeln: Geeigneter Ansatzpunkt für eine Ordnung des internationalen Steuerwettbewerbs?, in: Müller, Walter/Fromm, Oliver/Hansjürgens, Bernd: Regeln für den europäischen Systemwettbewerb – Steuern und soziale Sicherungssysteme, Marburg 2001, S. 169-196, hier: S. 169.

ten Wettbewerb.[244] Zur optimalen Funktionsweise des marktwirtschaftlich ausgerichteten Binnenraums sollten daher insbesondere ökonomische Aspekte zur Bestimmung einer sinnvollen Zielsetzung beitragen und diese hinsichtlich der direkten Besteuerung wie bisher auf nationaler Ebene nun auch für die Integration Europas Anwendung finden. Um jedoch Empfehlungen hinsichtlich der Ausgestaltung des „steuerlichen Europas" geben zu können, bedarf es auch einer Untersuchung der durch den gemeinsamen Binnenmarkt geschaffenen Begebenheiten, die einen internationalen Steuerwettbewerb einschließen. Es ist hier weniger notwendig, sich grundsätzlich mit der Befürwortung oder Ablehnung dieses besonderen Wettbewerbs zu befassen, als sich mit dessen Wirkung auseinanderzusetzen und auf dieser Basis eventuelle negative Auswirkungen zu vermeiden versuchen. Daher ist die Betrachtung der Wirkungsweisen eines auf internationaler Ebene bestehenden Steuer- und Standortwettbewerbs unerlässlich, nachdem die Kriterien für ein aus finanzwissenschaftlicher Sicht rationales Gewinnsteuersystem dargestellt wurden.

3.2 Die Theorie der Optimalbesteuerung

Die finanzwissenschaftliche Steuerlehre befasst sich seit geraumer Zeit unter anderem mit der Konzeption eines rationalen Steuersystems, das eine bestmögliche Umsetzung der Grundsätze der Besteuerung erlaubt.[245] Die aus dieser Aufgabe entstandene Theorie der Optimalbesteuerung erachtet es als notwendig, Steuersysteme vor allem unter Effizienzaspekten (Allokationszielsetzung) zu analysieren. Dabei untersucht die Theorie der optimalen Besteuerung sowohl Verbrauchsteuern als auch Einkommensteuern isoliert und kombiniert bezüglich deren Wirkung auf ein höchstmögliches Niveau an Bedürfnisbefriedigung.[246]

---

244 Vgl. Weizsäcker, Carl Christian von: Wettbewerbspolitik in Europa, in: Gerken, Lüder/Schick, Gerhard: Grüne Ordnungsökonomik: Eine Option moderner Wirtschaftspolitik?, Marburg 2000, S. 127-132, hier: S. 127-128.

245 Vgl. Reding, Kurt/Müller, Walter: Einführung in die Allgemeine Steuerlehre, München 1999, S. 251. Vgl. zu den Grundsätzen der Besteuerung u.a. Mann, Fritz Karl: Steuerpolitische Ideale: Vergleichende Studien zur Geschichte der ökonomischen und politischen Ideen und ihres Wirkens in der öffentlichen Meinung 1600-1935, Jena 1937; Neumark, Fritz: Grundsätze gerechter und ökonomisch rationaler Steuerpolitik, Tübingen 1970; Haller, Heinz: Die Steuern, Grundlinien eines rationalen Systems öffentlicher Abgaben, 2. Aufl., Tübingen 1971 oder zusammenfassend Reding, Kurt/Müller, Walter: Einführung in die Allgemeine Steuerlehre, München 1999, S. 229-249.

246 Vgl. Rose, Manfred/Wiegard, Wolfgang: Zur optimalen Struktur öffentlicher Einnahmen unter Effiziens- und Distributionsaspekten, in: Pohmer, Dieter: Zur optimalen Besteuerung, Berlin 1983, S. 9-162, hier: S. 9; Reding, Kurt/Müller, Walter: Einführung in die Allgemeine Steuerlehre, München 1999, S. 251.

Vor dem Hintergrund der Harmonisierung der direkten Unternehmensbesteuerung fällt dabei vorwiegend der Einkommensbesteuerung der Unternehmen Relevanz zu. Die dabei aus allokationspolitischer Sicht anzustrebenden First-best-Lösungen, wie Kopf- oder Pauschalsteuern („lump-sum-taxes" i.w.S.), sind aus meist durch Zielsetzungen außerhalb des Steuersystems bewirkten distributionspolitischen Gesichtspunkten nicht durchsetzbar. Bei gegebener Distributionszielsetzung muss daher auf allokationspolitische Second-best-Lösungen zurückgegriffen werden und Steuern, die nur Einkommenseffekte induzieren, müssen bewusst ausgeklammert bleiben.[247]

Steuern beeinträchtigen jedoch sowohl die Steuersubjekte als auch den Staat in Form von Zusatzlasten („excess burden", „deadweight loss") über den durch die Steuerschuld entstehenden Entzugseffekt hinaus.[248] Dabei umfassen Zusatzlasten zum einen alle Kosten, die im Zusammenhang mit der Erhebung und Entrichtung von Steuern entstehen; zusätzlich verursachen die Reaktionen der Steuersubjekte, die tendenziell das Ziel der Reduktion von Kosten in Form von Steuern anstreben, Wohlfahrtseinbußen bei den Zensiten.[249] Diese Wohlfahrtsverluste äußern sich in Nutzeneinbußen bei den Besteuerten, die über den reinen Entzug an monetären Mitteln durch die (evtl. verminderte) Steuerzahllast hinaus in ihren Allokationsentscheidungen gestört werden.

Aufgrund der Besteuerung können Wirtschaftssubjekte Handlungsalternativen wählen, die, bei einer von der Besteuerung abstrahierenden Betrachtung, von der nutzenmaximalen Alternative abweichen, jedoch unter Hinzuziehung des Kostenfaktors „Steuern" als rational einzustufen sind.[250] Die Handlungen der Wirtschaftssubjekte werden somit durch die Besteuerung im Vergleich zu dem ohne Steuern vorgenommenen aus Allokationsgesichtspunkten optimalen

---

247 Vgl. Oehsen, Johann H. von: Optimale Besteuerung (Optimal Taxation), Frankfurt am Main 1982, S. 2; Sandmo, Agnar: Optimal Taxation. An Introduction to the Literature, in: Journal of Public Economics 1976, 6. Jg., S. 37-54, hier: S. 38; Reding, Kurt/Müller, Walter: Einführung in die Allgemeine Steuerlehre, München 1999, S. 251-252.

248 Vgl. Reding, Kurt/Müller, Walter: Einführung in die Allgemeine Steuerlehre, München 1999, S. 172; Niemann, Rainer: Neutrale Steuersysteme unter Unsicherheit – Besteuerung und Realoption, Diss. Tübingen 2000, Bielefeld 2001, S. 6.

249 Vgl. Reding, Kurt/Müller, Walter: Einführung in die Allgemeine Steuerlehre, München 1999, S. 172.

250 Vgl. Reding, Kurt/Müller, Walter: Einführung in die Allgemeine Steuerlehre, München 1999, S. 175.

Handeln verzerrt, und es liegen „indirect real burden of the tax“[251] in Form von Verzerrungen vor.[252]

Wettbewerbsverzerrungen beeinträchtigen die Standortqualität eines Marktes und damit dessen Wettbewerbsfähigkeit im Verhältnis zu anderen Märkten. Da die Europäische Union aber einen wettbewerbsfähigen Binnenmarkt anstrebt, sollten wettbewerbsbeeinträchtigende Verzerrungen vermieden werden. Gesucht wird entsprechend nach einem – bei gegebener staatlicher wohlfahrtsmaximierender Zielsetzung im Hinblick auf Bemessungsgrundlage und Tarifverlauf – empfehlenswerten Steuersystem.[253] Bei der Entwicklung eines – aus allokativer Sicht innerhalb der durch die distributive Zielsetzung gesteckten Grenzen – bestmöglichen Steuersystems lässt sich als Beurteilungsmaßstab die Rationalität des Systems heranziehen.[254] Insbesondere hinsichtlich der Allokationseffizienz ist es relevant, eine weitgehende Neutralität der Unternehmensbesteuerung auf unternehmerische Entscheidungen zu erreichen.[255]

Im Folgenden werden daher sowohl Aussagen der Theorie der Optimalbesteuerung als auch weitere Kriterien angesprochen.

3.3 Das Kriterium der einfachen Unternehmensbesteuerung

Dabei gilt der Grundsatz der Einfachheit als erfüllt, wenn die Entrichtung und Erhebung der Steuer für den Zensiten und den Fiskus mit möglichst geringen Kosten verbunden und transparent ist.[256] Diese Vorgaben stellen hinsichtlich des gemeinsamen Marktes mit den darin bestehenden 15 verschiedenen Steuersystemen eine große Herausforderung dar, da Komplexität und mangelnde Transparenz insbesondere für kleine und mittlere Unternehmen deutliche

---

251 Der hier beschriebene Bestandteil des excess burden wird von Dalton so deklariert, vgl. Dalton, Hugh: Principles of Public Finance, London 1992, S. 36.

252 Vgl. Reding, Kurt/Müller, Walter: Einführung in die Allgemeine Steuerlehre, München 1999, S. 176.

253 Vgl. Reding, Kurt/Müller, Walter: Einführung in die Allgemeine Steuerlehre, München 1999, S. 252.

254 Vgl. Maiterth, Ralf: Wettbewerbsneutralität der Besteuerung, Diss. Berlin 1999, Bielefeld 2001, S. 67.

255 Vgl. zu der Neutralität als wichtigstem Aspekt der Allokationseffizienz Abschnitt 3.5 „Das Kriterium der effizienten Unternehmensbesteuerung“ dieser Arbeit.

256 Vgl. Reding, Kurt/Müller, Walter: Einführung in die Allgemeine Steuerlehre, München 1999, S. 383.

Barrieren bei der Entfaltung von steuerlich relevanter Wirtschaftstätigkeit in einem anderen als dem Heimatstaat bedeuten.[257]

3.4 Das Kriterium der gerechten Unternehmensbesteuerung

Der Grundsatz einer gerechten Unternehmensbesteuerung umfasst die Forderung nach einer gleichmäßigen Besteuerung.[258] Eine gleichmäßige Besteuerung setzt ebenfalls Transparenz voraus und darf nur mit geringen Ausweichmöglichkeiten, z.B. in Form von regionalen, sachlichen oder zeitlichen Alternativen, ausgestattet sein.[259] Obwohl sich Gerechtigkeitspostulate grundsätzlich immer auf natürliche Personen beziehen, führt auch eine Verletzung dieser Forderung auf Unternehmensebene zu Rückwirkungen auf Ebene der natürlichen Personen, da diese im Endeffekt die Last jeder Unternehmensbesteuerung tragen.[260]

3.5 Das Kriterium der effizienten Unternehmensbesteuerung

Eine Unternehmensteuer gilt als effizient, wenn sie die optimale Allokation der Produkte und Produktionsfaktoren im Sinne einer an den Präferenzen der Wirtschaftssubjekte orientierten bestmöglichen Verteilung der knappen Ressourcen sicherstellt.[261] Damit der idealtypisch allokativ effiziente Marktmechanismus nicht durch steuerliche Einflüsse gestört wird, sollten die unternehmerischen Entscheidungen nicht durch die Besteuerung beeinflusst werden.[262] Die Effizienz umfasst folglich das Neutralitätspostulat, damit der Unternehmer sein Handeln allein an den Marktverhältnissen ausrichten kann.[263]

---

257 Vgl. Commission of the European Communities: Company Taxation in the Internal Market, in: http://europa.eu.int/comm/taxation_customs/publications/official_doc/com/com.htm, S. 23.

258 Vgl. Reding, Kurt/Müller, Walter: Einführung in die Allgemeine Steuerlehre, München 1999, S. 383.

259 Vgl. Reding, Kurt/Müller, Walter: Einführung in die Allgemeine Steuerlehre, München 1999, S. 383.

260 Vgl. Reding, Kurt/Müller, Walter: Einführung in die Allgemeine Steuerlehre, München 1999, S. 383.

261 Vgl. Reding, Kurt/Müller, Walter: Einführung in die Allgemeine Steuerlehre, München 1999, S. 352.

262 Vgl. Reding, Kurt/Müller, Walter: Einführung in die Allgemeine Steuerlehre, München 1999, S. 383.

263 Vgl. Niemann, Rainer: Neutrale Steuersysteme unter Unsicherheit – Besteuerung und Realoption, Diss. Tübingen 2000, Bielefeld 2001, S. 6. Ökonomische Effizienz ist darüber hinaus nur dann gesichert, wenn auf Steuerprivilegien verzichtet wird und die Besteuerung ohne Ausnahme umgesetzt und vollzogen wird. Vgl. hierzu Schreiber, Ulrich:

Alle unternehmerischen Entscheidungen sollten möglichst verzerrungsfrei aufgrund rein ökonomischer Kriterien getroffen und nicht durch nationale und internationale steuerliche Normen beeinflusst werden. Diese Denkweise gilt jedoch nicht nur für eine separatistisch betrachtete Steuerart, sondern in gleichem Maße für das gesamte (Unternehmens-)Steuersystem eines Staates. Da außerdem die gesamte Argumentation auf der Neutralität ökonomischer Entscheidungen fußt, sind meines Erachtens die finanzwissenschaftlichen Vorgaben vielmehr auf einen Markt als auf einen Staat zu beziehen und werden nur aufgrund der mangelnden darüber hinausgehenden Einflussnahme bislang auf die Grenzen eines Staates beschränkt. Erweitert man nun diese Betrachtung auf die Besteuerung in einem gemeinschaftlichen (Binnen-)Markt, so sollte auch hier eine Wahrung der aufgezeigten Postulate angestrebt werden, damit möglichst wenig Verzerrungen das Handeln der Wirtschaftssubjekte beeinflussen. Die Anpassungen aufgrund von steuerlichen Einflussgrößen führen zu einer suboptimalen Ressourcenallokation, die die Wettbewerbsfähigkeit des gemeinsamen Marktes gegenüber Drittländern schwächen kann und damit die erwünschte Errichtung und das Funktionieren des gemeinsamen Marktes durch steuerliche Regelungen gefährdet sowie negative Effekte auf die öffentliche Wohlfahrt hervorruft.[264]

Die Forderung nach einer neutralen Wirkungsweise der Besteuerung ohne über Einkommenseffekte hinausgehende Zusatzlasten gilt dabei grundsätzlich im Hinblick auf alle unternehmerischen Entscheidungsfelder als Ziel.[265] Insbesondere sind dabei die Investitions-, Gewinnverwendungs-, Finanzierungs- und Rechtsformneutralität, die Neutralität der Betriebsgröße, die Erfassung aller

---

Notwendigkeit und Alternativen einer Reform der Besteuerung von Kapitaleinkommen, in: Jacobs, Otto H./Spengel, Christoph: Aspekte der Unternehmensbesteuerung in Europa, Baden-Baden 1996, S. 85-116, hier: S. 105. Zu den Auswirkungen einer Besteuerung anhand des Leistungsfähigkeitsprinzips auf die Entscheidungen der Wirtschaftssubjekte vgl. Seidl, Christian: Gerechtigkeit und Besteuerung unter besonderer Berücksichtigung der Optimalsteuertheorie, in: Pohmer, Dieter: Zur optimalen Besteuerung, Berlin 1983, S. 163-259, hier: S. 194-199.

264 Vgl. Unabhängiger Sachverständigenausschuß zur Unternehmensbesteuerung: Report of the Committee of Independent Experts on Company Taxation, Luxemburg 1992, Kapitel 4 bis 6; Blumenberg, Jens: Die Schlußfolgerungen und Empfehlungen des Ruding-Ausschusses, in: DB 1992, 45. Jg., Beilage Nr. 5, S. 4.

265 Vgl. Seidl, Christian: Gerechtigkeit und Besteuerung unter besonderer Berücksichtigung der Optimalsteuertheorie, in: Pohmer, Dieter: Zur optimalen Besteuerung, Berlin 1983, S. 163-259, hier: S. 195.

Unternehmen sowie die Standort-, die Faktoreinsatz- und die Produktneutralität im Rahmen des europäischen Rechts- und Wirtschaftssystems von Bedeutung.[266]

3.5.1 Die Investitions-, Gewinnverwendungs- und Finanzierungsneutralität

Die Forderung nach Investitionsneutralität verlangt eine Nichtbeeinflussung der Wahl zwischen verschiedenen Sach- und Finanzinvestitionen auf intratemporaler Ebene.[267] Dabei sind insbesondere Investitionsentscheidungen nicht nur von dem steuerlichen Tarifverlauf und der Ausgestaltung der Bemessungsgrundlage abhängig, sondern ebenso von persönlichen wie sachlichen Steuerbefreiungen und –vergünstigungen. Folglich sind diese aus Sicht einer rationalen Unternehmensbesteuerung nicht nur vor dem Hintergrund nationaler, sondern auch gemeinschaftlicher Steuerpolitik zu vermeiden. Diese Notwendigkeit hat bereits in den staatlichen Beihilfeverboten der Artikel 87 bis 89 des Vertrags zur Gründung der Europäischen Gemeinschaft ihren Niederschlag gefunden, ohne dadurch eine abschließende Lösung herbeizuführen.

Die intertemporale Investitionsentscheidung zwischen Sparen/Thesaurieren und Gewinnausschüttung auf der einen und Investieren auf der anderen Seite soll gemäß dem Grundsatz der Gewinnverwendungsneutralität ebenfalls nicht durch steuerliche Normen oder Fiktionen der Gewinnverwendung beeinflusst werden, um keinen Einfluss auf den Verbleib der erzielten Gewinne auszuüben.[268]

Die Gewinnverwendungsneutralität steht auch in engem Zusammenhang mit der Finanzierungsneutralität, da die Entscheidung bezüglich der Verwendung der unternehmerischen Gewinne insbesondere bei einer Kapitalgesellschaft unmittelbare Rückwirkungen auf das Ausmaß der Innen-(Selbst-) versus Außenfinanzierung hat.[269] Das Postulat der Finanzierungsneutralität lässt sich in der Forde-

---

266 Vgl. Reding, Kurt/Müller, Walter: Einführung in die Allgemeine Steuerlehre, München 1999, S. 384-396; Treisch, Corinna: Entscheidungsneutralität der Besteuerung, in: Betriebswirtschaftliche Steuerlehre 2000, S. 368-374, hier: S. 368-368.

267 Vgl. Treisch, Corinna: Entscheidungsneutralität der Besteuerung, in: Betriebswirtschaftliche Steuerlehre 2000, S. 368-374, hier: S. 368.

268 Vgl. Schneider, Dieter: Investition, Finanzierung und Besteuerung, 7. Aufl., Wiesbaden 1992, S. 204.

269 Innerhalb der Finanzierungsformen ist grundsätzlich zwischen Außen- und Innenfinanzierung zu unterscheiden, wobei die Außenfinanzierung durch Aufnahme von Eigenkapital durch Ausgabe von Beteiligungstiteln oder durch Fremdkapital durch Ausgabe von Forderungstiteln möglich ist. Die Innenfinanzierung kann ebenfalls über einen Eigen- und einen Fremdfinanzierungsbestandteil erfolgen, wobei die Innen-Eigenfinanzierung über eine offene Selbstfinanzierung durch Gewinnthesaurierung oder eine stille Selbstfinanzierung durch Nutzung steuerlich vorteilhafter Regelungen, z.B. in Form gewinnrea-

rung nach einer Neutralität von (Außen-)Fremd- und (Außen-)Eigenfinanzierung ausdrücken. Die Finanzierung unternehmerischer Tätigkeit ist von der Gesetzgebung beispielsweise in der Form abhängig, als die Wahl der Finanzierungsform(en) durch eine steuerliche Abzugsfähigkeit der Finanzierungsaufwendungen beeinflusst werden kann.

3.5.2 Die Rechtsform- und Betriebsgrößenneutralität

Die Wahl der Rechtsform sollte ebenfalls nicht durch steuerliche Normen beeinflusst werden, sondern sich ausschließlich aus betriebswirtschaftlichen Kriterien wie Haftungsbegrenzung oder Kapitalbeschaffungsmöglichkeiten ergeben.[270] Dabei sind als Einflussfaktoren der Besteuerung auf die Rechtsformwahl insbesondere die Doppelbesteuerung durch Kombination mehrerer Steuern bei bestimmten Rechtsformen, unterschiedlich hohe rechtsformbezogene Tarife sowie Unterschiede in den rechtsformabhängigen steuerlichen Bemessungsgrundlagen oder rechtsformspezifische Gewinnverwendungsfiktionen denkbar. Auch aus der Kombination inländischer und ausländischer Rechtsformen, an denen die nationalen und internationalen steuerlichen Normen anknüp-

---

lisierungsverzögernder Regelungen oder Normen, die eine vorzeitige Aufwandsberücksichtigung erlauben, erfolgen kann. Die Innen-Fremdfinanzierung ergibt sich im Wesentlichen durch die zeitliche Differenz von Rücklagenbildung und –auflösung.

Eine aufgrund steuerlicher Einzelregelungen unter Umständen mögliche Innen-Fremd- oder stille Selbstfinanzierung innerhalb der Innen-Eigenfinanzierung soll an dieser Stelle nicht weiter thematisiert werden, da deren Anwendung auf spezifische Anwendungsfälle begrenzt ist und stärkere Einwirkungen auf die (zwischenstaatliche) Standortneutralität als auf die Finanzierungsneutralität aufweist. Außerdem wurde die Nutzung dieser Finanzierungsmöglichkeiten in der Vergangenheit durch Gesetzesänderungen immer weiter eingegrenzt, so dass diesen zunehmend geringere Bedeutung zufällt.

Zu den verschiedenen grundsätzlichen Finanzierungsarten vgl. u.a. Eilenberger, Guido: Betriebliche Finanzwirtschaft – Einführung in die Finanzpolitik und das Finanzmanagement von Unternehmungen – Investition und Finanzierung, 5. Aufl., München 1994, S. 223-281; Wöhe, Günter: Einführung in die Allgemeine Betriebswirtschaftslehre, 18. Aufl., München 1993, S. 854-912, 959-996.

270 Vgl. Rädler, Albert J.: Überlegungen zur Harmonisierung der Unternehmensbesteuerung in der Europäischen Gemeinschaft, in: Lang, Joachim: Unternehmensbesteuerung in EU-Staaten, Köln 1994, S. 277-293, hier: S. 287; Treisch, Corinna: Entscheidungsneutralität der Besteuerung, in: Betriebswirtschaftliche Steuerlehre 2000, S. 368-374, hier: S. 368-369; Reding, Kurt/Müller, Walter: Einführung in die Allgemeine Steuerlehre, München 1999, S. 390-395; Eggers, Winfried: Unternehmensbesteuerung in Deutschland – Stand und Reformüberlegungen vor dem Hintergrund des europäischen Integrationsprozesses, in: Jacobs, Otto H./Spengel, Christoph: Aspekte der Unternehmensbesteuerung in Europa, Baden-Baden 1996, S. 139-153, hier: S. 146-147.

fen, ergibt sich eine Vielzahl von Gestaltungsmöglichkeiten mit unterschiedlichen steuerlichen Konsequenzen.[271]

Ebenfalls sollte eine Besteuerung unabhängig von der Größe des erfassten Unternehmens erfolgen, da ansonsten eine Betriebsgrößenanpassung in Form von Zentralisierungs- oder Dezentralisierungsbestrebungen Verzerrungen hervorruft.[272] Da diese ausschließlich durch die Besteuerung, nicht aber aus ökonomischer Vorteilhaftigkeit induziert würden, ist die Betriebsgrößenneutralität der Besteuerung zu wahren.

Eng an diese Forderung angelehnt ist die Notwendigkeit, alle Unternehmen durch die Besteuerung zu erfassen. Ansonsten würden diese versuchen, entgegen unternehmerischer Kalkulation die für eine Steuerbefreiung notwendigen Kriterien zu erfüllen, um dadurch ihr ökonomisches Resultat relativ vorteilhafter zu gestalten.[273] Aber auch dieser Einfluss der Besteuerung würde ein Abweichen von rein unternehmerisch vorgegebenem und damit allokativ sinnvollem Handeln bedeuten.

3.5.3 Die Faktoreinsatz- und Produktneutralität

Ebenso unabhängig von den vorherrschenden Besteuerungsnormen sollte die unternehmerische Entscheidung hinsichtlich der zur Leistungserstellung eingesetzten Faktoren erfolgen.[274] Da durch die Besteuerung eine relative Änderung der Faktorpreise erfolgen kann, die wiederum die Wirtschaftlichkeit einer gegebenen und ohne Besteuerung optimalen Faktoreinsatzrelation möglicherweise verändert, können auch in diesem Bereich durch die Besteuerung Verzerrungen durch eine Anpassung des Faktoreinsatzes hervorgerufen werden.

So bewirkt beispielsweise eine Senkung der Kapitalbesteuerung eine Verzerrung dahingehend, dass andere Produktionsfaktoren, wie beispielsweise der Faktor Arbeit, eine zwar unter Umständen absolut betrachtet aufkommensneutrale, aber

---

271 Vgl. Fischer, Anja: Die Harmonisierung der Unternehmensbesteuerung in der Europäischen Union: Eine Untersuchung ihrer Ziele, Möglichkeiten und Grenzen anhand der Länder Belgien, BRD, Dänemark Frankreich, Großbritannien und die Niederlande, Diss. Stuttgart 1996, Stuttgart 1996, S. 1-3.

272 Vgl. Reding, Kurt/Müller, Walter: Einführung in die Allgemeine Steuerlehre, München 1999, S. 384, 397.

273 Vgl. Reding, Kurt/Müller, Walter: Einführung in die Allgemeine Steuerlehre, München 1999, S. 385.

274 Vgl. Reding, Kurt/Müller, Walter: Einführung in die Allgemeine Steuerlehre, München 1999, S. 466.

trotzdem relativ höhere Belastung erfahren.[275] Als Resultat dessen kann in Abhängigkeit der Überwälzungsmöglichkeit der Zensiten und Nachfrager der Leistungen eine relative Änderung des Faktoreinsatzes ausgelöst werden, was aber der finanzwissenschaftlichen Forderung nach einer Faktoreinsatzneutralität widerspricht. Die möglicherweise resultierenden Substitutionseffekte könnten sich unter anderem in einer erhöhten Arbeitslosenquote niederschlagen. Folglich kann ein ungezügelter Steuerwettbewerb um mobile Produktionsfaktoren die Steuersysteme auf eine die Beschäftigung beeinträchtigende Weise beeinflussen.[276]

Durch eine gezielte steuerliche Bevorzugung, wie beispielsweise branchenabhängige Steuervergünstigungen, ist es möglich, nicht nur den Input der Wertschöpfung, sondern auch deren Output zu beeinflussen.[277] Dieser sollte sich jedoch ausschließlich aus ökonomischen Kriterien wie Absatz- und Beschaffungsmarkt und den Kernkompetenzen des Leistungserstellers ergeben und nicht durch die Besteuerung beeinflusst werden. Die Finanzwissenschaft fordert somit im Sinne einer effizienten Unternehmensbesteuerung die Wahrung der Produktneutralität.

3.5.4 Besondere Bedeutung der Standortneutralität im gemeinsamen Binnenmarkt

Die Standortneutralität soll verhindern, dass aufgrund steuerlicher Implikationen eine den sonstigen ökonomischen Kriterien gegenläufige Standortentscheidung generiert wird. Die Wahl eines Standortes ist grundsätzlich neben persönlichen Einflussfaktoren von betriebsspezifischen Besonderheiten, aber auch von staatlicherseits bereitgestellten Leistungen, wie beispielsweise der Infrastruktur im weitesten Sinne, abhängig.[278] Die Gesamtheit aller Faktoren, die aus Sicht eines Entscheidungsträgers ein Land als Ort für wirtschaftliche Aktivität kennzeich-

---

275 Vgl. Reding, Kurt/Müller, Walter: Einführung in die Allgemeine Steuerlehre, München 1999, S. 474-475.

276 Vgl. hierzu auch Abschnitt 3.2 „Wirkungsweise eines internationalen Steuerwettbewerbs".

277 Vgl. Reding, Kurt/Müller, Walter: Einführung in die Allgemeine Steuerlehre, München 1999, S. 466.

278 Vgl. Richter, Wolfram F./Seitz, Helmut/Wiegard, Wolfgang: Steuern und unternehmensbezogene Staatsausgaben als Standortfaktoren, in: Siebert, Horst: Steuerpolitik und Standortqualität: Expertisen zum Standort Deutschland, Tübingen 1996, S. 13-47, hier: S. 15.

nen, bildet die Standortqualität eines Staates.[279] Idealtypisch sollte die Steuerbelastung der ansässigen oder investierenden Unternehmen dem Wert der staatlich bereitgestellten Leistung entsprechen und so die Standortentscheidung neutralisieren.[280] Belastungsunterschiede können bei unterschiedlicher Qualität und Quantität staatlich bereitgestellter Leistungen nicht als Verzerrung der Standortentscheidung interpretiert werden, wenn das Verhältnis von Leistung und Gegenleistung in allen betrachteten Staaten einander entspricht.[281] Aufgrund der mangelnden Möglichkeit, dem durch die Bereitstellung öffentlicher Güter entstehenden Nutzen einen exakten Wert beizumessen, wird oft für Standortentscheidungen innerhalb nationaler Grenzen (alternativ) die Annahme getroffen, dass Standortneuträlität vorliegt, wenn die Wahl des Standortes keinen Einfluss auf die Steuerschuld hat.[282]

Die nicht-steuerlichen Standortfaktoren variieren aber zwischen den Mitgliedstaaten der Europäischen stärker als normalerweise innerhalb eines Staates. Demnach wird hier weiterhin der nicht unumstrittenen[283] äquivalenztheoretischen Argumentation gefolgt.

Das Zusammenspiel von erhöhter Mobilität der Produktionsfaktoren und einem erweiterten Wirtschaftsraum stellt insbesondere an die Wahrung der Standortneutralität hohe Anforderungen. In einem gemeinschaftlichen Binnenmarkt, in dem grundsätzlich Unternehmen zueinander in grenzüberschreitendem Wettbewerb stehen, stellen signifikante Steuerbelastungsunterschiede zwischen den Mitgliedstaaten der Europäischen Union unter Umständen ein Hemmnis der angestrebten internationalen Kooperation sowie des grenzüberschreitenden Geschäftsverkehrs dar. Folglich können entgegen den Zielsetzungen des gemeinsamen Marktes durch unterschiedliche nationale Gesetzeslagen standortbeeinflussende Verzerrungen hervorgerufen werden.

Standortentscheidungen können durch Besonderheiten der nationalen Gesetzgebung beeinflusst werden, durch die in Abhängigkeit des betroffenen Unterneh-

---

279 Vgl. Rose, Manfred: Reform der öffentlichen Finanzen zur Stärkung der Standortqualität, in: Siebert, Horst: Steuerpolitik und Standortqualität: Expertisen zum Standort Deutschland, Tübingen 1996, S. 145-191, hier: S. 145.

280 Vgl. Reding, Kurt/Müller, Walter: Einführung in die Allgemeine Steuerlehre, München 1999, S. 395.

281 Vgl. Reding, Kurt/Müller, Walter: Einführung in die Allgemeine Steuerlehre, München 1999, S. 396.

282 Vgl. Reding, Kurt/Müller, Walter: Einführung in die Allgemeine Steuerlehre, München 1999, S. 395.

283 Vgl. Reding, Kurt/Müller, Walter: Einführung in die Allgemeine Steuerlehre, München 1999, S. 396.

mens in bestimmten Mitgliedstaaten der Europäischen Union international variierende Vorteilsgewährungen genutzt werden könnten.[284] Soweit diese steuerlichen Einzelregelungen das Betätigungsfeld des Unternehmens beeinflussen, wird die Investitionsneutralität verletzt und kann gezielte Rückwirkungen auf die Wahl des Standorts auslösen.

Diese Einflussfaktoren sind aber vor dem Hintergrund des gemeinsamen Marktes vorwiegend als standortbeeinflussend anzusehen, da die freie Wahlmöglichkeit des Standorts auch die Wahl des damit verbundenen Steuersystems und der als vorteilhaft erscheinenden steuerlichen Einzelregelungen umfasst. So können aus einer mangelhaften Umsetzung der anderen geforderten Neutralitätspostulate in nationales Recht auf einem gemeinsamen Markt standortbeeinflussende Verzerrungen entstehen, die wiederum den gemeinschaftlichen Intentionen der unbeschränkten Funktionsfähigkeit der Marktkräfte entgegenstehen.

Der internationale Standortwettbewerb ist innerhalb eines gemeinsamen Marktes nicht nur hinsichtlich investierender multinationaler Unternehmen gegeben, sondern beeinflusst auch die bereits ansässigen Wirtschaftssubjekte. So stehen sich am gemeinsamen Markt Konkurrenten gegenüber, die stark unterschiedlichen (effektiven) Steuerbelastungen unterliegen. In Abhängigkeit der individuellen Überwälzungsmöglichkeiten induziert die national differierende direkte Besteuerung Preiswirkungen, die zu einem Preisgefälle auf dem gemeinsamen Markt und damit zu Kapitalbewegungen in Form von Direktinvestitionen führen können.[285] Ist die Durchsetzung höherer Preise besonders im internationalen Wettbewerb nicht möglich, induziert eine im Verhältnis zu anderen Staaten höhere Belastung durch direkte Steuern verminderte unternehmerische Gewinne. Dadurch entsteht eine eingeschränkte Selbstfinanzierungsmöglichkeit und eine damit einhergehende erhöhte Kapitalkostenbelastung. Eine hieraus resultierende, im internationalen Vergleich verschlechterte Wettbewerbssituation kann zu Anpassungen in Form von Standortverlagerungen führen, wobei solche steuerlichen Verzerrungen am gemeinsamen Markt zwingend vermieden werden sollten.[286] Vor diesem Hintergrund stellt die Steuerharmonisierung im Rahmen

---

284 Vorteilseinräumungen durch nationales Recht in Form von Beihilfen für bestimmte Branchen, Industriezweige oder Betätigungsfelder werden durch die europäische Gesetzgebung und Rechtsprechung bereits stark eingeschränkt. Vgl. hierzu Abschnitt 4.2.1 „Erörterung der durch eine mögliche Rechtsangleichung betroffenen Bereiche“.

285 Vgl. Weichenrieder, Alfons J.: Besteuerung und Direktinvestition, Diss. München 1995, Tübingen 1995, S. 5.

286 Vgl. Kluge, Volker: Das deutsche Internationale Steuerrecht, 3. Aufl., München 1992, S. 28; Mick, Marcus: Steuerharmonisierung und Gemeinsamer Markt, in: Birk, Dieter: Handbuch des Europäischen Steuer- und Abgabenrechts, Herne/Berlin 1995, S. 637-662, hier: S. 641; Oppermann, Thomas: Europarecht, München 1991, Rz. 1053; Voß, Reimer:

gemeinschaftlicher Rechtsangleichung ein Mittel dar, um übergeordnete Integrationsziele zu erreichen.[287]

Die Stärke der Verzerrungen hängt in diesem Zusammenhang sowohl von der Relevanz des Steuersystems für Standortentscheidungen ab, als auch von der Höhe der steuerlichen Belastungsunterschiede und somit vom Umfang der Abweichungen der Steuersysteme in Bezug auf steuerlich relevante Faktoren.

3.6 Wirkungsweise eines internationalen Steuerwettbewerbs

In der Standorttheorie werden mobile von immobilen Produktionsfaktoren unterschieden. Immobile Produktionsfaktoren sind beispielsweise Boden, Bodenschätze und Natur, aber auch Institutionen wie Staats-, Gesellschafts-, Rechts- und Bildungssysteme. Sie sind darauf angewiesen, mobile Produktionsfaktoren wie z.B. Finanz- und andere Dienstleistungen als auch hochqualifizierte Arbeitnehmer anzuziehen, um ihren Beitrag zum Sozialprodukt leisten zu können.[288] Mit der Faktormobilität verbunden sind nationalstaatliche Bestrebungen, die darauf abzielen, mobile Aktivitäten, wie beispielsweise Finanzkapital, zu attrahieren.[289] Zu diesem Zweck wird häufig der immobile Standortfaktor des Steuersystems als Teil der Infrastruktur eines Staates durch Bildung steuerlicher Anreizinstrumente eingesetzt, um die Präferenzen der Investoren zu beeinflussen. Denn je geringer die steuerliche Belastung eines mobilen Produktionsfaktors ist, desto eher wird die gewünschte Standortwahl, neben anderen Einfluss-

---

Europäisches und nationales Steuerrecht, in: StuW 1993, 70. Jg., S. 155-168, hier: S. 160-161.

287 Vgl. Mick, Marcus: Steuerharmonisierung und Gemeinsamer Markt, in: Birk, Dieter: Handbuch des Europäischen Steuer- und Abgabenrechts, Herne/Berlin 1995, S. 637-662, hier: S. 640-641.

288 Daneben existiert auch ein Wettbewerb mobiler Produktionsfaktoren um immobile Produktionsfaktoren, wie beispielsweise knappe Bodenschätze. Vgl. Reding, Kurt/Müller, Walter: Einführung in die Allgemeine Steuerlehre, München 1999, S. 471.

289 Vgl. Schreiber, Ulrich: Steuerwettbewerb, Steuerharmonisierung und neutrale Unternehmensbesteuerung, in: Ballwieser, Wolfgang/Schildbach, Thomas: Rechnungslegung und Steuern international, Tagung des Ausschusses Unternehmensrechnung im Verein für Socialpolitik am 9. und 10. Mai 1997 in Evelle/Frankreich, Düsseldorf 1998, S. 105-144, hier: S. 106; Müller, Walter: Einführung und Überblick, in: Müller, Walter/Fromm, Oliver/Hansjürgens, Bernd: Regeln für den europäischen Systemwettbewerb – Steuern und soziale Sicherungssysteme, Marburg 2001, S. 11-17, hier: S. 11; Bach, Stefan: Kapitaleinkommensbesteuerung zwischen Wettbewerb und Harmonisierung, in: Müller, Walter/Fromm, Oliver/Hansjürgens, Bernd: Regeln für den europäischen Systemwettbewerb – Steuern und soziale Sicherungssysteme, Marburg 2001, S. 105-132, hier: S. 105.

faktoren, von Besteuerungstatbeständen bewirkt.[290] Im Steuerwettbewerb als spezifische Ausprägung staatlichen Wettbewerbs, bei dem die Besteuerung sowohl das Ziel als auch das Mittel ist, verfügen die Staaten über eine Vielzahl von steuerlichen Instrumenten.[291] Da beispielsweise die Steuertarifgestaltung der verschiedenen Steuerarten, die Bemessungsgrundlagen und sogar Doppelbesteuerungsabkommen Instrumente des Steuerwettbewerbs der Staaten sein können, werden sie zur Verfolgung nationaler Ziele eingesetzt.[292] Die Intensität des Standortwettbewerbs um mobile Produktionsfaktoren ist dabei primär von der Offenheit der (nationalen) Volkswirtschaften, dem Ausmaß der wirtschaftlichen Verflechtung zwischen den Staaten, dem Mobilitätsgrad der mobilen Produktionsfaktoren und der Attraktivität der immobilen Produktionsfaktoren abhängig.[293]

Die Öffnung der Kapitalmärkte und die Liberalisierung des Handels haben nicht nur innerhalb der Europäischen Union durch die Vollendung des europäischen Binnenmarktes, sondern nahezu weltweit zu einer internationalen Kapitalmobilität geführt.[294] Insbesondere hinsichtlich der Mobilität von Finanzkapital gibt es

---

290 Vgl. Feld, Lars P.: Steuerwettbewerb und seine Auswirkungen auf Allokation und Distribution - Ein Überblick und eine empirische Analyse für die Schweiz, Tübingen 2000, S. 59. Zu Besonderheiten der Besteuerung von Kapitaleinkommen vgl. Viherkenttä, Timo: Das Nordische Modell – Ein alternativer Ansatz der Besteuerung von Kapitaleinkommen, in: Jacobs, Otto H./Spengel, Christoph: Aspekte der Unternehmensbesteuerung in Europa, Baden-Baden 1996, S. 117-138, insbesondere S. 121-122.

291 Vgl. Gerken, Lüder/Märkt, Jörg/Schick, Gerhard: Internationaler Steuerwettbewerb, Tübingen 2000, S. 134, 142.

292 Vgl. Gerken, Lüder/Märkt, Jörg/Schick, Gerhard: Internationaler Steuerwettbewerb, Tübingen 2000, S. 142-148.

293 Vgl. Kollmeier, Yvonne: Die europäische Sozialpolitik. Vom Stiefkind des europäischen Integrationsprozesses zum Wegbereiter eines Level Playing Field?, in: Müller, Walter/ Fromm, Oliver/Hansjürgens, Bernd: Regeln für den europäischen Systemwettbewerb – Steuern und soziale Sicherungssysteme, Marburg 2001, S. 337-357, hier: S. 337; Reding, Kurt/Müller, Walter: Einführung in die Allgemeine Steuerlehre, München 1999, S. 471.

294 Vgl. Boss, Alfred/Soltwedel, Rüdiger: Einführung und Überblick, in: Siebert, Horst: Steuerpolitik und Standortqualität: Expertisen zum Standort Deutschland, Tübingen 1996, S. 1-12, hier: S. 1; Büttner, Thiess: Empirie des Steuerwettbewerbs: Zum Stand der Forschung, in: Müller, Walter/Fromm, Oliver/Hansjürgens, Bernd: Regeln für den europäischen Systemwettbewerb – Steuern und soziale Sicherungssysteme, Marburg 2001, S. 53-70, hier: S. 59; Haufler, Andreas: Taxation in a global economy, Cambridge 2001, S. 13-14.

sehr deutliche empirische Anzeichen.[295] Doch auch die Mobilität von Direktinvestitionen hat steuerinduziert zugenommen.[296]

Internationaler Steuerwettbewerb, der durch das Zusammenspiel von Bemühungen zur Anlockung von Investitionen und der notwendigen Generierung von Staatseinnahmen gekennzeichnet ist, zeichnet sich durch verschiedene Wirkungen aus, deren Analyse notwendig erscheint.

3.6.1 Auswirkungen auf die internationale Allokationseffizienz

Mit internationalem Steuerwettbewerb gehen Auswirkungen auf die internationale Allokationseffizienz einher, die im Folgenden dargestellt werden.

3.6.1.1 Die Beschränkung eines sich ausbreitenden Steuerstaates

Für den Steuerwettbewerb gilt in Analogie zu dem auf privaten Märkten vorherrschenden Wettbewerb, dass die Möglichkeit der freien Wahl eines Leistungspaketes (öffentliche Konsum- und Produktionsgüter) und einer entsprechenden Gegenleistung (Abgabenlast) zu einer aus Sicht der Zensiten rationalen Allokation knapper Ressourcen führt. Der Zensit wird in Abhängigkeit seiner persönlichen Präferenzen den Hoch- oder Niedrigsteuerstaat mit dem im Verhältnis besten öffentlichen Angebot wählen.[297] Durch den zwischen Gebietskörperschaften ausgelösten Zuwanderungswettbewerb setzen sich die Präferenzen

---

[295] Vgl. Feldstein, Martin S./Horioka, Charles Y.: Domestic Saving and International Capital Flows, in: Economic Journal 1980, 90. Jg., S. 314-329. Finanzkapital ist bislang jedoch nicht vollständig mobil, da nach wie vor viele Anleger unter anderem aufgrund hoher Transaktionskosten für Auslandsengagements inländische Anlagen bevorzugen. Vgl. hierzu Bach, Stefan: Kapitaleinkommensbesteuerung zwischen Wettbewerb und Harmonisierung, in: Müller, Walter/Fromm, Oliver/Hansjürgens, Bernd: Regeln für den europäischen Systemwettbewerb – Steuern und soziale Sicherungssysteme, Marburg 2001, S. 105-132, hier: S. 113.

[296] Vgl. Büttner, Thiess: Empirie des Steuerwettbewerbs: Zum Stand der Forschung, in: Müller, Walter/Fromm, Oliver/Hansjürgens, Bernd: Regeln für den europäischen Systemwettbewerb – Steuern und soziale Sicherungssysteme, Marburg 2001, S. 53-70, hier: S. 59.

[297] Vgl. Berthold, Norbert/Neumann, Michael: Sozialsysteme im Wettbewerb: das Ende der Umverteilung?, in: Müller, Walter/Fromm, Oliver/Hansjürgens, Bernd: Regeln für den europäischen Systemwettbewerb – Steuern und soziale Sicherungssysteme, Marburg 2001, S. 253-286, hier:, S. 254. Problematisch sind in diesem Zusammenhang die Unvollkommenheit der Märkte und die Informationsasymmetrie. Vgl. hierzu Postlep, Rolf-Dieter: Zusammenfassung und Kommentar zur Tagung, in: Müller, Walter/Fromm, Oliver/Hansjürgens, Bernd: Regeln für den europäischen Systemwettbewerb – Steuern und soziale Sicherungssysteme, Marburg 2001, S. 409-413, hier: S. 410.

der Steuerzahler bei der Bereitstellung öffentlicher Leistungen durch.[298] Somit ist nicht nur die Einnahmenseite für eine Verbesserung des Standorts maßgebend, sondern eine gute Relation zwischen der Besteuerung und dem öffentlichen Angebot. Demzufolge ist auch die Effizienz der getätigten Ausgaben zur Bewertung eines Standorts aus wettbewerbspolitischer Sicht entscheidend.

Da ein relativ hohes Steuerniveau dauerhaft aber nur im Zusammenspiel mit einem verhältnismäßig besseren Angebot an öffentlichen Leistungen bestehen kann, müssen schlechte sonstige Rahmenbedingungen ihren Niederschlag in geringeren Steuern finden. Bei einem Auseinanderfallen von staatlicher Leistung und der Gegenleistung für deren Nutzung in Form von Steuern gewinnen die neben der Besteuerung bestehenden anderen Standortfaktoren an Gewicht.[299] Als Effekt eines internationalen Steuer- bzw. Standortwettbewerbs ist in diesem Zusammenhang die Begrenzung eines sich ständig ausbreitenden Steuerstaates, also eine Bändigung des Leviathan, zu sehen.[300]

Sehen sich die Akteure des öffentlichen Sektors keiner bzw. nur einer unvollständigen politischen Wettbewerbssituation ausgesetzt, besteht für sie ein großer Anreiz, ihre eigenen Interessen zuungunsten einer effektiven Erhebung und Verwendung der Staatseinnahmen und einer Minimierung der staatlichen Überschusseinnahmen durchzusetzen.[301] Fiskalischem Wettbewerb wird die

---

298 Vgl. Feld, Lars P./Kirchgässner, Gebhard: Vor- und Nachteile des internationalen Steuerwettbewerbs, in: Müller, Walter/Fromm, Oliver/Hansjürgens, Bernd: Regeln für den europäischen Systemwettbewerb – Steuern und soziale Sicherungssysteme, Marburg 2001, S. 21-51, hier: S. 22; Tiebout, Charles M.: A Pure Theory of Local Expenditure, in: Journal of Political Economy, 64. Jg., S. 416-424.

299 Vgl. Feld, Lars P.: Steuerwettbewerb und seine Auswirkungen auf Allokation und Distribution - Ein Überblick und eine empirische Analyse für die Schweiz, Tübingen 2000, S. 93; Postlep, Rolf-Dieter: Zusammenfassung und Kommentar zur Tagung, in: Müller, Walter/Fromm, Oliver/Hansjürgens, Bernd: Regeln für den europäischen Systemwettbewerb – Steuern und soziale Sicherungssysteme, Marburg 2001, S. 409-413, hier: S. 410.

300 Vgl. Reding, Kurt/Müller, Walter: Einführung in die Allgemeine Steuerlehre, München 1999, S. 472; Feld, Lars P.: Steuerwettbewerb und seine Auswirkungen auf Allokation und Distribution - Ein Überblick und eine empirische Analyse für die Schweiz, Tübingen 2000, S. 134; Feld, Lars P./Kirchgässner, Gebhard: Vor- und Nachteile des internationalen Steuerwettbewerbs, in: Müller, Walter/Fromm, Oliver/Hansjürgens, Bernd: Regeln für den europäischen Systemwettbewerb – Steuern und soziale Sicherungssysteme, Marburg 2001, S. 21-51, hier: S. 32.

301 Vgl. Feld, Lars P.: Steuerwettbewerb und seine Auswirkungen auf Allokation und Distribution - Ein Überblick und eine empirische Analyse für die Schweiz, Tübingen 2000, S. 134; Feld, Lars P./Kirchgässner, Gebhard: Vor- und Nachteile des internationalen Steuerwettbewerbs, in: Müller, Walter/Fromm, Oliver/Hansjürgens, Bernd: Regeln

Funktion eines Vergleichsmaßstabs für die Bürger beigemessen, anhand dessen sie die politischen Leistungen verschiedener Gebietskörperschaften beurteilen können.[302] Durch die dem Zensiten im internationalen Wettbewerb offenstehenden Alternativen wird eine Einschränkung des eigennützigen Verhaltens der Akteure des öffentlichen Sektors und eine verkrustungshemmende Wirkung induziert, die eine weitere Verflechtung von Politik und Lobbyismus verhindert.[303] Diese aus nationaler Betrachtung wünschenswerte Politikkontrollfunktion begrenzt folglich ein Wachstum des nationalen Staatsanteils und einen Ausbau intransparenter Verflechtungen.[304] Eine wohlfahrtssteigernde Wirkung des Standortwettbewerbs ist diesbezüglich zu verzeichnen, solange die Abgabenlast nicht auf ein Niveau zurückgeht, das nur eine zu geringe Bereitstellung an öffentlichen Konsum- und Produktionsgütern ermöglicht.[305]

---

für den europäischen Systemwettbewerb – Steuern und soziale Sicherungssysteme, Marburg 2001, S. 21-51, hier: S. 32; Postlep, Rolf-Dieter: Zusammenfassung und Kommentar zur Tagung, in: Müller, Walter/Fromm, Oliver/Hansjürgens, Bernd: Regeln für den europäischen Systemwettbewerb – Steuern und soziale Sicherungssysteme, Marburg 2001, S. 409-413, hier: S. 410.

302 Vgl. Feld, Lars P./Kirchgässner, Gebhard: Vor- und Nachteile des internationalen Steuerwettbewerbs, in: Müller, Walter/Fromm, Oliver/Hansjürgens, Bernd: Regeln für den europäischen Systemwettbewerb – Steuern und soziale Sicherungssysteme, Marburg 2001, S. 21-51, hier: S. 33.

303 Vgl. Hohaus, Bolko: Steuerwettbewerb in Europa: eine Analyse der Folgen unbeschränkter Güter- und Faktormobilität im Europäischen Binnenmarkt, Diss. München 1995, Frankfurt am Main u.a. 1996, S. 39.

304 Vgl. Reding, Kurt/Müller, Walter: Einführung in die Allgemeine Steuerlehre, München 1999, S. 472.

305 Vgl. Feld, Lars P./Kirchgässner, Gebhard: Vor- und Nachteile des internationalen Steuerwettbewerbs, in: Müller, Walter/Fromm, Oliver/Hansjürgens, Bernd: Regeln für den europäischen Systemwettbewerb – Steuern und soziale Sicherungssysteme, Marburg 2001, S. 21-51, hier: S. 33. Sinn sieht in diesem Zusammenhang hingegen die Gefahr der Erosion des Sozialstaates, wobei er als Grund für das Versagen des Systemwettbewerbs das Selektionsprinzip identifiziert. Daneben sieht Sinn auch einen Wettbewerb der Regulierungsbehörden mit der Folge eines Lemon-Gleichgewichts, das den Schutz der Verbraucher nicht mehr ausreichend gewährleistet. Vgl. Sinn, Hans-Werner: Das Selektionsprinzip und der Systemwettbewerb, in: Oberhauser, Alois: Fiskalföderalismus in Europa, Berlin 1997, S. 9-60, hier: S. 29-48; Sinn, Hans-Werner: Wieviel Brüssel braucht Europa? – Subsidiarität, Zentralisierung und Fiskalwettbewerb im Lichte der ökonomischen Theorie, in: Staatswissenschaften und Staatspraxis 1994, 5. Jg., S. 155-186, hier: S. 162, 172-176, 179-181. Vgl. zu einer Betrachtung nationalstaatlicher Rationalität bei einem sich verschärfenden Steuerwettbewerb durch Sinn: Sinn, Hans-Werner: Deutschland im Steuerwettbewerb, in: Jahrbücher für Nationalökonomie und Statistik 1997, 6. Jg., S. 672-692.

3.6.1.2 Das Problem des schädlichen Steuerwettbewerbs

Problematisch ist neben den durch staatliche Beeinflussung der internationalen Kapitalallokation induzierten allokativen Verzerrungen, dass die die Steuern durch entsprechende Standortwahl vermeidenden Personen möglicherweise weiterhin die öffentlichen Leistungen der Hochsteuerstaaten in Anspruch nehmen, ohne einen Beitrag zu den damit verbundenen Kosten zu leisten.[306] Dies führt zu einer Verletzung des Äquivalenzprinzips, da sich die an den öffentlichen Gütern partizipierende Person nicht an den zu deren Bereitstellung notwendigen Aufwendungen beteiligt.[307] Zwar hat eine Person, trotz der Nutzung öffentlicher Leistungen, nicht notwendigerweise einen Beitrag zu den öffentlichen Mitteln zu leisten, da sie ohne Einkommen gemäß dem Leistungsfähigkeitsprinzip nicht zur Ertragsbesteuerung herangezogen wird. Innerhalb der Problematik der Nichtbeachtung des Äquivalenzprinzips liegt aber auch ein Verstoß gegen das Leistungsfähigkeitsprinzip vor, da die steuervermeidende Person sehr wohl eine Leistungsfähigkeit aufweist. Sie leistet jedoch nicht dieser entsprechend einen Beitrag zu den Staatseinnahmen, die zur Finanzierung der Staatsausgaben notwendig sind und dadurch die Erfüllung staatlicher Aufgaben ermöglichen, und ruft durch ihr Trittbrettfahrerverhalten wohlfahrtsmindernde Auswirkungen hervor. Derartiges Handeln stört außerdem die Allokationseffizienz des internationalen Standortwettbewerbs und bildet so den Ausgangspunkt der Diskussion um einen fairen Steuerwettbewerb.

Während fairer Steuerwettbewerb darauf ausgerichtet ist, ein attraktives steuerliches Umfeld in der betreffenden Gebietskörperschaft zu schaffen, umfasst unfairer Steuerwettbewerb solche Maßnahmen, die auf fiskalische Gewinne zu

---

306 Vgl. Feld, Lars P./Kirchgässner, Gebhard: Vor- und Nachteile des internationalen Steuerwettbewerbs, in: Müller, Walter/Fromm, Oliver/Hansjürgens, Bernd: Regeln für den europäischen Systemwettbewerb – Steuern und soziale Sicherungssysteme, Marburg 2001, S. 21-51, hier: S. 25, 29; Kaminski, Bert: Formula Apportionment, in: Müller, Walter/Fromm, Oliver/Hansjürgens, Bernd: Regeln für den europäischen Systemwettbewerb – Steuern und soziale Sicherungssysteme, Marburg 2001, S. 133-152, hier: S. 133.

307 Vgl. Zimmermann, Horst/Henke, Klaus-Dirk: Finanzwissenschaft – Eine Einführung in die Lehre von der öffentlichen Finanzwirtschaft, 7. Aufl., München 1994, S. 99-106; Hansjürgens, Bernd: Das Äquivalenzprinzip als zentraler Maßstab für fairen Steuerwettbewerb. Anmerkungen aus finanzwissenschaftlicher Sicht, in: Müller, Walter/Fromm, Oliver/Hansjürgens, Bernd: Regeln für den europäischen Systemwettbewerb – Steuern und soziale Sicherungssysteme, Marburg 2001, S. 71-88, hier: S. 82-83; Höppner, Horst-Dieter: Das Äquivalenzprinzip als zentraler Maßstab für fairen Steuerwettbewerb. Bemerkungen dazu aus Sicht der Finanzverwaltung, in: Müller, Walter/Fromm, Oliver/Hansjürgens, Bernd: Regeln für den europäischen Systemwettbewerb – Steuern und soziale Sicherungssysteme, Marburg 2001, S. 89-104, hier: S. 103.

Lasten anderer Gebietskörperschaften abzielen und nicht auf eine Verbesserung des Besteuerungsumfeldes und dies über eine Verzerrung der Allokation zu erreichen suchen.[308] Mit dieser Problematik haben sich in der Vergangenheit und Gegenwart auf politischer Ebene bereits multilaterale Organisationen, insbesondere die Europäische Union und die OECD, auseinandergesetzt.[309]

3.6.1.3 Die Gefahr eines steuerlichen Unterbietungswettbewerbs

Aus der tendenziell steuersenkenden Wirkung des Steuer- und Standortwettbewerbs kann außerdem eine Bedrohung der Besteuerungsbasis durch einen fortlaufenden ruinösen Unterbietungswettbewerb (bezüglich der auf die (mobilen) Produktionsfaktoren entfallenden Steuerlasten) und damit die Gefahr eines „race to the bottom" abgelesen werden.[310] Dies müsste theoretisch bei nichtkooperativen Staaten, die sich im Rahmen der Steuerkonkurrenz zueinander in der Konstellation eines „Gefangenen-Dilemmas"[311] befinden, im Endeffekt zu einer

---

308 Vgl. Hansjürgens, Bernd: Das Äquivalenzprinzip als zentraler Maßstab für fairen Steuerwettbewerb. Anmerkungen aus finanzwissenschaftlicher Sicht, in: Müller, Walter/Fromm, Oliver/Hansjürgens, Bernd: Regeln für den europäischen Systemwettbewerb – Steuern und soziale Sicherungssysteme, Marburg 2001, S. 71-88, hier: S. 76.

309 Vgl. OECD: Harmful Tax Competition – An Emerging Global Issue, Paris 1998 und in: http://www.oecd.org/pdf/M00004000/M00004517.pdf; OECD: Towards Global Tax Cooperation - Report to the 2000 Ministerial Council Meeting and Recommendations by the Committee on Fiscal Affairs – Progress in Identifying and Eliminating Harmful Tax Practices, in: http://www.oecd.org/pdf/M000014000/M00014130.pdf; Rat der Europäischen Gemeinschaften: Schlußfolgerungen des Rates „Wirtschafts- und Finanzfragen" vom 1. Dezember 1997 zur Steuerpolitik – Entschließung des Rates und der im Rat vereinigten Vertreter der Regierungen der Mitgliedstaaten vom 1. Dezember 1997 über einen Verhaltenskodex für die Unternehmensbesteuerung – Besteuerung von Zinserträgen, in: ABl. C 2 vom 06.01.1998, S. 1-6; Hansjürgens, Bernd: Das Äquivalenzprinzip als zentraler Maßstab für fairen Steuerwettbewerb. Anmerkungen aus finanzwissenschaftlicher Sicht, in: Müller, Walter/Fromm, Oliver/Hansjürgens, Bernd: Regeln für den europäischen Systemwettbewerb – Steuern und soziale Sicherungssysteme, Marburg 2001, S. 71-88, hier: S. 86.

310 Vgl. OECD: Harmful Tax Competition – An Emerging Global Issue, Paris 1998 und in: http://www.oecd.org/pdf/M00004000/M00004517.pdf; Müller, Walter: Einführung und Überblick, in: Müller, Walter/Fromm, Oliver/Hansjürgens, Bernd: Regeln für den europäischen Systemwettbewerb – Steuern und soziale Sicherungssysteme, Marburg 2001, S. 11-17, hier: S. 11.

311 Vgl. zu Spieltheorie beispielsweise Bamberg, Günter/Coenenberg, Adolf G.: Betriebswirtschaftliche Entscheidungslehre, 6. Aufl., München 1991, S. 147-197; Bühlmann, Hans/Loeffel, Hans/Nievergelt, Erwin: Entscheidungs- und Spieltheorie, Berlin 1975, S. 153-222; Neumann, John von/Morgenstern, Oskar: Theory of Games and Economic Behaviour, Princeton 1947; Szyperski, Norbert/ Winand, Udo: Entscheidungstheorie, Stuttgart 1974, S. 91-152; Morgenstern, Oskar: Spieltheorie, Stuttgart 1956, S. 707-709;

weltweiten steuerlichen Freistellung der mobilen Produktionsfaktoren führen.[312] Dieses Vorgehen führt jedoch zu einer Erosion der staatlichen Einnahmen und damit einer Bedrohung des Wohlfahrtsstaates, da dieser zur dauerhaften Bereitstellung der öffentlichen Leistungen auch entsprechende Einnahmen benötigt.[313]

Während empirisch zwar tendenziell eine Senkung der Grenzsteuersätze zu verzeichnen ist,[314] ist eine letztendliche Annäherung an die Höhe von Null jedoch nicht abzusehen und bei einem fairen Steuerwettbewerb laut anderslautender Beiträge nicht zu befürchten.[315] Die These eines „race to the bottom" setzt eine nahezu unendliche Mobilität des Sach- und Finanzkapitals voraus, was unter anderem aus Gründen einer in der Realität vorliegenden asymmetrischen

---

Sieben, Günter/Schildbach, Thomas: Betriebswirtschaftliche Entscheidungstheorie, 3. Aufl., Düsseldorf 1990, S. 91-95.

312 Das Kapital ist wie in Abschnitt 3.2 „Wirkungsweise eines internationalen Steuerwettbewerbs" beschrieben einer der mobilsten Produktionsfaktoren. Vgl. Takacs, Peter: Das Steuerrecht der Europäischen Union: unter besonderer Berücksichtigung der Regelungen Österreichs und Deutschlands – Steuerharmonisierung, Umsatzsteuer, Ertragsteuern, Verkehrsteuern, Verbrauchsteuern, Wien 1998, S. 511.

313 Vgl. Hilpert, Jörg: Führt der Wettbewerb um mobiles Kapital zu einem „race to the bottom"?, in: Wirtschaftsdienst, 1997, 77. Jg., S. 633-636, S. 633.

314 Vgl. Bundesministerium der Finanzen: Gutachten „Zur Reform der Unternehmensbesteuerung" vom 16. Februar 1990, in: Bundesministerium der Finanzen: Der Wissenschaftliche Beirat beim Bundesministerium der Finanzen: Gutachten und Stellungnahmen 1988-1998, Bonn 1999, S. 47-80, hier: S. 49.

315 Vgl. Rat der Europäischen Gemeinschaften: Schlußfolgerungen des Rates „Wirtschafts- und Finanzfragen" vom 1. Dezember 1997 zur Steuerpolitik – Entschließung des Rates und der im Rat vereinigten Vertreter der Regierungen der Mitgliedstaaten vom 1. Dezember 1997 über einen Verhaltenskodex für die Unternehmensbesteuerung – Besteuerung von Zinserträgen, in: ABl. C 2 vom 06.01.1998, S. 1-6, hier: S. 2; Wagener, Andreas: Internationaler Steuerwettbewerb mit Kapitalsteuern, Diss. Siegen 1996, Heidelberg 1997, S. 290; Hohaus, Bolko: Steuerwettbewerb in Europa: eine Analyse der Folgen unbeschränkter Güter- und Faktormobilität im Europäischen Binnenmarkt, Diss. München 1995, Frankfurt am Main u.a. 1996, S. 202-203. Vgl. auch Chennels, Lucy/Griffith, Rachel: Taxing Profits in a Changing World, London 1997; Schaden, Barbara: Effektive Kapitalbesteuerung in Europa. Eine empirische Analyse aus deutscher Sicht, Diss. Konstanz 1995, Heidelberg 1995; Feld, Lars P./Kirchgässner, Gebhard: Fiskalischer Wettbewerb in der EU: Wird der Wohlfahrtsstaat zusammenbrechen?, in: Wirtschaftsdienst, 1995, 75. Jg., S. 562-568; Huber, Bernd: Der Steuerwettbewerb: Gefahr oder Chance?, in: List-Forum für Wirtschafts- und Finanzpolitik 1997, 23. Jg., S. 242-256.

Informationsverteilung aktuell und auch in absehbarer Zukunft nicht gegeben ist.[316]

Insbesondere in großen Volkswirtschaften würde sich eine starke Reduktion der Steuersätze, der steuerlichen Bemessungsgrundlagen oder gar eine Nullbesteuerung aufgrund der großen Menge bereits im Inland vorhandener mobiler Produktionsfaktoren in hohen Einbußen staatlicher Einnahmen niederschlagen, die sorgfältig gegen die positiven Effekte der Steuersenkung, inklusive der damit verbundenen möglichen Erhöhung der Staatseinnahmen, abzuwägen sind. Darüber hinaus wird auch der Spielraum hinsichtlich der Realisierung weiterer gemeinschaftlicher Ziele, wie beispielsweise der Umweltschutz oder der Abbau der Haushaltsdefizite, eingeschränkt.

Die Relevanz nicht-steuerlicher Standortfaktoren, inklusive die aus unternehmerischer Sicht gegebene Notwendigkeit einer geeigneten Unternehmensumwelt und damit einer Infrastruktur, fordert zudem öffentliche Ausgaben, die auf lange Sicht durch entsprechende Einnahmen gedeckt werden müssen.[317] Bei einem wettbewerbsbedingten Absenken der Besteuerungsbasis, und damit des Steueraufkommens, ist die Finanzierungsgrundlage für das im Wettbewerb notwendige Angebot an öffentlichen Leistungen nicht mehr gegeben, wodurch eine Nullbesteuerung mobiler Bemessungsgrundlagen verhindert wird.

Zusammenfassend scheint, trotz der tendenziell steuersenkenden Wirkung eines internationalen Steuerwettbewerbs, ein race to the bottom nicht befürchtet werden zu müssen, sondern der effiziente Einsatz öffentlicher Mittel positiv beeinflusst zu werden.[318]

3.6.1.4 Der internationale Steuerwettbewerb als Entdeckungsverfahren

Durch die Existenz einer Wettbewerbssituation wird eine Konkurrenz der Steuersysteme zur Bestimmung des geeignetsten Systems angeregt.[319] Vor

---

316 Vgl. Gorden, Roger H./Bovenberg, A. Lans: Why is Capital So Immobile Internationally? Possible Explanations and Implications for Capital Income Taxation, in: American Economic Review 1996, 86. Jg., S. 1057-1075.

317 Vgl. Selling, Heinz-Jürgen: Deutschland im Steuerwettbewerb der Staaten – Einige steuerpolitische Überlegungen, in: IStR 2000, 9. Jg., S. 225-232, hier: S. 226.

318 Vgl. Unabhängiger Sachverständigenausschuß zur Unternehmensbesteuerung: Report of the Committee of Independent Experts on Company Taxation, Luxemburg 1992, Kapitel 7 und 8.

319 Vgl. Hohaus, Bolko: Steuerwettbewerb in Europa: eine Analyse der Folgen unbeschränkter Güter- und Faktormobilität im Europäischen Binnenmarkt, Diss. München 1995, Frankfurt am Main u.a. 1996, S. 37.

diesem Hintergrund kann zwischenstaatlicher Steuerwettbewerb durch seinen ständigen Anpassungsdruck zur Entwicklung eines flexibleren und an die Bedürfnisse der Wirtschaftssubjekte optimal angepassten Steuersystems führen. Internationaler Steuerwettbewerb kann als Entdeckungsverfahren interpretiert werden, da er zum Zweck der Sicherung der Attraktivität des Standorts zur Begrenzung der öffentlichen Einnahmen und gleichzeitig zur Suche nach effizienteren Einsatzmöglichkeiten der öffentlichen Mittel und neuen oder verbesserten Institutionen beiträgt.[320] Ineffizienzen der Steuersysteme werden durch den Auswanderungsdruck der mobilen Produktionsfaktoren auf die Regierung und die dadurch notwendige Beseitigung der bestehenden Verzerrungen verhindert.[321]

3.6.2 Distributive Effekte des internationalen Steuerwettbewerbs

Überträgt man die für Unternehmen diskutierte Möglichkeit der freien Standortwahl gemäß deren Präferenzen auf natürliche Personen, kann ein internationaler Standort- und Steuerwettbewerb auch zu einer regional differierenden Einkommensverteilung führen. Insbesondere vermögende Individuen unterliegen annahmegemäß dem Anreiz, sich einer umfangreichen Besteuerung durch Abwanderung in eine andere Gebietskörperschaft mit einem geringeren Ausmaß der auferlegten Abgabenlast zu entziehen. Ein ausgebautes soziales System wird aufgrund der damit verbundenen hohen Kosten häufig als Nachteil durch Personen angesehen, die nicht mit der Inanspruchnahme des Systems ihrerseits

---

320 Vgl. Hayek, Friedrich A. v.: Der Wettbewerb als Entdeckungsverfahren, Kiel 1968; Kerber, Wolfgang: Zum Problem einer Wettbewerbsordnung für den Systemwettbewerb, in: Volkswirtschaftliche Beiträge, Marburg 1998 (erscheint in: Jahrbuch für Neue Politische Ökonomie, Band 17, 1998), S. 8-9; Ehlermann, Claus-Dieter: Ökonomische Aspekte des Subsidiaritätsprinzips: Harmonisierung versus Wettbewerb der Systeme, in: Integration 1995, 18. Jg., S. 11-21, hier: S. 11; Vihanto, Martti: Competition Between Local Governments as a Discovery Procedure, in: Journal of Institutional and Theoretical Economics 1992, 148. Jg., S. 411-436, hier: S. 415; Vanberg, Viktor/Kerber, Wolfgang: Institutional Competition Among Jurisdictions: An Evolutionary Approach, in: Constitutional Political Economy 1994, 5. Jg., S. 193-219, hier: S. 206; Homann, Karl/Kirchner, Christian: Das Subsidiaritätsprinzip in der Katholischen Soziallehre und in der Ökonomik, in: Gerken, Lüder: Europa zwischen Ordnungstheorie und Harmonisierung, Berlin u.a. 1995, S. 45-69, hier: S. 57-58.; Berthold, Norbert/Neumann, Michael: Sozialsysteme im Wettbewerb: das Ende der Umverteilung?, in: Müller, Walter/Fromm, Oliver/Hansjürgens, Bernd: Regeln für den europäischen Systemwettbewerb – Steuern und soziale Sicherungssysteme, Marburg 2001, S. 253-286, hier: S. 254.

321 Vgl. Hohaus, Bolko: Steuerwettbewerb in Europa: eine Analyse der Folgen unbeschränkter Güter- und Faktormobilität im Europäischen Binnenmarkt, Diss. München 1995, Frankfurt am Main u.a. 1996, S. 38.

rechnen.[322] Da Individuen mit unterschiedlichem Einkommen differierende Präferenzen hinsichtlich des Niveaus des Angebotes an öffentlichen Leistungen und der damit verbundenen Abgabenlast haben, könnten sich Bezieher höherer Einkommen in Regionen zusammenfinden und dort eine starke Einschränkung sozialer Umverteilungsmaßnahmen beschließen.[323] Dadurch kann jedoch eine staatliche Umverteilung eingeschränkt, wenn nicht gar völlig verhindert werden.[324] Auf der Gegenseite müssten die Regionen, die vorwiegend mit Niedrigeinkommensbeziehern besiedelt sind, immer stärker umverteilen, was wiederum die relativ besser Verdienenden zur Umsiedelung anregt und damit die beschriebenen Effekte verstärken würde. Bezogen auf die Problematik des Steuerwettbewerbs wäre eine Trennung in arme und reiche Staaten zu befürchten. Ein Niedrigsteuerland kann umso mehr an Reiz gewinnen, je stärker die Steuerbelastung sich dort von der im Heimatstaat zu entrichtenden Steuer unterscheidet. Ein Abwandern Besserverdienender wird damit gefördert, ebenso wie eine Verlagerung mobiler Steuerbemessungsgrundlagen. Die Steuerflucht in Form des Transfers von Besteuerungsgrundlagen in Niedrigsteuerländer oder Steueroasen könnte in zahlreichen Staaten zu nennenswerten Steuermindereinnahmen führen.[325] Mit diesen distributiven Wirkungszusammenhängen ist ein Zusam-

---

322 Vgl. Meinhardt, Volker: Wirkungszusammenhänge von Systemwettbewerb und nationaler Sozialpolitik, in: Müller, Walter/Fromm, Oliver/Hansjürgens, Bernd: Regeln für den europäischen Systemwettbewerb – Steuern und soziale Sicherungssysteme, Marburg 2001, S. 287-305, hier: S. 287.

323 Vgl. Feld, Lars P.: Steuerwettbewerb und seine Auswirkungen auf Allokation und Distribution - Ein Überblick und eine empirische Analyse für die Schweiz, Tübingen 2000, S. 33; Feld, Lars P./Kirchgässner, Gebhard: Vor- und Nachteile des internationalen Steuerwettbewerbs, in: Müller, Walter/Fromm, Oliver/Hansjürgens, Bernd: Regeln für den europäischen Systemwettbewerb – Steuern und soziale Sicherungssysteme, Marburg 2001, S. 21-51, hier: S. 35. Diese Überlegungen sind ursprünglich auf Tiebout zurückzuführen. Vgl. Tiebout, Charles M.: A Pure Theory of Local Expenditure, in: Journal of Political Economy, 64. Jg., S. 416-424, S. 325-326; Feld, Lars P./Kirchgässner, Gebhard: Vor- und Nachteile des internationalen Steuerwettbewerbs, in: Müller, Walter/Fromm, Oliver/Hansjürgens, Bernd: Regeln für den europäischen Systemwettbewerb – Steuern und soziale Sicherungssysteme, Marburg 2001, S. 21-51, hier: S. 35.

324 Vgl. Feld, Lars P./Kirchgässner, Gebhard: Vor- und Nachteile des internationalen Steuerwettbewerbs, in: Müller, Walter/Fromm, Oliver/Hansjürgens, Bernd: Regeln für den europäischen Systemwettbewerb – Steuern und soziale Sicherungssysteme, Marburg 2001, S. 21-51, hier: S. 36.

325 Vgl. Reding, Kurt/Müller, Walter: Einführung in die Allgemeine Steuerlehre, München 1999, S. 476.

menbruch des Wohlfahrtsstaates gleichzusetzen, der mit einem Effizienzverlust einhergeht.[326]

Dem ist jedoch entgegenzuhalten, dass Personen international vergleichsweise immobil sind, abgesehen von jungen und hochqualifizierten Beschäftigten, die häufig eine hohe Mobilität aufweisen.[327] Meist stehen Heimatverbundenheit aufgrund der Sprache und der Tradition, das gesellschaftliche Umfeld oder der Arbeitsplatz einem Wegzug entgegen.[328] Obwohl empirische Untersuchungen belegen, dass sowohl Unternehmen als auch Individuen in ihre Standort- bzw. Wohnortwahl auch steuerliche Entscheidungsfaktoren einbeziehen, führt dies nicht zu einer Erosion der Staatseinnahmen und einem deutlich niedrigeren Angebot an öffentlichen Leistungen, so dass ein Zusammenbruch des Wohlfahrtsstaates nicht zu befürchten ist.[329]

3.7 Steuerharmonisierung oder Steuerwettbewerb?

Im jetzigen Entwicklungsstand der Europäischen Union mit ihrem gemeinsamen Markt und den immer noch in vielen Bereichen unharmonisierten Steuersystemen ist ein Steuerwettbewerb unabhängig von dessen Wirkungsweisen gegeben. Steuerwettbewerb ist mit positiven Auswirkungen in Form einer Verbesserung der internationalen Allokationseffizienz durch einen Druck auf die Staatsfinanzen und der Nutzung des Entdeckungsverfahrens sowie der damit einhergehenden Effizienzsteigerung im öffentlichen Sektor verbunden. Dies kommt den Bürgern unter anderem in Form eines effizienteren Einsatzes öffentlicher Mittel zugute.[330] Aus ökonomischer Sicht liegt es nun nahe, nicht zwangsläufig eine

---

326 Vgl. Feld, Lars P./Kirchgässner, Gebhard: Vor- und Nachteile des internationalen Steuerwettbewerbs, in: Müller, Walter/Fromm, Oliver/Hansjürgens, Bernd: Regeln für den europäischen Systemwettbewerb – Steuern und soziale Sicherungssysteme, Marburg 2001, S. 21-51, hier: S. 36.

327 Vgl. Reding, Kurt/Müller, Walter: Einführung in die Allgemeine Steuerlehre, München 1999, S. 474.

328 Vgl. Reding, Kurt/Müller, Walter: Einführung in die Allgemeine Steuerlehre, München 1999, S. 474.

329 Vgl. Feld, Lars P./Kirchgässner, Gebhard: Vor- und Nachteile des internationalen Steuerwettbewerbs, in: Müller, Walter/Fromm, Oliver/Hansjürgens, Bernd: Regeln für den europäischen Systemwettbewerb – Steuern und soziale Sicherungssysteme, Marburg 2001, S. 21-51, hier: S. 45.

330 Vgl. Feld, Lars P./Kirchgässner, Gebhard: Vor- und Nachteile des internationalen Steuerwettbewerbs, in: Müller, Walter/Fromm, Oliver/Hansjürgens, Bernd: Regeln für den europäischen Systemwettbewerb – Steuern und soziale Sicherungssysteme, Marburg 2001, S. 21-51, hier: S. 46; Hansjürgens, Bernd: Das Äquivalenzprinzip als zentraler Maßstab für fairen Steuerwettbewerb. Anmerkungen aus finanzwissenschaftlicher Sicht,

vollständige Harmonisierung anzustreben, sondern die positiven Effekte des Steuerwettbewerbs zu nutzen und nur den negativen Wirkungen mit geeigneten Maßnahmen zu begegnen, um das Funktionieren des Binnenmarktes nicht zu gefährden und negative Wohlfahrtseffekte zu vermeiden.[331] Hinsichtlich der allokativen Effizienz des Steuerwettbewerbs ist dieser trotz einiger Externalitäten eher positiv einzuschätzen, obwohl die Wirkung beispielsweise von der tatsächlichen Mobilität der Produktionsfaktoren und dem Ausmaß des eigennützigen Handelns politischer Akteure abhängt.[332] Als distributive Effekte sind trotz eines befürchteten Rückgangs des Angebots an öffentlichen Leistungen keine größeren Effizienzeinbußen durch einen Zusammenbruch des Wohlfahrtsstaates abzusehen.[333]

Der innerhalb des Steuerwettbewerbs möglicherweise vorliegende unfaire Steuerwettbewerb ist aufgrund dessen Auswirkungen auf die vorherrschenden Besteuerungsprinzipien und die Allokationseffizienz abzulehnen, da er keine Vorteile mit sich bringt, die diese negativen Effekte kompensieren könnten.[334] Es gilt, den schädlichen Steuerwettbewerb zu verhindern und entsprechende Vorschriften zu erlassen bzw. zu verschärfen, um den beschriebenen Auswir-

---

in: Müller, Walter/Fromm, Oliver/Hansjürgens, Bernd: Regeln für den europäischen Systemwettbewerb – Steuern und soziale Sicherungssysteme, Marburg 2001, S. 71-88; hier: S. 86.

331 Vgl. Randzio-Plath, Christa: Vorteile und Nachteile des internationalen Steuerwettbewerbs, in: Müller, Walter/Fromm, Oliver/Hansjürgens, Bernd: Regeln für den europäischen Systemwettbewerb – Steuern und soziale Sicherungssysteme, Marburg 2001, S. 235-249, hier: S. 249.

332 Vgl. Feld, Lars P./Kirchgässner, Gebhard: Vor- und Nachteile des internationalen Steuerwettbewerbs, in: Müller, Walter/Fromm, Oliver/Hansjürgens, Bernd: Regeln für den europäischen Systemwettbewerb – Steuern und soziale Sicherungssysteme, Marburg 2001, S. 21-51, hier: S. 35.

333 Vgl. Feld, Lars P./Kirchgässner, Gebhard: Vor- und Nachteile des internationalen Steuerwettbewerbs, in: Müller, Walter/Fromm, Oliver/Hansjürgens, Bernd: Regeln für den europäischen Systemwettbewerb – Steuern und soziale Sicherungssysteme, Marburg 2001, S. 21-51, hier: S. 45.

334 Vgl. Hansjürgens, Bernd: Das Äquivalenzprinzip als zentraler Maßstab für fairen Steuerwettbewerb. Anmerkungen aus finanzwissenschaftlicher Sicht, in: Müller, Walter/Fromm, Oliver/Hansjürgens, Bernd: Regeln für den europäischen Systemwettbewerb – Steuern und soziale Sicherungssysteme, Marburg 2001, S. 71-88, hier: S. 86; Höppner, Horst-Dieter: Das Äquivalenzprinzip als zentraler Maßstab für fairen Steuerwettbewerb. Bemerkungen dazu aus Sicht der Finanzverwaltung, in: Müller, Walter/Fromm, Oliver/Hansjürgens, Bernd: Regeln für den europäischen Systemwettbewerb – Steuern und soziale Sicherungssysteme, Marburg 2001, S. 89-104, hier: S. 103.

kungen zu begegnen.[335] Zu beachten ist jedoch, dass eine Steuerharmonisierung in Abhängigkeit ihrer Ausgestaltung nicht zwingend ruinösen Steuerwettbewerb verhindert.[336]

Während eine weitreichende Rationalität des Gewinnsteuersystems angestrebt wird und gleichzeitig die positiven Effekte des internationalen Steuerwettbewerbs genutzt werden sollen, steht daraus resultierend zunächst die Forderung nach einer Harmonisierung der Besteuerung dem Ziel des Fortbestehens des Wettbewerbs entgegen. Sucht man nach der Verwirklichung des Postulats eines neutralen und damit effizienten Steuersystems, insbesondere im Hinblick auf Standortentscheidungen im europäischen Binnenmarkt, stellt sich jedoch die Frage, ob dies zwangsläufig eine vollständige Harmonisierung der Unternehmensteuersysteme voraussetzt. Meines Erachtens scheint es vielmehr sinnvoll, für die in den einzelnen Mitgliedstaaten bereitgestellten öffentlichen Güter eine angemessene Gegenleistung zu erheben. Beachtet werden muss, dass das Angebot an öffentlichen Gütern in vielen Staaten weniger leicht als das Steueraufkommen variiert werden kann, weil viele Bestandteile des Angebots an öffentlichen Leistungen nicht durch den Staat beeinflussbar sind. Wichtig ist vor allem, dass die Leistungen den geforderten Gegenleistungen entsprechen und somit die Standortentscheidung neutralisiert wird.[337] Dies beinhaltet eine einheitliche Effektivsteuerbelastung nur insoweit, als das Angebot der öffentlichen Güter gleichwertig ist.

Eine unterschiedliche Effektivsteuerbelastung in den Mitgliedstaaten der Europäischen Union würde somit nicht grundsätzlich dem Neutralitätspostulat widersprechen, da das Verhältnis von Leistung und Gegenleistung weitgehend dem der anderen Mitgliedstaaten entsprechen kann und somit die Wahl des Standortes nicht verzerrt wird. Die Herstellung einer Investitions-, Gewinnverwendungs-, Finanzierungs- und Rechtsformneutralität, die Neutralität der Betriebsgröße, die Erfassung aller Unternehmen sowie die Faktoreinsatz- und die Produktneutralität bleibt darüber hinaus weiterhin gefordert. Raum für einen

---

335 Vgl. Feld, Lars P./Kirchgässner, Gebhard: Vor- und Nachteile des internationalen Steuerwettbewerbs, in: Müller, Walter/Fromm, Oliver/Hansjürgens, Bernd: Regeln für den europäischen Systemwettbewerb – Steuern und soziale Sicherungssysteme, Marburg 2001, S. 21-51, hier: S. 45.

336 Vgl. Eichenberger, Reiner: Wirkungsvoller Systemwettbewerb durch Deregulierung der Politik, in: Müller, Walter/Fromm, Oliver/Hansjürgens, Bernd: Regeln für den europäischen Systemwettbewerb – Steuern und soziale Sicherungssysteme, Marburg 2001, S. 415-429, hier: S. 416-417.

337 Vgl. hierzu Abschnitt 3.1.3.4 „Besondere Bedeutung der Standortneutralität im gemeinsamen Binnenmarkt“ sowie Reding, Kurt/Müller, Walter: Einführung in die Allgemeine Steuerlehre, München 1999, S. 395.

steuerlichen Wettbewerb der Staaten bleibt bestehen, solange keine vollständige Harmonisierung der steuerlichen Rahmenbedingungen gegeben ist. Insbesondere die politökonomischen Effekte könnten durch eine größere Transparenz noch verstärkt werden. Beachtet werden muss aber, dass keine deutlichen steuerlichen Hindernisse den gemeinsamen Markt in seiner Wettbewerbsfähigkeit einschränken.

Das Kriterium der einfachen Besteuerung wird bei einem Nebeneinander 15 verschiedener Steuersysteme nicht erfüllt, auch wenn die aus diesen resultierende Effektivsteuerbelastung in etwa einer Gegenleistung entspricht. Eine sinnvolle Forderung würde also danach lauten, die intransparentesten Bestandteile der Steuersysteme der Mitgliedstaaten zu vereinheitlichen, den Neutralitätspostulaten gerecht zu werden und weitere steuerliche Hindernisse abzubauen, ohne eine einheitliche Effektivsteuerbelastung herzustellen. Bei der Harmonisierung der Unternehmensbesteuerung muss desweiteren auf die Gerechtigkeit der geschaffenen oder geänderten Regelungen geachtet werden.

Beschränkt man nun die steuerliche Rechtsangleichung auf Bereiche, die einen Steuerwettbewerb weiterhin ermöglichen, würden die positiven Aspekte des Steuerwettbewerbs bestehen bleiben. Zu präferieren ist somit weder ein freier, ungeregelter Steuerwettbewerb noch eine vollständige Harmonisierung, sondern eine internationale Steuerwettbewerbsordnung, die durch partielle Rechtsangleichungen und das Verbot wettbewerbsschädlicher und unlauterer Methoden in der Lage ist, einen dauerhaft funktionsfähigen Wettbewerb unter Minimierung der Nachteile zu schaffen.[338]

---

[338] Vgl. Müller, Walter: Plädoyer für eine Steuerwettbewerbsordnung, in: Müller, Walter/ Fromm, Oliver/Hansjürgens, Bernd: Regeln für den europäischen Systemwettbewerb – Steuern und soziale Sicherungssysteme, Marburg 2001, S. 153-168, hier: S. 153-154, 166.

4 Derzeitiger Stand der Harmonisierung der Unternehmensbesteuerung in der Europäischen Union

Um das Verständnis der rechtlichen Ausführungen zu erleichtern, erfolgt zunächst eine kurze Darstellung des bislang erfolgten Integrationsprozesses. Die Betrachtung der aus den europäischen Vertragsgrundlagen resultierenden möglichen Implikationen sowie des Sekundärrechts dienen der Analyse des bislang erfolgten Integrationsprozesses auf dem Gebiet der direkten Steuern und dem Aufzeigen des Entwicklungsstandes der steuerlichen Harmonisierung innerhalb der Europäischen Union. Die Erörterung geplanter Maßnahmen zeigt Ansätze der (möglichen) weiteren Entwicklung des Sekundärrechts auf. Zum Abschluss dieses Kapitels erfolgt die Untersuchung eines verbleibenden Handlungsspielraums.

4.1 Die Entwicklung des europäischen Integrationsprozesses

Die Kenntnis der bis zum jetzigen Zeitpunkt erfolgten Entwicklung ist notwendig, um die Möglichkeiten und Grenzen, innerhalb derer der Integrationsprozess abläuft, zu erkennen; auch ist es unerlässlich, den institutionellen Aufbau der Europäischen Union zu begreifen, um Gesetzgebungsverfahren und Rechtsprechung einordnen zu können.

4.1.1 Historischer Ablauf

Bestrebungen der Friedenssicherung in Europa führten bereits 1949 zur Gründung des Europarats, der den Anfang der europäischen Integration und Zusammenarbeit darstellt.[339] Das Ziel dieser zwischenstaatlichen politischen Organisation lag im Schutz und in der Stärkung der Einheit und der Zusammenarbeit aller Nationen Europas.[340] Insbesondere die Durchsetzung der Grundprinzipien der Demokratie, der Menschenrechte und des Rechtsstaats sowie eine Förderung von Bildung und Kultur und die allgemeine Verbesserung der Lebensverhältnisse in den beteiligten Staaten bestimmten das Arbeitsfeld des Europarats.[341]

---

339 Vgl. http://europa.eu.int/abc/history/1949/1949_de.htm.

340 Vgl. Ungerer, Werner/Monar, Jörg: Die Europäischen Gemeinschaften auf dem Weg zur Europäischen Union – Entwicklung und Institutionen, in: Lenz, Carl Otto: EG-Handbuch Recht im Binnenmarkt, 2. Aufl., Herne/Berlin 1994, S. 1-50, hier: S. 2.

341 Vgl. http://europa.eu.int/abc/history/1948/1948_de.htm.

Dabei wurden diese Ziele zunächst ohne Übertragung rechtlicher Kompetenzen an den Europarat zu erreichen versucht.[342]

Erst 1952 gaben, nach der 1950 erfolgten Veröffentlichung des Schumann-Plans, die Unterzeichnerstaaten bei Inkrafttreten der Europäischen Gemeinschaft für Kohle und Stahl (EGKS), der sogenannten Montanunion, in Teilbereichen nationale Souveränität zugunsten einer europäischen Behörde ab.[343] Diese auf industriezweigspezifische Ziele ausgerichtete Zusammenarbeit ist als Grundstein des gemeinsamen Marktes anzusehen, da die Vertragstaaten ihre Schwerindustrie und damit einen damals wichtigen Teil des Marktes gemeinsam zu organisieren beschlossen.[344] Zu diesem Zweck sollte die Europäische Gemeinschaft für Kohle und Stahl die Versorgung mit Montangütern sicherstellen, den gleichen Zugang der Mitgliedstaaten zum Markt gewährleisten und die Preisgestaltung kontrollieren.[345] Darüber hinaus sollten gemeinsame Rahmenbedingungen für die Produktion und deren Ausbau geschaffen, die Lebens- und Arbeitsbedingungen der Arbeiter verbessert, Diskriminierungen von Käufern, Erzeugern und Verbrauchern verhindert und Zölle sowie mengenmäßige Beschränkungen und Abgaben im Warenverkehr abgeschafft werden.[346]

Eine zunehmende Betonung der wirtschaftlichen Zielsetzungen fand 1957 durch den Abschluss der Römischen Verträge, also die Gründung der Europäischen Wirtschaftsgemeinschaft (EWG) sowie der Europäischen Atomgemeinschaft

342 Vgl. Jestädt, Gottfried: 43 Fragen und Antworten zum Europarecht, in: SteuerStud 1995, 16. Jg., S. 321-329, hier: S. 322.

343 Vgl. Arndt, Hans-Wolfgang: Europarecht, Heidelberg 1994, S. 5-8; Jestädt, Gottfried: 43 Fragen und Antworten zum Europarecht, in: SteuerStud 1995, 16. Jg., S. 321-329, hier: S. 322. Die EGKS ist bis heute subsidiarer Bestandteil der europarechtsvertraglichen Grundlagen, Artikel 232 EGV. Zum Ablauf des EGKSV vgl. Vertrag von Nizza zur Änderung des Vertrags über die Europäische Union, der Verträge zur Gründung der Europäischen Gemeinschaften sowie einiger damit zusammenhängender Rechtsakte vom 26.02.2001, in: ABl. C 80 vom 10.03.2001, S. 1-87, hier: S. 67.

344 Vgl. Ungerer, Werner/Monar, Jörg: Die Europäischen Gemeinschaften auf dem Weg zur Europäischen Union – Entwicklung und Institutionen, in: Lenz, Carl Otto: EG-Handbuch Recht im Binnenmarkt, 2. Aufl., Herne/Berlin 1994, S. 1-50, hier: S. 3.

345 Vgl. Ungerer, Werner/Monar, Jörg: Die Europäischen Gemeinschaften auf dem Weg zur Europäischen Union – Entwicklung und Institutionen, in: Lenz, Carl Otto: EG-Handbuch Recht im Binnenmarkt, 2. Aufl., Herne/Berlin 1994, S. 1-50, hier: S. 3.

346 Vgl. Ungerer, Werner/Monar, Jörg: Die Europäischen Gemeinschaften auf dem Weg zur Europäischen Union – Entwicklung und Institutionen, in: Lenz, Carl Otto: EG-Handbuch Recht im Binnenmarkt, 2. Aufl., Herne/Berlin 1994, S. 1-50, hier: S. 3.

(EAG, Euratom), statt.[347] Dabei wurden durch den EWG-Vertrag erstmalig nicht nur teilintegrative Aspekte betont, sondern ein gemeinschaftlicher Ausbau der Industrien, ein allgemeiner Abbau von Handelshemmnissen sowie die Errichtung einer Zoll- und Wirtschaftsunion beschlossen.[348] Zusätzlich verband die Gründerstaaten die Vision einer nicht mehr nur wirtschaftlichen, sondern auch politischen Zusammenarbeit und einer weiteren Einigung Europas.[349] Die Europäische Atomgemeinschaft sieht eine friedliche Nutzung der Kernenergie vor.[350]

1965 wurde ein Vertrag unterzeichnet, der die Fusion der Exekutivorgane der drei Europäischen Gemeinschaften (EGKS, EWG, EAG) vorsah und 1967 in Kraft trat.[351]

Die 1968 früher als geplant umgesetzte Zollunion erstreckte sich zunächst nur auf eine Abschaffung aller Binnenzölle für gewerbliche Erzeugnisse sowie die Einführung eines gemeinsamen Außenzolltarifs gegenüber Drittstaaten.[352] 1970 wurde die Zollunion auch für den landwirtschaftlichen Bereich verwirklicht.

Dem folgten im Jahr 1969 zur fortschreitenden Realisierung der Wirtschaftsunion Willenserklärungen zur gemeinschaftlichen Finanzverfassung, zur Schaffung der Wirtschafts- und Währungsunion sowie zur Europäischen Politischen Zusammenarbeit.[353] Die gemeinschaftliche Finanzverfassung in Form des

---

347 Vgl. Göbes, Christian: Die Unternehmensbesteuerung in Deutschland und Großbritannien vor dem Hintergrund des europäischen Integrationsprozesses: eine qualitative und quantitative Analyse unter besonderer Berücksichtigung der steuerlichen Gewinnermittlung, Diss. Mannheim 1996, Frankfurt am Main u.a. 1996, S. 5.

348 Vgl. Ungerer, Werner/Monar, Jörg: Die Europäischen Gemeinschaften auf dem Weg zur Europäischen Union – Entwicklung und Institutionen, in: Lenz, Carl Otto: EG-Handbuch Recht im Binnenmarkt, 2. Aufl., Herne/Berlin 1994, S. 1-50, hier: S. 5.

349 Vgl. Ungerer, Werner/Monar, Jörg: Die Europäischen Gemeinschaften auf dem Weg zur Europäischen Union – Entwicklung und Institutionen, in: Lenz, Carl Otto: EG-Handbuch Recht im Binnenmarkt, 2. Aufl., Herne/Berlin 1994, S. 1-50, hier: S. 5.

350 Vgl. Ungerer, Werner/Monar, Jörg: Die Europäischen Gemeinschaften auf dem Weg zur Europäischen Union – Entwicklung und Institutionen, in: Lenz, Carl Otto: EG-Handbuch Recht im Binnenmarkt, 2. Aufl., Herne/Berlin 1994, S. 1-50, hier: S. 5.

351 Vgl. http://www.bundesregierung.de/ dokumente/ Themen_A-Z/E.../ ik627_16297.htm? templa te=single&id=16297&script=1&ixepf=627_16297.

352 Vgl. Presse- und Informationsamt der Bundesregierung: Die Europäische Union – Politik und Organisation, Magdeburg 2001, S. 111.

353 Vgl. Göbes, Christian: Die Unternehmensbesteuerung in Deutschland und Großbritannien vor dem Hintergrund des europäischen Integrationsprozesses: eine qualitative und quantitative Analyse unter besonderer Berücksichtigung der steuerlichen Gewinnermittlung, Diss. Mannheim 1996, Frankfurt am Main u.a. 1996, S. 6.

Luxemburger Vertrages konnte bereits 1970 verwirklicht werden, die Staats- und Regierungschefs der EG beschlossen 1972 den Ausbau der Gemeinschaft zur Europäischen Union und verabschiedeten einen Zeitplan zur Verwirklichung der Wirtschafts- und Währungsunion. Der Europäische Rat schuf 1978 das Europäische Währungssystem; die Durchsetzung der Wirtschafts- und Währungsunion sowie der Europäischen Politischen Zusammenarbeit scheiterte zunächst an heterogenen nationalen Interessen.[354]

Außerhalb des rechtlichen Rahmens der Europäischen Gemeinschaften wurde 1985 ein zwischenstaatliches Abkommen geschlossen, das eine Abschaffung der Personenkontrollen an Binnengrenzen der Unterzeichnerstaaten vorsieht, wobei sich diesem „Schengener Abkommen" später zahlreiche Mitgliedstaaten der Gemeinschaft anschlossen.[355]

Trotz der bis dato schwierigen Entwicklung der Wirtschaftsunion wurde deren Verwirklichung 1986 durch die Unterzeichnung der Einheitlichen Europäischen Akte, die die Römischen Verträge reformierte, wieder aufgegriffen.[356] Durch diese erste größere Änderung der Gemeinschaftsverträge wurde die zwingende Schaffung eines europäischen Binnenmarktes bis Ende 1992 gesetzlich verankert, der einen freien Verkehr von Waren, Dienstleistungen, Kapital und Personen beinhaltet.[357] Ohne dabei einen konkreten Maßnahmenkatalog vorzusehen, wurden die Rechtsangleichung sowie die Wirtschafts-, Währungs-, Umwelt-, Struktur- und Forschungspolitik zur Vollendung des Binnenmarktes betont.[358] Somit bildet die Einheitliche Europäische Akte die Grundlage für die Vollendung des Binnenmarktes und die Europäische Politische Zusammenarbeit, die in

---

[354] Vgl. Oppermann, Thomas: Europarecht, München 1991, Rz. 31-34; Ungerer, Werner/ Monar, Jörg: Die Europäischen Gemeinschaften auf dem Weg zur Europäischen Union – Entwicklung und Institutionen, in: Lenz, Carl Otto: EG-Handbuch Recht im Binnenmarkt, 2. Aufl., Herne/Berlin 1994, S. 1-50, hier: S. 7.

[355] Vgl. http://www.bundesregierung.de/ dokumente/ Themen_A-Z/E.../ ik627_16297.htm? templa te=single&id=16297&script=1&ixepf=627_16297.

[356] Vgl. http://www.bundesregierung.de/ dokumente/ Themen_A-Z/E.../ ik627_16297.htm? templa te=single&id=16297&script=1&ixepf=627_16297.

[357] Vgl. Ungerer, Werner/Monar, Jörg: Die Europäischen Gemeinschaften auf dem Weg zur Europäischen Union – Entwicklung und Institutionen, in: Lenz, Carl Otto: EG-Handbuch Recht im Binnenmarkt, 2. Aufl., Herne/Berlin 1994, S. 1-50, hier: S. 11.

[358] Vgl. Arndt, Hans-Wolfgang: Europarecht, Heidelberg 1994, S. 10-11.

der Europäischen Union in der gemeinsamen Außen- und Sicherheitspolitik mündete.[359]

Der 1992 in Maastricht geschlossene Vertrag über die Europäische Union[360] basiert im wesentlichen auf drei Teilen. Dem elementarsten Bestandteil, der Europäischen Gemeinschaft, die in Maastricht weiter ausgebaut wurde, ist der Einstieg in eine gemeinsame Außen- und Sicherheitspolitik und eine Zusammenarbeit in den Bereichen Justiz und Inneres hinzugefügt worden.[361] Mit dem Inkrafttreten des Maastrichter Vertrages 1993 und der damit gegründeten Europäischen Union entstand ein Wirtschaftsraum ohne Binnengrenzen, in dem der freie Verkehr von Personen, Waren, Dienstleistungen und Kapital gewährleistet ist.[362]

Im Rahmen des Vertrags über die Europäische Union verpflichteten sich die Mitgliedstaaten auch zur stufenweisen Einführung einer Wirtschafts- und Währungsunion, die 1999 mit der Einführung einer einheitlichen Währung ihren (vorläufigen) Endpunkt erreichte.[363]

Der 1999 in Kraft getretene Vertrag von Amsterdam ist nach der Einheitlichen Europäischen Akte und dem Vertrag von Maastricht die dritte umfassende Änderung der Gründungsverträge der Europäischen Gemeinschaften.[364] Zentrale Bestandteile bilden die Beschäftigungspolitik sowie die Bürgerrechte, die Beseitigung der letzten Hindernisse für die Freizügigkeit und Stärkung der inneren Sicherheit, eine effizientere Gestaltung der Institutionen der Europäischen Union und die Möglichkeit für die Europäische Union, nach außen einheitlich in Erscheinung zu treten.[365] Eine mit dieser europäischen Entwick-

---

359 Vgl. Ungerer, Werner/Monar, Jörg: Die Europäischen Gemeinschaften auf dem Weg zur Europäischen Union – Entwicklung und Institutionen, in: Lenz, Carl Otto: EG-Handbuch Recht im Binnenmarkt, 2. Aufl., Herne/Berlin 1994, S. 1-50, hier: S. 11.

360 Vgl. Vertrag über die Europäische Union (EU), vom 07.02.1992 in der Fassung vom 02.10.1997, in: Presse- und Informationsamt der Bundesregierung: Vertrag von Amsterdam – Texte des EU-Vertrages und des EG-Vertrages, Bonn 1999.

361 Vgl. Läufer, Thomas: Vertrag von Amsterdam – Texte des EU-Vertrages und des EG-Vertrages mit den deutschen Begleittexten, Bonn 1999, S. 11.

362 Vgl. Presse- und Informationsamt der Bundesregierung: Europa 2000 – Die Europäische Union, Köln 1997, S. 13.

363 Bis zum 1. Januar 2002 wurde der Euro nur für den bargeldlosen Zahlungsverkehr eingeführt. Vgl. http:// www.bundesregierung.de/ dokumente/ Themen_A-Z/E.../ ik627_ 16297.htm?template=single&id=16297&script=1&ixepf=627_16297.

364 Vgl. Läufer, Thomas: Vertrag von Amsterdam – Texte des EU-Vertrages und des EG-Vertrages mit den deutschen Begleittexten, Bonn 1999, S. 9.

365 Vgl. Läufer, Thomas: Vertrag von Amsterdam – Texte des EU-Vertrages und des EG-Vertrages mit den deutschen Begleittexten, Bonn 1999, S. 10.

lung verbundene Abtretung von Souveränitätsrechten der Mitgliedstaaten an gemeinschaftliche Organe machte auf nationaler Ebene Verfassungsänderungen und Referenden notwendig.[366]

Die bislang letzte Änderung des Vertrags über die Europäische Union, der Verträge zur Gründung der Europäischen Gemeinschaften sowie einiger damit zusammenhängender Rechtsakte, erfolgte im Februar 2001 durch den Vertrag von Nizza.[367] Der mit dem Vertrag von Amsterdam begonnene Prozeß zur Vorbereitung der Organe der Europäischen Union auf die Wahrnehmung ihrer Aufgaben in einer erweiterten Union sollte vollendet werden.[368] Der Vertrag von Nizza ist jedoch bislang nicht ratifiziert worden und tritt erst nach der Ratifizierung durch den letzten Mitgliedstaat in Kraft.[369]

4.1.2 Die Institutionen der Europäischen Union

Die Mitgliedstaaten der Europäischen Union delegieren einen Teil ihrer Hoheitsrechte an selbständige Institutionen, die die Aufgabe haben, die gemeinschaftlichen, die nationalen und die Bürgerinteressen zu vertreten.[370] Die Europäische Union begründet somit ein auf der Welt einzigartiges institutionelles System, innerhalb dessen die Kommission die Interessen der Gemeinschaft vertritt, die Vertreter der Regierungen der einzelnen Mitgliedstaaten im Rat der Europäischen Union vertreten sind und das Europäische Parlament von den

---

366 Vgl. Arndt, Hans-Wolfgang: Europarecht, Heidelberg 1994, S. 13-15; Pieper, Stefan Ulrich: Die Europäische Union und die Europäischen Gemeinschaften als Kern des Europarechts, in: Birk, Dieter: Handbuch des Europäischen Steuer- und Abgabenrechts, Herne/Berlin 1995, S. 19-20; Ungerer, Werner/Monar, Jörg: Die Europäischen Gemeinschaften auf dem Weg zur Europäischen Union – Entwicklung und Institutionen, in: Lenz, Carl Otto: EG-Handbuch Recht im Binnenmarkt, 2. Aufl., Herne/Berlin 1994, S. 1-50, hier: S. 15.

367 Vgl. Vertrag von Nizza zur Änderung des Vertrags über die Europäische Union, der Verträge zur Gründung der Europäischen Gemeinschaften sowie einiger damit zusammenhängender Rechtsakte vom 26.02.2001, in: ABl. C 80 vom 10.03.2001, S. 1-87.

368 Vgl. Vertrag von Nizza zur Änderung des Vertrags über die Europäische Union, der Verträge zur Gründung der Europäischen Gemeinschaften sowie einiger damit zusammenhängender Rechtsakte vom 26.02.2001, in: ABl. C 80 vom 10.03.2001, S. 1-87, hier: S. 3, 72.

369 Vgl. http://europa.eu.int/comm/nice_treaty/ratiftable_de.pdf.

370 Vgl. Ungerer, Werner/Monar, Jörg: Die Europäischen Gemeinschaften auf dem Weg zur Europäischen Union – Entwicklung und Institutionen, in: Lenz, Carl Otto: EG-Handbuch Recht im Binnenmarkt, 2. Aufl., Herne/Berlin 1994, S. 1-50, hier: S. 20-21.

Unionsbürgern direkt gewählt wird.[371] Diese drei Institutionen werden durch den Europäischen Gerichtshof und den Rechnungshof ergänzt, so dass das institutionelle System aus fünf Organen besteht, die durch zahlreiche Hilfsorgane unterstützt werden.[372]

4.1.2.1 Das Europäische Parlament

Die Aufgaben des alle fünf Jahre allgemein und direkt durch die Unionsbürger gewählten Europäischen Parlaments lassen sich im wesentlichen in drei Gruppen einteilen:[373]

- Das Parlament und der Rat sind an der Gesetzgebung der Europäischen Union beteiligt, wodurch die demokratische Rechtmäßigkeit der angenommenen Texte gewährleistet wird.[374]
- Das Parlament nimmt gemeinsam mit dem Rat die Haushaltsfunktion wahr und hat somit die Möglichkeit, auf die Gemeinschaftsausgaben Einfluß zu nehmen.[375] Auch nimmt das Parlament den Gesamthaushalt in letzter Instanz an.[376]
- Das Parlament übt über sämtliche Institutionen eine politische und über die Kommission eine demokratische Kontrolle aus. Es muss der Benennung der Mitglieder der Kommission zustimmen und kann einen Misstrauensantrag gegen diese einbringen.[377]

---

371 Vgl. Ungerer, Werner/Monar, Jörg: Die Europäischen Gemeinschaften auf dem Weg zur Europäischen Union – Entwicklung und Institutionen, in: Lenz, Carl Otto: EG-Handbuch Recht im Binnenmarkt, 2. Aufl., Herne/Berlin 1994, S. 1-50, hier: S. 22, 31, 34.

372 Vgl. Presse- und Informationsamt der Bundesregierung: Die Europäische Union – Politik und Organisation, Magdeburg 2001, S. 24-25.

373 Die Zusammensetzung des Europäischen Parlaments sowie dessen Zustandekommen ist in den Artikeln 189 und 190 EGV verankert. Vgl. auch http://europa.eu.int/inst-de.htm.

374 Vgl. Artikel 192 i.V.m. Artikel 251 und Artikel 252 EGV; Kellersmann, Dietrich/ Treisch, Corinna: Europäische Unternehmensbesteuerung, Wiesbaden 2002, S. 7.

375 Vgl. Artikel 248 und 268-272 EGV.

376 Vgl. Artikel 272 Abs. 6 und 7 EGV.

377 Vgl. Artikel 214 Abs. 2 und Artikel 201 EGV.

4.1.2.2 Der Rat der Europäischen Union

Die Fachminister der einzelnen Mitgliedstaaten als Vertreter deren Regierungen bilden die Mitglieder des Rates.[378] Der Rat wechselt in Abhängigkeit des Beratungsgegenstandes seine Zusammensetzung.[379] Er ist jedoch nicht gleichzusetzen mit dem Europäischen Rat, der ein Gipfeltreffen, also eine Konferenz der Staats- und Regierungschefs der Mitgliedstaaten der Europäischen Union, darstellt.[380] Der Europäische Rat ist kein Organ der Europäischen Union, obwohl er großen Einfluss auf die politischen Leitlinien und das Primärrecht der Union ausübt.[381]

Der Rat der Europäischen Union hat als wichtigstes Entscheidungsorgan auf europäischer Ebene mehrere wesentliche Aufgaben:

- Der Rat ist das Gesetzgebungsorgan der Europäischen Union, wobei er in einer Vielzahl von Gemeinschaftsbereichen ohne die Zustimmung des Parlaments nicht mehr Recht setzen darf.[382]

---

378 Vgl. Artikel 203 EGV. Weitere Merkmale der Zusammensetzung des Rates sowie der Befugnisse des Rates und dessen Mitglieder sind in den Artikeln 202-210 EGV verankert.

379 Vgl. http://ue.eu.int/de/info/main2/htm.

380 Vgl. Kellersmann, Dietrich/Treisch, Corinna: Europäische Unternehmensbesteuerung, Wiesbaden 2002, S. 7.

381 Vgl. Presse- und Informationsamt der Bundesregierung: Europa 2000 – Die Europäische Union, Köln 1997, S. 78; http://ue.eu.int/de/Info/eurocouncil/main.htm. Der Europäische Rat kommt zur Wahrnehmung seiner Aufgaben mehrmals jährlich zusammen. Vgl. hierzu beispielsweise Europäischer Rat: Schlußfolgerungen des Vorsitzes, Göteborg (15. und 16. Juni 2001), in: http://ue.eu.int/Newsroom/LoadCoc.cfm?MAX=1&DOC=!!!&BID=76&DID=66791&GRP=3565&LANG=4; Europäischer Rat: Schlußfolgerungen des Vorsitzes, Nizza (7., 8. und 9. Dezember 2000), in: http://ue.eu.int/Newsroom/LoadCoc.cfm?MAX=1&DOC=!!!&BID=76&DID=64249&GRP=3018&LANG=4; Europäischer Rat: Schlußfolgerungen des Vorsitzes, Stockholm (23. und 24. März 2001), in: http://ue.eu.int/Newsroom/LoadCoc.cfm?MAX=1&DOC=!!!&BID=76&DID=65815&GRP=3314&LANG=4; Europäischer Rat: Schlußfolgerungen des Vorsitzes, Santa Maria de Feira (19. und 20. Juni 2000), in: http://europa.eu.int/council/off/conclu/june2000/june2000_de.pdf; Europäischer Rat: Schlußfolgerungen und Aktionsplan, Außerordentliche Tagung, Brüssel (21. September 2001), in: http://ue.eu.int/Newsroom/LoadCoc.cfm?MAX=1&DOC=!!!&BID=76&DID=67811&GRP=3778&LANG=4.

382 Vgl. Artikel 202 und 249-256 EGV sowie Abschnitt 4.1.3 „Die Gesetzgebung in der Europäischen Union".

- Die Koordinierung der allgemeinen Wirtschaftspolitik der Mitgliedstaaten obliegt dem Rat der Europäischen Union.[383]
- Der Rat schließt im Namen der Europäischen Union Verträge zwischen ihr und anderen Staaten oder weltweiten Organisationen.[384]
- Der Rat teilt die Haushaltsfunktion des Parlaments.[385]
- Der Rat legt im Bereich der Außen- und Sicherheitspolitik die gemeinschaftlichen Standpunkte fest und sorgt auch für deren Umsetzung.[386]
- Der Rat koordiniert das Vorgehen der Mitgliedstaaten im Bereich Justiz und Inneres, indem er den Mitgliedstaaten gemeinsame Maßnahmen oder Übereinkommen empfiehlt, beispielsweise bei der polizeilichen oder justitiellen Zusammenarbeit in Strafsachen.[387]

4.1.2.3 Die Europäische Kommission

Die Europäische Kommission vertritt das Gemeinschaftsinteresse der Union und setzt sich aus Mitgliedern zusammen, die von den Mitgliedstaaten mit Zustimmung des Europäischen Parlaments ernannt werden.[388] Der Kommission als Motor des institutionellen Systems der Union fallen eine Reihe bedeutender Aufgaben zu:[389]

- Die Kommission besitzt für die Aufgaben der Europäischen Gemeinschaft das alleinige Initiativrecht im europäischen Gesetzgebungsverfahren und schlägt demnach Gesetzestexte vor, die dem Rat und dem Parlament unterbreitet werden, wodurch sie das Tempo und die Richtung des europäischen Integrationsprozesses erheblich beeinflussen kann; die anderen Organe können jedoch die Kommission um Vorschläge ersuchen.[390]

---

383 Vgl. Artikel 202 EGV.

384 Vgl. http://ue.eu.int/info.htm.

385 Vgl. Artikel 248 und 268-272 EGV.

386 Vgl. Artikel 13 EUV.

387 Vgl. Artikel 34 EUV.

388 Vgl. zur Zusammensetzung der Kommission und den Pflichten deren Mitglieder Artikel 212-217 EGV.

389 Vgl. Kellersmann, Dietrich/Treisch, Corinna: Europäische Unternehmensbesteuerung, Wiesbaden 2002, S. 8-9; http://europa.int/comm/role_de.htm.

390 Vgl. zum europäischen Gesetzgebungsverfahren Abschnitt 4.1.3 „Die Gesetzgebung in der Europäischen Union" dieser Arbeit und die Artikel 249-256 EGV; das Initiativrecht der Kommission ist in Artikel 251 Abs. 2 EGV verankert.

- Außerdem sorgt die Kommission als Exekutivorgan für die Ausführung der europäischen Gesetze und der Programme, die von Rat und Parlament angenommen wurden und kann zu diesem Zweck Durchführungsvorschriften erlassen.[391]
- Als ausführendes Organ der Union ist sie auch für die Ausarbeitung und den Vollzug des Haushalts zuständig, der vom Rat und dem Europäischen Parlament aufgestellt wird.[392]
- In ihrer Funktion als Hüterin der Verträge sorgt die Kommission gemeinsam mit dem Europäischen Gerichtshof für die Einhaltung des Gemeinschaftsrechts, also der europäischen Verträge und des europäischen Sekundärrechts.[393]
- Die Kommission verfügt in Bereichen wie der Wettbewerbs-, Landwirtschafts- und Handelspolitik über erhebliche Entscheidungsbefugnisse, die bis zum Aushandeln von Handels- und Kooperationsabkommen mit Drittstaaten oder Gruppen von Drittstaaten reichen.[394]

4.1.2.4 Der Europäische Gerichtshof

Der Europäische Gerichtshof als Rechtsprechungsorgan der Europäischen Union sichert die Wahrung und einheitliche Auslegung des Gemeinschaftsrechts und trägt dadurch entscheidend dazu bei, die tragenden Grundsätze der europäischen Rechtsordnung verbindlich herauszuarbeiten.[395] So trägt trotz der Aufgabe der Wahrung des Rechts die Tätigkeit des Europäischen Gerichtshofs zu einer Fortentwicklung des Rechts und in manchen Bereichen sogar zu der Schaffung neuen Rechts bei.[396] Im Oktober 1988 wurde durch einen Ratsbeschluss ein Gericht erster Instanz geschaffen, das dem Europäischen Gerichtshof beigeordnet ist, den Rechtsschutz der Betroffenen verbessert und einen zweistufigen

---

391 Vgl. Artikel 211 EGV.

392 Vgl. Artikel 274 EGV.

393 Vgl. Artikel 211 EGV.

394 Vgl. beispielsweise Artikel 211 EGV.

395 Vgl. Artikel 220 EGV.

396 Vgl. Weiser, Benedikt: Rechtsprechung und Rechtssetzung auf dem Gebiet der direkten Besteuerung in der Europäischen Union: Freistellung oder Anrechnung, Diss. Bremen 1998, Frankfurt am Main u.a. 1998, S. 80, Fußnote 287.

Instanzenzug ermöglicht.[397] Der Gerichtshof kann sich so auf seine wesentliche Aufgabe, die einheitliche Auslegung des Gemeinschaftsrechts, konzentrieren.[398]

Die Arbeit des Gerichtshofs erfolgt auf verschiedenen Ebenen, die in den Gerichtsordnungen der Mitgliedstaaten auf verschiedene Gerichte verteilt sind:

- Da der Europäische Gerichtshof unter anderem über Streitigkeiten zwischen den Organen der Europäischen Union und die Rechtmäßigkeit des Gemeinschaftsrechts entscheidet, fällt ihm die Rolle eines Verfassungsgerichts zu.[399]
- Aufgrund der Kompetenz, Verwaltungsvorschriften und -praktiken der Kommission und der Behörden der Mitgliedstaaten auf deren Vereinbarkeit mit dem Gemeinschaftsrecht zu überprüfen, nimmt er Aufgaben entsprechend eines Verwaltungsgerichts wahr.[400]
- Im Rahmen seines einem Arbeits- und Sozialgericht entsprechenden Aufgabenbereichs entscheidet der Europäische Gerichtshof beispielsweise über Fragen der Freizügigkeit sowie die soziale Sicherheit der Arbeitnehmer und die Gleichbehandlung von Männern und Frauen im Berufsleben.[401]
- Aufgaben eines Strafgerichts nimmt der Gerichtshof wahr, indem er die Bußgeldentscheidungen der Europäischen Kommission überprüft.[402]
- Außerdem urteilt der Gerichtshof bei Schadenersatzklagen sowie bei der Auslegung der Brüsseler Konvention über die Anerkennung und Vollstreckung gerichtlicher Entscheidungen in Zivil- und Handelsangelegenheiten.[403] Somit fällt ihm auch die Rolle eines Zivilgerichts zu.[404]

---

397 Vgl. Artikel 225 EGV; http://curia.eu.int/de/pres/jeu.htm.

398 Vgl. Artikel 220-245 EGV; http://curia.eu.int/de/pres.htm.

399 Vgl. Presse- und Informationsamt der Bundesregierung: Die Europäische Union – Politik und Organisation, Magdeburg 2001, S. 44; Presse- und Informationsamt der Bundesregierung: Europa 2000 – Die Europäische Union, Köln 1997, S. 80.

400 Vgl. http://curia.eu.int/de/pres.htm.

401 Vgl. Presse- und Informationsamt der Bundesregierung: Die Europäische Union – Politik und Organisation, Magdeburg 2001, S. 45.

402 Vgl. http://curia.eu.int/de/pres.htm.

403 Vgl. Presse- und Informationsamt der Bundesregierung: Die Europäische Union – Politik und Organisation, Magdeburg 2001, S. 45.

404 Vgl. http://curia.eu.int/de/pres.htm.

Der Gerichtshof kann sowohl von einem Mitgliedstaat als auch von einem Organ der Europäischen Union oder von unmittelbar und individuell betroffenen Bürgern oder Unternehmen angerufen werden.[405]

4.1.2.5 Der Europäische Rechnungshof

Der Rechnungshof ist vollwertiges Gemeinschaftsorgan und überprüft in erster Linie die Recht- und Ordnungsmäßigkeit der Einnahmen und Ausgaben der Europäischen Union und der von dieser geschaffenen Einrichtungen und überzeugt sich von der Wirtschaftlichkeit der Haushaltsführung.[406] Ziel ist es, das Finanzengagement auf europäischer Ebene effizienter zu gestalten und die Öffentlichkeit über die Verwendung der öffentlichen Mittel zu informieren.[407] Durch die Kontrolle des Haushalts der Europäischen Union im Hinblick auf deren Recht- und Ordnungsmäßigkeit wird der Rechnungshof zum „finanziellen Gewissen" der Europäischen Union.[408]

4.1.3 Die Gesetzgebung in der Europäischen Union

Das europäische Recht bewegt sich – ähnlich wie auch die nationale Gesetzgebung – auf verschiedenen Ebenen. Das sogenannte Primärrecht der Europäischen Union wird durch das Vertragsrecht, die beigefügten Protokolle sowie die Beitrittsverträge der später beigetretenen Staaten gebildet, die mit dem Verfassungsrecht auf nationaler Ebene vergleichbar sind.[409] Im Primärrecht sind unter anderem die Kompetenzen der Europäischen Union, deren institutionelles Gefüge sowie die genauen Entscheidungsabläufe zur Setzung europäischen Rechts geregelt.[410]

Auf der Grundlage des Primärrechts wird das sogenannte Sekundärrecht entsprechend dem europäischen Gesetzgebungsverfahren erlassen.[411] Dieses Sekundärrecht kann in Verordnungen, Richtlinien und Entscheidungen bestehen,

---

405 Vgl. Presse- und Informationsamt der Bundesregierung: Die Europäische Union – Politik und Organisation, Magdeburg 2001, S. 45.

406 Vgl. Artikel 248 Abs. 1 und 2 EGV.

407 Vgl. http://europa.eu.int/inst-de.htm; http://eca.eu.int/DE/DEPLIANT/flyerde.htm.

408 Vgl. http://eca.eu.int/DE/DEPLIANT/flyerde.htm.

409 Vgl. Presse- und Informationsamt der Bundesregierung: Die Europäische Union – Politik und Organisation, Magdeburg 2001, S. 54.

410 Vgl. Artikel 189-280 EGV.

411 Vgl. Artikel 249-256 EGV.

kann sich aber auch in Empfehlungen und Stellungnahmen ausdrücken.[412] Dabei haben Verordnungen allgemeine Geltung, wirken in allen ihren Teilen verbindlich und besitzen in jedem Mitgliedstaat nach ihrer Verabschiedung unmittelbare Gültigkeit.[413] Richtlinien sind hingegen für jeden Mitgliedstaat, an den sie gerichtet sind, nur hinsichtlich des zu erreichenden Ziels verbindlich.[414] Die Wahl der Form und der Mittel zur Umsetzung der Richtlinie in nationales Recht wird den innerstaatlichen Stellen der Mitgliedstaaten überlassen.[415] Werden jedoch die Richtlinien innerhalb des vorgesehenen Zeitrahmens nicht, unrichtig oder nur unvollständig umgesetzt, können sich die Bürger der Europäischen Union unter bestimmten Voraussetzungen vor den nationalen Gerichten direkt auf die Richtlinie berufen.[416] Entscheidungen sind in allen ihren Teilen für diejenigen verbindlich, die sie bezeichnen, während Empfehlungen und Stellungnahmen nicht verbindlich sind.[417]

Da das Gemeinschaftsrecht supranationales Recht darstellt, überlagert es nicht nur die nationalen Rechtsordnungen der Mitgliedstaaten, sondern auch die zwischen den Mitgliedstaaten geschlossenen Verträge, die beispielsweise in Form von Doppelbesteuerungsabkommen auftreten.[418] Bei dem europäischen Gesetzgebungsverfahren wirken die drei Organe Kommission, Rat und Parlament zusammen.[419] Bei der Erarbeitung vieler Rechtsakte werden außerdem der Wirtschafts- und Sozialausschuss und der Ausschuss der Regionen zur Beratung herangezogen.[420] Das Initiativ-, also das Vorschlagsrecht, liegt alleine bei der Europäischen Kommission, wobei sich das Parlament mit im Vergleich zu den

---

412 Vgl. Presse- und Informationsamt der Bundesregierung: Europa 2000 – Die Europäische Union, Köln 1997, S. 89; Artikel 249 EGV.

413 Vgl. Artikel 249 EGV.

414 Vgl. Presse- und Informationsamt der Bundesregierung: Europa 2000 – Die Europäische Union, Köln 1997, S. 89.

415 Vgl. Artikel 249 EGV.

416 Vgl. EuGH- Urteil vom 11.08.1995, Rs. C-431/92 (Kommission ./. Deutschland); EuGH vom 23.02.1994, Rs. C-236/92 (Comitato); EuGH vom 22.06.1989, Rs. C-103/88 (Fratelli Constanzo); EuGH vom 05.04.1979, Rs. 148/78 (Ratti); EuGH vom 19.02.1998, Rs. C-8/97 (Kommission ./. Griechische Republik).

417 Vgl. Artikel 249 EGV.

418 Vgl. Jacobs, Otto H.: Internationale Unternehmensbesteuerung, 4. Aufl., München 1999, S. 112.

419 Vgl. zum europäischen Gesetzgebungsverfahren die Artikel 249-256 EGV.

420 Vgl. zu der Zusammensetzung und den Aufgaben des Wirtschafts- und Sozialausschusses die Artikel 257-262 EGV; zur Zusammensetzung und den Aufgaben des Ausschusses der Regionen vgl. die Artikel 263-265 EGV.

nationalen Parlamenten begrenzten Einflussmöglichkeiten an der Ausarbeitung der Rechtsakte beteiligt.[421]

In Abhängigkeit des betroffenen Bereichs sind verschiedene Gesetzgebungsverfahren vorgesehen:

- Im Rahmen des Verfahrens der Mitentscheidung werden die zu verabschiedenden Rechtsakte dem Rat und dem Parlament vorgelegt, wobei der Rat zwar die Gesetze verabschiedet, durch mangelnde Zustimmung des Parlamentes jedoch ein Gesetzesentwurf scheitern kann.[422] Durch den Vertrag von Amsterdam wurde das Mitentscheidungsverfahren stark ausgeweitet, wodurch bei der Rechtsetzung in vielen Politikbereichen das Parlament dem Rat gleichberechtigt ist.[423] Das Verfahren der Mitentscheidung ist beispielsweise anzuwenden in den Bereichen Kultur und Bildung, Gesundheit, Verbraucher- und Umweltschutz.[424]
- Beim traditionellen Anhörungsverfahren hat das Parlament nur eine beratende Funktion.[425] Im Verfahren der Anhörung, das unter anderem für Rechtsakte über Steuern und Wettbewerbsregelungen Anwendung findet, sind zumeist einstimmige Ratsbeschlüsse notwendig; ändert der Rat jedoch einen Vorschlag der Kommission ab, so muss er zwingend einstimmig beschließen, auch wenn sonst ein Mehrheitsbeschluss ausreichend gewesen wäre.[426]
- Das Verfahren der Zustimmung ist vorgeschrieben für völkerrechtliche Verträge der Europäischen Gemeinschaft und bedarf der Zustimmung durch das Europäische Parlament.[427]

---

421 Vgl. Presse- und Informationsamt der Bundesregierung: Die Europäische Union – Politik und Organisation, Magdeburg 2001, S. 53; Presse- und Informationsamt der Bundesregierung: Europa 2000 – Die Europäische Union, Köln 1997, S. 89.

422 Vgl. Presse- und Informationsamt der Bundesregierung: Europa 2000 – Die Europäische Union, Köln 1997, S. 92.

423 Vgl. Presse- und Informationsamt der Bundesregierung: Die Europäische Union – Politik und Organisation, Magdeburg 2001, S. 54.

424 Vgl. Presse- und Informationsamt der Bundesregierung: Europa 2000 – Die Europäische Union, Köln 1997, S. 92.

425 Vgl. Presse- und Informationsamt der Bundesregierung: Europa 2000 – Die Europäische Union, Köln 1997, S. 90.

426 Vgl. Presse- und Informationsamt der Bundesregierung: Die Europäische Union – Politik und Organisation, Magdeburg 2001, S. 56.

427 Vgl. Presse- und Informationsamt der Bundesregierung: Europa 2000 – Die Europäische Union, Köln 1997, S. 91.

- Das Verfahren der Zusammenarbeit sieht wiederum eine eingeschränkte Mitwirkung des Europäischen Parlamentes vor und findet heute nur noch Anwendung für Rechtsakte im Bereich der multilateralen Überwachung der Wirtschaftspolitik.[428]

4.2 Implikationen des Primärrechts der Europäischen Union auf die direkte Besteuerung

Trotz des fortschreitenden Integrationsprozesses im Bereich der indirekten Besteuerung, deren Harmonisierung in den Artikeln 90 bis 93 EGV ausdrücklich vorgesehen ist, bleibt die Notwendigkeit der Angleichung auf dem Gebiet der direkten Besteuerung zunächst aufgrund deren fehlender expliziter Regelung sowohl grundsätzlich als auch in ihrem möglichen Ausmaß fraglich.[429] Die in Artikel 2 und 3 EGV verankerten Grundsätze umfassen bei der Umschreibung der Tätigkeiten der Gemeinschaft neben weiteren bedeutenden Bereichen auch

- die Herstellung eines Binnenmarktes, der durch die Beseitigung der Hindernisse für den freien Waren-, Personen-, Dienstleistungs- und Kapitalverkehr zwischen den Mitgliedstaaten gekennzeichnet ist,
- ein System, das den Wettbewerb innerhalb des Binnenmarktes vor Verfälschungen schützt, sowie
- die Angleichung der innerstaatlichen Rechtsvorschriften, soweit dies für das Funktionieren des gemeinsamen Marktes erforderlich ist.[430]

4.2.1 Erörterung der durch eine mögliche Rechtsangleichung betroffenen Bereiche

Neben den Marktfreiheitsrechten bzw. den Diskriminierungsverboten des Vertrages zur Gründung der Europäischen Gemeinschaft und dem Verbot privater und staatlicher Behinderung des Wettbewerbs ist die auf Arti-

---

428 Vgl. Presse- und Informationsamt der Bundesregierung: Die Europäische Union – Politik und Organisation, Magdeburg 2001, S. 57.

429 Vgl. Haufler, Andreas: Commodity Tax Harmonization in the European Union – A General Equilibrium Analysis of Tax Policy Options in the Internal Market, Heidelberg 1993, S. 11-21; Jacobs, Otto H./Spengel, Christoph: Aspekte einer Reform der Unternehmensbesteuerung in Europa, in: Siebert, Horst: Steuerpolitik und Standortqualität: Expertisen zum Standort Deutschland, Tübingen 1996, S. 99-144, hier: S. 101.

430 Vgl. Artikel 3 EGV, insbesondere Abs 1 Bst. c), g) und h). Vgl. auch Weide, Klaus-Michael: Harmonisierung der Unternehmenssteuern in der EG, Aachen 1996, S. 60.

kel 94 EGV basierende Rechtsangleichung zur Sicherung des Funktionierens des gemeinsamen Marktes elementar.[431]

Die Vorschriften der Artikel 81 bis 93 EGV sind gemäß der Forderung des Artikel 3 Abs. 1 Bst. g) EGV auf das Funktionieren des gemeinsamen Marktes ausgerichtet, und aus der Behandlung staatlicher Beihilfen können Implikationen auf die direkte Besteuerung abgeleitet werden. Gemäß Artikel 87 Abs. 1 EGV sind staatliche oder aus staatlichen Mitteln gewährte Beihilfen, gleich welcher Art, mit dem gemeinsamen Markt unvereinbar, soweit sie durch die Begünstigung bestimmter Unternehmen oder Produktionszweige den Wettbewerb verfälschen oder zu verfälschen drohen und den Handel zwischen den Mitgliedstaaten beeinträchtigen. Artikel 87 Abs. 2 und 3 EGV beinhaltet eine Aufzählung von Beihilfen, die mit dem gemeinsamen Markt vereinbar sind oder als mit dem gemeinsamen Markt vereinbar angesehen werden können.[432] Artikel 87 Abs. 2 Bst. c) EGV bezieht auch Beihilfen für die Wirtschaft bestimmter, durch die Teilung Deutschlands betroffener deutscher Gebiete in die Gruppe der zulässigen Beihilfen mit ein, soweit sie zum Ausgleich der durch die Teilung verursachten wirtschaftlichen Nachteile erforderlich sind.

Ein Mittel zur Gewährung von Beihilfen ist die steuerliche Subventionierung eines Handelns oder Unterlassens, wodurch das Beihilfeverbot aufgrund der – von wenigen Ausnahmen abgesehen – bestehenden Unvereinbarkeit staatlicher Beihilfen mit den Zielsetzungen des gemeinsamen Marktes Auswirkungen auf entsprechende steuerliche Regelungen hat und somit zur Harmonisierung der direkten Unternehmensbesteuerung im Sinne eines Verbotes präferierender Einzelregelungen beiträgt.[433] Kriterium der Einstufung einer Maßnahme als Beihilfe und damit die Zulässigkeit einer steuerlichen Fördermaßnahme, ist

---

431 Vgl. Weiser, Benedikt: Rechtsprechung und Rechtssetzung auf dem Gebiet der direkten Besteuerung in der Europäischen Union: Freistellung oder Anrechnung, Diss. Bremen 1998, Frankfurt am Main u.a. 1998, S. 79. Vgl. zum Einfluss des Primär- und Sekundärrechts auf den Abschluss und die Ausgestaltung von Doppelbesteuerungsabkommen Lehner, Moris: Der Einfluss des Europarechts auf die Doppelbesteuerungsabkommen, in: IStR 2001, 10. Jg., S. 329-337.

432 Beihilfen können darüber hinaus auch durch das Diskriminierungsverbot erfasst werden, wenn beispielsweise Beihilfen auf Inländer begrenzt sind. Vgl. hierzu Rolfes, Karl-Heinrich: Regionale Wirtschaftsförderung und EWG-Vertrag – Die Aktionsräume von Bund, Ländern und Kommunen, Köln u.a. 1991, S. 118.

433 Vgl. beispielsweise Kommission der Europäischen Gemeinschaften: Entscheidung der Kommission vom 31.10.2000 über die spanischen Körperschaftsteuervorschriften (2001/168/EGKS), ABl. L 60 vom 01.03.2001, S. 57-61, S. 57-58; Dautzenberg, Norbert: EG-Kommission verwirft bestimmte steuerliche Fördermaßnahmen als verbotene Subventionen, in: StuB 2001, 3. Jg., S. 443-445, hier: S. 443.

deren Vereinbarkeit mit der Herstellung eines gemeinsamen Marktes. Der Einsatz einer Maßnahme hat nicht pauschal, sondern gezielt und punktgenau zu erfolgen, um selbst bei grundsätzlich marktförderlicher Zielsetzung nicht als unzulässige Beihilfe eingestuft zu werden.[434] So wurde beispielsweise die steuerrechtliche Maßnahme des § 52 Abs. 8 EStG[435] zur Förderung von Investitionen von Unternehmen in den neuen deutschen Ländern trotz deren grundsätzlicher Vereinbarkeit mit dem Vertrag zur Gründung der Europäischen Gemeinschaft von der Kommission als nicht zulässig angesehen, was durch den Europäischen Gerichtshof bestätigt wurde.[436] Da es sich um eine zu genehmigende Maßnahme handelte, darf § 52 Abs. 8 EStG in der Fassung des Jahressteuergesetzes 1998 zu keiner Zeit vollzogen werden.[437]

Eine größere Bedeutung als den bereits recht stark kontrollierten staatlichen Beihilfen fällt bei der Betrachtung der direkten Besteuerung den Grundfreiheiten des Vertrags zur Gründung der Europäischen Gemeinschaft zu. Eine Quasiumschreibung des Binnenmarktes liefert bei der Betrachtung der Grundsätze der Europäischen Union bereits Artikel 3 Abs. 1 Bst. c) EGV, der einen Binnenmarkt fordert, der durch die Beseitigung der Hindernisse für den freien Waren-, Personen-, Dienstleistungs- und Kapitalverkehr zwischen den Mitgliedstaaten gekennzeichnet ist. Diese Grundfreiheiten verbieten Diskriminierungen aus

434 Vgl. Dautzenberg, Norbert: EG-Kommission verwirft bestimmte steuerliche Fördermaßnahmen als verbotene Subventionen, in: StuB 2001, 3. Jg., S. 443-445, hier: S. 445.

435 Vgl. Einkommensteuergesetz 1997, in der Fassung der Bekanntmachung vom 16. April 1997, veröffentlicht in: BGBl. I 1997, S. 821, in: Steuergesetze, München Stand 01.01.2002.

436 Vgl. Kommission der Europäischen Gemeinschaften: Entscheidung der Kommission vom 21.01.1998 betreffend Steuervergünstigungen aufgrund des § 52 Abs. 8 des deutschen Einkommensteuergesetzes (98/476/EG), in: ABl. L 212 vom 30.07.1998, S. 50-57; EuGH vom 19.09.2000, Rs. C-156/98 (Deutschland ./. Kommission).

437 Vgl. Bundesministerium für Finanzen: Schreiben vom 02.01.1996, Az. IV B 2 – S 2139 – 58/95, in: BStBl. I 1996, S. 2; Bundesministerium für Finanzen: Schreiben vom 29.12.2000, Az. IV A 6 – S2139 – 5/00, in: BStBl. I 2001, S. 45. Die erforderliche Genehmigung für die betriebliche Förderung nach dem Investitionszulagengesetz 1999 hat die Kommission hingegen erteilt. Vgl. hierzu Bundesministerium für Finanzen: Schreiben vom 07.03.2001, Az. IV A 5 – S2056 – 22/01, in: BStBl. I 2001, S. 235. Vgl. zur Zulässigkeit der rückwirkenden Versagung gemeinschaftsrechtswidriger Investitionszulagen BFH: Urteil vom 12.10.2000, Az. III R 35/95, in: BStBl. II 2001, S. 499; Hahn, Hartmut: Rückwirkende Versagung gemeinschaftsrechtswidriger Investitionszulage zulässig? – Anmerkung zum Urteil des BFH v. 12.10.2000 – III R 35/95, in: FR 2001, 83. Jg., S. 469-471; Weerth, Jan de: Rückwirkende Absenkung von steuerrechtlichen Beihilfen nach Feststellung ihrer Unvereinbarkeit mit EG-Recht durch die Kommission zulässig? – Zugleich eine Anmerkung zu BFH, Urteil vom 12.10.2000, III R 35/95, in: IStR 2001, 10. Jg., S. 158-160.

Gründen der Staatsangehörigkeit und werden daher auch als Diskriminierungsverbote bezeichnet. Die Diskriminierungsverbote sind expliziter Gegenstand der Artikel 12 und 23 bis 60 des Vertrags zur Gründung der Europäischen Gemeinschaft. Verstößt eine steuerliche Maßnahme gegen eines oder mehrere der Diskriminierungsverbote, hat eine Anpassung der Rechtsvorschriften der Mitgliedstaaten auch hinsichtlich dieser Grundfreiheiten der Europäischen Union zu erfolgen, um dem Gemeinschaftsrecht nicht entgegenzustehen.

Da über die Beihilfe- und Diskriminierungsverbote hinaus auch andere steuerliche Normen dem Funktionieren eines gemeinsamen Marktes entgegenstehen können, ist eine weitere Rechtsangleichung im Bereich der direkten Besteuerung (indirekt) gefordert, allerdings nur insoweit, als steuerliche Regelungen das Funktionieren des Binnenmarktes im Sinne der Artikel 2 und 3 EGV gefährden. Artikel 94 EGV bildet im Rahmen der allgemeinen Rechtsangleichungsvorschriften die Legitimationsgrundlage für Harmonisierungsmaßnahmen auch im Bereich der direkten Besteuerung zur Herstellung und zum Erhalt eines funktionsfähigen Binnenmarktes sowie weiterer vorgenannter Ziele.[438]

Zu beachten bleibt, dass der Vertrag zur Gründung der Europäischen Gemeinschaft nicht die Forderung erhebt, die direkte europäische Steuergesetzgebung zu vereinheitlichen, sondern zunächst lediglich – neben der Abschaffung diskriminierender Regelungen und unzulässiger Beihilfen – eine Modifizierung der nationalen Normen indirekt als notwendig ansieht, um die Funktionsfähigkeit des Binnenmarktes zu gewährleisten.

4.2.2 Kompetenzverteilung zwischen der Europäischen Union und den Mitgliedstaaten auf dem Gebiet des Steuerrechts

Während für den Bereich der indirekten Besteuerung eine ausdrückliche Kompetenzzuweisung zur Rechtsangleichung an die Europäische Union durch die Artikel 90 bis 93 EGV erfolgt, kann diese hinsichtlich der direkten Besteuerung nur aus der allgemeinen Rechtsangleichungsvorschrift des Artikels 94 EGV resultieren.[439]

---

438 Vgl. Sapusek, Annemarie: Ökonomische und juristische Analyse der Steuerharmonisierung in der Europäischen Union – Umsatzsteuer, spezielle Verbrauchsteuern, direkte Unternehmensteuern, Teil 1, Diss. Wien 1996, Frankfurt am Main u.a. 1997, S. 306; Jacobs, Otto H./Spengel, Christoph: Aspekte einer Reform der Unternehmensbesteuerung in Europa, in: Siebert, Horst: Steuerpolitik und Standortqualität: Expertisen zum Standort Deutschland, Tübingen 1996, S. 99-144, hier: S. 100.

439 Vgl. Streinz, Rudolf: Europarecht, 5. Aufl., Heidelberg 2001, S. 56, Rz. 133; Calliess, Christian: Subsidiaritäts- und Solidaritätsprinzip in der Europäischen Union: Vorgaben

Eine Notwendigkeit der Harmonisierung im Bereich der direkten Steuern ergibt sich zunächst aus der Maßgabe, dass eine Angleichung der Rechtsnormen in denjenigen Bereichen zu erfolgen hat, die sich unmittelbar auf die Funktionsfähigkeit des europäischen Binnenmarktes auswirken.[440] Die in Artikel 49 EGV verankerte Möglichkeit der Organe der Europäischen Union, Richtlinien für die Angleichung derjenigen Rechts- und Verwaltungsvorschriften der Mitgliedstaaten zu erlassen, die sich unmittelbar auf die Errichtung oder das Funktionieren des gemeinsamen Marktes auswirken, entspricht einer Kompetenzeinräumung zur Harmonisierung von Seiten der Mitgliedstaaten an die Europäische Union.[441] Obwohl eine Angleichung im Bereich des Steuerrechts der Verwirklichung des Binnenmarktes dient, findet nicht Artikel 95 Abs. 1 EGV Anwendung, der das Verfahren der Mitentscheidung mit Mehrheitsentscheidung des Rates vorsieht. Angewendet wird das traditionelle Anhörungsverfahren, das eine einstimmige Ratsentscheidung auf Vorschlag der Kommission und nach Anhörung des Parlaments für den gesamten Bereich des Steuerrechts fordert.[442] Die Mitgliedstaaten bleiben jedoch insoweit für die Steuergesetzgebung zuständig, als die Europäische Union keine die betreffende Materie abschließend regelnden Rechtsakte erlassen hat.[443] Unabhängig von bestehendem Sekundärrecht auf europäischer Ebene bieten die Artikel 96 und 97 EGV die Möglichkeit, in Beratungen mit den einzelnen Mitgliedstaaten einzutreten, deren Rechts- und Verwaltungsvorschriften die Wettbewerbsbedingungen auf dem gemeinsamen Markt verfälschen und dadurch Verzerrungen hervorrufen können.

Problematisch ist bei der Kompetenzzuweisung jedoch, dass die Mitgliedstaaten der Europäischen Union aufgrund des aus der steuerlichen Gesetzeslage resultierenden Steueraufkommens nur ungern auf die autonome Einflußnahme und auf

---

für die Anwendung von Artikel 3b EGV am Beispiel der gemeinschaftlichen Wettbewerbs- und Umweltpolitik, Baden-Baden 1996, S. 61; Kommission der Europäischen Gemeinschaften: Steuerpolitik in der Europäischen Union, in: http://europa.eu.int/comm/dg10/publications/brochures/more/donane/fiscalite/de.pdf, S. 7; Kokott, Juliane: Die Bedeutung der europarechtlichen Diskriminierungsverbote und Grundfreiheiten für das Steuerrecht der EU-Mitgliedstaaten, in: Lehner Moris: Grundfreiheiten im Steuerrecht der EU-Staaten, München 2000, S. 1-24, hier: S. 2.

440 Die Regelungen über die Angleichung von Rechtsvorschriften sind in den Artikeln 94-97 EGV verankert.

441 Vgl. Bogdandy, Armin von/Nettesheim, Martin: Artikel 5 EGV, in: Grabitz, Eberhard/Hilf, Meinhard: Das Recht der Europäischen Union (Loseblattausg.), München 2001, Rz. 3.

442 Dies ergibt sich aus Artikel 95 Abs. 2 i.V.m. Artikel 94 EGV. Vgl. auch Axt, Heinz-Jürgen: Solidarität und Wettbewerb – die Reform der EU-Strukturpolitik – Strategien für Europa, Gütersloh 2000, S. 92.

443 Vgl. Streinz, Rudolf: Europarecht, 5. Aufl., Heidelberg 2001, S. 56, Rz. 133.

ihr gleichzeitig wichtigstes Instrument der Wirtschaftslenkung und sozialen Gestaltung verzichten. Europarechtliche Regelungen engen jedoch zwangsläufig den Spielraum der nationalen Legislative auch im Abgabenrecht ein.[444]

Die Forderung, den Mitgliedstaaten weiterhin möglichst weitreichende Kompetenzen bezüglich der steuerlichen Rechtsetzung zu belassen, äußert sich im Subsidiaritätsgrundsatz. Demnach wird die Europäische Union in Bereichen, die nicht in ihre ausschließliche Zuständigkeit fallen, nur tätig, soweit Ziele der in Betracht gezogenen Maßnahmen auf Ebene der Mitgliedstaaten nicht ausreichend erreicht werden können und daher wegen ihres Umfangs oder ihrer Wirkungen besser von der Gemeinschaftsebene aus gesteuert werden können.[445] Diese Kompetenz der Europäischen Union ist jedoch ausdrücklich auf geeignete Maßnahmen zur Erreichung der vertraglich vereinbarten Ziele beschränkt.[446] Die von der Gemeinschaft ergriffenen Maßnahmen dürfen dabei nicht über das für die Erreichung der Ziele erforderliche Maß hinausgehen (Verhältnismäßigkeitsgrundsatz).[447]

Abschließend kann also festgestellt werden, dass die Europäische Union nur im Rahmen ihrer Zielsetzung zur Angleichung nationalen Rechts legitimiert ist,

---

444 Vgl. Kokott, Juliane: Die Bedeutung der europarechtlichen Diskriminierungsverbote und Grundfreiheiten für das Steuerrecht der EU-Mitgliedstaaten, in: Lehner Moris: Grundfreiheiten im Steuerrecht der EU-Staaten, München 2000, S. 1-24, hier: S. 3; Arndt, Hans-Wolfgang: Nationales Recht und primäres Europarecht – Am Beispiel eines nationalen Alleingangs bei der Energiesteuer, in: Jacobs, Otto H./Spengel, Christoph: Aspekte der Unternehmensbesteuerung in Europa, Baden-Baden 1996, S. 205-220, hier: S. 208; Pesmatzoglou, Haris: Die Harmonisierung der Kapitaleinkommensbesteuerung in der Europäischen Union, Diss. München 1995, Frankfurt am Main 1996, S. 27.

445 Vgl. Artikel 5 EGV; Gerken, Lüder: Vertikale Kompetenzverteilung in Wirtschaftsgemeinschaften - Bestimmungsgründe und Probleme, in: Gerken, Lüder: Europa zwischen Ordnungswettbewerb und Harmonisierung: europäische Ordnungspolitik im Zeichen der Subsidiarität, Berlin u.a. 1995, S. 3-33, hier: S. 3; Bergh, Roger van den: The Subsidiarity Principle and the EC Competition Rules: The Costs and Benefits of Decentralisation, in: Schmidtchen, Dieter/Cooter, Robert: Constitutional law and economics of the European Union, Bodmin/Cornwall 1997, S. 142-183, hier: S. 142; Beermann, Albert: Steuerharmonisierung – Erfordernisse, Möglichkeiten, Grenzen, in: Gerken, Lüder: Europa zwischen Ordnungswettbewerb und Harmonisierung: europäische Ordnungspolitik im Zeichen der Subsidiarität, Berlin u.a. 1995, S. 167-181, hier: S. 177-178; Mestmäcker, Ernst-Joachim: Wettbewerbsrecht und Wettbewerbspolitik in der Europäischen Union, in: Gerken, Lüder: Europa zwischen Ordnungswettbewerb und Harmonisierung: europäische Ordnungspolitik im Zeichen der Subsidiarität, Berlin u.a. 1995, S. 191-211, hier: S. 191-194.

446 Vgl. Artikel 5 EGV.

447 Vgl. Artikel 5 EGV.

wenn die angestrebten Ziele besser durch ein Vorgehen auf Gemeinschaftsebene erreicht werden können. Außerdem müssen die Maßnahmen geeignet sein, die ihnen eigene Zielsetzung zu erreichen und dürfen nicht über das erforderliche Maß hinausgehen. Die Maßnahmen zur Förderung des Funktionierens des gemeinsamen Marktes, unter welche auch ein Teil der Harmonisierungsmaßnahmen im Bereich des Steuerrechts zu subsumieren wäre, fallen in den Zielkatalog der Europäischen Union. Wahrt also eine angestrebte Maßnahme sowohl das Subsidiaritätsprinzip als auch den Verhältnismäßigkeitsgrundsatz, darf sie von Gemeinschaftsebene aus eingesetzt werden. Zu beachten bleibt dabei aber die notwendige Einstimmigkeit in Steuerfragen. Um einen verbleibenden Handlungsspielraum zur Förderung des Binnenmarktes einschätzen zu können, bedarf es zunächst einer Analyse der bisher bereits erfolgten Rechtsangleichung auf dem Gebiet der direkten Steuern.

4.2.3 Die Diskriminierungsverbote des Vertrags zur Gründung der Europäischen Gemeinschaft und deren Auslegung durch den Europäischen Gerichtshof

Grundlage der gemeinschaftlichen Freiheitsrechte bildet das im Rahmen der Grundsätze im Vertrag zur Gründung der Europäischen Gemeinschaft verankerte allgemeine Diskriminierungsverbot des Artikel 12 EGV. Es untersagt eine Aufstellung oder Beibehaltung von Präferenzen aus Gründen der Staatsangehörigkeit im nationalen Recht. Große Relevanz fällt auch den aus dem allgemeinen Diskriminierungsverbot ableitbaren besonderen Diskriminierungsverboten bzw. Grundfreiheiten zu, die als Maßstab für die Vereinbarkeit nationaler und europarechtlicher Normen gelten. Die besonderen Diskriminierungsverbote sind Prinzipien, die die vier in Artikel 3 Abs. 1 Bst. c) EGV bzw. Artikel 14 Abs. 2 EGV im Rahmen der Grundsätze genannten wirtschaftlichen Freiheiten explizit gewährleisten, und zwar den freien Verkehr von Waren, Personen, Dienstleistungen und Kapital.[448] Eine genauere Umschreibung der mit dem allgemeinen Diskriminierungsverbot eng verknüpften speziellen Diskriminierungsverbote geschieht insbesondere durch die Artikel 23 bis 60 EGV, in denen unter ande-

---

[448] Da die Grundfreiheiten lex specialis-Vorschriften darstellen, werden sie auch als spezielle Diskriminierungsverbote bezeichnet. Vgl. Eckhoff, Rolf: Diskriminierung im Bereich der Besteuerung des Einkommens und des Vermögens, in: Birk, Dieter: Handbuch des Europäischen Steuer- und Abgabenrechts, Herne/Berlin 1995, S. 461-499, hier: S. 472; Bachmann, Birgit: Diskriminierungsverbote bei direkten Steuern im Regelungsbereich des EG-Vertrages, in: RIW 1994, 40. Jg., S. 849-858, hier: S. 850; Schaumburg, Harald: Internationales Steuerrecht: Außensteuerrecht, Doppelbesteuerungsrecht, 2. Aufl., Köln 1998., S. 87-90; Vogel, Klaus: Harmonisierung des Internationalen Steuerrechts in Europa als Alternative zur Harmonisierung des (materiellen) Körperschaftsteuerrechts, in: StuW 1993, 70. Jg., S. 380-388, S. 384-385.

rem die Warenverkehrsfreiheit, die Freiheit der Arbeitnehmer, die Niederlassungs- und Dienstleistungsfreiheit sowie die Freiheit des Kapital- und Zahlungsverkehrs als lex specialis-Vorschriften verankert sind. Greifen diese Vorschriften im Einzelfall nicht, bleibt es weiterhin möglich, sich auf das allgemeine Diskriminierungsverbot als lex generalis-Norm zu berufen.

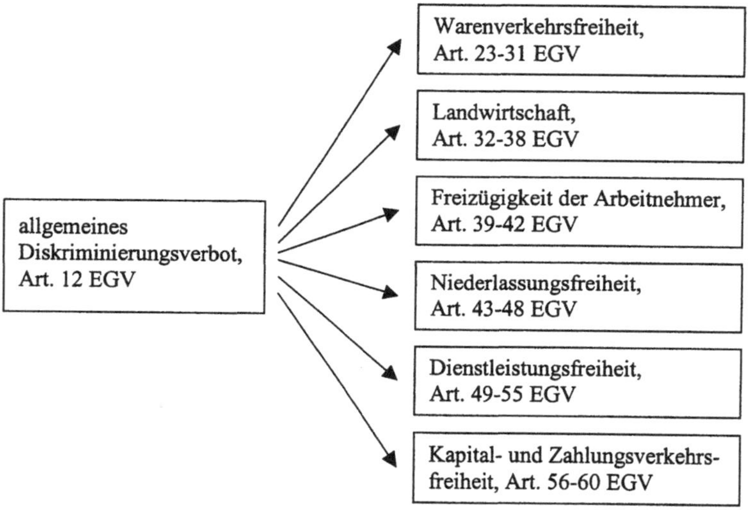

Abb. 2: Ausdruck des allgemeinen Diskriminierungsverbotes in den Grundfreiheiten der Europäischen Union

Gemeinsame Zielsetzung der Grundfreiheiten ist es, die Unionsbürger sowie die ansässigen Unternehmen vor ungerechtfertigten materiellen Nachteilen zu schützen, die sich aus der grenzüberschreitenden Betätigung ergeben können, und gleiche Bedingungen für Inländer und EU-Ausländer zu gewährleisten (sog. Inländergleichbehandlung).[449] Die Bedeutung der Grundfreiheiten für steuerrechtliche Regelungen der Mitgliedstaaten ist in den letzten Jahren vor allem durch die Rechtsprechung des Europäischen Gerichtshofes sehr deutlich geworden.[450]

---

[449] Vgl. Arndt, Hans-Wolfgang: Europarecht, Heidelberg 1994, S. 104-105.

[450] Vgl. Reiß, Wolfram: Nationales Steuerrecht und Europäisches Gemeinschaftsrecht – Teil II, in: DSWR 1998, 27. Jg., S. 255-259, hier: S. 257.

4.2.3.1 Charakteristika der Diskriminierungsverbote

Die Grundfreiheiten bilden die Grundlage für eine allgemeine wirtschaftliche Betätigungsfreiheit.[451] Aus ökonomischer Sicht soll das Verbot der Diskriminierung aus Gründen der Staatsangehörigkeit die optimale Allokation, beispielsweise von Waren, Arbeitnehmern und Kapital gewährleisten.[452] Auch soll die Gleichbehandlung der Bürger bzw. Unternehmen der Europäischen Union im Sinne des Gerechtigkeitspostulats sichergestellt werden. Der grundsätzlichen Anwendung der Grundfreiheiten auf den Bereich der direkten Steuern steht nicht entgegen, dass es sich dabei nur um ein in Randbereichen harmonisiertes Rechtsgebiet handelt.[453]

Problematisch ist bei einem sich an der Staatsangehörigkeit orientierenden Diskriminierungsverbot, dass im Steuerrecht der Mitgliedstaaten der Europäischen Union die unbeschränkte bzw. beschränkte Steuerpflicht einer Person zumeist daran beurteilt wird, ob die natürliche Person ihren Wohnsitz oder gewöhnlichen Aufenthalt im Inland hat und bei juristischen Personen sich deren Sitz oder Ort der Geschäftsleitung im Inland befindet.[454] Voraussetzung der Anwendung des Diskriminierungsverbots ist hingegen eine Benachteiligung von Personen aufgrund ihrer Staatsangehörigkeit. Dabei sind wegen der unterschiedlichen Anknüpfungspunkte der nationalen Steuerpflicht und des gemeinschaftlichen Diskriminierungsverbotes grundsätzlich mehrere Konstellationen denkbar, in denen Diskriminierungen möglich sind. Dabei werden durch das Diskriminierungsverbot keine Ungleichbehandlungen zwischen Personen gleicher Staatsan-

---

451 Vgl. Schulte, Bernd: Nationale Mindestsicherung und Freizügigkeit: Ein Problemaufriss, in: Müller, Walter/Fromm, Oliver/Hansjürgens, Bernd: Regeln für den europäischen Systemwettbewerb – Steuern und soziale Sicherungssysteme, Marburg 2001, S. 371-406, hier: S. 375.

452 Vgl. Fromm, Oliver: Freizügigkeit und Grundsicherung in der EU: Anmerkungen aus ökonomischer Sicht, in: Müller, Walter/Fromm, Oliver/Hansjürgens, Bernd: Regeln für den europäischen Systemwettbewerb – Steuern und soziale Sicherungssysteme, Marburg 2001, S. 359-370, hier: S. 359.

453 Vgl. Reimer, Ekkehart: Die Auswirkungen der Grundfreiheiten auf das Ertragsteuerrecht der Bundesrepublik Deutschland – Eine Bestandsaufnahme, in: Lehner Moris: Grundfreiheiten im Steuerrecht der EU-Staaten, München 2000, S. 39-101, hier: S. 42.

454 In Deutschland knüpft § 1 Abs. 1 S. 1 EStG an die Begriffe des Wohnsitzes bzw. gewöhnlichen Aufenthalts, welche in §§ 8 und 9 AO definiert werden. Analog bezieht sich § 1 Abs. 1 KStG auf den Sitz oder den Ort der Geschäftsleitung, deren Definitionen sich in den §§ 10 und 11 AO befinden. Vgl. Körperschaftsteuergesetz 1999, in der Fassung der Bekanntmachung vom 22. April 1999, veröffentlicht in: BGBl. I 1999, S. 817, in: Steuergesetze, München Stand 01.01.2002; Abgabenordnung (AO 1977), vom 16. März 1976, veröffentlicht in: BGBl. I 1976, S. 613, ber. BGBl. I 1977, S. 269, in: Steuergesetze, München Stand 01.01.2002.

gehörigkeit erfasst, sondern es erstreckt sich nur auf die innerhalb der Staatsgrenzen eines Mitgliedsstaats stattfindende wirtschaftliche Betätigung von Angehörigen verschiedener Staaten. Das Problem wird auch deutlich, wenn man bedenkt, dass de facto im (europäischen) Ausland ansässige Inländer bei einer Benachteiligung durch das Inland nicht durch das Diskriminierungsverbot des Artikel 12 EGV vor einer Ungleichbehandlung gegenüber im Inland ansässigen Inländern geschützt werden.

Die Rechtsprechung des Europäischen Gerichtshofes knüpft bei der Beurteilung von Maßnahmen an die Staatsangehörigkeit an. Man könnte dies als weitgehende Infragestellung der hergebrachten Grundsätze der sich an dem Wohnsitz orientierenden Steuerrechtsordnungen der Mitgliedstaaten kritisieren.[455] Der Europäische Gerichtshof legt jedoch das bestehende Gemeinschaftsrecht hinsichtlich der Diskriminierungsverbote inklusive verdeckter Ungleichbehandlungen in konsequenter Weise aus und es erscheint fraglich, ob er aufgrund bestehender nationaler Normen im Bereich des Steuerrechts einen Sonderweg beschreiten sollte.

4.2.3.1.1 Der Anwendungsbereich der Diskriminierungsverbote

Berechtigte der gemeinschaftsrechtlichen Diskriminierungsverbote sind Bürger der Mitgliedstaaten der Europäischen Union und die nach den Rechtsvorschriften eines Mitgliedstaates gegründeten Gesellschaften, die ihren Sitz, ihre Hauptverwaltung oder ihre Hauptniederlassung innerhalb des Territoriums der Europäischen Union haben.[456] Dabei führt Artikel 48 EGV nicht nur zu einer Anwendung des allgemeinen Diskriminierungsverbots auf Gesellschaften, sondern legt implizit auch den Sitz der Gesellschaft als der Staatsangehörigkeit natürlicher Personen entsprechend fest.[457]

---

455 Vgl. Kokott, Juliane: Die Bedeutung der europarechtlichen Diskriminierungsverbote und Grundfreiheiten für das Steuerrecht der EU-Mitgliedstaaten, in: Lehner Moris: Grundfreiheiten im Steuerrecht der EU-Staaten, München 2000, S. 1-24, hier: S. 17.

456 Vgl. Weiser, Benedikt: Rechtsprechung und Rechtssetzung auf dem Gebiet der direkten Besteuerung in der Europäischen Union: Freistellung oder Anrechnung, Diss. Bremen 1998, Frankfurt am Main u.a. 1998, S. 81-82. Zur Berechtigung von in Drittstaaten ansässigen Personen vgl. Bogdandy, Armin von: Artikel 12 EGV, in: Grabitz, Eberhard/ Hilf, Meinhard: Das Recht der Europäischen Union (Loseblattausg.), München 2001, Rz.. 32. Vgl. zu der Geltung der Grundfreiheiten für Drittstaatsangehörige Schnitger, Arne: Geltung der Grundfreiheiten des EGV für Drittstaatsangehörige im Steuerrecht, in: IStR 2002, 11. Jg., S. 711-716.

457 Vgl. Eckhoff, Rolf: Diskriminierung im Bereich der Besteuerung des Einkommens und des Vermögens, in: Birk, Dieter: Handbuch des Europäischen Steuer- und Abgaben-

Verpflichtete des Diskriminierungsverbotes sind die Mitgliedstaaten der Europäischen Union sowie die Europäische Union an sich und deren Organe.[458] Auch den Bürgern der Mitgliedstaaten wird eine zumindest mittelbare Verpflichtung zugesprochen.[459] Dabei ist das Verbot der Diskriminierung durch die Mitgliedstaaten nicht auf die unilaterale Gesetzgebung beschränkt, sondern schließt auch völkerrechtliche Verträge wie Doppelbesteuerungsabkommen ein.[460]

Für den Anwendungsbereich des Vertrages wird hier angenommen, dass er sich auf sämtliche vom Vertrag erfassten Sachverhalte erstreckt.[461] Bei dem allgemeinen Diskriminierungsverbot handelt es sich allerdings, wie auch bei den (speziellen) Grundfreiheiten, um grundrechtsgleiche Rechte, die unmittelbar anwendbar sind, Vorrang vor innerstaatlichem Recht haben und vor nationalen Gerichten einklagbar sind.[462] Bei Unsicherheit bezüglich der Konformität möglicherweise kollidierender nationaler Normen mit dem Gemeinschaftsrecht

---

rechts, Herne/Berlin 1995, S. 461-499, hier: S. 480, Rz. 25; Geiger, Rudolf: EG-Vertrag, Kommentar zu dem Vertrag zur Gründung der Europäischen Gemeinschaft, München 1995, Artikel 6, Rz. 5; Bogdandy, Armin von: Artikel 12 EGV, in: Grabitz, Eberhard/Hilf, Meinhard: Das Recht der Europäischen Union (Loseblattausg.), München 2001, Rz. 32; EuGH vom 28.01.1986, Rs. 270/83 (Avoir Fiscal); EuGH vom 13.07.97, Rs. C-330/91 (Commerzbank).

458 Vgl. Weiser, Benedikt: Rechtsprechung und Rechtssetzung auf dem Gebiet der direkten Besteuerung in der Europäischen Union: Freistellung oder Anrechnung, Diss. Bremen 1998, Frankfurt am Main u.a. 1998, S. 82.

459 Vgl Bogdandy, Armin von: Artikel 12 EGV, in: Grabitz, Eberhard/Hilf, Meinhard: Das Recht der Europäischen Union (Loseblattausg.), München 2001, Rz. 29-31.

460 Vgl. Eckhoff, Rolf: Diskriminierung im Bereich der Besteuerung des Einkommens und des Vermögens, in: Birk, Dieter: Handbuch des Europäischen Steuer- und Abgabenrechts, Herne/Berlin 1995, S. 461-499, hier: S. 482, Rz. 28; Herzig, Norbert/Dautzenberg, Norbert: Der EWG-Vertrag und die Doppelbesteuerungsabkommen – Rechtsfragen im Verhältnis zwischen Doppelbesteuerungsabkommen und den Diskriminierungsverboten des EWGV, in: DB 1992, 45. Jg., S. 2519-2524, hier: S. 2521-2522.

461 Diesbezüglich besteht in der Literatur keineswegs Einigkeit, wie die in Weiser, Benedikt: Rechtsprechung und Rechtssetzung auf dem Gebiet der direkten Besteuerung in der Europäischen Union: Freistellung oder Anrechnung, Diss. Bremen 1998, Frankfurt am Main u.a. 1998, S. 85-87 dargestellte Diskussion deutlich macht. Vgl. auch Bogdandy, Armin von: Artikel 12 EGV, in: Grabitz, Eberhard/Hilf, Meinhard: Das Recht der Europäischen Union (Loseblattausg.), München 2001, Rz. 27-54.

462 Vgl. Kokott, Juliane: Die Bedeutung der europarechtlichen Diskriminierungsverbote und Grundfreiheiten für das Steuerrecht der EU-Mitgliedstaaten, in: Lehner Moris: Grundfreiheiten im Steuerrecht der EU-Staaten, München 2000, S. 1-24, hier: S. 13.

können unterinstanzliche Gerichte und müssen letztinstanzliche Gerichte den Europäischen Gerichtshof um eine Vorabentscheidung ersuchen.[463]

4.2.3.1.2 Formen der Diskriminierung

Bei der Betrachtung der Rechtsprechung des Europäischen Gerichtshofes wird offensichtlich, dass das gemeinschaftsrechtliche Diskriminierungsverbot nicht ausschließlich offene, das heißt ausdrücklich an verbotenen Kriterien wie der Staatsangehörigkeit anknüpfende Ungleichbehandlungen erfasst, sondern sich seine Wirkung auch auf mittelbare bzw. verdeckte oder faktische Diskriminierungen erstreckt.[464] Diese mittelbaren Ungleichbehandlungen liegen vor, wenn aus dem Wortlaut der diskriminierenden Norm aufgrund deren neutraler Formulierung zwar keine unmittelbare Diskriminierung ersichtlich ist, diese sich jedoch faktisch zu Lasten von Personen anderer Mitgliedstaaten auswirkt, also typischerweise oder überwiegend Ausländer gegenüber Inländern benachteiligt.[465] Wichtig ist nur, ob eine objektive Diskriminierung aufgrund von direkt oder indirekt an die Staatsangehörigkeit anknüpfenden Beschränkungen oder Behinderungen tatsächlich vorliegt.[466]

---

463 Vgl. hierzu Abschnitt 4.1.2.4 dieser Arbeit „Der Europäische Gerichtshof". Vgl. auch Kokott, Juliane: Die Bedeutung der europarechtlichen Diskriminierungsverbote und Grundfreiheiten für das Steuerrecht der EU-Mitgliedstaaten, in: Lehner Moris: Grundfreiheiten im Steuerrecht der EU-Staaten, München 2000, S. 1-24, hier: S. 13.

464 Vgl. hierzu Abschnitt 4.2.3 „Die Diskriminierungsverbote des Vertrags zur Gründung der Europäischen Gemeinschaft und deren Auslegung durch den Europäischen Gerichtshof".

465 Vgl. EuGH vom 12.02.1974, Rs. C-152/73 (Sotgiu); EuGH vom 16.02.1978, Rs. C-61/77 (Kommission ./. Irland); EuGH vom 29.10.1980, Rs. C-22/80 (Boussac); EuGH vom 13.07.1993, Rs. C-330/91 (Commerzbank); EuGH vom 12.04.1994, Rs. C-1/93 (Halliburton). Vgl. auch Eckhoff, Rolf: Diskriminierung im Bereich der Besteuerung des Einkommens und des Vermögens, in: Birk, Dieter: Handbuch des Europäischen Steuer- und Abgabenrechts, Herne/Berlin 1995, S. 461-499, hier: S. 490-491; Bogdandy, Armin von: Artikel 12 EGV, in: Grabitz, Eberhard/Hilf, Meinhard: Das Recht der Europäischen Union (Loseblattausg.), München 2001, Rz. 12.

466 Unmittelbare Diskriminierungen unterliegen nach herrschender Meinung einem absoluten, mittelbare Diskriminierungen aus Gründen der Staatsangehörigkeit hingegen einem relativen Verbot. Über diesen Sachverhalt herrscht jedoch in der Literatur keineswegs Einigkeit, wobei diese Auffassung unter anderem von Weiser, Benedikt: Rechtsprechung und Rechtssetzung auf dem Gebiet der direkten Besteuerung in der Europäischen Union: Freistellung oder Anrechnung, Diss. Bremen 1998, Frankfurt am Main u.a. 1998, S. 87-91, und Arnull, Anthony: The General Prinziples of EEC Law and the Individual, Leicester 1990, S. 174, geteilt wird. Anderer Ansicht ist zumindest bezüglich der mittelbaren Diskriminierung unter anderem Bogdandy, Armin von: Artikel 12 EGV, in: Grabitz,

4.2.3.1.3 Die Inländerdiskriminierung und die Interpretation der speziellen Grundfreiheiten als Beschränkungsverbote

Die Frage der sogenannten umgekehrten Diskriminierung, also die Diskriminierung von Inländern gegenüber Angehörigen anderer Mitgliedstaaten, ist bislang noch nicht abschließend geregelt. Nach einer verbreiteten Auffassung fällt eine Schlechterstellung eigener Bürger durch einen Mitgliedstaat gegenüber Personen anderer Mitgliedstaaten nicht in den Anwendungsbereich der gemeinschaftsrechtlichen Diskriminierungsverbote.[467] Insbesondere im Rahmen der in

---

Eberhard/Hilf, Meinhard: Das Recht der Europäischen Union (Loseblattausg.), München 2001, Rz. 25. Meines Erachtens ist insbesondere unter Beachtung der Rechtsprechung des Europäischen Gerichtshofes der Ansicht von von Bogdandy zu folgen.

467 Vgl. Lenz, Carl-Otto: EG-Vertrag, Kommentar zu dem Vertrag zur Gründung der Europäischen Gemeinschaften, in der durch den Amsterdamer Vertrag geänderten Fassung, 2. Aufl., Köln 1999, Artikel 12, Rz. 3; Oppermann, Thomas: Europarecht, München 1991, S. 574, Rz. 1487; Beutler, Bengt/Bieber, Roland/Pipkorn, Jörn/Streil, Jochen: Die Europäische Union, 4. Aufl., Baden-Baden 1993, S. 319; Behrens, Peter: Die Konvergenz der wirtschaftlichen Freiheiten im europäischen Gemeinschaftsrecht, in: EuR 1992, 27. Jg., S. 145-162, hier: S. 160-161; Vogel, Klaus: Harmonisierung des Internationalen Steuerrechts in Europa als Alternative zur Harmonisierung des (materiellen) Körperschaftsteuerrechts, in: StuW 1993, 70. Jg., S. 380-388, hier: S. 385.

Eine Abgrenzung von gemeinschaftsrechtlichen Belangen und außerhalb der Zuständigkeit des Europäischen Gerichtshofes liegenden rein nationalen Sachverhalten ist mitunter problematisch. Dieses wird deutlich am Fall Werner, wenn man bedenkt, dass der Europäische Gerichtshof beispielsweise keinen Verstoß gegen die in Artikel 43 EGV verankerte Niederlassungsfreiheit sah, als ein Mitgliedstaat dem Staatsangehörigen dieses Mitgliedstaats Werner, der ausschließlich oder fast ausschließlich dort seine Einkünfte erzielt oder sein Vermögen besitzt, dann, wenn er nicht im Inland wohnt, eine höhere Steuerbelastung auferlegt, als wenn er dort wohnen würde. Vgl. EuGH vom 26.01.1993, Rs. C-112/91 (Werner). Im folgenden wird wie auch hier auf Urteile Bezug genommen, die sich auf die speziellen Freiheitsrechte beziehen. Sie zeigen jedoch die große Relevanz der Staatsangehörigkeit zur Beurteilung des Sachverhalts.

Der Kläger Werner wurde in diesem Fall aufgrund seiner Staatsangehörigkeit daran gehindert, sich auf die Niederlassungsfreiheit zu berufen, wodurch zwar aus multinationalem Blickwinkel eine Ungleichbehandlung gegenüber einem Staatsangehörigen eines anderen Mitgliedstaats entsteht, der sich auf die Niederlassungsfreiheit hätte berufen können. Dies kann jedoch aufgrund des sich auf die Staatsangehörigkeit beziehenden gemeinschaftlichen Diskriminierungsverbots keinem Staat angelastet werden. Im Gegensatz dazu wurde bei einer vergleichbaren Konstellation eine nationale Regelung als dem Artikel 39 EGV entgegenstehend angesehen, als der Staatsangehörige eines Mitgliedstaates Biehl von einem anderen Mitgliedstaat aufgrund seiner nur während eines Teils des Jahres gegebenen Anwesenheit in diesem anderen Mitgliedstaat einer höheren Besteuerung unterlag, als wenn er sich während des ganzen Jahres dort aufgehalten hätte. Vgl. EuGH vom 08.05.1990, Rs. C-175/88 (Biehl).

den Artikeln 23 bis 31 EGV verankerten Warenverkehrsfreiheit wird eine Schlechterstellung nationaler Produzenten gegenüber in anderen Mitgliedstaaten ansässigen Herstellern durch den Europäischen Gerichtshof toleriert.[468]

Andere Meinungen beziehen hingegen auch Inländer in den Kreis der Berechtigten des Diskriminierungsverbotes mit ein, soweit der Anwendungsbereich des Vertrages zur Gründung der Europäischen Gemeinschaft betroffen sei.[469] So wurde dem in den Niederlanden selbständig Tätigen, dort jedoch nicht wohnenden, niederländischen Staatsangehörigen Asscher zugestanden, sich auf die Bestimmungen des Artikels 43 EGV, also die Niederlassungsfreiheit, zu berufen.[470] Begründet wurde dies jedoch mit der besonderen Lage des Herrn Asscher, der in seinem Wohnsitzstaat eine andere selbständige Erwerbstätigkeit ausübt. Er befindet sich aufgrund der Ausübung einer wirtschaftlichen Tätigkeit in einem anderen Mitgliedstaat als seinem Herkunftsland in einer Lage, die mit derjenigen anderer Personen vergleichbar ist, die sich auf die durch den Vertrag zur Gründung der Europäischen Gemeinschaft garantierten Rechte und Freiheiten berufen können.[471] Die durch den Europäischen Gerichtshof zu beurteilende

---

Das im Fall Werner getroffene Urteil wurde später durch die Rechtsprechung des Europäischen Gerichtshofs insofern erweitert, als dass die Möglichkeit der Anwendung der Freiheitsrechte, hier das der Freizügigkeit der Arbeitskräfte gemäß Artikel 39 EGV, abgelehnt wurde. Bei einer ähnlichen Konstellation wurde den Eheleuten Gschwind die Inanspruchnahme von Vergünstigungen gewährt, die sonst nur aufgrund ihres Wohnsitzes oder gewöhnlichen Aufenthalts unbeschränkt Steuerpflichtigen zugestanden wird; diese Inanspruchnahme wurde jedoch von der Erfüllung der Kriterien des § 1 Abs. 3 EStG, also der Möglichkeit der Inanspruchnahme der erweiterten unbeschränkten Steuerpflicht, abhängig gemacht. Wiederum wurde Personen aufgrund deren Staatsangehörigkeit das Recht zur Berufung auf die gemeinschaftlichen Diskriminierungsverbote verwehrt. Vgl. EuGH vom 14.09.1999, Rs. C-391/97 (Gschwind).

468 Vgl. EuGH vom 20.02.1979, Rs. C-120/78 (Cassis de Dijon); Abschnitt 4.2.3.1.4 „Rechtsfertigungsmöglichkeiten für Ungleichbehandlungen"; Abschnitt 4.2.3.2 „Der freie Warenverkehr".

469 Vgl. Eckhoff, Rolf: Diskriminierung im Bereich der Besteuerung des Einkommens und des Vermögens, in: Birk, Dieter: Handbuch des Europäischen Steuer- und Abgabenrechts, Herne/Berlin 1995, S. 461-499, hier: S. 485.

470 Vgl. EuGH vom 27.06.1996, Rs. C-107/94 (Asscher).

471 Vgl. EuGH vom 27.06.1996, Rs. C-107/94 (Asscher). Die Rechtssache Asscher hat hinsichtlich der beschränkten Steuerpflicht in Deutschland zur Hinterfragung des Mindeststeuersatzes in § 50 Abs. 3 S. 2 EStG geführt. Vgl. BFH: Beschluss vom 05.02.2001, Az. I B 140/00, in: BStBl. II 2001, S. 702; Lüdicke, Jürgen: BFH: Entscheidungen: Mindeststeuersatz für beschränkt Steuerpflichtige gemeinschaftsrechtlich bedenklich, in: IStR 2001, 10. Jg., S. 285-286; FG Düsseldorf: Beschluss vom 18.08.2000, Az. 17 V 2163/00 A (E), in: EFG 2001, 49. Jg., S. 26; FG Düsseldorf: Beschluss vom 12.10.1999, Az. 17 V 4982/99 A (E), in: EFG 2000, 48. Jg., S. 70-72; Froesch, Thomas: Zur EU-

Zulässigkeit der Inländerdiskriminierung ist somit von der genauen Ausgestaltung des vorliegenden Sachverhalts abhängig.[472] Grundsätzlich hat jedoch der Europäische Gerichtshof entschieden, dass die umgekehrte Diskriminierung notwendigerweise zumindest im Rahmen der Dienstleistungs- und Niederlassungsfreiheit Anwendung findet, um diese nicht ihres Sinnes zu berauben.[473]

Ungeachtet der Diskussion um die Inländerdiskriminierung stellen die Grundfreiheiten des Vertrags zur Gründung der Europäischen Gemeinschaft, anders als das allgemeine Diskriminierungsverbot des Artikel 12 EGV, kein reines Diskriminierungsverbot dar, sondern haben durch die Rechtsprechung des Europäischen Gerichtshofes eine erweiterte Interpretation als Beschränkungsverbote erfahren.[474] Diese Eigenschaft beinhaltet, dass ein Mitgliedstaat seinen eigenen Staatsangehörigen eine grenzüberschreitende wirtschaftliche Betätigung nicht durch unverhältnismäßige Beschränkungen oder Behinderungen erschweren oder verwehren darf.[475] Dieser Interpretation wird auch bei der Beurteilung steuerlicher Sachverhalte durch die Rechtsprechung des Europäischen Gerichtshofes gefolgt.[476] Demnach haben die Staatsangehörigen der Mitgliedstaaten beispielsweise das Recht, ungehindert ihr Herkunftsland zu verlassen, um sich in einem anderen Mitgliedstaat niederzulassen und dort eine wirtschaftliche

---

Widrigkeit des Mindeststeuersatzes nach § 50 Abs. 3 S. 2 EStG – zugleich Besprechung der Beschlüsse des FG Düsseldorf vom 12.10.1999 und vom 18.08.2000, in: IStR 2001, 10. Jg., S. 51-53; FG Düsseldorf: Urteil vom 25.04.2002, Az. 11 K 5753/99 E, in: IStR 2002, 11.Jg., S. 462-463.

472 Vgl. die Schlussfolgerung des EuGH vom 27.06.1996, Rs. C-107/94, Rz. 123, Nr. 2 (Asscher).

473 Vgl. EuGH vom 27.09.1988, Rs. 81/87 (Daily Mail).

474 Vgl Bogdandy, Armin von: Artikel 12 EGV, in: Grabitz, Eberhard/Hilf, Meinhard: Das Recht der Europäischen Union (Loseblattausg.), München 2001, Rz. 20-21. Das Beschränkungsverbot ist jedoch nicht zu verwechseln mit der umgekehrten Diskriminierung, da das Beschränkungsverbot sich lediglich spezifisch auf unverhältnismäßige Beschränkungen oder Behinderungen grenzüberschreitender wirtschaftlicher Betätigung bezieht und streng genommen nur neutral formulierte Maßnahmen erfasst, die sich überdies auch faktisch neutral auf Inländer und Staatsangehörige anderer Mitgliedstaaten auswirken. Vgl. hierzu Kokott, Juliane: Die Bedeutung der europarechtlichen Diskriminierungsverbote und Grundfreiheiten für das Steuerrecht der EU-Mitgliedstaaten, in: Lehner Moris: Grundfreiheiten im Steuerrecht der EU-Staaten, München 2000, S. 1-24, hier: S. 18. Vgl. auch EuGH vom 26.01.1993, Rs. C-112/91 (Werner); EuGH vom 14.09.1999, Rs. C-391/97 (Gschwind); EuGH vom 27.06.1996, Rs. C-107/94 (Asscher).

475 Vgl. Kokott, Juliane: Die Bedeutung der europarechtlichen Diskriminierungsverbote und Grundfreiheiten für das Steuerrecht der EU-Mitgliedstaaten, in: Lehner Moris: Grundfreiheiten im Steuerrecht der EU-Staaten, München 2000, S. 1-24, hier: S. 17.

476 Vgl. beispielsweise EuGH vom 15.12.1995, Rs. C-415/93 (Bosman).

Tätigkeit auszuüben.[477] Das Beschränkungsverbot verhindert somit die Diskriminierung von Inländern in einer Vielzahl von Sachverhalten.

Fraglich ist zumindest innerhalb des deutschen Rechtskreises bislang, ob die verbleibenden Fälle der Inländerdiskriminierung durch den Gleichheitsgrundsatz des Artikel 3 GG[478] erfasst und dadurch verhindert werden. Während dies beispielsweise vom österreichischen Verfassungsgerichtshof für das dortige Recht befürwortet wurde, besteht in der deutschen Literatur Uneinigkeit, da häufig argumentiert wird, dass es sich bei europäischem und nationalem Recht um verschiedene Rechtskreise handle und das nationale Verfassungsrecht daher im Falle der Inländerdiskriminierung nicht anzuwenden sei.[479] Ein klärendes Urteil ist bislang nicht ergangen.

4.2.3.1.4 Rechtfertigungsmöglichkeiten für Ungleichbehandlungen

Grundsätzlich wird zwar jede unverhältnismäßige Beschränkung grenzüberschreitender wirtschaftlicher Betätigungen durch die Interpretation der Freiheitsrechte als Diskriminierungs- und Beschränkungsverbote erfasst. Obwohl die den Grundfreiheiten zugrundeliegenden Vertragsbestandteile zunächst analog zum allgemeinen Diskriminierungsverbot keine Rechtfertigungsmöglichkeit für Ungleichbehandlungen[480] erkennen lassen, spricht der Europäische Gerichtshof

---

[477] Vgl. beispielsweise EuGH vom 15.12.1995, Rs. C-415/93 (Bosman).

[478] Vgl. Grundgesetz für die Bundesrepublik Deutschland, vom 23. Mai 1949, veröffentlicht in: BGBl. 1949, S. 1, in: Wirtschaftsgesetze, München Stand 15.03.2002.

[479] Vgl. Huber-Wilhelm, Claus/Plank, Leo: Verfassungswidrigkeit der Inländerdiskriminierung – Anmerkungen zum Urteil des öVfGH vom 09.12.2000 G 42/99 u.a., in: http://www.huber-wilhelm.de/ inlaender.html; http://www.parlinkom.gv.at/ pd/ pm/ BR/ BRSP/ BRSP_653/653_091.html; http://www.parlinkom.gv.at/ pd/ pm/ XX/A/ texte/008/ A00851_.html; http://www.arcs.ac.at/DissDB/diss/UI/RE/trn100037; http://www.oe-journal.at/Kurznachrichten/nr190799.htm; http://www.bmwa.gv.at/ org02/seki/seki/215a/ baupr-rl.doc; http://europa.eu.int/ comm/ dg10/ publications/ brochures/ docu/ abc/ txt_de.pdf; EuGH vom 10.02.2000, Rs. C-50/96 (Dt. Telekom ./. Schröder); http://www.wb-recht.de/ tips.htm; http://www.fu-berlin.de/jura/fachbereic...en/heintzen/ ws2000/oer2/2001-02-15.html; Ekey, Friedrich L.: Vom flüchtigen zum aufmerksamen Verbraucher – Europäischer Gerichtshof prägt ein neues Leitbild im Wettbewerbsrecht, in: http://www.ekey.de/ artikel_faz_01.shtml; http://www.mpiv-hd.mpg.de/ en/ rspr95/ rspr-95_45.cfm.

[480] Die hier angesprochenen Ungleichbehandlungen erfassen sowohl Diskriminierungen als auch Beschränkungen, also den gesamten Gültigkeitsbereich der gemeinschaftsrechtlichen Grundfreiheiten.

jedoch wiederholt von Rechtfertigungen der Diskriminierungen.[481] Folglich scheinen gemäß der Interpretation des Europäischen Gerichtshofes Rechtfertigungsmöglichkeiten durch Vorliegen eines legitimen Zweckes zu bestehen. Vorraussetzung für eine Rechtfertigung ist, dass die Beschränkungen für alle betroffenen Wirtschaftsteilnehmer gelten, die ihre Tätigkeit im Inland ausüben, und gleiche Tätigkeiten, beispielsweise den Absatz von Erzeugnissen, in der gleichen Weise berühren.[482] Eine Rechtfertigung kann auch nur erfolgen, soweit der Eingriff geeignet, erforderlich und verhältnismäßig im engeren Sinne ist.[483] Somit werden Verzerrungen und unterschiedliche Behandlungen, die sich aus den Unterschieden zwischen den Rechtsordnungen der einzelnen Mitgliedstaaten ergeben, nicht zwangsläufig von den jeweiligen Freiheitsrechten erfasst. Die nationalen Regelungen bedürfen jedoch einer gewissen Rechtfertigung, da sie ansonsten eine unverhältnismäßige Einschränkung darstellen. Insbesondere Ordre-public-Vorbehalte können zu der Rechtfertigung einer Ungleichbehandlung führen.

Dabei lassen sich unter Ordre-public-Vorbehalten die im Vertrag zur Gründung der Europäischen Gemeinschaft verankerten Einschränkungen der Grundfreiheiten zusammenfassen.[484] Im Rahmen der Warenverkehrsfreiheit erstrecken sich die im Vertrag zur Gründung der Europäischen Gemeinschaft verankerten

---

481 Vgl. EuGH vom 28.01.1992, Rs. C-204/90 (Bachmann). Vgl. auch Weiser, Benedikt: Rechtsprechung und Rechtssetzung auf dem Gebiet der direkten Besteuerung in der Europäischen Union: Freistellung oder Anrechnung, Diss. Bremen 1998, Frankfurt am Main u.a. 1998, S. 111; Kokott, Juliane: Die Bedeutung der europarechtlichen Diskriminierungsverbote und Grundfreiheiten für das Steuerrecht der EU-Mitgliedstaaten, in: Lehner Moris: Grundfreiheiten im Steuerrecht der EU-Staaten, München 2000, S. 1-24, hier: S. 20.

482 Zu den Grenzen des Beschränkungsverbotes vgl. beispielsweise EuGH vom 20.05.1992, Rs. C-106/91 (Ramrath); EuGH vom 24.11.1993, verb. Rs. C-267/91 und C-268/91 (Keck und Mithouard).

483 Vgl. EuGH vom 12.07.1984, Rs. 107/83 (Klopp); EuGH vom 06.06.1996, Rs. C-101/94 (Kommission ./. Italien); EuGH vom 29.10.1998, Rs. C-114/97 (Kommission ./. Spanien).

484 Nationale Regulierungsvorschriften in Form sogenannter immanenter Schranken können Ausdruck der im Vertrag zur Gründung der Europäischen Gemeinschaft vorgesehenen Ordre-public-Vorschriften sein, unter Umständen jedoch auch darüber hinausgehen. Die immanenten Schranken sieht der Europäische Gerichtshof jedoch folgerichtig nur innerhalb der durch die Ordre-public-Vorschriften aufgezeigten Grenzen als Rechtfertigungsgrund und erkennt nicht jede nationale Regelung aus einem bislang unzureichend harmonisierten Rechtsbereich als Ausnahmetatbestand der Grundfreiheiten an. Vgl. Kokott, Juliane: Die Bedeutung der europarechtlichen Diskriminierungsverbote und Grundfreiheiten für das Steuerrecht der EU-Mitgliedstaaten, in: Lehner Moris: Grundfreiheiten im Steuerrecht der EU-Staaten, München 2000, S. 1-24, hier: S. 20-21.

Rechtfertigungsmöglichkeiten gemäß Artikel 30 EGV auf Gründe der öffentlichen Sittlichkeit, Ordnung und Sicherheit, zum Schutze der Gesundheit und des Lebens von Menschen, Tieren oder Pflanzen, des nationalen Kulturguts von künstlerischem, geschichtlichem oder archäologischem Wert oder des gewerblichen oder kommerziellen Eigentums. Die Freizügigkeit der Arbeitnehmer gilt gemäß Artikel 39 Abs. 3 EGV vorbehaltlich der aus Gründen der öffentlichen Ordnung, Sicherheit und Gesundheit gerechtfertigten Beschränkungen.[485] Die gemäß Artikel 55 EGV sowohl für die Niederlassungs- als auch für die Dienstleistungsfreiheit geltenden Regelungen des Artikel 46 Abs. 1 EGV sehen vor, dass die Anwendbarkeit der Rechts- und Verwaltungsvorschriften nicht durch diese Grundfreiheiten beeinflusst wird, auch wenn sie eine Sonderregelung für Ausländer vorsehen, aber aus Gründen der öffentlichen Ordnung, Sicherheit oder Gesundheit gerechtfertigt sind. Auch betont der Vertrag zur Gründung der Europäischen Gemeinschaft im Rahmen der Behandlung des Kapital- und Zahlungsverkehrs, dass dieses Verbot nicht das Recht der Mitgliedstaaten berührt, die einschlägigen Vorschriften ihres Steuerrechts anzuwenden, durch die Steuerpflichtige mit unterschiedlichem Wohnort oder Kapitalanlageort unterschiedlich behandelt werden.[486] Ebenso dürfen die Mitgliedstaaten weiterhin unerlässliche Maßnahmen treffen, um Zuwiderhandlungen gegen innerstaatliche Rechts- und Verwaltungsvorschriften zu verhindern, sowie Maßnahmen ergreifen, die aus Gründen der öffentlichen Ordnung oder Sicherheit gerechtfertigt sind.[487] Eingeschränkt werden diese Rechte der Mitgliedstaaten jedoch, indem diese Maßnahmen oder Verfahren weder ein Mittel zur willkürlichen Diskriminierung, noch eine verschleierte Beschränkung des freien Kapital- und Zahlungsverkehrs darstellen dürfen.[488]

Außerdem ist ähnlich wie im deutschen Verfassungsrecht der Verhältnismäßigkeitsgrundsatz zu wahren.[489] Die Diskriminierungsverbote umfassen jede Diskriminierung aus Gründen der Staatsangehörigkeit, die sich in einem quantifizierbaren Schaden, der Gefahr einer finanziellen Einbuße, erheblichen Zeitverlusten oder Maßnahmen, die die Würde des einzelnen beeinträchtigen, darstellen können.[490] Der durch die Diskriminierung entstehende Nachteil muss aber ein

---

485 Vgl. beispielsweise EuGH vom 28.01.1992, Rs. C-204/90 (Bachmann).

486 Vgl. Artikel 58 Abs. 1 Bst. a) EGV.

487 Vgl. Artikel 58 Abs. 1 Bst. b) EGV.

488 Vgl. Artikel 58 Abs. 3 EGV.

489 Vgl. Sedemund, Jan: Die Bedeutung des Prinzips der steuerlichen Kohärenz als Rechtfertigungsaspekt für Eingriffe in die Grundfreiheiten des EG-Vertrages, in: IStR 2001, 10. Jg., S. 190–192, hier: S. 190-191.

490 Vgl. Bogdandy, Armin von: Artikel 12 EGV, in: Grabitz, Eberhard/Hilf, Meinhard: Das Recht der Europäischen Union (Loseblattausg.), München 2001, Rz. 9.

gewisses Minimum überschreiten, um durch das Diskriminierungsverbot erfasst zu werden.[491]

Das hier zugrundegelegte Bestimmungslandprinzip wurde durch die Rechtsprechung des Europäischen Gerichtshofes erstmalig im Fall „Cassis de Dijon" verworfen.[492] Der Import dieses Likörs nach Deutschland wurde zunächst mit der Begründung untersagt, der niedrige und unter dem nach deutschen Vorschriften für Mindestalkoholgehalt liegende Alkoholgehalt des Likörs würde durch den resultierenden Mehrgenuss durch die Konsumenten die öffentliche Gesundheit gefährden.[493] Der Europäische Gerichtshof erkannte jedoch in diesem Fall die Argumentation mit Gesundheits- und Verbraucherschutzgründen nicht an.[494] Eine Vorrangigkeit nationaler Regulierungen sei nur gegeben, wenn der betreffende Rechtsbereich noch nicht ausreichend harmonisiert ist, die Vorschriften unterschiedslos gelten und diese notwendig sind, um zwingenden Erfordernissen, insbesondere den Erfordernissen einer wirksamen steuerlichen Kontrolle, des Schutzes der öffentlichen Gesundheit, der Lauterbarkeit des Handelsverkehrs und des Verbraucherschutzes gerecht wird und der Verhältnismäßigkeitsgrundsatz gewahrt bleibt.[495] Folglich betont der Europäische Gerichtshof durch diese Rechtsprechung das Ursprungslandprinzip, soweit diesem keine Ordre-public-Vorbehalte entgegenstehen.[496]

---

491 Vgl. EuGH vom 29.10.1980, Rs. C-22/80 (Boussac); Bogdandy, Armin von: Artikel 12 EGV, in: Grabitz, Eberhard/Hilf, Meinhard: Das Recht der Europäischen Union (Loseblattausg.), München 2001, Rz. 9.

492 Vgl. EuGH vom 20.02.1979, Rs. C-120/78 (Cassis de Dijon).

493 Vgl. EuGH vom 20.02.1979, Rs. C-120/78 (Cassis de Dijon).

494 Vgl. EuGH vom 20.02.1979, Rs. C-120/78 (Cassis de Dijon).

495 Vgl. EuGH vom 20.02.1979, Rs. C-120/78 (Cassis de Dijon); Kokott, Juliane: Die Bedeutung der europarechtlichen Diskriminierungsverbote und Grundfreiheiten für das Steuerrecht der EU-Mitgliedstaaten, in: Lehner Moris: Grundfreiheiten im Steuerrecht der EU-Staaten, München 2000, S. 1-24, hier: S. 21.

496 Mit dieser Rechtsprechung belegt der Europäische Gerichtshof nicht nur den Übergang vom Bestimmungsland- zum Urprungslandprinzip, sondern eröffnet damit auch einen möglicherweise resultierenden Regulierungs- bzw. Systemwettbewerb zwischen den Mitgliedstaaten, da Wirtschaftssubjekte die weitreichendere Möglichkeit bekommen, bei ihrer Standortwahl zwischen verschiedenen institutionellen Systemen zu wählen. Auf diese Problematik soll jedoch nicht weiter eingegangen werden, da vorwiegend eine Harmonisierung der direkten Unternehmensbesteuerung und nicht eine Angleichung anderer Regulierungen Gegenstand dieser Arbeit ist. Vgl. hierzu jedoch Streit, Manfred E./Mussler, Werner: Wettbewerb der Systeme und das Binnenmarktprogramm der Europäischen Union, in: Gerken, Lüder: Europa zwischen Ordnungswettbewerb und Harmonisierung: europäische Ordnungspolitik im Zeichen der Subsidiarität, Berlin u. a. 1995, S. 75-107.

Ebenso wurde im Fall Bellamy eine belgische Regelung, die das Inverkehrbringen von Brot und anderen Bäckereierzeugnissen verbietet, deren Salzgehalt 2 % übersteigt, als nicht mit dem Gemeinschaftsrecht vereinbar erklärt, da sie geeignet ist, den Handelsverkehr zwischen Mitgliedstaaten zu behindern und nicht gemäß Artikel 30 EGV durch den Schutz der öffentlichen Gesundheit gerechtfertigt ist.[497] Die Anwendung einer Vorschrift muss sich durch einen im Allgemeininteresse liegenden Zweck rechtfertigen lassen, der den Erfordernissen der Grundfreiheiten vorgeht, in diesem Fall des freien Warenverkehrs.[498]

Der Beeinflussung innerstaatlicher Rechtsordnungen durch den Europäischen Gerichtshof sind somit Grenzen gesetzt, da die Grundfreiheiten nicht jede unverhältnismäßige Beschränkung wirtschaftlicher Betätigung erfassen, sondern nur solche, die grenzüberschreitende Betätigungen betreffen. Die nationalen Regulierungen können folglich aufrechterhalten werden und dürfen nur nicht mehr auf Staatsangehörige oder Güter aus anderen Mitgliedstaaten angewendet werden. Vor diesem Hintergrund ist eine Inländerdiskriminierung zu erkennen, da Inländer oder inländische Produkte aufgrund ihrer Staatsangehörigkeit bzw. Herkunft strengeren Regulierungen unterliegen als ausländische Konkurrenten innerhalb des gemeinsamen Marktes. Trotzdem ist ein genereller Eingriff der Europäischen Union in nationale Regulierungen nur im Rahmen der beschriebenen Kompetenzzuweisung möglich, zumal die Inländer bzw. inländischen Produzenten einer tatsächlichen Benachteiligung unterliegen müssten, die nicht beispielsweise durch eine aus den nationalen Vorschriften resultierende höhere Qualitätsvermutung ausgeglichen würde.

4.2.3.2 Der freie Warenverkehr

Die Regelungen des Vertrages zur Gründung der Europäischen Gemeinschaft, die sich auf die den gesamten Warenaustausch betreffende Warenverkehrsfreiheit beziehen, lassen sich unterteilen in Normen bezüglich der Zollunion und solche, die mengenmäßige Beschränkungen zwischen den Mitgliedstaaten umfassen. Dabei ist vor dem Hintergrund einer Harmonisierung der direkten Besteuerung vorwiegend interessant, ob von den Regelungen der Artikel 23 bis 31 EGV Implikationen hinsichtlich der Besteuerung abzuleiten sind.

Das in Artikel 23 Abs. 1 EGV und Artikel 25 EGV enthaltene Verbot, Abgaben mit Wirkungen, die denen von Ein- und Ausfuhrzöllen gleichen, zu erheben,

---

497 Vgl. EuGH vom 05.04.2001, Rs. C-123/00 (Bellamy).

498 Vgl. beispielsweise EuGH vom 12.03.1974, Rs. C-41/74 (van Duyn); EuGH vom 20.02.1979, Rs. C-120/78 (Cassis de Dijon); EuGH vom 09.02.1999, Rs. C-383/97 (Van der Laan); EuGH vom 05.04.2001, Rs. C-123/00 (Bellamy).

umfasst grundsätzlich auch steuerliche Maßnahmen mit zollgleicher Wirkung. Ein Beibehalt oder eine Einführung solcher steuerlicher Regelungen im nationalen Recht würde den Bestimmungen des Gemeinschaftsrechts entgegenstehen. Nationale Bestimmungen, die bestimmte Verkaufsmodalitäten beschränken oder verbieten, fallen gemäß der Rechtsprechung des Europäischen Gerichtshofes aber nicht zwangsläufig in den Anwendungsbereich der Warenverkehrsfreiheit. Diese greift nicht, wenn die Maßnahmen nicht geeignet sind, den innergemeinschaftlichen Handel zu behindern, für alle betroffenen Wirtschaftsteilnehmer gleichermaßen Gültigkeit besitzen und den Marktzugang für Erzeugnisse aus einem anderen Mitgliedstaat nicht versperren oder stärker behindern, als sie dies für inländische Erzeugnisse tun.[499] Beispiele derartiger Diskriminierungen sind jedoch eher im Bereich der indirekten Besteuerung zu finden, so dass aus dem Verbot, Abgaben mit einer den Zöllen gleichzusetzenden Wirkung zu erheben, keine Auswirkungen auf die direkte Unternehmensbesteuerung in den Mitgliedstaaten ersichtlich sind.

4.2.3.3 Die Landwirtschaft

Obwohl die sich auf die Landwirtschaft beziehenden Regelungen der Artikel 32 bis 38 EGV zunächst keine Implikationen auf eine Harmonisierung der direkten Besteuerung vermuten lassen, ist die gemeinsame Organisation der Agrarmärkte[500] zur Erreichung der in Artikel 33 EGV verankerten Ziele dazu befugt, erforderliche Maßnahmen zu ergreifen.[501] Diese können gemäß Artikel 34 Abs. 2 EGV Preisregelungen und Beihilfen für die Erzeugung und Verteilung der verschiedenen Erzeugnisse umfassen, wobei eine Gewährung von Beihilfen auch im Rahmen der direkten Besteuerung möglich ist.[502] Diese Beihilfen stellen vorwiegend aus Gründen der Verhaltenslenkung gezielt einzusetzende Instrumente dar.

Artikel 34 Abs. 2 EGV schreibt dabei eine Beschränkung auf die Verfolgung der vorgeschriebenen Ziele vor und untersagt jede Diskriminierung zwischen Erzeugern oder Verbrauchern innerhalb der Gemeinschaft. Somit müssen die

---

499 Vgl. beispielsweise EuGH vom 05.04.2001, Rs. C-123/00 (Bellamy). Vgl. zur Verdeutlichung der Grenzen des in Abschnitt 4.2.3.1.3 „Die Inländerdiskriminierung und die Interpretation der speziellen Grundfreiheiten als Beschränkungsverbote" verdeutlichten Beschränkungsverbotscharakters bei der Warenverkehrsfreiheit EuGH vom 24.11.1993, verb. Rs. C-267/91 und C-268/91 (Keck und Mithouard).

500 Vgl. Artikel 34 Abs. 1 EGV.

501 Vgl. Artikel 34 Abs. 2 EGV.

502 Vgl. Abschnitt 4.2.1 „Erörterung der durch eine mögliche Rechtsangleichung betroffenen Bereiche".

gezielt eingesetzten und auch im steuerlichen Bereich denkbaren Instrumente in den Mitgliedstaaten in einer Weise zum Einsatz kommen, die keine Diskriminierung, beispielsweise in Form unerwünschter Preisverzerrungen, hervorruft. Eine Implikation auf die Besteuerung ist insoweit ersichtlich, als dass bei gleicher Zielsetzung in mehreren Mitgliedstaaten der Einsatz eines (steuerlichen) Instruments weitgehend einheitlich zu erfolgen hat, um keine Diskriminierungen hervorzurufen.

4.2.3.4 Die Freizügigkeit der Arbeitnehmer

Die in den Artikeln 39 bis 42 EGV verankerte Freizügigkeit der Arbeitnehmer umfasst die Abschaffung jeder auf der Staatsangehörigkeit beruhenden unterschiedlichen Behandlung der Arbeitnehmer der Mitgliedstaaten in Bezug auf Beschäftigung, Entlohnung und sonstige Arbeitsbedingungen. Sie sichert folglich für nichtselbständig Beschäftigte die Behandlung nach den im Aufnahmestaat geltenden Bedingungen, ohne dabei eine innerhalb der Europäischen Union durchgängig einheitliche Behandlung zu fordern. Dies ergibt sich auch insbesondere aus Artikel 39 Abs. 3 Bst. c) EGV, der den Arbeitnehmern das Recht zuweist, sich in einem Mitgliedstaat aufzuhalten, um dort nach den für die Arbeitnehmer dieses Staates geltenden Rechts- und Verwaltungsvorschriften eine Beschäftigung auszuüben. Da die vorherrschenden Bedingungen, bzw. die Rechts- und Verwaltungsvorschriften, die Anwendung der nationalen Besteuerungsnormen einschließen, dürfen die nationalen steuerlichen Regelungen keinerlei Diskriminierung aufgrund der Staatsangehörigkeit vornehmen, die die Freizügigkeit der Arbeitnehmer behindern könnte.

Die Interpretation der Freizügigkeit der Arbeitnehmer als Diskriminierungsverbot ist auch aus der Rechtsprechung des Europäischen Gerichtshofes ersichtlich.[503] So hat dieser im Fall des belgischen Staatsangehörigen Schumacker, der auch in Belgien wohnt, in Deutschland aber eine nichtselbständige Beschäftigung ausübt, Artikel 39 EGV dahingehend ausgelegt, dass dieser der Anwendung deutscher Rechtsvorschriften entgegensteht. Die nationalen Regelungen führten für im Ausland ansässige, aber im Inland beschäftigte Arbeitnehmer zu einer höheren Besteuerung als für im Inland ansässige Arbeitnehmer, die dort die gleiche Beschäftigung ausüben. Der im Ausland ansässige Arbeitnehmer erzielt dort keine ausreichenden Einkünfte, um dort einer Besteuerung unterworfen zu werden, bei der seine persönliche Lage und sein Familienstand berück-

---

503 Vgl. beispielsweise EuGH vom 08.05.1990, Rs. C-175/88 (Biehl); EuGH vom 28.01.1992, Rs. C-300/90 (Kommission ./. Belgien); EuGH vom 28.01.1992, Rs. C-204/90 (Bachmann); EuGH vom 14.02.1995, Rs. C-279/93 (Schumacker); EuGH vom 26.10.1995, Rs. C-151/94 (Biehl II); EuGH vom 16.05.2000, Rs. C-87/99 (Zurstrassen).

sichtigt werden.[504] Dieses wegweisende Urteil hatte in Deutschland die Einführung der unbeschränkten Steuerpflicht auf Antrag zur Folge, demnach alle natürlichen Personen, die in Deutschland beschränkt steuerpflichtig sind, auf Antrag wie unbeschränkt Steuerpflichtige behandelt werden, wenn sie mehr als 90 % ihrer Einkünfte in Deutschland erzielen oder ihre nicht in Deutschland erzielten Einkünfte 6.136,- € pro Veranlagungszeitraum nicht übersteigen. Die Einführung des § 1 Abs. 3 EStG ist somit auf die diskriminierende Wirkung der vorherigen Regelungen zur Steuerpflicht natürlicher Personen zurückzuführen.[505] Die nun im deutschen nationalen Steuerrecht verankerte 90 %-Grenze musste sich jedoch ebenfalls einer Überprüfung durch den Europäischen Gerichtshof unterziehen, der sie jedoch standgehalten hat, als das in den Niederlanden ansässige Ehepaar Gschwind eine noch weitergehende Gleichbehandlung mit in Deutschland ansässigen Arbeitnehmern forderte.[506] Die Einführung der unbeschränkten Steuerpflicht auf Antrag scheint demnach die diskriminierende Wirkungsweise der alten deutschen Regelungen zur persönlichen Steuerpflicht unterbunden zu haben.

Durch das sogenannte Gilly-Urteil wird darüber hinaus deutlich, dass sich nicht nur nationale Normen auf dem Prüfstand des Europäischen Gerichtshofes befinden.[507] So haben die Eheleute Gilly gegen die im zwischen der Bundesrepublik Deutschland und der Französischen Republik geschlossenen Doppelbesteuerungsabkommen vorgesehene Methode zur Vermeidung der Doppelbesteuerung geklagt, da diese Anrechnungsmethode aufgrund der höheren im deutschen Steuerrecht gegebenen Progression zu einer höheren Steuerbelastung führt, als wenn alle Einkünfte des Ehepaares im Wohnsitzstaat Frankreich erzielt worden wären.[508] Der Europäische Gerichtshof sah jedoch in der Anwendung des im Abkommen zur Vermeidung der Doppelbesteuerung vorgesehenen Anrechnungsverfahrens bei unterschiedlichen nationalen Steuerbelastungen keine Diskriminierung im Sinne des Artikel 39 EGV.[509]

Die Freizügigkeit der Arbeitnehmer umfasst aber nicht nur das Verbot an die Mitgliedstaaten, innerhalb ihres jeweiligen Hoheitsgebietes Arbeitnehmer aus anderen Mitgliedstaaten zu diskriminieren. Vielmehr verbietet die Freizügigkeit der Arbeitnehmer es im Rahmen ihrer Eigenschaft als Beschränkungsverbot auch, die eigenen Staatsangehörigen an einer Betätigung in einem anderen

504 Vgl. EuGH vom 14.02.1995, Rs. C-279/93 (Schumacker).

505 Vgl. EuGH vom 14.09.1999, Rs. C-391/97 (Gschwind).

506 Vgl. EuGH vom 14.09.1999, Rs. C-391/97 (Gschwind).

507 Vgl. EuGH vom 12.05.1998, Rs. C-336/96 (Gilly).

508 Vgl. EuGH vom 12.05.1998, Rs. C-336/96 (Gilly).

509 Vgl. EuGH vom 12.05.1998, Rs. C-336/96 (Gilly).

Mitgliedstaat zu hindern.[510] Demnach stellen Bestimmungen, die einen Staatsangehörigen eines Mitgliedstaates daran hindern oder davon abhalten, sein Herkunftsland zu verlassen, Beeinträchtigungen des Rechts auf Freizügigkeit dar, auch wenn die Regelungen unabhängig von der Staatsangehörigkeit der betroffenen Arbeitnehmer Anwendung finden.[511]

Diese Interpretation wird insbesondere durch das vom Europäischen Gerichtshof erlassene Urteil im Fall des belgischen Berufsfußballspielers Bosman deutlich. Herr Bosman wurde trotz Ablauf seines Arbeitsvertrages aufgrund der für ihn geforderten Ablösesumme an einem Wechsel von einem belgischen Verein zu einem französischen Verein gehindert.[512] Im Rahmen des Urteils wurde befunden, dass Artikel 39 EGV der Anwendung von durch Sportverbände aufgestellten Regeln entgegensteht, nach denen ein Berufsfußballspieler, der Staatsangehöriger eines Mitgliedstaates ist, bei Ablauf des ihn an einen Verein bindenden Vertrages von einem Verein eines anderen Mitgliedstaates nur dann beschäftigt werden kann, wenn dieser dem bisherigen Verein eine Transfer-, Ausbildungs- oder Förderungsentschädigung gezahlt hat.[513] Außerdem wurde in diesem Zusammenhang die Anwendung von durch Sportverbände aufgestellten Regeln, nach denen die Fußballvereine bei den von diesen Verbänden veranstalteten Spielen nur eine begrenzte Zahl von Spielern aufstellen durften, die Staatsangehörige anderer Mitgliedstaaten sind, als mit der Freizügigkeit der Arbeitnehmer unvereinbar erklärt.[514]

So deutlich die Wirkung der Grundfreiheit der Freizügigkeit der Arbeitnehmer hinsichtlich einer Harmonisierung der direkten Besteuerung natürlicher Personen auch ist, lassen die Niederlassungs- und Dienstleistungsfreiheit sowie die Freiheit des Kapital- und Zahlungsverkehrs einen größeren Einfluss auf die direkte Unternehmensbesteuerung vermuten.

---

510 Vgl. Kokott, Juliane: Die Bedeutung der europarechtlichen Diskriminierungsverbote und Grundfreiheiten für das Steuerrecht der EU-Mitgliedstaaten, in: Lehner Moris: Grundfreiheiten im Steuerrecht der EU-Staaten, München 2000, S. 1-24, hier: S. 13; Abschnitt 4.2.3.1.3 „Die Inländerdiskriminierung und die Interpretation der speziellen Grundfreiheiten als Beschränkungsverbote".

511 Vgl. EuGH vom 15.12.1995, Rs. C-415/93 (Bosman).

512 Vgl. EuGH vom 15.12.1995, Rs. C-415/93 (Bosman).

513 Vgl. EuGH vom 15.12.1995, Rs. C-415/93 (Bosman).

514 Vgl. EuGH vom 15.12.1995, Rs. C-415/93 (Bosman).

4.2.3.5 Die Niederlassungsfreiheit

Direktinvestitionen werden durch die in den Artikeln 43 bis 48 EGV verankerte Niederlassungsfreiheit erfasst, wonach Behinderungen der freien Niederlassung von Staatsangehörigen eines Mitgliedstaats im Hoheitsgebiet eines anderen Mitgliedstaats verboten sind. Die Niederlassungsfreiheit umfasst die Aufnahme und Ausübung selbständiger Erwerbstätigkeiten sowie die Gründung und Leitung von Unternehmen nach den Bestimmungen des Aufnahmestaates für seine eigenen Angehörigen. Dabei gilt die Niederlassungsfreiheit gemäß Artikel 43 EGV auch für Beschränkungen der Gründung von Agenturen, Zweigniederlassungen oder Tochtergesellschaften durch Angehörige eines Mitgliedstaats, die im Hoheitsgebiet eines (anderen) Mitgliedstaats ansässig sind, was auch als sekundäre Niederlassungsfreiheit bezeichnet wird.[515] Unter Erwerbstätigkeit werden alle auf eigene Rechnung und eigenes Risiko ausgeübten Tätigkeiten, die der Einkommenserzielung dienen, subsumiert.[516]

Auch steuerrechtliche Regelungen können das Recht der freien Niederlassung im Sinne deren Charakterisierung als Diskriminierungsverbot beeinträchtigen, wie beispielsweise das Saint-Gobain-Urteil vom 21. September 1999 deutlich macht. Gemäß diesem Urteil sind in Deutschland belegene Betriebsstätten einer Kapitalgesellschaft mit Sitz in einem anderen Mitgliedstaat unter den gleichen Voraussetzungen dieselben Vergünstigungen, wie unter anderem das internationale körperschaftsteuerliche Schachtelprivileg und die Anrechnung ausländischer Körperschaftsteuer, zu gewähren, wie Kapitalgesellschaften mit Sitz in Deutschland.[517] Hierbei wurden nationale Regelungen als den die Niederlas-

---

515 Vgl. Weiser, Benedikt: Rechtsprechung und Rechtssetzung auf dem Gebiet der direkten Besteuerung in der Europäischen Union: Freistellung oder Anrechnung, Diss. Bremen 1998, Frankfurt am Main u.a. 1998, S. 118.

516 Vgl. Everling, Ulrich: Das Niederlassungsrecht im Gemeinsamen Markt, Berlin, Frankfurt 1963, S. 15-16; Randelzhofer, Albrecht/Forsthoff, Ulrich: Artikel 43 EGV, in: Grabitz, Eberhard/Hilf, Meinhard: Das Recht der Europäischen Union Europäischen Union (Loseblattausg.), München 2001, Rz. 14-21. Eine Erwerbstätigkeit liegt nicht vor, wenn keine Beteiligung am wirtschaftlichen Leben erfolgt, wohingegen die Gewinnerzielungsabsicht keine Voraussetzung für das Vorliegen einer Erwerbstätigkeit darstellt. Desweiteren werden nur Erwerbstätigkeiten von Artikel 43 EGV erfasst, die mit dem Ziel aufgenommen oder fortgeführt werden, sich langfristig in das wirtschaftliche Leben des Aufnahmestaates zu integrieren. Vgl. hierzu Randelzhofer, Albrecht/Forsthoff, Ulrich: Artikel 43 EGV, in: Grabitz, Eberhard/Hilf, Meinhard: Das Recht der Europäischen Union Europäischen Union (Loseblattausg.), München 2001, Rz. 22.

517 Vgl. EuGH vom 21.09.1999, Rs. C-307/97 (Saint Gobain); Weerth, Jan de: Das EuGH-Urteil Rs. C-307/97 "Saint Gobain" – Ein Wegweiser zu einem harmonisierten Steuerrecht in der Europäischen Union, in: IStR 1999, 8. Jg., S. 628. Vgl. zur diskriminierenden Wirkung steuerlicher Regelungen beispielsweise auch EuGH vom 13.07.1993,

sungsfreiheit verankernden Artikeln 43 und 48 EGV entgegenstehend befunden. Das körperschaftsteuerliche Schachtelprivileg bzw. die Anrechnung der Körperschaftsteuer, die in einem anderen Mitgliedstaat als Deutschland auf die Gewinne einer dort ansässigen Tochtergesellschaft erhoben worden ist, ist einer inländischen Betriebsstätte eines in einem anderen Mitgliedstaat ansässigen Unternehmens daher immer zu gewähren. Voraussetzung der Einräumung des Schachtelprivilegs ist, dass das von Deutschland mit dem Sitzstaat der Tochtergesellschaft geschlossene Doppelbesteuerungsabkommen das Schachtelprivileg vorsieht.[518] Zu beachten ist, dass der Europäische Gerichtshof damit eine Betriebsstätte einer Person im abkommensrechtlichen Sinne gleichsetzt.[519]

Ebenso hat die französische Republik gegen die Verpflichtungen aus Artikel 43 EGV verstoßen, indem sie in Frankreich belegenen Zweigniederlassungen und Agenturen von Versicherungsgesellschaften mit Sitz in einem anderen Mitgliedstaat nicht unter den gleichen Bedingungen wie in Frankreich ansässigen Versicherungsunternehmen ein Steuerguthaben (avoir fiscal) für die von diesen Zweigniederlassungen und Agenturen bezogenen Dividenden französischer Gesellschaften gewährt hat.[520]

Ein weiteres Beispiel zur diskriminierenden Wirkung steuerrechtlicher Regelungen ist das Royal Bank of Scotland-Urteil, wonach kein nachteiliger Steuersatz für eine Betriebsstätte gelten darf.[521] Durch ein anderes Urteil des Europäischen

---

Rs. C-330/91 (Commerzbank); EuGH vom 11.08.1995, Rs. C-80/94 (Wielockx); EuGH vom 16.07.1998, Rs. C-264/96 (ICI); EuGH vom 01.07.1999, Rs. C-400-402/97 (Juntas Generales de Guipuzcoa u.a.); EuGH vom 18.11.1999, Rs. C-200/98 (X AB und Y AB); EuGH vom 13.04.2000, Rs. C-251/98 (Baars); EuGH vom 07.11.2000, Rs. C-168/98 (Luxemburg ./. Parlament und Rat).

518 Vgl. Weerth, Jan de: Das EuGH-Urteil Rs. C-307/97 "Saint Gobain" – Ein Wegweiser zu einem harmonisierten Steuerrecht in der Europäischen Union, in: IStR 1999, 8. Jg., S. 628.

519 Vgl. Weerth, Jan de: Das EuGH-Urteil Rs. C-307/97 "Saint Gobain" – Ein Wegweiser zu einem harmonisierten Steuerrecht in der Europäischen Union, in: IStR 1999, 8. Jg., S. 628.

520 Vgl. EuGH vom 28.01.1986, Rs. 270/83 (Avoir Fiscal). Die diskriminierenden französischen Vorschriften über das Steuerguthaben waren in Artikel 205 CGI verankert.

521 Vgl. EuGH vom 29.04.1999, Rs. C-311/97 (Royal Bank of Scotland). Ausgelöst durch das Royal Bank of Scotland-Urteil wurden auch Bedenken gegen den früheren deutschen Steuersatz von 42 % für inländische Betriebsstätten beschränkt steuerpflichtiger Körperschaften deutlich. Dieser verstößt jedoch nach Ansicht des FG Köln nicht gegen die Niederlassungsfreiheit, da die Endergebnisse nach Thesaurierung bzw. Ausschüttung einem Vergleich der Besteuerung beschränkt Steuerpflichtiger zugrunde zu legen seien. Vgl. hierzu FG Köln: Urteil vom 08.02.2001, Az. 13 K 9771/97, in: IStR 2001, 10. Jg., S. 224-227, Revision eingelegt, BFH Az. I R 31/01, hier: S. 224, 226; Lausterer, Martin:

Gerichtshofes vom 14. Dezember 2000 wurde dem belgischen Unternehmen Amid die Verrechnung inländischer Verluste mit ausländischen Betriebsstättengewinnen gewährt.[522]

Auch war ernstlich zweifelhaft, ob nationale Normen zur Gesellschafterfremdfinanzierung, die in den meisten europäischen Staaten existieren und im Regelfall die begrenzte Abzugsfähigkeit von Vergütungen für Fremdkapital beinhalten, die unbeschränkt steuerpflichtige (Kapital-)Gesellschaften an ihre nicht im Inland ansässigen Anteilseigner leisten, mit dem Gebot der Niederlassungsfreiheit vereinbar sind.[523] So hatte das Finanzgericht Münster mit Beschluss vom 21. August 2000 dem Europäischen Gerichtshof die Frage vorgelegt, ob die Regelungen des § 8a KStG Anteilseigner aus anderen Mitgliedstaaten in unzulässiger Weise beeinträchtigen.[524] Der Europäische Gerichtshof hat mit Urteil vom 12. Dezember 2002 im Fall Lankhorst-Hohorst befunden, dass die Regelung des § 8a KStG der Niederlassungsfreiheit entgegensteht, da sie eine diskriminierende Wirkung gegenüber ausländischen Anteilseignern entfaltet.[525] Die Vorschrift zur Gesellschafterfremdfinanzierung darf seitdem in ihrer bestehenden Form innerhalb der Europäischen Union nicht mehr angewendet werden.

Das Ärgernis Betriebsstätten-Diskriminierung - Anmerkung zum Urteil des FG Köln vom 8.2.2001, 13 K 9771/97, in: IStR 2001, 10. Jg., S. 212-215, hier: S. 212-213.

522 Vgl. EuGH vom 14.12.2000, Rs. C-141/99 (AMID); Saß, Gert: Zur Verlustberücksichtigung bei grenzüberschreitender Unternehmenstätigkeit in der EU – Anmerkungen zum EuGH-Urteil vom 14.12.2000 Rs. C-141/99, AMID, in: DB 2001, 54. Jg., S. 508-510, hier: S. 508.

523 Vgl. beispielsweise FG Münster: Beschluss vom 24.01.2000, Az. 9 V 6384/99 K, in: IStR 2000, 9. Jg., S. 342-344; Sedemund, Jan: Direkte und mittelbare Reichweite der Grundfreiheiten des EG-Vertrags am Beispiel des § 8a KStG, in: IStR 2002, 11. Jg., S. 390-396.

524 Vgl. FG Münster: Beschluss vom 21.08.2000, Az. 9 K 1193/00 K, in: DStRE 2000, 9. Jg., S. 1202-1204. Vgl. auch Prinz, Ulrich: Neues zur Gesellschafter-Fremdfinanzierung (§ 8a KStG) nach der Unternehmenssteuerreform 2001 – Bestandsaufnahme und Gestaltungsmöglichkeiten, in: FR 2000, 82. Jg., S. 1061-1069; Prinz, Ulrich: Kommentar: Verstößt § 8a KStG (a.F.) gegen europarechtliche Grundfreiheiten des Binnenmarktes?, in: FR 2000, 82. Jg., S. 1216-1217; Thömmes, Otmar: Konzernfinanzierung und Europäisches Recht – Zugleich eine Besprechung der Schlussanträge von Generalanwalt Alber im Verfahren C-168/01 (Bosal Holding B.V.) und von Generalanwalt Mischo im Verfahren C-324/00 (Lankhorst-Hohorst GmbH), in: DB 2002, 55. Jg., S. 2397-2402; http://www.lemaitre.de/Erlasse/OFDErf20010424.html; http://www.vda.de/de/vda/intern/organisation/abteilungen/files/Ast N-Mai2001.pdf.

525 Vgl. EuGH vom 12.12.2002, Rs. C-324/00 (Lankhorst-Hohorst).

Problematischer als die Charakterisierung der Niederlassungsfreiheit als Diskriminierungsverbot ist deren Eigenschaft als Beschränkungsverbot.[526] So war in der Rechtssache Daily Mail and General Trust PLC (Daily Mail) vom Europäischen Gerichtshof zu beurteilen, ob eine Gesellschaft, die nach dem Recht eines Mitgliedstaates gegründet ist und in diesem ihren satzungsmäßigen Sitz hat, das Recht hat, den Sitz ihrer Gesellschaft in einen anderen Mitgliedstaat zu verlegen.[527] In der Urteilsbegründung wurde ausdrücklich darauf hingewiesen, dass die Niederlassungsfreiheit zwar insbesondere die Inländergleichbehandlung sicherstellen sollte, sie es aber auch dem Herkunftsstaat verbiete, die Niederlassung seiner Staatsangehörigen oder einer nach seinem Recht gegründeten Gesellschaft in einem anderen Mitgliedstaat zu behindern. Trotzdem verwehrte der Europäische Gerichtshof der Gesellschaft die sogenannte identitätswahrende Sitzverlegung, also das Recht, unter Beibehalt der Eigenschaften als Gesellschaft des Gründungsstaates ihren Sitz in einen anderen Mitgliedstaat zu verlegen.[528] Verfolgt wurde von der Daily Mail jedoch das Ziel, nach Errichtung des steuerlichen Sitzes in den Niederlanden einen erheblichen Teil der sich in ihrem Betriebsvermögen befindlichen Wertpapiere zu verkaufen, um mit dem Erlös eigene Aktien zurückkaufen zu können, ohne hierfür die Steuern entrichten zu müssen, die nach britischem Steuerrecht zu zahlen gewesen wären.[529] Vor diesem Hintergrund billigte der Europäische Gerichtshof das Bestreben der britischen Finanzbehörde, eine abschließende Steuererhebung vorzunehmen, bevor die Gesellschaft einschließlich deren stiller Reserven das Territorium der britischen Steuerhoheit verlässt, zumal durch das nationale (hier: britische) Recht die Möglichkeit der teilweisen oder vollständigen Übertragung des Kapitals einer Gesellschaft britischen Rechts auf eine in einem anderen Mitgliedstaat neu gegründete Gesellschaft durchaus gegeben war.[530]

Ersichtlich wird aus diesem Urteil zwar zum einen die Auslegung der Niederlassungsfreiheit als Beschränkungsverbot, dies jedoch nicht unbegrenzt, sondern

[526] Vgl. zur Interpretation der Niederlassungsfreiheit als Beschränkungsverbot beispielsweise EuGH vom 07.02.1979, Rs. 115/78 (Knoors); EuGH vom 27.09.1988, Rs. 81/87 (Daily Mail); EuGH vom 13.04.2000, Rs. C-251/98 (Baars); EuGH vom 14.12.2000, Rs. C-141/99 (AMID); EuGH vom 08.03.2001, verb. Rs. C-397/98 und C-410/98 (Metallgesellschaft/Hoechst); Knobbe-Keuk, Brigitte: Niederlassungsfreiheit: Diskriminierungs- oder Beschränkungsverbot? – Zur Dogmatik des Artikel 52 EWG-Vertrag am Beispiel einiger gesellschaftsrechtlicher Beschränkungen, in: DB 1990, 43. Jg., S. 2573-2584, hier S. 2574.

[527] Vgl. EuGH vom 27.09.1988, Rs. 81/87 (Daily Mail).

[528] Vgl. EuGH vom 27.09.1988, Rs. 81/87 (Daily Mail).

[529] Vgl. EuGH vom 27.09.1988, Rs. 81/87 (Daily Mail).

[530] Vgl. EuGH vom 27.09.1988, Rs. 81/87 (Daily Mail).

nur innerhalb als ausreichend angesehener Grenzen. Deutlich wird zum anderen die Billigung von zum Schutz der steuerlichen Bemessungsgrundlage errichteten Abwehrmaßnahmen bzw. Missbrauchsvorschriften im nationalen Steuerrecht, die zwar juristisch keine Gesellschaft an einer Sitzverlegung, gegebenenfalls durch Neugründung, hindern, trotzdem aber eine wirtschaftliche Behinderung des Standortwechsels darstellen können.[531]

Obwohl dieses Urteil zunächst auf eine starke Einschränkung der Niederlassungsfreiheit, insbesondere in deren Eigenschaft als Beschränkungsverbot, schließen lässt, weist der Europäische Gerichtshof in der Begründung eines anderen Urteils darauf hin, dass ein Mitgliedstaat berechtigt ist, Maßnahmen zu treffen, die verhindern sollen, dass sich dessen Staatsangehörige unter Missbrauch der durch den Vertrag zur Gründung der Europäischen Gemeinschaft geschaffenen Möglichkeiten der Anwendung des nationalen Rechts entziehen.[532] Die missbräuchliche oder betrügerische Berufung auf das Gemeinschaftsrecht ist jedoch nicht gestattet.[533] So wurde in dem sogenannten Centros-Fall entschieden, dass die Mitgliedstaaten der Europäischen Union (hier Dänemark) die Eintragung einer Zweigniederlassung einer nach dem Recht eines anderen Mitgliedstaates (hier Großbritannien) gegründeten Gesellschaft (Centros Ltd) nicht verweigern dürfen, selbst wenn dies nur geschieht, um nationales Recht über die Gründung von Gesellschaften zu umgehen, das höhere Anforderungen an die Einzahlung des Mindestkapitals hat.[534] Dieses Urteil macht außerdem deutlich, dass die Sitztheorie keine uneingeschränkte Anwendung mehr finden kann.[535] Gleichzeitig wird betont, dass dies nicht das Recht der Mitgliedstaaten beeinflusst, Maßnahmen zu treffen, um Betrügereien zu verhindern, wenn die

---

531 Vgl. EuGH vom 27.09.1988, Rs. 81/87 (Daily Mail).

532 Vgl. EuGH vom 09.03.1999, Rs. C-212/ 97 (Centros). So bleibt es auch nach der Centros-Entscheidung in Deutschland dabei, dass die Sitzverlegung einer in Deutschland gegründeten GmbH nach Großbritannien zur Auflösung der Gesellschaft führt und diese deshalb im Handelsregister nicht eingetragen werden kann. Vgl. OLG Hamm: Beschluss vom 01.02.2001, Az. 15 W 390/00, in: DB 2001, 54. Jg., S. 1084-1085.

533 Vgl. EuGH vom 09.03.1999, Rs. C-212/ 97 (Centros).

534 Vgl. EuGH vom 09.03.1999, Rs. C-212/ 97 (Centros).

535 Vgl. Sörgel, Michael: Körperschaftsteuerliche Auswirkungen der „Centros"-Entscheidung des EuGH – Anmerkung zum EuGH-Urteil vom 09.03.1999 Rs. C-212/97, in: DB 1999, 52. Jg., S. 2236-2238, hier: S. 2236; Schwedhelm, Rolf/Binnewies, Burkhard: Grenzüberschreitende Sitzverlegung ins Ausland: Die praktischen Auswirkungen der Centros-Entscheidung des EuGH, in: GmbH-StB 2000, o.Jg., S. 100-105, hier: S. 105. Das Centros-Urteil wurde später bestätigt, vgl. EuGH vom 05.11.2002, Rs. C-208/00 (Überseering); Kallmeyer, Harald: Tragweite des Überseering-Urteils des EuGH vom 5.11.2002 zur grenzüberschreitenden Sitzverlegung, in: DB 2002, 55. Jg., S. 2521-2522.

Gesellschaft oder deren Gesellschafter sich mittels der Errichtung der Gesellschaft ihren Verpflichtungen gegenüber inländischen privaten oder öffentlichen Gläubigern entziehen möchte.[536] In diesem Fall konnte eine Einschränkung der Niederlassungsfreiheit nicht vor dem Europäischen Gerichtshof gerechtfertigt werden, da die durch die bisherige Rechtsprechung deutlich gewordenen Rechtfertigungsgründe nicht gegeben waren.[537]

In der fortgeschrittenen Rechtsprechung des Europäischen Gerichtshofes überrascht es jedoch angesichts der bisherigen Entwicklung und der Entfaltung der Niederlassungsfreiheit vom Gebot der Inländergleichbehandlung zum Beschränkungsverbot nicht mehr, dass der Europäische Gerichtshof in der Entscheidung Metallgesellschaft/Hoechst beide Aspekte des Diskriminierungsverbotes miteinander verbindet, ohne dies gesondert zu erwähnen.[538] Im Fall Metallgesellschaft/Hoechst wurde eine britische steuerrechtliche Regelung, die körperschaftsteuerliche Vergünstigungen in Form eines Optionsrechts enthielten, als der Niederlassungsfreiheit entgegenstehend angesehen, da dieses Optionsrecht, keine Körperschaftsteuervorauszahlungen für an die britische Muttergesellschaft gezahlten Dividenden entrichten zu müssen, nur für in Großbritannien ansässige Tochtergesellschaften britischer Muttergesellschaften vorgesehen war.[539] Ein Verstoß gegen die Inländergleichbehandlung gegenüber

---

536 Vgl. EuGH vom 09.03.1999, Rs. C-212/ 97 (Centros).

537 Nationale Maßnahmen, die die Ausübung der durch den Vertrag zur Gründung der Europäischen Gemeinschaft garantierten Grundfreiheiten behindern, sind nur zulässig, wenn vier Voraussetzungen erfüllt sind. Demnach müssen die Maßnahmen erstens in nichtdiskriminierender Weise angewendet werden, sie müssen zweitens zwingenden Gründen des Allgemeininteresses entsprechen, drittens zur Erreichung des verfolgten Ziels geeignet sein und dürfen viertens nicht über das hinausgehen, was zur Erreichung dieses Ziels notwendig ist. Vgl. EuGH vom 31.03.1993, Rs. C-19/92 (Kraus); EuGH vom 30.11.1995, Rs. C-55/94 (Gebhard); EuGH vom 09.03.1999, Rs. C-212/97 (Centros).

538 Vgl. EuGH vom 08.03.2001, verb. Rs. C-397/98 und C-410/98 (Metallgesellschaft/Hoechst); Lehner, Moris: EuGH-Entscheidungen – Hoechst, Metallgesellschaft: Vorauszahlung der Körperschaftsteuer in England, in: IStR 2001, 10. Jg., S. 215-222, hier: S. 221.

539 Vgl. EuGH vom 08.03.2001, verb. Rs. C-397/98 und C-410/98 (Metallgesellschaft/Hoechst); Lehner, Moris: EuGH-Entscheidungen – Hoechst, Metallgesellschaft: Vorauszahlung der Körperschaftsteuer in England, in: IStR 2001, 10. Jg., S. 215-222, hier: S. 221; Moebus, Ulrich: Auch Konzernsteuerrecht muß EG-konform sein – Anmerkung zum EuGH-Urteil in Sachen Hoechst/Metallgesellschaft, in: IStR 2000, 9. Jg., S. 250-252, hier: S. 251; Hahn, Hartmut: Kompensation von Zinsnachteilen bei Verstoß gegen Gemeinschaftsrecht – ein bisher unbeachteter Aspekt des EuGH-Urteils in der Rechtssache Hoechst u.a., in: IStR 2002, 11. Jg., S. 105-108, hier: S. 105.

der ausländischen Muttergesellschaft liegt durch die Versagung des Optionsrechts bei Dividendenzahlung durch eine britische Tochtergesellschaft vor. Aufgrund des Standorts ihrer Muttergesellschaft wurde die Tochtergesellschaft durch Verwehrung der „group income election“ benachteiligt. Zugleich lag für in Großbritannien ansässigen Tochtergesellschaften eine Beschränkung vor, da das Optionsrecht nur ausgeübt werden durfte, wenn die Tochtergesellschaft einer britischen Muttergesellschaft in Großbritannien ansässig ist.[540]

4.2.3.6 Die Dienstleistungsfreiheit

Die in Artikel 49 bis 55 EGV verankerte Dienstleistungsfreiheit gewährleistet innerhalb der Gemeinschaft für Angehörige der Mitgliedstaaten, die in einem anderen Staat der Gemeinschaft als demjenigen des Leistungsempfängers ansässig sind, einen nicht durch Beschränkungen gekennzeichneten Dienstleistungsverkehr.[541] Unter Dienstleistungen werden Leistungen verstanden, die insbesondere in Form gewerblicher, kaufmännischer, handwerklicher oder freiberuflicher Tätigkeiten erfolgen können und in der Regel gegen Entgelt erbracht werden.[542] Die Dienstleistungsfreiheit garantiert Anbietern grenzüber-

---

540 Vgl. EuGH vom 08.03.2001, verb. Rs. C-397/98 und C-410/98 (Metallgesellschaft/Hoechst); Lehner, Moris: EuGH-Entscheidungen – Hoechst, Metallgesellschaft: Vorauszahlung der Körperschaftsteuer in England, in: IStR 2001, 10. Jg., S. 215-222, hier: S. 221.

541 Eine Behinderung der Dienstleistungsfreiheit kann ebenso wie bei der Niederlassungsfreiheit erfolgen, zumal die für die Niederlassungsfreiheit geltenden Ordre-public-Vorschriften des Artikel 46 EGV durch Artikel 55 EGV auch für die Vorschriften über die Dienstleistungsfreiheit Anwendung finden. Dabei ist ein wirtschaftlicher Nachteil, den ein Dienstleister eines anderen Mitgliedstaates aufgrund nationaler Regelungen erfährt, nicht mit möglicherweise gegebenen wirtschaftlichen Vorteilen ausgleichbar. Vgl. Dautzenberg, Norbert: Gemeinschaftsrecht: EuGH: Gewerbesteuer-Hinzurechnung von Miet- und Pachtzinsen EG-rechtswidrig, in: FR 1999, 81. Jg., S. 1327-1331, hier S. 1329-1330. Auch müssen zwingende Gründe des Allgemeininteresses vorliegen, denen nicht bereits durch die Rechtsvorschriften des Ansässigkeitsstaates des Leistenden Rechnung getragen wird, um eine entsprechende Regelung nicht als Verstoß gegen die Dienstleistungsfreiheit zu qualifizieren. Vgl. Weiser, Benedikt: Rechtsprechung und Rechtssetzung auf dem Gebiet der direkten Besteuerung in der Europäischen Union: Freistellung oder Anrechnung, Diss. Bremen 1998, Frankfurt am Main u.a. 1998, S. 163. Eine Prüfung der Rechtfertigungsmöglichkeiten hat jedoch stets unter Berücksichtigung der Verhältnismäßigkeit und der Erforderlichkeit zu erfolgen; außerdem sind die Besonderheiten der jeweiligen Dienstleistung dabei zu beachten. Vgl. EuGH vom 26.02.1991, Rs. C-154/89 (Kommission ./. Frankreich); EuGH vom 26.02.1991, Rs. C-180/89 (Kommission ./. Italien); EuGH vom 26.02.1991, Rs. C-198/89 (Kommission ./. Griechenland).

542 Vgl. Artikel 50 EGV.

schreitender Leistungen eine Behandlung gemäß den Bedingungen des Aufnahmestaates, was das Gleichbehandlungs- bzw. Diskriminierungsverbot beinhaltet.

Grundsätzlich lassen sich drei verschiedene Konstellationen der unter die Dienstleistungsfreiheit fallenden grenzüberschreitenden Dienstleistung unterscheiden.[543] Von der Dienstleistungsfreiheit werden im Gegensatz zur Niederlassungsfreiheit, die dauerhafte Geschäftseinrichtungen vor Diskriminierungen schützt, vorwiegend vorübergehende Tätigkeiten erfasst, die der Leistende zwecks Erbringung seiner Leistung in dem Staat ausübt, in dem die Leistung erbracht wird.[544] Desweiteren kann sich auch der Leistungsempfänger in den Ansässigkeitsstaat des Leistungserbringers begeben. Denkbar ist auch, dass sowohl der Leistende als auch der Leistungsempfänger an ihrem Standort bleiben und nur die Leistung die Grenze überschreitet.

Bei den unter die Dienstleistungsfreiheit fallenden grenzüberschreitenden Geschäftsvorfällen darf es sich jedoch nicht um Direktinvestitionen im anderen Mitgliedstaat handeln, da diese in den Geltungsbereich der Niederlassungsfreiheit fallen.[545] Ebenso unterliegen Leistungen, die von den Vorschriften über den freien Waren- und Kapitalverkehr oder die Freizügigkeit von Personen erfasst werden, gemäß Artikel 50 EGV nicht der Dienstleistungsfreiheit. Somit kann die Dienstleistungsfreiheit im Sinne eines Auffangtatbestandes verstanden werden, der diejenigen Fälle wirtschaftlicher Betätigung erfassen soll, die nicht durch eine der anderen Grundfreiheiten abgedeckt werden.[546]

Dabei kann eine gegen die Artikel 49 bis 55 EGV verstoßende Diskriminierung unter anderem auch durch steuerliche Sachverhalte erfolgen, was beispielsweise durch das Urteil des Europäischen Gerichtshofes vom 26. Oktober 1999 in der Rechtssache Eurowings zum Ausdruck kommt.[547] Dort wurde die gewerbesteuerliche Hinzurechnungsvorschrift des § 8 Nr. 7 GewStG[548] aufgrund deren

543 Vgl. Oppermann, Thomas: Europarecht, München 1991, S. 577-579, Rz. 1497-1506.

544 Vgl. Artikel 50 EGV.

545 Vgl. Artikel 60 EGV; Arndt, Hans-Wolfgang: Europarecht, Heidelberg 1994, S. 108-109.

546 Vgl. Oppermann, Thomas: Europarecht, München 1991, S. 577, Rz. 1496; Weiser, Benedikt: Rechtsprechung und Rechtssetzung auf dem Gebiet der direkten Besteuerung in der Europäischen Union: Freistellung oder Anrechnung, Diss. Bremen 1998, Frankfurt am Main u.a. 1998, S. 160.

547 Vgl. EuGH vom 26.10.1999, Rs. C-294/97 (Eurowings). Für weitere Beispiele zu Verstößen gegen die Dienstleistungsfreiheit vgl. EuGH vom 14.11.1995, Rs. C-484/93 (Svensson-Gustavson); EuGH vom 28.04.1998, Rs. C-118/96 (Safir).

548 Vgl. Gewerbesteuergesetz 1999, in der Fassung der Bekanntmachung vom 19. Mai 1999 veröffentlicht in: BGBl. I 1999, S. 1010, ber. BGBl. I 1999, S. 1419, in: Steuergesetze, München Stand 01.01.2002.

Anknüpfung an die Gewerbesteuerpflicht des Leasinggebers als mit der Garantie des freien Dienstleistungsverkehrs unvereinbar angesehen und von einer weiteren Anwendung innerhalb der Europäischen Union ausgeschlossen, da durch die indirekte steuerliche Begünstigung im Inland steuerpflichtiger Vermieter oder Verpächter eine mittelbare wirtschaftliche Benachteiligung von Leasinggebern aus anderen Mitgliedstaaten erfolgt ist.[549] Resultat dieses Urteils war ein koordinierter Ländererlass, nach welchem bis zu einer gesetzlichen Neuregelung in den Fällen, in denen der ausländische Vermieter, Verpächter oder Leasinggeber in einem Mitgliedstaat der Europäischen Union ansässig ist, keine Hinzurechnung des Leistungsentgeltes zum Gewerbesteuermessbetrag erfolgt und der in allen noch nicht bestandskräftigen Fällen anzuwenden ist.[550]

In einem weiteren Urteil hat der Europäische Gerichtshof entschieden, daß eine Regelung eines Mitgliedstaates der Dienstleistungsfreiheit entgegensteht, nach welcher Fortbildungsveranstaltungen an üblichen Urlaubsorten anderer Mitgliedstaaten, im Gegensatz zu Fortbildungsveranstaltungen an Urlaubsorten des eigenen Staates, nicht als berufliche Aufwendungen abzugsfähig sind.[551]

Analog zu den anderen Grundfreiheiten des Vertrages zur Gründung der Europäischen Gemeinschaft ist auch die Dienstleistungsfreiheit nicht nur auf die Diskriminierung von Dienstleistungen von in anderen Staaten ansässigen Anbietern begrenzt, sondern erfasst ebenso Beschränkungen, die Angehörige des eigenen Staaten an der Leistungserbringung in einem anderen Mitgliedstaat hindern.[552] So stellt insbesondere das Erfordernis eines ständigen Aufenthalts im Inland zur dortigen Erbringung einer Dienstleistung ein deutliches Beispiel für eine unter das Beschränkungsverbot fallende Behinderung dar.[553]

---

549 Vgl. EuGH vom 26.10.1999, Rs. C-294/97 (Eurowings); Dautzenberg, Norbert: Gemeinschaftsrecht: EuGH: Gewerbesteuer-Hinzurechnung von Miet- und Pachtzinsen EG-rechtswidrig, in: FR 1999, 81. Jg., S. 1327-1331, hier: S. 1329; Kaefer, Wolfgang/Tillmann, Winfried: Urteil des EuGH in der Sache Eurowings macht Gesetzesänderung erforderlich: Gewerbesteuer bei Leasing verstößt gegen EU-Recht, in: Handelsblatt vom 01.11.1999.

550 Vgl. Erlass (koordinierter Ländererlass) vom 26.10.1999, Az. 3 – G – 1422/18, in: BStBl. I 2000, S. 486.

551 Vgl. EuGH vom 28.10.1999, Rs. C-55/98 (Vestergaard).

552 Vgl. Kommission der Europäischen Gemeinschaften: Erläuternde Mitteilung der Kommission über die Freiheit des grenzüberschreitenden Dienstleistungsverkehrs, in: ABl. C 334 vom 09.12.1993, S. 3-6, hier: S. 3-4.

553 Vgl. EuGH vom 03.12.1974, Rs. 33/74 (van Binsbergen). Vgl. auch EuGH vom 04.12.1986, Rs. 205/86 (Kommission ./. Deutschland, Versicherungsurteil).

4.2.3.7 Die Freiheit des Kapital- und Zahlungsverkehrs

Gemäß den in den Artikeln 56 bis 60 EGV verankerten Vorschriften über die Kapital- und Zahlungsverkehrsfreiheit sind zunächst alle Beschränkungen des Kapitalverkehrs ebenso wie alle Beschränkungen des Zahlungsverkehrs zwischen den Mitgliedstaaten sowie zwischen den Mitgliedstaaten und dritten Ländern verboten.[554]

Die Freiheit des Kapital- und Zahlungsverkehrs ist subsidiär gegenüber den Beschränkungen des Niederlassungsrechts, die mit dem Vertrag zur Gründung der Europäischen Gemeinschaft vereinbar sind, anwendbar.[555] Obwohl hier die Niederlassungsfreiheit der Kapital- und Zahlungsverkehrsfreiheit vorrangig scheint, ist die Freiheit bestimmter Kapitalbewegungen in der Praxis eine wichtige Voraussetzung zur Gewährleistung einer wirksamen Ausübung anderer Grundfreiheitsrechte des Vertrages zur Gründung der Europäischen Gemeinschaft.[556]

Im Fall Verkooijen wurde eine niederländische Rechtsvorschrift, die die Gewährung einer Befreiung von der Einkommensteuer auf Dividenden, die an natürliche Personen, die Anteilseigner sind, gezahlt werden, von der Voraussetzung abhängig macht, dass die ausschüttende Gesellschaft ihren Sitz in den Niederlanden hat, als dem freien Kapitalverkehr entgegenstehend angesehen.[557] Da im vorliegenden Fall die Anteilseigner durch Kapitalanlage in einem anderen Mitgliedstaat schlechter gestellt wurden als bei einer vergleichbaren Investition in den Niederlanden wird deutlich, dass die Kapitalverkehrsfreiheit ebenso wie die anderen Grundfreiheiten auch den Aspekt des Beschränkungsverbotes beinhaltet.[558]

Im Vertrag zur Gründung der Europäischen Gemeinschaft sind einige Ausnahmen verankert, die die Gültigkeit der Kapital- und Zahlungsverkehrsfreiheit einschränken. So berührt das Verbot nicht die Anwendung von sich auf dritte Länder beziehenden Vorschriften, die bereits am 31. Dezember 1993 aufgrund

---

554 Vgl. Artikel 56 Abs. 1 und 2 EGV.

555 Vgl. Artikel 58 Abs. 2 EGV.

556 Vgl. EuGH vom 11.11.1981, Rs. 203/80 (Casatiti); Weiser, Benedikt: Rechtsprechung und Rechtssetzung auf dem Gebiet der direkten Besteuerung in der Europäischen Union: Freistellung oder Anrechnung, Diss. Bremen 1998, Frankfurt am Main u.a. 1998, S. 137.

557 Vgl. EuGH vom 06.06.2000, Rs. C-35/99 (Verkooijen).

558 Vgl. EuGH vom 06.06.2000, Rs. C-35/99 (Verkooijen); Lehner, Moris: EuGH-Entscheidungen – Hoechst, Metallgesellschaft: Vorauszahlung der Körperschaftsteuer in England, in: IStR 2001, 10. Jg., S. 215-222, hier: S. 221.

einzelstaatlicher oder gemeinschaftlicher Rechtsvorschriften bestanden haben.[559] Ebenso wird nicht das Recht der Mitgliedstaaten berührt, die einschlägigen Vorschriften ihres Steuerrechts anzuwenden, die Differenzierungen in Abhängigkeit vom Wohnort oder Kapitalanlageort vornehmen.[560] Dieser Ausnahmetatbestand gilt jedoch, soweit er den Kapitalverkehr zwischen den Mitgliedstaaten betrifft, ebenfalls nur für Vorschriften, die bereits Ende 1993 bestanden haben.[561] Auch behalten die Mitgliedstaaten das Recht, unerlässliche Maßnahmen zu ergreifen, um Zuwiderhandlungen gegen nationale Rechts- und Verwaltungsvorschriften, insbesondere auf dem Gebiet des Steuerrechts und der Aufsicht über Finanzinstitute, zu verhindern.[562] Außerdem ist es den Mitgliedstaaten gestattet, Meldeverfahren für den Kapitalverkehr zum Zwecke administrativer oder statistischer Informationen vorzusehen sowie Maßnahmen zu treffen, die zur Gewährleistung der öffentlichen Ordnung oder Sicherheit gerechtfertigt sind.[563] Die Ausnutzung dieser Ausnahmetatbestände ist nur innerhalb strenger Grenzen möglich. So dürfen die ergriffenen Maßnahmen und Verfahren weder als Mittel der willkürlichen Diskriminierung missbraucht werden, noch eine verschleierte Beschränkung des Kapital- und Zahlungsverkehrs darstellen.[564]

Der Europäische Gerichtshof unterscheidet in seiner Rechtsprechung auch konsequent zwischen Regelungen, die möglicherweise die Kapitalverkehrsfreiheit beeinträchtigen, aber durch die Ausnahmetatbestände erfasst werden, und Diskriminierungen, die tatsächlich durch die Kapitalverkehrsfreiheit verboten sind. Beispielsweise wurde im Fall Sandoz eine Regelung als notwendig zur Gewährleistung der gleichmäßigen Steuerbelastung bestimmter Personengruppen und zur Verhinderung der Erosion der nationalen steuerlichen Bemessungsgrundlage anerkannt.[565] Die mit dieser Maßnahme einhergehende Regelung, die eine wirtschaftliche Schlechterstellung ausländischer Darlehensgeber induziert, wurde hingegen als ungeeignet befunden, die von in Österreich ansässigen

---

559 Dies gilt nur für Vorschriften für den Kapitalverkehr mit Drittstaaten im Zusammenhang mit Direktinvestitionen einschließlich Anlagen in Immobilien, mit der Niederlassung, der Erbringung von Finanzdienstleistungen oder der Zulassung von Wertpapieren zu den Kapitalmärkten, vgl. Artikel 57 Abs. 1 EGV.

560 Vgl. Artikel 58 Abs. 1 Bst. a) EGV.

561 Vgl. Rat der Europäischen Gemeinschaften: Erklärung zu Artikel 73d EGV, in: ABl. C 191 vom 29.07.1992, S. 99.

562 Vgl. Artikel 58 Abs. 1 Bst. b) EGV.

563 Vgl. Artikel 58 Abs. 1 Bst. b) EGV.

564 Vgl. Artikel 58 Abs. 3 EGV.

565 Vgl. EuGH vom 14.10.1999, Rs. C-439/97 (Sandoz).

Darlehensnehmern begangenen Abgabenhinterziehungen zu verhindern.[566] Folglich wurde diese Maßnahme als den Artikeln 56 und 58 Abs. 1 Bst. b) EGV entgegenstehend befunden.

4.3 Das Sekundärrecht der Europäischen Union zur direkten Besteuerung

Richtlinien stellen, wie bereits erläutert, einen Teil des Sekundärrechts der Europäischen Union dar, den die Mitgliedstaaten in ihre Gesetzgebung gemäß den inhaltlichen Vorgaben innerhalb eines vorgegebenen Zeitraums umzusetzen haben; im Gegensatz dazu besitzen Verordnungen eine unmittelbare Wirkung.[567]

Problematisch ist bei der Harmonisierung der direkten Besteuerung, anders als bei der unmittelbar im Vertrag zur Gründung der Europäischen Gemeinschaft verankerten Harmonisierung der indirekten Steuern, dass die Rechtsangleichung im Bereich der direkten Besteuerung keine Maßnahmen erlaubt, die nur der Harmonisierung dienen und sich nicht explizit auf die übergeordnete Zielsetzung der Errichtung und des Funktionierens des gemeinsamen Marktes auswirken.[568] Daher beschränkt sich die Europäische Union auf diejenigen Maßnahmen, die innerhalb des Europäischen Binnenmarktes unerlässlich sind.[569] Zum jetzigen Stand der europäischen Rechtsetzung bestehen auf dem Gebiet der direkten Besteuerung zwei bedeutende Richtlinien sowie ein Übereinkommen

---

566 Vgl. EuGH vom 14.10.1999, Rs. C-439/97 (Sandoz).

567 Vgl. Reiß, Wolfram: Nationales Steuerrecht und Europäisches Gemeinschaftsrecht – Teil I, in: DSWR 1998, 27. Jg., S. 218-221, hier: S. 220.

568 Vgl. Mann, Siegfried: Ansätze und Stand der Bestrebungen zur Harmonisierung der direkten und indirekten Steuern in der EG, in: DB 1990, 43. Jg., S. 735; Coopers & Lybrand: EC Initiatives in Direct Taxation and the National Responses, Deventer/Bosten 1992, S. 4; Weiser, Benedikt: Rechtsprechung und Rechtssetzung auf dem Gebiet der direkten Besteuerung in der Europäischen Union: Freistellung oder Anrechnung, Diss. Bremen 1998, Frankfurt am Main u.a. 1998, S. 164; Heydt, Volker: der Einfluss der Grundfreiheiten des EG-Vertrages auf das nationale Steuerrecht der Mitgliedstaaten und ihre Doppelbesteuerungsabkommen, in: Lehner Moris: Grundfreiheiten im Steuerrecht der EU-Staaten, München 2000, S. 25-38, hier: S. 26; Bundesministerium der Finanzen: Gutachten „Reform der internationalen Kapitaleinkommesbesteuerung“ vom 12. Dezember 1998, in: Bundesministerium der Finanzen: Der Wissenschaftliche Beirat beim Bundesministerium der Finanzen: Gutachten und Stellungnahmen 1988-1998, Bonn 1999, S. 407-480, hier: S. 472.

569 Vgl. Pelka, Jürgen/Balmes, Frank: Europäisches Steuerrecht, in: Pelka, Jürgen/Niemann, Walter: Beck'sches Steuerberater-Handbuch 2000/2001, München 2000, S. 979-999, hier: S. 986.

(Verordnung); für drei weitere Richtlinien hat die Kommission Vorschläge eingereicht.[570]

4.3.1 Bestehende Maßnahmen der Europäischen Union

Bei den bestehenden Maßnahmen handelt es sich zum einen um die Richtlinie über das gemeinsame Steuersystem für Fusionen, Spaltungen, die Einbringung von Unternehmensteilen und den Austausch von Anteilen, die Gesellschaften verschiedener Mitgliedstaaten betreffen, die sogenannte Fusionsrichtlinie, und zweitens um die Richtlinie über das gemeinsame Steuersystem der Mutter- und Tochtergesellschaften verschiedener Mitgliedstaaten, die sogenannte Mutter-Tochter-Richtlinie.[571] Ergänzt werden die Richtlinien durch das Übereinkom-

---

570 Vgl. Richtlinie (EWG) 90/434 über das gemeinsame Steuersystem für Fusionen, Spaltungen, die Einbringung von Unternehmensteilen und den Austausch von Anteilen, die Gesellschaften verschiedener Mitgliedstaaten betreffen, vom 23.06.1990, in: ABl. L 225 vom 20.08.1990, S. 1-5, geändert durch Beitrittsakte 1995, in: ABl. L 1 vom 01.01.1995, S. 1-219; Richtlinie (EWG) 90/435 über das gemeinsame Steuersystem der Mutter- und Tochtergesellschaften verschiedener Mitgliedstaaten, vom 23.06.1990, in: ABl. L 225 vom 20.08.1990, S. 6-9, ber. ABl. L 226, S. 20, geändert durch Beitrittsakte 1995, in: ABl. L 1 vom 01.01.1995, S. 1-219; Übereinkommen (EWG) 90/436 über die Beseitigung der Doppelbesteuerung im Falle von Gewinnberichtigungen zwischen verbundenen Unternehmen, in: ABl. L 225 vom 20.08.1990, S. 10-16; Kommission der Europäischen Gemeinschaften: Vorschlag für eine Richtlinie des Rates über die gemeinsame Steuerregelung für Zahlungen von Zinsen und Lizenzgebühren zwischen verbundenen Unternehmen verschiedener Mitgliedstaaten, KOM (1998) 67 endg., von der Kommission vorgelegt am 06.03.1998, in: ABl. C 123 vom 22.04.1998, S. 9-13; Kommission der Europäischen Gemeinschaften: Vorschlag für eine Richtlinie des Rates zur Gewährleistung eines Minimums an effektiver Besteuerung von Zinserträgen innerhalb der Gemeinschaft, KOM (2001) 400 endg., von der Kommission vorgelegt am 18.07.2001, in: http://europa.eu.int/ comm /taxation_customs/ proposals/ taxation/ com 2001400/com2001400_de.pdf; Kommission der Europäischen Gemeinschaften: Vorschlag für eine Richtlinie des Rates über eine Regelung für Unternehmen zur Berücksichtigung der Verluste ihrer in anderen Mitgliedstaaten belegenen Betriebsstätten und Tochtergesellschaften, KOM (90) 595 endg., von der Kommission vorgelegt am 06.12.1990, in: ABl. C 53 vom 28.02.1991, S. 30-34.

571 Vgl. Endres, Dieter: Steuergestaltung in Europa aus Sicht der Unternehmenspraxis, in: Jacobs, Otto H./Spengel, Christoph: Aspekte der Unternehmensbesteuerung in Europa, Baden-Baden 1996, S. 183-204, hier: S. 184; Richtlinie (EWG) 90/434 über das gemeinsame Steuersystem für Fusionen, Spaltungen, die Einbringung von Unternehmensteilen und den Austausch von Anteilen, die Gesellschaften verschiedener Mitgliedstaaten betreffen, vom 23.06.1990, in: ABl. L 225 vom 20.08.1990, S. 1-5, geändert durch Beitrittsakte 1995, in: ABl. L 1 vom 01.01.1995, S. 1-219; Richtlinie (EWG) 90/435 über das gemeinsame Steuersystem der Mutter- und Tochtergesellschaften verschiedener Mitgliedstaaten, vom 23.06.1990, in: ABl. L 225 vom 20.08.1990, S. 6-9, ber. ABl. L 226, S. 20, geändert durch Beitrittsakte 1995, in: ABl. L 1 vom 01.01.1995, S. 1-219. Anzu-

men über die Beseitigung der Doppelbesteuerung im Falle von Gewinnberichtigungen zwischen verbundenen Unternehmen, die sogenannte Schiedsverfahrenskonvention.[572]

4.3.1.1 Die Fusionsrichtlinie

Die Notwendigkeit der Errichtung und des Funktionierens eines gemeinsamen Marktes mit binnenmarktlichen Verhältnissen, die nicht durch besondere Beschränkungen, Benachteiligungen oder Verfälschungen aufgrund von steuerlichen Regelungen der Mitgliedstaaten behindert werden dürfen, wird in der Fusionsrichtlinie betont.[573] Vor dem Hintergrund eines gemeinsamen Marktes können Zusammenschlüsse von Gesellschaften notwendig sein, um das Erreichen eben dieser Ziele zu gewährleisten. Somit mussten wettbewerbsneutrale steuerliche Rahmenbedingungen für diese Unternehmenszusammenschlüsse geschaffen werden, um die Anpassung von Unternehmen an die Erfordernisse des gemeinsamen Marktes zu ermöglichen und eine Steigerung ihrer Produktivität und eine Stärkung ihrer Wettbewerbsfähigkeit auf internationaler Ebene zu fördern.[574]

Vor diesem Hintergrund können Fusionen, Spaltungen, die Einbringung von Unternehmensteilen[575] und der Austausch von Anteilen, die in unterschiedlichen

---

merken ist, dass die Umsetzung der hier angesprochenen Richtlinien weder in Deutschland noch in Frankreich durch die Europäische Kommission beanstandet wird, vgl. Kommission der Europäischen Gemeinschaften: Achtzehnter Jahresbericht über die Kontrolle der Anwendung des Gemeinschaftsrechts (2000), Teil I, Brüssel 2001, in: http://europa.eu.int/ eur-lex/ de/ com/ rpt/ 2002/ act309de01/ com2001_0309de01-01.pdf, S. 119-121.

572 Vgl. Übereinkommen (EWG) 90/436 über die Beseitigung der Doppelbesteuerung im Falle von Gewinnberichtigungen zwischen verbundenen Unternehmen, in: ABl. L 225 vom 20.08.1990, S. 10-16.

573 Vgl. Richtlinie (EWG) 90/434 über das gemeinsame Steuersystem für Fusionen, Spaltungen, die Einbringung von Unternehmensteilen und den Austausch von Anteilen, die Gesellschaften verschiedener Mitgliedstaaten betreffen, vom 23.06.1990, in: ABl. L 225 vom 20.08.1990, S. 1-5, geändert durch Beitrittsakte 1995, in: ABl. L 1 vom 01.01.1995, S. 1-219, hier: S. 1.

574 Vgl. Richtlinie (EWG) 90/434 über das gemeinsame Steuersystem für Fusionen, Spaltungen, die Einbringung von Unternehmensteilen und den Austausch von Anteilen, die Gesellschaften verschiedener Mitgliedstaaten betreffen, vom 23.06.1990, in: ABl. L 225 vom 20.08.1990, S. 1-5, geändert durch Beitrittsakte 1995, in: ABl. L 1 vom 01.01.1995, S. 1-219, hier: S. 1.

575 Zur passiven Abgrenzung des Teilbetriebsbegriffs vgl. EuGH vom 15.01.2002, Rs. C-43/00 (Andersen og Jensen); Menner, Stefan/Broer, Frank: Europäischer Teilbetriebs-

Mitgliedstaaten ansässige Gesellschaften betreffen, ebenso notwendig wie grenzüberschreitende Unternehmenszusammenschlüsse sein.[576] Deswegen sollten auch diese wirtschaftlichen Prozesse nicht durch wettbewerbsverzerrende steuerliche Vorschriften der Mitgliedstaaten beschränkt werden. Ziel der Fusionsrichtlinie war es, Wettbewerbsverzerrungen zugunsten innerstaatlicher Unternehmenszusammenschlüsse zu verhindern und auch für die stillen Reserven in den Wirtschaftsgütern von einbringenden Gesellschaften anderer Mitgliedstaaten einen Steueraufschub vorzusehen.[577]

Die Frage der Umsetzung dieser Zielsetzung wird in der Begründung des Rates der Europäischen Union angesprochen. Da das Ziel durch eine Ausdehnung der nationalen Systeme auf die Gemeinschaftsebene aufgrund der möglicherweise zu Wettbewerbsverzerrungen führenden starken Unterschiede zwischen den Systemen nicht erreicht werden konnte, sah die Europäische Union die Notwendigkeit einer gemeinschaftlichen Regelung, da nur diese eine befriedigende Lösung herbeizuführen versprach.[578]

Die Umsetzung der Fusionsrichtlinie in nationales Recht ist in Deutschland und Frankreich zum 1. Januar 1992 durch die Artikel 1 und 8 des Steueränderungs-

---

begriff und Zuordnung von Wirtschaftsgütern – Anmerkung zur ersten Entscheidung des EuGH zum Teilbetriebsbegriff nach der EU-Fusionsrichtlinie, in: DB 2002, 55. Jg., S. 815-818.

576 Vgl. Richtlinie (EWG) 90/434 über das gemeinsame Steuersystem für Fusionen, Spaltungen, die Einbringung von Unternehmensteilen und den Austausch von Anteilen, die Gesellschaften verschiedener Mitgliedstaaten betreffen, vom 23.06.1990, in: ABl. L 225 vom 20.08.1990, S. 1-5, geändert durch Beitrittsakte 1995, in: ABl. L 1 vom 01.01.1995, S. 1-219, hier: S. 1. Vgl. zur gesellschaftsrechtlichen Behandlung von Umwandlungsvorgängen in Frankreich beispielsweise Tillmanns, Wolfhard: Verschmelzung, Aufspaltung, Umwandlung und Konzernbildung im französischen Gesellschaftsrecht, in: IWB, Fach 5, Gruppe 3, vom 14.10.1998, S. 553-572.

577 Vgl. Saß, Gert: Statement: Unternehmensbesteuerung in der EG, in: Besters, Hans: Unternehmensbesteuerung als Standortfaktor, Baden-Baden 1991, S. 152-155, hier: S. 152-153; Richtlinie (EWG) 90/434 über das gemeinsame Steuersystem für Fusionen, Spaltungen, die Einbringung von Unternehmensteilen und den Austausch von Anteilen, die Gesellschaften verschiedener Mitgliedstaaten betreffen, vom 23.06.1990, in: ABl. L 225 vom 20.08.1990, S. 1-5, geändert durch Beitrittsakte 1995, in: ABl. L 1 vom 01.01.1995, S. 1-219, hier: S. 1; Weiser, Benedikt: Rechtsprechung und Rechtssetzung auf dem Gebiet der direkten Besteuerung in der Europäischen Union: Freistellung oder Anrechnung, Diss. Bremen 1998, Frankfurt am Main u.a. 1998, S. 165.

578 Vgl. Richtlinie (EWG) 90/434 über das gemeinsame Steuersystem für Fusionen, Spaltungen, die Einbringung von Unternehmensteilen und den Austausch von Anteilen, die Gesellschaften verschiedener Mitgliedstaaten betreffen, vom 23.06.1990, in: ABl. L 225 vom 20.08.1990, S. 1-5, geändert durch Beitrittsakte 1995, in: ABl. L 1 vom 01.01.1995, S. 1-219, hier: S. 1.

gesetzes vom 25. Februar 1992 und den Artikel 24 des loi de finances rectificative pour 1991 erfolgt.[579]

Inhaltlich wurde den Mitgliedstaaten durch die Fusionsrichtlinie vorgegeben, dass die Besteuerung anlässlich einer Fusion, Spaltung, Einbringung von Unternehmensteilen oder eines Anteilstausches zu vermeiden ist.[580] Das möglicherweise aus dieser Vorgabe resultierende fiskalische Problem der Mitgliedstaaten wird dadurch gelöst, dass die Umsetzung unter gleichzeitiger Wahrung der finanziellen Interessen des Ansässigkeitsstaates der einbringenden oder erworbenen Gesellschaft zu erfolgen hat.[581]

Desweiteren wird geregelt, dass, soweit es sich bei dem Vorgang um Fusionen, Spaltungen oder die Einbringung von Unternehmensteilen handelt, diese in der Regel entweder die Umwandlung der einbringenden Gesellschaft in eine Betriebsstätte des übernehmenden Unternehmens oder die Zurechnung des übertragenen Betriebsvermögens zu einer Betriebsstätte der übernehmenden Gesellschaft zur Folge hat.[582] Erfolgt die derartige Zuweisung der Vermögenswerte zu einer Betriebsstätte unter Aufschub der Besteuerung des Wertzuwachses der eingebrachten Vermögenswerte, kann einerseits die Besteuerung im Moment der Transaktion vermieden werden, ohne dauerhaft die Besteuerung durch den Ansässigkeitsstaat der einbringenden Gesellschaft zu verhindern, da diese im Zeitpunkt der tatsächlichen Realisierung des Wertzuwachses sichergestellt ist.

Festgelegt ist außerdem, dass für bestimmte Rücklagen, Rückstellungen und Verluste des einbringenden Unternehmens steuerliche Regelungen durch die Mitgliedstaaten aufzustellen sind, ebenso wie Vorschriften für den Fall, dass eine der beiden Gesellschaften am Kapital der anderen Gesellschaft beteiligt

---

579 Vgl. Steueränderungsgesetz vom 25.02.1992, in: BGBl. I 1992, S. 297; Loi de finances rectificative pour 1991, Nr. 91-1323 vom 30.12.1991.

580 Vgl. zum Begriff der Fusion EuGH vom 17.07.1997, Rs. C-28/95 (Leur-Bloem). Vgl. zur Umsetzung der gemeinschaftsrechtlichen Vorgaben in den Mitgliedstaaten Bogenschütz, Eugen: Steuerliche Probleme bei europäischen Unternehmenszusammenschlüssen – Erfahrungsbericht aus deutscher Sicht, in: IStR 2000, 9. Jg., S. 609-617.

581 Vgl. Richtlinie (EWG) 90/434 über das gemeinsame Steuersystem für Fusionen, Spaltungen, die Einbringung von Unternehmensteilen und den Austausch von Anteilen, die Gesellschaften verschiedener Mitgliedstaaten betreffen, vom 23.06.1990, in: ABl. L 225 vom 20.08.1990, S. 1-5, geändert durch Beitrittsakte 1995, in: ABl. L 1 vom 01.01.1995, S. 1-219, hier: S. 1.

582 Vgl. Richtlinie (EWG) 90/434 über das gemeinsame Steuersystem für Fusionen, Spaltungen, die Einbringung von Unternehmensteilen und den Austausch von Anteilen, die Gesellschaften verschiedener Mitgliedstaaten betreffen, vom 23.06.1990, in: ABl. L 225 vom 20.08.1990, S. 1-5, geändert durch Beitrittsakte 1995, in: ABl. L 1 vom 01.01.1995, S. 1-219, hier: S. 1.

ist.[583] Auch darf die Tatsache, dass Gesellschaftsanteile der übernehmenden oder erwerbenden Gesellschaft den Gesellschaftern der einbringenden Gesellschaft zugeteilt werden, keinen steuerpflichtigen Sachverhalt für die Gesellschafter auslösen.[584]

Einen Ausnahmetatbestand stellt der Fall dar, dass eine Fusion, Spaltung, Einbringung von Unternehmensteilen oder ein Anteilstausch hauptsächlich aus Gründen der Steuerhinterziehung oder –umgehung durchgeführt wird oder eine Gesellschaft die Voraussetzungen für die Vertretung der Arbeitnehmer in den Organen des Unternehmens nicht mehr erfüllt. Bei Vorliegen dieser Voraussetzungen ist es den Mitgliedstaaten gestattet, die Anwendung der Fusionsrichtlinie zu untersagen.[585] Es kann davon ausgegangen werden, dass die Steuerhinterziehung oder -umgehung einen der hauptsächlichen Beweggründe einer Unternehmenstransaktion darstellt, wenn diese nicht auf vernünftigen wirtschaftlichen Gründen, insbesondere der Umstrukturierung oder der Rationalisierung der beteiligten Gesellschaften, beruht.[586] Dabei setzt der vernünftige wirtschaftliche Grund mehr als das bloße Streben nach einem rein steuerlichen Vorteil voraus, wie beispielsweise dem horizontalen Verlustausgleich.[587] In Deutschland existiert neben der allgemeinen Missbrauchsvorschrift des § 42 AO keine

---

583 Vgl. Richtlinie (EWG) 90/434 über das gemeinsame Steuersystem für Fusionen, Spaltungen, die Einbringung von Unternehmensteilen und den Austausch von Anteilen, die Gesellschaften verschiedener Mitgliedstaaten betreffen, vom 23.06.1990, in: ABl. L 225 vom 20.08.1990, S. 1-5, geändert durch Beitrittsakte 1995, in: ABl. L 1 vom 01.01.1995, S. 1-219, hier: S. 1.

584 Vgl. Richtlinie (EWG) 90/434 über das gemeinsame Steuersystem für Fusionen, Spaltungen, die Einbringung von Unternehmensteilen und den Austausch von Anteilen, die Gesellschaften verschiedener Mitgliedstaaten betreffen, vom 23.06.1990, in: ABl. L 225 vom 20.08.1990, S. 1-5, geändert durch Beitrittsakte 1995, in: ABl. L 1 vom 01.01.1995, S. 1-219, hier: S. 1.

585 Vgl. Artikel 11 der Richtlinie (EWG) 90/434 über das gemeinsame Steuersystem für Fusionen, Spaltungen, die Einbringung von Unternehmensteilen und den Austausch von Anteilen, die Gesellschaften verschiedener Mitgliedstaaten betreffen, vom 23.06.1990, in: ABl. L 225 vom 20.08.1990, S. 1-5, geändert durch Beitrittsakte 1995, in: ABl. L 1 vom 01.01.1995, S. 1-219. Vgl. zur Behandlung dieses Problembereiches in Frankreich Kern Charles: Frankreich: Umstrukturierung, in: IStR 2002, 11. Jg., S. 2*-3*, hier: S. 2*.

586 Vgl. Artikel 11 der Richtlinie (EWG) 90/434 über das gemeinsame Steuersystem für Fusionen, Spaltungen, die Einbringung von Unternehmensteilen und den Austausch von Anteilen, die Gesellschaften verschiedener Mitgliedstaaten betreffen, vom 23.06.1990, in: ABl. L 225 vom 20.08.1990, S. 1-5, geändert durch Beitrittsakte 1995, in: ABl. L 1 vom 01.01.1995, S. 1-219.

587 Vgl. EuGH vom 17.07.1997, Rs. C-28/95 (Leur-Bloem).

spezielle Regelung und auch in Frankreich ist nur eine für alle Umstrukturierungsvorgänge geltende Anti-Missbrauchsregelung anwendbar.[588]

Die Anwendung der Fusionsrichtlinie ist auf die der Körperschaft- oder einer vergleichbaren Steuer unterliegenden Gesellschaften, in Deutschland namentlich Aktiengesellschaften, Kommanditgesellschaften auf Aktien und Gesellschaften mit beschränkter Haftung, begrenzt.[589] Frankreich bezieht allerdings über die in der Richtlinie genannten Rechtsformen hinaus auch Kommanditgesellschaften und unter bestimmten Voraussetzungen Vereinigungen und juristische Personen des öffentlichen Rechts in die Anwendung der Richtlinie mit ein.[590] Für Gesellschaften dieser Rechtsformen ist durch die Einführung der Fusionsrichtlinie zwar eine Form der Behinderung grenzüberschreitender Kooperation weitgehend aufgehoben. Benachteiligt bleiben jedoch Gesellschaften anderer Rechtsformen, insbesondere Personengesellschaften, die durch die Harmonisierung in Form der Richtlinie einen rechtsformbedingten Wettbewerbsnachteil erfahren haben.[591] Ein bislang nicht verabschiedeter Vorschlag zur Änderung der Fusionsrichtlinie aus dem Jahre 1993 sieht die Einbeziehung aller körperschaftsteuerpflichtigen Gesellschaften vor, um eine größere Anzahl von Unternehmen zu erfassen, so beispielsweise auch französische Personengesellschaften, die von dem Optionsrecht Gebrauch gemacht haben.[592] Die Problematik wird somit auf die nationale Ebene verschoben, da einige Mitgliedstaaten, unter anderem

---

588 Vgl. Wollert-Elmendorff Deutsche Treuhand GmbH: Die Umsetzung der EG-Fusionsrichtlinie und der EG-Mutter-Tochter-Richtlinie in den EG-Mitgliedstaaten, Stuttgart 1995, S. 46.

589 Vgl. Artikel 3 der Richtlinie (EWG) 90/434 über das gemeinsame Steuersystem für Fusionen, Spaltungen, die Einbringung von Unternehmensteilen und den Austausch von Anteilen, die Gesellschaften verschiedener Mitgliedstaaten betreffen, vom 23.06.1990, in: ABl. L 225 vom 20.08.1990, S. 1-5, geändert durch Beitrittsakte 1995, in: ABl. L 1 vom 01.01.1995, S. 1-219.

590 Vgl. Wollert-Elmendorff Deutsche Treuhand GmbH: Die Umsetzung der EG-Fusionsrichtlinie und der EG-Mutter-Tochter-Richtlinie in den EG-Mitgliedstaaten, Stuttgart 1995, S. 32.

591 Vgl. Weiser, Benedikt: Rechtsprechung und Rechtssetzung auf dem Gebiet der direkten Besteuerung in der Europäischen Union: Freistellung oder Anrechnung, Diss. Bremen 1998, Frankfurt am Main u.a. 1998, S. 166.

592 Vgl. Kommission der Europäischen Gemeinschaften: Vorschlag für eine Richtlinie des Rates zur Änderung der Richtlinie 90/434/EWG des Rates vom 23. Juni 1990 über das gemeinsame Steuersystem für Fusionen, Spaltungen, die Einbringung von Unternehmensteilen und den Austausch von Anteilen, die Gesellschaften verschiedener Mitgliedstaaten betreffen, KOM (93) 293 endg., von der Kommission vorgelegt am 26.06.1993, in: ABl. C 255 vom 20. August 1993, S. 3-4, hier: S. 3-4.

Deutschland, kein Optionsrecht für Personengesellschaften zur Körperschaftsteuer vorsehen.

4.3.1.2 Die Mutter-Tochter-Richtlinie

Die zeitgleich mit der Fusionsrichtlinie erlassene Mutter-Tochter-Richtlinie baut auf den gleichen Überlegungen bezüglich der Schaffung und dem Funktionieren des gemeinsamen Marktes auf.[593] Unternehmenszusammenschlüsse können zu der Schaffung von aus Mutter- und Tochtergesellschaften bestehenden Unternehmensgruppen führen. Da jedoch für die Beziehungen zwischen in unterschiedlichen Mitgliedstaaten ansässigen Mutter- und Tochtergesellschaften zum Teil stark differierende Steuerbestimmungen gegolten haben, die zudem meistens weit weniger günstig waren als in Bezug auf Unternehmenszusammenschlüsse auf rein nationaler Ebene, wurde die grenzüberschreitende Zusammenarbeit von Unternehmen verschiedener Mitgliedstaaten gegenüber der Zusammenarbeit von Gesellschaften desselben Mitgliedstaates benachteiligt.[594] Diese Benachteiligung war durch Schaffung eines durch die Mutter-Tochter-Richtlinie induzierten gemeinsamen Steuersystems zu beseitigen, wodurch innergemeinschaftliche grenzüberschreitende Konzernierungen auf Gesellschaftsebene erleichtert werden.

Die Umsetzung der Mutter-Tochter-Richtlinie erfolgte in Deutschland und Frankreich zeitgleich mit der Fusionsrichtlinie durch den Artikel 18 des Steueränderungsgesetzes vom 25. Februar 1992 und den Artikel 25 des loi de finances rectificative pour 1991.[595]

Die nationale Umsetzung der durch die Richtlinie vorgegebenen Zielsetzungen hatte, wenn eine Muttergesellschaft als Gesellschafterin ihrer Tochtergesellschaft Gewinnausschüttungen bezieht, über eine Steuerbefreiung im Ansässigkeitsstaat der Muttergesellschaft zu erfolgen.[596] Alternativ war im Falle der

---

593 Vgl. Richtlinie (EWG) 90/435 über das gemeinsame Steuersystem der Mutter- und Tochtergesellschaften verschiedener Mitgliedstaaten, vom 23.06.1990, in: ABl. L 225 vom 20.08.1990, S. 6-9, ber. ABl. L 226, S. 20, geändert durch Beitrittsakte 1995, in: ABl. L 1 vom 01.01.1995, S. 1-219, hier: S. 6.

594 Vgl. Richtlinie (EWG) 90/435 über das gemeinsame Steuersystem der Mutter- und Tochtergesellschaften verschiedener Mitgliedstaaten, vom 23.06.1990, in: ABl. L 225 vom 20.08.1990, S. 6-9, ber. ABl. L 226, S. 20, geändert durch Beitrittsakte 1995, in: ABl. L 1 vom 01.01.1995, S. 1-219, hier: S. 6.

595 Vgl. Steueränderungsgesetz vom 25.02.1992, in: BGBl. I 1992, S. 297; Loi de finances rectificative pour 1991, Nr. 91-1323 vom 30.12.1991.

596 Vgl. Richtlinie (EWG) 90/435 über das gemeinsame Steuersystem der Mutter- und Tochtergesellschaften verschiedener Mitgliedstaaten, vom 23.06.1990, in: ABl. L 225

Besteuerung die Gewährung einer vollständigen Anrechnung der von der Tochtergesellschaft auf die von ihr ausgeschütteten Gewinne entrichteten Steuern bei der Muttergesellschaft vorgesehen.[597] Während in Frankreich eine Steuerbefreiung nur für offene Gewinnausschüttungen vorgesehen ist, werden in Deutschland, das ebenfalls die Steuerbefreiung vorsieht, auch verdeckte Gewinnausschüttungen in den Geltungsbereich der Mutter-Tochter-Richtlinie einbezogen.[598] Beachtet werden muss, dass in Frankreich Beteiligungskosten, im Gegensatz zur deutschen Regelung, trotz der Steuerbefreiung voll abzugsfähig sind.[599]

Zusätzlich sollten zur Sicherung der steuerlichen Neutralität der betreffenden Gewinnausschüttungen keine Quellensteuern auf diese erhoben werden.[600] Es stellt ebenfalls einen unerlaubten Steuerabzug an der Quelle dar, wenn nationale Vorschriften vorschreiben, dass bei der Ausschüttung von Dividenden einer Tochtergesellschaft an deren Muttergesellschaft der gesamte Reingewinn der Tochtergesellschaft inklusive der im Falle der Thesaurierung steuerfreien oder ermäßigt besteuerten Gewinne der Besteuerung nach nationalem Recht zu

---

vom 20.08.1990, S. 6-9, ber. ABl. L 226, S. 20, geändert durch Beitrittsakte 1995, in: ABl. L 1 vom 01.01.1995, S. 1-219, hier: S. 6.

597 Vgl. Richtlinie (EWG) 90/435 über das gemeinsame Steuersystem der Mutter- und Tochtergesellschaften verschiedener Mitgliedstaaten, vom 23.06.1990, in: ABl. L 225 vom 20.08.1990, S. 6-9, ber. ABl. L 226, S. 20, geändert durch Beitrittsakte 1995, in: ABl. L 1 vom 01.01.1995, S. 1-219, hier: S. 6.

598 Vgl. Wollert-Elmendorff Deutsche Treuhand GmbH: Die Umsetzung der EG-Fusionsrichtlinie und der EG-Mutter-Tochter-Richtlinie in den EG-Mitgliedstaaten, Stuttgart 1995, S. 18, 26.

599 Vgl. Wollert-Elmendorff Deutsche Treuhand GmbH: Die Umsetzung der EG-Fusionsrichtlinie und der EG-Mutter-Tochter-Richtlinie in den EG-Mitgliedstaaten, Stuttgart 1995, S. 26.

600 Der Bundesrepublik Deutschland und der Republik Griechenland war es jedoch aufgrund der Besonderheiten der dort vorherrschenden Körperschaftsteuersysteme und der Republik Portugal war es aus budgetären Gründen gestattet, zeitweise eine Quellenbesteuerung beizubehalten. Vgl. Artikel 5 Abs. 2-4 der Richtlinie (EWG) 90/435 über das gemeinsame Steuersystem der Mutter- und Tochtergesellschaften verschiedener Mitgliedstaaten, vom 23.06.1990, in: ABl. L 225 vom 20.08.1990, S. 6-9, ber. ABl. L 226, S. 20, geändert durch Beitrittsakte 1995, in: ABl. L 1 vom 01.01.1995, S. 1-219. Die Ausnahmeregelung für die Portugisische Republik bezieht sich jedoch nicht nur auf die Körperschaftsteuer, sondern betrifft unabhängig von ihrer Natur oder Bezeichnung jede Quellenbesteuerung auf die von den Tochtergesellschaften ausgeschütteten Gewinne. Vgl. EuGH vom 08.06.2000, Rs. C-375/98 (Epson).

unterwerfen ist.[601] Dieses Urteil ist in der Literatur allerdings aufgrund seiner Härte nicht unumstritten.[602]

Für den Kreis der anwendungsberechtigten Gesellschaften gelten die gleichen Bestimmungen wie für die Fusionsrichtlinie, so dass auch durch die Mutter-Tochter-Richtlinie eine Benachteiligung von Personenunternehmen gegenüber Kapitalgesellschaften induziert wird.[603] Dieser Anwendungsbereich blieb in Frankreich auf die genannten körperschaftsteuerpflichtigen Gesellschaften begrenzt, wohingegen in Deutschland auch Erwerbs- und Wirtschaftsgenossenschaften, Versicherungsvereine auf Gegenseitigkeit, Stiftungen und sonstige juristische Personen des Zivilrechts die Vorteile der Richtlinie nutzen dürfen.[604] Eine diesbezügliche Modifizierung der Mutter-Tochter-Richtlinie entsprechend eines zur Fusionsrichtlinie analogen Änderungsvorschlages ist bislang ebenfalls nicht erfolgt.[605]

Die Definition der Begriffe Mutter- und Tochtergesellschaft ist in Artikel 3 der Mutter-Tochter-Richtlinie verankert. Demnach wird eine in einem Mitgliedstaat ansässige Gesellschaft zur Muttergesellschaft einer in einem anderen Mitgliedstaat ansässigen Gesellschaft, wenn sie zumindest in Höhe von 25 % an deren

---

601 Vgl. EuGH vom 04.10.2001, Rs. C-294/99 (Athinaiki).

602 Vgl. Hahn, Hartmut: Geht der EuGH bei der Auslegung der Mutter-Tochter-Richtlinie einen Schritt zu weit? Anmerkung zum EuGH-Urteil vom 4.10.2001, in: IStR 2002, 11. Jg., S. 248-250; Lawall, Lars: Die Folgen des EuGH-Urteils Athinaiki für die bisherige deutsche Dividendenbesteuerung – Anmerkung zur Entscheidung des EuGH vom 4.10.2001, in: IStR 2002, 11. Jg., S. 204-205.

603 Vgl. Artikel 2 der Richtlinie (EWG) 90/435 über das gemeinsame Steuersystem der Mutter- und Tochtergesellschaften verschiedener Mitgliedstaaten, vom 23.06.1990, in: ABl. L 225 vom 20.08.1990, S. 6-9, ber. ABl. L 226, S. 20, geändert durch Beitrittsakte 1995, in: ABl. L 1 vom 01.01.1995, S. 1-219.

604 Vgl. Wollert-Elmendorff Deutsche Treuhand GmbH: Die Umsetzung der EG-Fusionsrichtlinie und der EG-Mutter-Tochter-Richtlinie in den EG-Mitgliedstaaten, Stuttgart 1995, S. 18.

605 Vgl. Kommission der Europäischen Gemeinschaften: Vorschlag für eine Richtlinie des Rates zur Änderung der Richtlinie 90/435/EWG des Rates vom 23. Juni 1990 über das gemeinsame Steuersystem der Mutter- und Tochtergesellschaften verschiedener Mitgliedstaaten, KOM (93) 293 endg., von der Kommission vorgelegt am 26.06.1993, in: ABl. C 255 vom 20.08.1993, S. 5-6, hier: S. 5; Rat der Europäischen Gemeinschaften: Stellungnahme zu dem Vorschlag für eine Richtlinie des Rates zur Änderung der Richtlinie 90/435/EWG vom 23. Juni 1990 über das gemeinsame Steuersystem von Mutter- und Tochtergesellschaften verschiedener Mitgliedstaaten, in: ABl. C 34 vom 02.02.1994, S. 41.

Kapital beteiligt ist.[606] Vorgesehen ist auch, dass die Mitgliedstaaten im Rahmen bilateraler Verträge anstatt der Mindestkapitalbeteiligung eine an den Stimmrechten bemessene Mindestbeteiligung vorsehen können.[607] Für die Anerkennung des Mutter-Tochter-Verhältnisses ist es den Mitgliedstaaten darüber hinaus gestattet, diese davon abhängig zu machen, ob die Mindestbeteiligung während eines ununterbrochenen Zeitraums von mindestens zwei Jahren bestanden hat.[608] Während Frankreich die Quellensteuerbefreiung von einer mindestens 25 %igen Beteiligung und die Steuerbefreiung bei der Muttergesellschaft von einer mindestens 10 %igen Beteiligung am Kapital der Tochtergesellschaft oder Erwerbskosten von mindestens 22.800.000,- € abhängig macht und eine Behaltefrist von zwei Jahren vorsieht, gibt das deutsche Steuerrecht eine mindestens 25 %ige Beteiligung und eine einjährige Behaltefrist vor.[609]

Der Europäische Gerichtshof hat durch seine Rechtsprechung entscheidend zur Interpretation der Mindesthaltedauer beigetragen. Ausgangslage der Rechtssache Denkavit war die Versagung der Quellensteuerbefreiung mit der Begründung, dass zum Zeitpunkt der Gewinnausschüttung die Mindesthaltefrist noch nicht abgelaufen war und somit kein Recht auf Quellensteuerbefreiung bestehen würde, bzw. die Schadenersatzklage der Gesellschaft, die eine während dieses Zeitraums vorgesehene Gewinnausschüttung unterlassen hatte, die Bedingungen durch Beibehalt der Beteiligung über die Mindesthaltedauer von zwei Jahren jedoch nachträglich erfüllte.[610] Der Europäische Gerichtshof hat daraufhin befunden, dass ein Mitgliedstaat die endgültige Gewährung der Steuervergünstigung nicht davon abhängig machen darf, dass die Mindesthaltedauer im Zeit-

606 Vgl. Artikel 3 Abs. 1 Bst. a) der Richtlinie (EWG) 90/435 über das gemeinsame Steuersystem der Mutter- und Tochtergesellschaften verschiedener Mitgliedstaaten, vom 23.06.1990, in: ABl. L 225 vom 20.08.1990, S. 6-9, ber. ABl. L 226, S. 20, geändert durch Beitrittsakte 1995, in: ABl. L 1 vom 01.01.1995, S. 1-219.

607 Vgl. Artikel 3 Abs. 2 der Richtlinie (EWG) 90/435 über das gemeinsame Steuersystem der Mutter- und Tochtergesellschaften verschiedener Mitgliedstaaten, vom 23.06.1990, in: ABl. L 225 vom 20.08.1990, S. 6-9, ber. ABl. L 226, S. 20, geändert durch Beitrittsakte 1995, in: ABl. L 1 vom 01.01.1995, S. 1-219.

608 Vgl. Artikel 3 Abs. 2 der Richtlinie (EWG) 90/435 über das gemeinsame Steuersystem der Mutter- und Tochtergesellschaften verschiedener Mitgliedstaaten, vom 23.06.1990, in: ABl. L 225 vom 20.08.1990, S. 6-9, ber. ABl. L 226, S. 20, geändert durch Beitrittsakte 1995, in: ABl. L 1 vom 01.01.1995, S. 1-219.

609 Vgl. § 43b Abs. 2 S. 1 und 2 EStG; Wollert-Elmendorff Deutsche Treuhand GmbH: Die Umsetzung der EG-Fusionsrichtlinie und der EG-Mutter-Tochter-Richtlinie in den EG-Mitgliedstaaten, Stuttgart 1995, S. 20, 24; Jacobs, Otto H.: Internationale Unternehmensbesteuerung, 4. Aufl., München 1999, S. 151.

610 Vgl. EuGH vom 17.10.1996, Rs. C-283/94, C-291/94, C-292/94 (Denkavit).

punkt der Gewinnausschüttung bereits abgelaufen ist.[611] Die Mitgliedstaaten müssen jedoch die Vergünstigung nicht im Zeitpunkt der Gewinnausschüttung gewähren.[612] Die Gesellschaften haben aber das Recht, sich nach Ablauf der Mindestbeteiligungszeit auf die Richtlinie und die rückwirkende Gewährung der Vergünstigung zu berufen.[613] Im Fall Denkavit konnte jedoch kein Anspruch auf Schadenersatz festgestellt werden, da es sich bei der fehlerhaften Auslegung der Richtlinie von Seiten der Mitgliedstaaten nicht um einen hinreichend konkretisierten Verstoß gegen das Gemeinschaftsrecht handle.[614]

4.3.1.3 Die Schiedsverfahrenskonvention

Ausschlaggebend für die Verabschiedung des Übereinkommens über die Beseitigung der Doppelbesteuerung im Falle von Gewinnberichtigungen zwischen verbundenen Unternehmen war die Ansicht, dass die Vermeidung der Doppelbesteuerung insbesondere innerhalb der Europäischen Union von großer Wichtigkeit sei.[615] Die Schiedsverfahrenskonvention wurde geschlossen, um eine doppelte wirtschaftliche Belastung von in der Europäischen Union ansässigen Unternehmen bzw. Konzernen im Falle von Gewinnberichtigungen zwischen verbundenen Unternehmen zu verhindern und ist am 1. Januar 1995 in Kraft getreten.[616]

Bei bestehenden Rechts- und Geschäftsbeziehungen zwischen in unterschiedlichen Mitgliedstaaten ansässigen verbundenen Unternehmen, also zwischen Mutter- und Tochtergesellschaften, Schwestergesellschaften oder zwischen Stammhaus und Betriebsstätte kann es durch eine entsprechende Vertragsgestaltung zu einer Verschiebung von Gewinnen bzw. Verlusten zwischen den Konzernunternehmen kommen,[617] unter anderem zum Zwecke der Steuerersparnis.

---

611 Vgl. EuGH vom 17.10.1996, Rs. C-283/94, C-291/94, C-292/94 (Denkavit).

612 Vgl. EuGH vom 17.10.1996, Rs. C-283/94, C-291/94, C-292/94 (Denkavit).

613 Vgl. EuGH vom 17.10.1996, Rs. C-283/94, C-291/94, C-292/94 (Denkavit).

614 Vgl. EuGH vom 17.10.1996, Rs. C-283/94, C-291/94, C-292/94 (Denkavit).

615 Vgl. Übereinkommen (EWG) 90/436 über die Beseitigung der Doppelbesteuerung im Falle von Gewinnberichtigungen zwischen verbundenen Unternehmen, in: ABl. L 225 vom 20.08.1990, S. 10-16, hier: S. 10; Laule, Gerhard: Die Harmonisierung des europäischen Steuerrechts, in: IStR 2001, 10. Jg., S. 297-306, hier: S. 302.

616 Vgl. Übereinkommen (EWG) 90/436 über die Beseitigung der Doppelbesteuerung im Falle von Gewinnberichtigungen zwischen verbundenen Unternehmen, in: ABl. L 225 vom 20.08.1990, S. 10-16, hier: S. 10; Laule, Gerhard: Die Harmonisierung des europäischen Steuerrechts, in: IStR 2001, 10. Jg., S. 297-306, hier: S. 302.

617 Unter dem Begriff Konzern soll hier auch der Einheits- bzw. Betriebsstättenkonzern subsumiert werden, da gemäß Artikel 1 Abs. 2 des Übereinkommen (EWG) 90/436 über

Um eine steuerlich motivierte Verschiebung von Gewinnen zu vermeiden, werden Entgelte für den konzerninternen Leistungsaustausch international verbundener Unternehmen von den nationalen Steuerverwaltungen diesbezüglich geprüft und zumeist gemäß international anerkannter Verrechnungspreisgrundsätze korrigiert. Eine Gewinnberichtigung ist im Rahmen des Übereinkommens zulässig, wenn ein Unternehmen eines Mitgliedstaates unmittelbar oder mittelbar an der Geschäftsleitung, der Kontrolle oder dem Kapital eines Unternehmens eines anderen Mitgliedstaates beteiligt ist oder dieselben Personen unmittelbar oder mittelbar an der Geschäftsleitung, der Kontrolle oder dem Kapital von Unternehmen verschiedener Mitgliedstaaten beteiligt sind und die beiden Unternehmen in ihren kaufmännischen oder finanziellen Beziehungen Bedingungen vereinbart haben, die von denen abweichen, die unabhängige Unternehmen vereinbart hätten.[618] Gleiches gilt auch für Betriebsstätten, durch die ein Unternehmen eines Mitgliedstaates seine Tätigkeit in einem anderen Mitgliedstaat ausübt.[619]

Kommt es zu einer Gewinnerhöhung bei einem Unternehmen eines Mitgliedstaates, geht damit aufgrund von Spielräumen in der Bewertung von Verrechnungspreisen nicht zwangsläufig eine korrespondierende Gewinnherabsetzung bei dem Unternehmen des anderen Mitgliedstaates einher; dies hätte eine doppelte steuerliche Erfassung des Korrekturbetrags innerhalb der Europäischen Union zur Folge.

Da bislang im Rahmen eines auf Artikel 25 des OECD-Musterabkommens[620] basierenden Verständigungsverfahrens kein Einigungszwang bestand, sieht die Schiedsverfahrenskonvention eine abgestimmte Einkünfteermittlung auf bis zu drei Stufen vor, die zwingend eine Einigung der zuständigen Behörden der betroffenen Mitgliedstaaten zur Folge hat und somit sowohl eine doppelte

---

die Beseitigung der Doppelbesteuerung im Falle von Gewinnberichtigungen zwischen verbundenen Unternehmen, in: ABl. L 225 vom 20.08.1990, S. 10-16 eine Betriebsstätte eines Unternehmens eines Vertragstaates, die in einem anderen Vertragstaat gelegen ist, als Unternehmen ihres Belegenheitsstaates gilt.

618 Vgl. Artikel 4 Nr. 1 des Übereinkommen (EWG) 90/436 über die Beseitigung der Doppelbesteuerung im Falle von Gewinnberichtigungen zwischen verbundenen Unternehmen, in: ABl. L 225 vom 20.08.1990, S. 10-16.

619 Vgl. Artikel 4 Nr. 2 des Übereinkommen (EWG) 90/436 über die Beseitigung der Doppelbesteuerung im Falle von Gewinnberichtigungen zwischen verbundenen Unternehmen, in: ABl. L 225 vom 20.08.1990, S. 10-16.

620 Vgl. OECD: OECD-Musterabkommen 2000 zur Vermeidung der Doppelbesteuerung auf dem Gebiet der Steuern vom Einkommen und vom Vermögen, Stand Dezember 2000, in: www.bundesfinanzministerium.de/Anlage4929/OECD-Musterabkommen-2000.pdf.

Besteuerung von Gewinnen als auch eine mehrfache Abzugsfähigkeit von Verlusten verhindert.[621]

Anzumerken ist desweiteren, dass die Schiedsverfahrenskonvention sich in ihrer Anwendbarkeit nicht nur auf Kapitalgesellschaften, sondern auch auf Personengesellschaften und sogar auf Betriebsstätten erstreckt.[622] Der Sinn und Zweck des Übereinkommens, der in der Vermeidung der Doppelbesteuerung liegt, wäre anderenfalls nur in Ansätzen erfüllt worden.

4.3.2 Geplante Maßnahmen der Europäischen Union

Neben den beiden beschriebenen Richtlinien der Europäischen Union zur direkten Besteuerung und dem Übereinkommen existieren weitere Vorschläge, die ebenfalls auf das Errichten und das Funktionieren des gemeinsamen Marktes ausgerichtet sind, bislang jedoch nicht ratifiziert wurden. Dabei handelt es sich um die Richtlinie über die Steuerbefreiung von Zinsen und Lizenzgebühren, die Richtlinie über die Mindestbesteuerung von Zinserträgen und die Richtlinie über die Berücksichtigung der Verluste von Tochtergesellschaften und Betriebsstätten.[623] Zu der Formulierung der Vorschläge der Richtlinie über die Steuerbefrei-

---

621 Vgl. die Artikel 1-3 und 6-14 des Übereinkommen (EWG) 90/436 über die Beseitigung der Doppelbesteuerung im Falle von Gewinnberichtigungen zwischen verbundenen Unternehmen, in: ABl. L 225 vom 20.08.1990, S. 10-16; Jacobs, Otto H.: Internationale Unternehmensbesteuerung, 4. Aufl., München 1999, S. 177; Schaumburg, Harald: Internationales Steuerrecht: Außensteuerrecht, Doppelbesteuerungsrecht, 2. Aufl., Köln 1998, S. 60; Voß, Reimer: Europäisches und nationales Steuerrecht, in: StuW 1993, 70. Jg., S. 155-168, hier: S. 155, 163.

622 Vgl. Artikel 1 und 2 des Übereinkommen (EWG) 90/436 über die Beseitigung der Doppelbesteuerung im Falle von Gewinnberichtigungen zwischen verbundenen Unternehmen, in: ABl. L 225 vom 20.08.1990, S. 10-16.

623 Vgl. Kommission der Europäischen Gemeinschaften: Vorschlag für eine Richtlinie des Rates über die gemeinsame Steuerregelung für Zahlungen von Zinsen und Lizenzgebühren zwischen Mutter- und Tochtergesellschaften verschiedener Mitgliedstaaten, KOM (90) 571 endg., von der Kommission vorgelegt am 06.12.1990, in: ABl. C 53 vom 28.02.1991, S. 26-29; Kommission der Europäischen Gemeinschaften: Vorschlag für eine Richtlinie des Rates über die gemeinsame Steuerregelung für Zahlungen von Zinsen und Lizenzgebühren zwischen verbundenen Unternehmen verschiedener Mitgliedstaaten, KOM (1998) 67 endg., von der Kommission vorgelegt am 06.03.1998, in: ABl. C 123 vom 22.04.1998, S. 9-13; Kommission der Europäischen Gemeinschaften: Vorschlag für eine Richtlinie des Rates über eine Regelung für Unternehmen zur Berücksichtigung der Verluste ihrer in anderen Mitgliedstaaten belegenen Betriebsstätten und Tochtergesellschaften, KOM (90) 595 endg., von der Kommission vorgelegt am 06.12.1990, in: ABl. C 53 vom 28.02.1991, S. 30-34; Carl, Dieter: Neue Vorschläge zur Vereinheitlichung der Unternehmensbesteuerung, in DStZ 1993, S.2-5, hier: S. 2-3.

ung von Zinsen und Lizenzgebühren und der Richtlinie über die Mindestbesteuerung von Zinserträgen wurde die Kommission durch das Maßnahmenpaket zur Unternehmensbesteuerung angeregt.

Ausgangspunkt für die Erarbeitung des Maßnahmenpakets war, dass eine Vermeidung der unerwünschten Auswirkungen des Steuerwettbewerbs durch gemeinsames Vorgehen der Mitgliedstaaten von der Europäischen Union als notwendig erachtet wird.[624]

Um insbesondere auf europäischer Ebene Verzerrungen im Binnenmarkt abzubauen, erhebliche Einbußen beim Steueraufkommen zu vermeiden und die gegenüber dem Kapital ständig ansteigende steuerliche Belastung des Faktors Arbeit zurückzuführen und so eine beschäftigungsfreundliche Gestaltung der Steuerstrukturen in der Gemeinschaft zu ermöglichen, legte die Europäische Kommission am 1. Oktober 1997 ein „Maßnahmenpaket zur Bekämpfung des schädlichen Steuerwettbewerbs in der Europäischen Union" vor.[625] Dieses Globalkonzept in Form eines Steuerpaketes umfasst nunmehr sowohl einen

- Verhaltenskodex für die Unternehmensbesteuerung, begleitet von einer Mitteilung der Kommission über staatliche Beihilfen im steuerlichen Bereich,
- Maßnahmen sowohl zur Beseitigung von Verzerrungen bei der Besteuerung von Kapitalerträgen, insbesondere von Zinszahlungen an Privatpersonen, deren Wohnsitz in einem anderen Mitgliedstaat belegen ist, als auch

---

624 Vgl. Rat der Europäischen Gemeinschaften: Schlußfolgerungen des Rates „Wirtschafts- und Finanzfragen" vom 1. Dezember 1997 zur Steuerpolitik – Entschließung des Rates und der im Rat vereinigten Vertreter der Regierungen der Mitgliedstaaten vom 1. Dezember 1997 über einen Verhaltenskodex für die Unternehmensbesteuerung – Besteuerung von Zinserträgen, in: ABl. C 2 vom 06.01.1998, S. 1-6; OECD: Harmful Tax Competition – An Emerging Global Issue, Paris 1998 und in: http://www.oecd.org/pdf/M00004000/M00004517.pdf.

625 Vgl. Kommission der Europäischen Gemeinschaften: Mitteilung der Kommission an den Rat und das Europäische Parlament: Erster Jahresbericht über die Anwendung des Verhaltenskodex für die Unternehmensbesteuerung und über steuerliche Beihilfen: Bericht über den Fortschritt der Arbeiten zur Besteuerung von Zinserträgen und eine gemeinsame Steuerregelung für Zahlungen von Zinsen und Lizenzgebühren zwischen verbundenen Unternehmen, Brüssel 1998, in: http://europa.eu.int/comm/taxation_customs/french publications/official_doc/com/taxation/com_nov1998/com595de.pdf, S. 1; Mors, Matthias: Der EU-Verhaltenskodex zur Unternehmensbesteuerung. Bisherige Erfahrungen und Ergebnisse der „hochrangigen Arbeitsgruppe, in: Müller, Walter/Fromm, Oliver/Hansjürgens, Bernd: Regeln für den europäischen Systemwettbewerb – Steuern und soziale Sicherungssysteme, Marburg 2001, S. 197-215, hier: S. 198.

- die Auffassung, dass die Kommission zur Abschaffung von Quellensteuern auf grenzüberschreitende Zahlungen von Zinsen und Lizenzgebühren zwischen in verschiedenen Mitgliedstaaten ansässigen Unternehmen einen Richtlinienvorschlag erarbeiten sollte.[626]

Die grundlegende Zielsetzung war jedoch keine Harmonisierung der Steuersysteme, sondern vielmehr eine Koordinierung der Steuerpolitik der Mitgliedstaaten zur Beseitigung unerwünschter Ausprägungen des Steuerwettbewerbs. Die Fortsetzung der Arbeit der Kommission im steuerlichen Bereich wurde allerdings als notwendig befunden.[627]

4.3.2.1 Richtlinienvorschläge über eine gemeinsame Steuerregelung für Zinsen und Lizenzgebühren

Unter der Erwägung, dass in einem gemeinsamen Markt die für Finanzbeziehungen zwischen Unternehmen verschiedener Mitgliedstaaten geltenden steuerlichen Vorschriften nicht ungünstiger sein dürfen als für derartige Beziehungen zwischen Unternehmen eines Mitgliedstaates, und zur Vermeidung der Möglichkeit der Doppelbesteuerung hat die Kommission nach Stellungnahme des Europäischen Parlaments und des Wirtschafts- und Sozialausschusses dem Rat erstmalig 1990 einen Vorschlag über eine gemeinsame Steuerregelung für Zinsen und Lizenzgebühren vorgelegt, der 1998 modifiziert wurde.[628] Der

---

626 Vgl. Rat der Europäischen Gemeinschaften: Schlußfolgerungen des Rates „Wirtschafts- und Finanzfragen" vom 1. Dezember 1997 zur Steuerpolitik – Entschließung des Rates und der im Rat vereinigten Vertreter der Regierungen der Mitgliedstaaten vom 1. Dezember 1997 über einen Verhaltenskodex für die Unternehmensbesteuerung – Besteuerung von Zinserträgen, in: ABl. C 2 vom 06.01.1998, S. 1-6, hier: S. 1; Kommission der Europäischen Gemeinschaften: Mitteilung der Kommission an den Rat und das Europäische Parlament: Erster Jahresbericht über die Anwendung des Verhaltenskodex für die Unternehmensbesteuerung und über steuerliche Beihilfen: Bericht über den Fortschritt der Arbeiten zur Besteuerung von Zinserträgen und eine gemeinsame Steuerregelung für Zahlungen von Zinsen und Lizenzgebühren zwischen verbundenen Unternehmen, Brüssel 1998, in: http://europa.eu.int/comm/taxation_customs/french/publications/official_doc/com/taxation/com_nov1998/com595de.pdf, S. 2.

627 Vgl. Rat der Europäischen Gemeinschaften: Schlußfolgerungen des Rates „Wirtschafts- und Finanzfragen" vom 1. Dezember 1997 zur Steuerpolitik – Entschließung des Rates und der im Rat vereinigten Vertreter der Regierungen der Mitgliedstaaten vom 1. Dezember 1997 über einen Verhaltenskodex für die Unternehmensbesteuerung – Besteuerung von Zinserträgen, in: ABl. C 2 vom 06.01.1998, S. 1-6, hier: S. 1.

628 Vgl. Kommission der Europäischen Gemeinschaften: Vorschlag für eine Richtlinie des Rates über die gemeinsame Steuerregelung für Zahlungen von Zinsen und Lizenzgebühren zwischen Mutter- und Tochtergesellschaften verschiedener Mitgliedstaaten, KOM (90) 571 endg., von der Kommission vorgelegt am 06.12.1990, in: ABl. C 53 vom

Richtlinienentwurf von 1998 ist im Wesentlichen ein Ergebnis der Beschlüsse vom 1. Dezember 1997. Der Vorschlag von 1990 stand unter Kritik, da er mit Steuermindereinnahmen für die Mitgliedstaaten verbunden war.[629]

Eine vollständige Beseitigung der durch grenzüberschreitend geleistete Zahlungen von Zinsen und Lizenzgebühren induzierten Doppelbesteuerung erlegt den Unternehmen einen hohen Verwaltungsaufwand und Liquiditätsbelastungen auf und ist weder durch nationale Regelungen noch durch Vorschriften in bestehenden bilateralen Abkommen hinreichend gewährleistet.[630] Bislang ist diese aus den Erfordernissen eines gemeinschaftlichen Binnenmarktes resultierende Notwendigkeit für die Zahlung von Zinsen und Lizenzgebühren nicht erfüllt und sollte durch die Richtlinie umgesetzt werden.[631] Unter Beachtung des Subsidiaritäts- und Verhältnismäßigkeitsgrundsatzes vertritt die Kommission die Auffassung, dass die Ziele der Richtlinie durch die Maßnahmen der einzelnen Mit-

---

28.02.1991, S. 26-29; Kommission der Europäischen Gemeinschaften: Vorschlag für eine Richtlinie des Rates über die gemeinsame Steuerregelung für Zahlungen von Zinsen und Lizenzgebühren zwischen verbundenen Unternehmen verschiedener Mitgliedstaaten, KOM (1998) 67 endg., von der Kommission vorgelegt am 06.03.1998, in: ABl. C 123 vom 22.04.1998, S. 9-13; Kommission der Europäischen Gemeinschaften: Mitteilung der Kommission an den Rat und das Europäische Parlament: Erster Jahresbericht über die Anwendung des Verhaltenskodex für die Unternehmensbesteuerung und über steuerliche Beihilfen: Bericht über den Fortschritt der Arbeiten zur Besteuerung von Zinserträgen und eine gemeinsame Steuerregelung für Zahlungen von Zinsen und Lizenzgebühren zwischen verbundenen Unternehmen, Brüssel 1998, in: http://europa.eu.int/ comm/ taxation_customs/french/publications/official_doc/com/ taxation/ com_nov1998/ com595 de.pdf, S. 7.

629 Vgl. Kischel, Dieter: EU-Richtlinienvorschlag zur Beseitigung der Quellensteuern auf Zinszahlungen zwischen verbundenen Unternehmen, in: IWB, Fach 11, Gruppe 2, vom 26.08.1998, S. 353-356, hier: S. 356.

630 Doppelbesteuerungen können beispielsweise durch Anrechnungsüberhänge auftreten. Vgl. Kischel, Dieter: EU-Richtlinienvorschlag zur Beseitigung der Quellensteuern auf Zinszahlungen zwischen verbundenen Unternehmen, in: IWB, Fach 11, Gruppe 2, vom 26.08.1998, S. 353-356, hier: S. 353.

631 Vgl. Kommission der Europäischen Gemeinschaften: Vorschlag für eine Richtlinie des Rates über die gemeinsame Steuerregelung für Zahlungen von Zinsen und Lizenzgebühren zwischen Mutter- und Tochtergesellschaften verschiedener Mitgliedstaaten, KOM (90) 571 endg., von der Kommission vorgelegt am 06.12.1990, in: ABl. C 53 vom 28.02.1991, S. 26-29, hier: S. 26; Kischel, Dieter: EU-Richtlinienvorschlag zur Beseitigung der Quellensteuern auf Zinszahlungen zwischen verbundenen Unternehmen, in: IWB, Fach 11, Gruppe 2, vom 26.08.1998, S. 353-356, hier S. 353.

gliedstaaten nicht hinreichend verwirklicht werden können und daher besser von der Gemeinschaft geregelt werden sollten.[632]

Um die steuerliche Gleichbehandlung von innerstaatlichen und grenzüberschreitenden Unternehmenskonstruktionen zu gewährleisten und deren diesbezügliche Belastungen zu beseitigen, ist die Aufhebung jeglichen Steuerabzugs an der Quelle für Zahlungen von Zinsen und Lizenzgebühren am besten geeignet.[633] Die Befreiung von der Quellenbesteuerung auf Zinsen und Lizenzgebühren ist sowohl für Zahlungen von der Muttergesellschaft an eine Tochtergesellschaft als auch für den umgekehrten Fall vorgesehen.[634] Der Richtlinienentwurf von 1998 bezieht sich anders als der Richtlinienvorschlag von 1990 nicht auf Mutter- und Tochtergesellschaften, sondern auf verbundene Unternehmen.[635]

Es muss jedoch gewährleistet sein, dass Zinsen und Lizenzgebühren tatsächlich besteuert werden. Den Mitgliedstaaten der Europäischen Union muss daher die Möglichkeit eingeräumt werden, die zur Bekämpfung von Betrug und Missbrauch erforderlichen Maßnahmen zu ergreifen.[636] Erfasst werden von diesem

---

632 Vgl. Kommission der Europäischen Gemeinschaften: Vorschlag für eine Richtlinie des Rates über die gemeinsame Steuerregelung für Zahlungen von Zinsen und Lizenzgebühren zwischen verbundenen Unternehmen verschiedener Mitgliedstaaten, KOM (1998) 67 endg., von der Kommission vorgelegt am 06.03.1998, in: ABl. C 123 vom 22.04.1998, S. 9-13, hier: S. 9.

633 Vgl. Kommission der Europäischen Gemeinschaften: Vorschlag für eine Richtlinie des Rates über die gemeinsame Steuerregelung für Zahlungen von Zinsen und Lizenzgebühren zwischen Mutter- und Tochtergesellschaften verschiedener Mitgliedstaaten, KOM (90) 571 endg., von der Kommission vorgelegt am 06.12.1990, in: ABl. C 53 vom 28.02.1991, S. 26-29, Artikel 1.

634 Vgl. Knobbe-Keuk, Brigitte: Bilanz- und Unternehmenssteuerrecht, 8. Aufl., Köln 1991, S. 313-314; Easson, Alexander James: Taxation in the European Community, London 1993, S. 211; Carl, Dieter: Neue Vorschläge der Kommission zur Unternehmensbesteuerung, in: EuZW 1991, 2. Jg., S. 369-372, hier: S. 371.

635 Vgl. Kischel, Dieter: EU-Richtlinienvorschlag zur Beseitigung der Quellensteuern auf Zinszahlungen zwischen verbundenen Unternehmen, in: IWB, Fach 11, Gruppe 2, vom 26.08.1998, S. 353-356, hier: S. 353; Kommission der Europäischen Gemeinschaften: Vorschlag für eine Richtlinie des Rates über die gemeinsame Steuerregelung für Zahlungen von Zinsen und Lizenzgebühren zwischen Mutter- und Tochtergesellschaften verschiedener Mitgliedstaaten, KOM (90) 571 endg., von der Kommission vorgelegt am 06.12.1990, in: ABl. C 53 vom 28.02.1991, S. 26-29, Artikel 4; Kommission der Europäischen Gemeinschaften: Vorschlag für eine Richtlinie des Rates über die gemeinsame Steuerregelung für Zahlungen von Zinsen und Lizenzgebühren zwischen verbundenen Unternehmen verschiedener Mitgliedstaaten, KOM (1998) 67 endg., von der Kommission vorgelegt am 06.03.1998, in: ABl. C 123 vom 22.04.1998, S. 9-13, Artikel 3.

636 Vgl. Kommission der Europäischen Gemeinschaften: Vorschlag für eine Richtlinie des Rates über die gemeinsame Steuerregelung für Zahlungen von Zinsen und Lizenzgebüh-

Richtlinienvorschlag Zinsen, die Einkünfte aus Forderungen jeder Art, einschließlich Obligationen und partiarischen Darlehen umfassen, und Lizenzgebühren, die Vergütungen jeder Art für die Nutzung oder für das Recht der Nutzung von Urheberrechten darstellen.[637] Anwendungsberechtigte der Richtlinie sind körperschaftsteuerpflichtige Gesellschaften sowie deren in anderen Mitgliedstaaten belegenen Betriebstätten, die zu mindestens 25 % am Kapital einer anderen Gesellschaft beteiligt sind.[638]

Die wesentlichen Unterschiede der beiden Richtlinienvorschläge liegen darin, dass der Vorschlag von 1998 die Verrechnungspreisproblematik sowie Regelungen bezüglich der Zahlung von Zinsen und Lizenzgebühren aufgrund von Sonderregelungen niedriger besteuernder Mitgliedstaaten einbezieht.[639] So wird geregelt, dass die Richtlinie nur auf den niedrigeren Fremdvergleichsbetrag Anwendung findet, wenn zwischen dem Zahlenden und dem Nutzungsberechtigten von Zinsen oder Lizenzgebühren oder zwischen einem von ihnen und

---

ren zwischen Mutter- und Tochtergesellschaften verschiedener Mitgliedstaaten, KOM (90) 571 endg., von der Kommission vorgelegt am 06.12.1990, in: ABl. C 53 vom 28.02.1991, S. 26-29, Artikel 7.

637 Vgl. Kommission der Europäischen Gemeinschaften: Vorschlag für eine Richtlinie des Rates über die gemeinsame Steuerregelung für Zahlungen von Zinsen und Lizenzgebühren zwischen Mutter- und Tochtergesellschaften verschiedener Mitgliedstaaten, KOM (90) 571 endg., von der Kommission vorgelegt am 06.12.1990, in: ABl. C 53 vom 28.02.1991, S. 26-29, Artikel 2.

638 Vgl. Kommission der Europäischen Gemeinschaften: Vorschlag für eine Richtlinie des Rates über die gemeinsame Steuerregelung für Zahlungen von Zinsen und Lizenzgebühren zwischen verbundenen Unternehmen verschiedener Mitgliedstaaten, KOM (1998) 67 endg., von der Kommission vorgelegt am 06.03.1998, in: ABl. C 123 vom 22.04.1998, S. 9-13, Artikel 1 Abs. 1, Artikel 3 Abs. 1 Bst. a) und b). Außerdem enthält der Vorschlag für die Zinsrichtlinie besondere Regelungen für Griechenland und Portugal, die bis zum Ablauf des siebten Jahres nach Inkrafttreten der Richtlinie weiterhin Quellensteuern auf die Zahlungen von Zinsen und Lizenzgebühren von Tochterunternehmen an Muttergesellschaften anderer Mitgliedstaaten aufgrund fiskalischer Gründe erheben dürfen, diese Quellensteuern jedoch während der ersten fünf Jahre 10 % und in den letzten zwei Jahren 5 % nicht übersteigen dürfen. Vgl Kommission der Europäischen Gemeinschaften: Vorschlag für eine Richtlinie des Rates über die gemeinsame Steuerregelung für Zahlungen von Zinsen und Lizenzgebühren zwischen verbundenen Unternehmen verschiedener Mitgliedstaaten, KOM (1998) 67 endg., von der Kommission vorgelegt am 06.03.1998, in: ABl. C 123 vom 22.04.1998, S. 9-13, Artikel 8.

639 Vgl. Kommission der Europäischen Gemeinschaften: Vorschlag für eine Richtlinie des Rates über die gemeinsame Steuerregelung für Zahlungen von Zinsen und Lizenzgebühren zwischen verbundenen Unternehmen verschiedener Mitgliedstaaten, KOM (1998) 67 endg., von der Kommission vorgelegt am 06.03.1998, in: ABl. C 123 vom 22.04.1998, S. 9-13, Artikel 5 und 7.

einem Dritten besondere Beziehungen bestehen und aufgrund dieser die Entgelte sich von denen unterscheiden, die unabhängige Parteien vereinbart hätten.[640] Die Mitgliedstaaten sind auch berechtigt, die Richtlinie nicht anzuwenden, wenn die die Zahlung empfangende Gesellschaft des anderen Mitgliedstaates aufgrund besonderer Bestimmungen hinsichtlich dieser Zahlung einem niedrigeren Steuersatz unterliegt als dem, der sonst auf derlei Einkünfte von Gesellschaften dieses Mitgliedstaates anwendbar ist.[641] Gleiches gilt für eine sonst nicht übliche Verringerung der Bemessungsgrundlage.[642] Treffen diese Einschränkungen nur auf einen Teil der Zinsen und Lizenzgebühren zu, so darf nur für diesen Teil und nicht für die gesamte Zahlung die Anwendung der Richtlinie von den Mitgliedstaaten versagt werden.[643]

Außerdem wird es als erforderlich angesehen, dass die Kommission drei Jahre nach Inkrafttreten der Richtlinie über die Wirkungsweise der Richtlinie Bericht erstattet, wobei insbesondere das Ausmaß der einzubeziehenden Unternehmen, die Berücksichtigung divergierender Steuerlasten und die Überprüfung der Begriffsabgrenzung der Zinsen und Lizenzgebühren hinsichtlich der notwendigen Konvergenz der diesbezüglichen nationalen und bilateralen Regelungen Gegenstand sein soll.[644] Der Richtlinienvorschlag wurde am 17. September 1998

---

640 Vgl. Kommission der Europäischen Gemeinschaften: Vorschlag für eine Richtlinie des Rates über die gemeinsame Steuerregelung für Zahlungen von Zinsen und Lizenzgebühren zwischen verbundenen Unternehmen verschiedener Mitgliedstaaten, KOM (1998) 67 endg., von der Kommission vorgelegt am 06.03.1998, in: ABl. C 123 vom 22.04.1998, S. 9-13, Artikel 5.

641 Vgl. Kommission der Europäischen Gemeinschaften: Vorschlag für eine Richtlinie des Rates über die gemeinsame Steuerregelung für Zahlungen von Zinsen und Lizenzgebühren zwischen verbundenen Unternehmen verschiedener Mitgliedstaaten, KOM (1998) 67 endg., von der Kommission vorgelegt am 06.03.1998, in: ABl. C 123 vom 22.04.1998, S. 9-13, Artikel 7.

642 Vgl. Kommission der Europäischen Gemeinschaften: Vorschlag für eine Richtlinie des Rates über die gemeinsame Steuerregelung für Zahlungen von Zinsen und Lizenzgebühren zwischen verbundenen Unternehmen verschiedener Mitgliedstaaten, KOM (1998) 67 endg., von der Kommission vorgelegt am 06.03.1998, in: ABl. C 123 vom 22.04.1998, S. 9-13, Artikel 7.

643 Vgl. Kommission der Europäischen Gemeinschaften: Vorschlag für eine Richtlinie des Rates über die gemeinsame Steuerregelung für Zahlungen von Zinsen und Lizenzgebühren zwischen verbundenen Unternehmen verschiedener Mitgliedstaaten, KOM (1998) 67 endg., von der Kommission vorgelegt am 06.03.1998, in: ABl. C 123 vom 22.04.1998, S. 9-13, Artikel 7.

644 Vgl. Kommission der Europäischen Gemeinschaften: Vorschlag für eine Richtlinie des Rates über die gemeinsame Steuerregelung für Zahlungen von Zinsen und Lizenzgebühren zwischen verbundenen Unternehmen verschiedener Mitgliedstaaten, KOM (1998) 67

durch das Parlament gebilligt und soll bis Ende 2002 zusammen mit dem Richtlinienvorschlag über die Mindestbesteuerung von Zinserträgen und dem Verhaltenskodex zur Unternehmensbesteuerung verabschiedet werden.[645]

4.3.2.2 Richtlinienvorschlag über die Mindestbesteuerung von Zinserträgen

Begründet wird das Erfordernis einer Richtlinie für die Mindestbesteuerung der Zinserträge mit der mangelnden Koordination der einzelstaatlichen Systeme hinsichtlich der Besteuerung von Zinserträgen innerhalb der Europäischen Union, insbesondere bezüglich der Behandlung von Zinsen, die in einem anderen Mitgliedstaat als dem Wohnsitzstaat vereinnahmt werden.[646] Dieser Mangel an Koordination ermöglicht es den Gebietsansässigen der Mitgliedstaaten, der Besteuerung der in einem anderen Mitgliedstaat erzielten Zinsen zu entgehen.[647] Die mit dieser Möglichkeit der Steuerflucht und -hinterziehung im Kapitalverkehr zwischen den Mitgliedstaaten verbundenen wirtschaftlichen Verzerrungen sind jedoch mit dem Bestehen eines Binnenmarktes nicht vereinbar. Daher soll die Richtlinie die effektive Besteuerung der grenzüberschreitenden Zinserträge im Wohnsitzstaat des Steuerpflichtigen gemäß den dortigen innerstaatlichen Rechtsvorschriften gewährleisten.[648] Die effektive Besteuerung kann auf Ebene der Mitgliedstaaten wegen Mangels an Koordination nach

---

endg., von der Kommission vorgelegt am 06.03.1998, in: ABl. C 123 vom 22.04.1998, S. 9-13, Artikel 10.

645 Vgl. Laule, Gerhard: Die Harmonisierung des europäischen Steuerrechts, in: IStR 2001, 10. Jg., S. 297-306, hier: S. 303.

646 Vgl. Kommission der Europäischen Gemeinschaften: Vorschlag für eine Richtlinie des Rates zur Gewährleistung eines Minimums an effektiver Besteuerung von Zinserträgen innerhalb der Gemeinschaft, KOM (2001) 400 endg., von der Kommission vorgelegt am 18.07.2001, in: http://europa.eu.int/ comm/ taxation_customs/ proposals/ taxation/ com 2001400/com2001400 _de.pdf, S. 22; Nachreiner, Andreas: Der Vorschlag für eine EU-Richtlinie zur Besteuerung von Zinserträgen und die Auswirkungen im Falle seiner Umsetzung, in: DStZ 1999, 87. Jg., S. 486-491, hier: S. 486-487.

647 Vgl. Kommission der Europäischen Gemeinschaften: Vorschlag für eine Richtlinie des Rates zur Gewährleistung eines Minimums an effektiver Besteuerung von Zinserträgen innerhalb der Gemeinschaft, KOM (2001) 400 endg., von der Kommission vorgelegt am 18.07.2001, in: http://europa.eu.int/ comm/ taxation_customs/ proposals /taxation/ com 2001400/com2001400 _de.pdf, S. 22.

648 Vgl. Kommission der Europäischen Gemeinschaften: Vorschlag für eine Richtlinie des Rates zur Gewährleistung eines Minimums an effektiver Besteuerung von Zinserträgen innerhalb der Gemeinschaft, KOM (2001) 400 endg., von der Kommission vorgelegt am 18.07.2001, in: http://europa.eu.int/ comm/ taxation_customs/ proposals/ taxation/ com 2001400/com2001400 _de.pdf, S. 22.

Auffassung der Kommission nicht ausreichend erreicht werden; daher dürfte die Gemeinschaft unter Wahrung des Subsidiaritätsprinzip tätig werden.[649] Um das Verhältnismäßigkeitsprinzip zu wahren, beschränkt sich der Richtlinienvorschlag auf das zum Erreichen des Ziels notwendige Minimum.[650]

Der Rat für Wirtschafts- und Finanzfragen hat 1997 durch seine Schlussfolgerungen zur Besteuerung von Zinserträgen, in denen die Gewährleistung einer Mindestbesteuerung von Zinsen zur Vermeidung unerwünschter Wettbewerbsverzerrungen gebilligt wurde, sowie durch eine Anzahl von vereinbarten Elementen die Grundlage des ersten Richtlinienvorschlags gebildet.[651] Der zweite Richtlinienvorschlag zur Gewährleistung einer Mindestbesteuerung von Zinserträgen innerhalb der Gemeinschaft basiert auf einem Konsens, den der Europäische Rat im Juni 2000 und der Rat „Wirtschaft und Finanzen“ aufbauend auf den Schlussfolgerungen des Europäischen Rates im November 2000 erzielten.[652] Er wurde dem Rat der Europäischen Union von der Kommission im Juli 2001

---

649 Vgl. Kommission der Europäischen Gemeinschaften: Vorschlag für eine Richtlinie des Rates zur Gewährleistung eines Minimums an effektiver Besteuerung von Zinserträgen innerhalb der Gemeinschaft, KOM (2001) 400 endg., von der Kommission vorgelegt am 18.07.2001, in: http://europa.eu.int/ comm/ taxation_customs/ proposals/ taxation/ com 2001400/ com 2001400 _de.pdf, S. 22.

650 Vgl. Kommission der Europäischen Gemeinschaften: Vorschlag für eine Richtlinie des Rates zur Gewährleistung eines Minimums an effektiver Besteuerung von Zinserträgen innerhalb der Gemeinschaft, KOM (2001) 400 endg., von der Kommission vorgelegt am 18.07.2001, in: http://europa.eu.int/ comm/taxation_customs/ proposals/ taxation/ com 2001400/com2001400 _de.pdf, S. 22.

651 Vgl. Rat der Europäischen Gemeinschaften: Schlußfolgerungen des Rates „Wirtschafts- und Finanzfragen“ vom 1. Dezember 1997 zur Steuerpolitik – Entschließung des Rates und der im Rat vereinigten Vertreter der Regierungen der Mitgliedstaaten vom 1. Dezember 1997 über einen Verhaltenskodex für die Unternehmensbesteuerung – Besteuerung von Zinserträgen, in: ABl. C 2 vom 06.01.1998, S. 1-6, hier: S. 1; Kommission der Europäischen Gemeinschaften: Vorschlag für eine Richtlinie des Rates zur Gewährleistung eines Minimums an effektiver Besteuerung von Zinserträgen innerhalb der Gemeinschaft, KOM (1998) 295 endg., von der Kommission vorgelegt am 04.06.1998, in: ABl. C 212 vom 08.07.1998, S. 13-18, hier S. 13.

652 Vgl. Europäischer Rat: Schlußfolgerungen des Vorsitzes, Santa Maria de Feira (19. und 20. Juni 2000), in: http://europa.eu.int/council/off/conclu/june2000/june2000_de.pdf; Rat „Wirtschaft und Finanzen“: Mitteilung an die Presse: 2312. Tagung des Rates Wirtschaft und Finanzen am 26./27. November 2000 in Brüssel, in: http://ue.eu.int/ Newsroom/ LoadDoc.cfm?M...OC=!!!&BID=93&DID=64441&GRP=2989&LANG=4; Kommission der Europäischen Gemeinschaften: Vorschlag für eine Richtlinie des Rates zur Gewährleistung eines Minimums an effektiver Besteuerung von Zinserträgen innerhalb der Gemeinschaft, KOM (2001) 400 endg., von der Kommission vorgelegt am 18.07.2001, in: http://europa. eu.int/ comm/ taxation_customs/ proposals/ taxation/ com 2001400/ com 2001400_de.pdf.

vorgelegt, nachdem der erste Richtlinienvorschlag trotz intensiver Erörterung auf politischer und fachlicher Ebene keine einstimmige Unterstützung durch die Mitgliedstaaten fand.[653]

Der Vorschlag für eine Richtlinie zur Gewährleistung eines Minimums an effektiver Besteuerung von Zinserträgen innerhalb der Gemeinschaft scheint auf den ersten Blick den Zielsetzungen der zuvor beschriebenen Richtlinie über die Quellensteuerbefreiung für die Zahlung von Zinsen und Lizenzgebühren zu widersprechen. Anders als bei dieser Richtlinie werden jedoch keine Unternehmen, sondern nur wirtschaftliche Eigentümer, die natürliche Personen mit Wohnsitz in einem Mitgliedstaat sind und die Zinserträge aus einem anderen Mitgliedstaat der Europäischen Union erhalten, von der Richtlinie zur Mindestbesteuerung von Zinserträgen erfasst, so dass sich bezüglich des Wirkungsbereiches der Richtlinien keine Überschneidungen ergeben.[654]

Die Richtlinie ist in ihrer Anwendung beschränkt auf Zinsen, die aus Kapitalanlagen resultieren, die zu Pensionen und Versicherungsleistungen durch noch zu erarbeitende spezifische Kriterien abgegrenzt werden müssen.[655] So gelten als Zinsen beispielsweise Erträge aus Forderungen jeder Art sowie die damit verbundenen Prämien und Gewinne.[656]

---

653 Vgl. Europäischer Rat: Schlußfolgerungen des Vorsitzes, Santa Maria de Feira (19. und 20. Juni 2000), in: http://europa.eu.int/council/off/conclu/june2000/june2000_de.pdf; Rat „Wirtschaft und Finanzen": Mitteilung an die Presse: 2312. Tagung des Rates Wirtschaft und Finanzen am 26./27. November 2000 in Brüssel, in: http://ue.eu.int/ Newsroom/ LoadDoc.cfm?M...OC=!!!&BID=93&DID=64441&GRP=2989&LANG=4; Kommission der Europäischen Gemeinschaften: Vorschlag für eine Richtlinie des Rates zur Gewährleistung eines Minimums an effektiver Besteuerung von Zinserträgen innerhalb der Gemeinschaft, KOM (2001) 400 endg., von der Kommission vorgelegt am 18.07.2001, in: http://europa.eu.int/comm/taxation_customs/proposals/taxation/com2001400/com2001400_de.pdf.

654 Vgl. Kommission der Europäischen Gemeinschaften: Vorschlag für eine Richtlinie des Rates zur Gewährleistung eines Minimums an effektiver Besteuerung von Zinserträgen innerhalb der Gemeinschaft, KOM (2001) 400 endg., von der Kommission vorgelegt am 18.07.2001, in: http://europa.eu.int/ comm/ taxation_customs/ proposals/ taxation/ com 2001400/com2001400 _de.pdf, Artikel 1 Abs. 1.

655 Vgl. Kommission der Europäischen Gemeinschaften: Vorschlag für eine Richtlinie des Rates zur Gewährleistung eines Minimums an effektiver Besteuerung von Zinserträgen innerhalb der Gemeinschaft, KOM (2001) 400 endg., von der Kommission vorgelegt am 18.07.2001, in: http://europa.eu.int/ comm/ taxation_customs/ proposals/ taxation/ com 2001400/com2001400 _de.pdf, S. 22, Artikel 6.

656 Vgl. Kommission der Europäischen Gemeinschaften: Vorschlag für eine Richtlinie des Rates zur Gewährleistung eines Minimums an effektiver Besteuerung von Zinserträgen innerhalb der Gemeinschaft, KOM (2001) 400 endg., von der Kommission vorgelegt am

Die Umsetzung der Zielsetzung sollte im Rahmen des ersten Richtlinienvorschlages mit Hilfe des Koexistenzmodells erfolgen, das den Mitgliedstaaten die Wahl lässt, das System der Information oder das System der Quellensteuer anzuwenden.[657] Hätte sich ein Mitgliedstaat für ein System entschieden, so wäre dies aus Gründen der Rechtssicherheit und der Transparenz auf alle geleisteten Zinszahlungen an natürliche Personen anderer Mitgliedstaaten einheitlich anzuwenden gewesen.[658] Einige Mitgliedstaaten hatten sich im Hinblick auf den

---

18.07.2001, in: http://europa.eu.int/ comm/ taxation_customs/ proposals/ taxation/ com 2001400/com2001400_de.pdf, Artikel 6.

657 Vgl. Kommission der Europäischen Gemeinschaften: Vorschlag für eine Richtlinie des Rates zur Gewährleistung eines Minimums an effektiver Besteuerung von Zinserträgen innerhalb der Gemeinschaft, KOM (1998) 295 endg., von der Kommission vorgelegt am 04.06.1998, in: ABl. C 212 vom 08.07.1998, S. 13-18, Artikel 2 Abs. 1; Selling, Heinz-Jürgen: Steuerharmonisierung im europäischen Binnenmarkt, in: IStR 2000, 9. Jg., S. 417-424, hier: S. 418; Bernhard, Winfred: Harmonisierung der steuerlichen Erfassung von Zinserträgen in Europa, in: DB 2001, 54. Jg., S. 664-667, hier: S. 664. Zur Kritik am Koexistenzmodell vgl.. Kischel, Dieter: Der „wesentliche Inhalt" der EU-Richtlinie zur Harmonisierung der Zinsbesteuerung, in: IWB, Fach 11, Gruppe 2, vom 28.02.2001, S. 459-468; Kischel, Dieter: Richtlinienvorschlag der EU-Kommission zur Harmonisierung der Zinsbesteuerung, in: IWB, Fach 11, Gruppe 2, vom 28. Oktober 1998, S. 357-364.

Das System der Information sah vor, dass der Mitgliedstaat, in dem sich die Zahlstelle befindet, dem Mitgliedstaat, in dem der Empfänger der Zinsen seinen steuerlichen Wohnsitz hat, zumindest den Betrag der gezahlten Zinsen, das Zahlungsdatum, die Identität des witschaftlichen Eigentümers sowie den von diesem angegebenen Wohnsitz mitzuteilen hatte, um die korrekte Festsetzung im Ansässigkeitsstaat des Empfängers zu gewährleisten.

Hätte ein Mitgliedstaat zur Umsetzung der Richtlinie das System der Quellensteuer gewählt, so muss dieser auf von in seinem Hoheitsgebiet befindlichen Zahlstellen an den effektiven Empfänger geleistete Zinszahlungen einen Quellensteuersatz von mindestens 20 % anwenden. Auf an wirtschaftliche Eigentümer gezahlte Zinsen darf dann jedoch innerhalb der Europäischen Union keine weitere Quellensteuer erhoben werden. Legt der Eigentümer jedoch der Zahlstelle eine Bescheinigung vor, welche bestätigt, dass der Zahlungsempfänger die entsprechenden Behörden seines Wohnsitzstaates über die anfallenden Zinsen unterrichtet hat, so wird die Quellensteuer nur erhoben, soweit die Zinszahlung den auf der Bescheinigung angegebenen Betrag übersteigt. Vgl. Kommission der Europäischen Gemeinschaften: Vorschlag für eine Richtlinie des Rates zur Gewährleistung eines Minimums an effektiver Besteuerung von Zinserträgen innerhalb der Gemeinschaft, KOM (1998) 295 endg., von der Kommission vorgelegt am 04.06.1998, in: ABl. C 212 vom 08.07.1998, S. 13-18, Artikel 3, 7, 8 und 9.

658 Vgl. Kommission der Europäischen Gemeinschaften: Vorschlag für eine Richtlinie des Rates zur Gewährleistung eines Minimums an effektiver Besteuerung von Zinserträgen innerhalb der Gemeinschaft, KOM (1998) 295 endg., von der Kommission vorgelegt am 04.06.1998, in: ABl. C 212 vom 08.07.1998, S. 13-18, Artikel 2 Abs. 2.

internationalen Anleihenmarkt und den Zweck der Richtlinie deutlich gegen das System der Quellensteuer ausgesprochen.[659]

Im neusten Richtlinienvorschlag soll hingegen die angestrebte effektive Besteuerung der Zinszahlungen im Wege des automatischen Austausches von Informationen über Zinszahlungen zwischen den Mitgliedstaaten gewährleistet werden, wozu die Richtlinie über die Amtshilfe den zuständigen Behörden der Mitgliedstaaten im Bereich der direkten und indirekten Steuern die notwendige Grundlage bietet, ohne dass sich die Mitgliedstaaten auf die dort niedergelegten Grenzen des Informationsaustausches berufen dürfen.[660] Die von der Zahlstelle übermittelten Informationen sollten zumindest den Namen und die Anschrift sowie die Steuer- oder sonstige Identifikationsnummer oder in Ermangelung dieser das Geburtsdatum, den Geburtsort und die Kontonummer des wirtschaftlichen Eigentümers, den Namen und die Anschrift der Zahlstelle und bestimmte Angaben zur Zinszahlung umfassen.[661] Unter der Zahlstelle wird dabei der Wirtschaftsbeteiligte verstanden, der die unmittelbare Zahlung der Zinsen an den wirtschaftlichen Eigentümer leistet oder eine Zinszahlung zu dessen unmittelbaren Gunsten einzieht, während die passive Entgegennahme einer Zahlung zugunsten des Kontos des wirtschaftlichen Eigentümers durch eine Bank oder ein Finanzinstitut keine Zinszahlung im Sinne der Richtlinie darstellt.[662]

---

659 Vgl. Bernhard, Winfred: Harmonisierung der steuerlichen Erfassung von Zinserträgen in Europa, in: DB 2001, 54. Jg., S. 664-667, hier: S. 665.

660 Vgl. Kommission der Europäischen Gemeinschaften: Vorschlag für eine Richtlinie des Rates zur Gewährleistung eines Minimums an effektiver Besteuerung von Zinserträgen innerhalb der Gemeinschaft, KOM (2001) 400 endg., von der Kommission vorgelegt am 18.07.2001, in: http://europa.eu.int/ comm/ taxation_customs/ proposals/ taxation/ com 2001400/com2001400 _de.pdf, S. 23; Richtlinie (EWG) 77/799 des Rates über die Amtshilfe der zuständigen Behörden der Mitgliedstaaten im Bereich der direkten und indirekten Steuern, vom 19.12.1977, in: ABl. L 336 vom 27.12.1977, S. 15-20.

661 Vgl. Kommission der Europäischen Gemeinschaften: Vorschlag für eine Richtlinie des Rates zur Gewährleistung eines Minimums an effektiver Besteuerung von Zinserträgen innerhalb der Gemeinschaft, KOM (2001) 400 endg., von der Kommission vorgelegt am 18.07.2001, in: http://europa.eu.int/ comm/ taxation_customs/ proposals/ taxation/ com 2001400/com2001400 _de.pdf, Artikel 3 und 8.

662 Vgl. Kommission der Europäischen Gemeinschaften: Vorschlag für eine Richtlinie des Rates zur Gewährleistung eines Minimums an effektiver Besteuerung von Zinserträgen innerhalb der Gemeinschaft, KOM (2001) 400 endg., von der Kommission vorgelegt am 18.07.2001, in: http://europa.eu.int/ comm/ taxation_customs/ proposals/ taxation/ com 2001400/com2001400 _de.pdf, Artikel 4. In dem ersten Richtlinienvorschlag wurde nicht der wirtschaftliche Eigentümer sondern der effektive Empfänger betrachtet, ohne inhaltliche Änderungen hervorzurufen. Vgl. Kommission der Europäischen Gemeinschaften: Vorschlag für eine Richtlinie des Rates zur Gewährleistung eines Minimums an effekti-

Die Regelungen bezüglich des Informationsaustausches müssten während eines siebenjährigen Übergangszeitraumes von Belgien, Luxemburg und Österreich nicht angewendet werden, um diesen Staaten mehr Zeit zur Anpassung ihrer Rechtsvorschriften zu gewähren.[663] Es ist jedoch nur die Verpflichtung zur Übermittlung von Informationen zum Zwecke dieser Richtlinie von der Sonderregelung betroffen, so dass diese Staaten trotzdem derartige Informationen von den anderen Mitgliedstaaten erhalten würden.[664] Um jedoch auch während des Übergangszeitraumes ein Minimum an effektiver Besteuerung zu gewährleisten, verpflichten sich Belgien, Luxemburg und Österreich, in den ersten drei Jahren des Übergangszeitraums eine 15 %ige und in den restlichen Jahren eine 20 %ige Quellensteuer auf Zinszahlungen einzubehalten.[665] Von den generierten Einnahmen stehen 25 % dem Quellenstaat zu und 75 % werden an den Mitgliedstaat weitergeleitet, in dem der wirtschaftliche Eigentümer ansässig ist.[666]

Die drei zur Quellensteuererhebung berechtigten Staaten müssen jedoch ein Verfahren vorsehen, das den in anderen Mitgliedstaaten ansässigen wirtschaftlichen Eigentümern die Vermeidung der Quellensteuererhebung ermöglicht.[667]

---

ver Besteuerung von Zinserträgen innerhalb der Gemeinschaft, KOM (1998) 295 endg., von der Kommission vorgelegt am 04.06.1998, in: ABl. C 212 vom 08.07.1998, S. 13-18, Artikel 3 und 7.

663 Vgl. Kommission der Europäischen Gemeinschaften: Vorschlag für eine Richtlinie des Rates zur Gewährleistung eines Minimums an effektiver Besteuerung von Zinserträgen innerhalb der Gemeinschaft, KOM (2001) 400 endg., von der Kommission vorgelegt am 18.07.2001, in: http://europa.eu.int/ comm/ taxation_customs/ proposals/ taxation/ com 2001400/com2001400 _de.pdf, Artikel 10.

664 Vgl. Kommission der Europäischen Gemeinschaften: Vorschlag für eine Richtlinie des Rates zur Gewährleistung eines Minimums an effektiver Besteuerung von Zinserträgen innerhalb der Gemeinschaft, KOM (2001) 400 endg., von der Kommission vorgelegt am 18.07.2001, in: http://europa.eu.int/ comm/ taxation_customs/ proposals/ taxation/ com 2001400/com2001400 _de.pdf, Artikel 10.

665 Vgl. Kommission der Europäischen Gemeinschaften: Vorschlag für eine Richtlinie des Rates zur Gewährleistung eines Minimums an effektiver Besteuerung von Zinserträgen innerhalb der Gemeinschaft, KOM (2001) 400 endg., von der Kommission vorgelegt am 18.07.2001, in: http://europa.eu.int/ comm/ taxation_customs/ proposals/ taxation/ com 2001400/com2001400 _de.pdf, Artikel 11 Abs. 1.

666 Vgl. Kommission der Europäischen Gemeinschaften: Vorschlag für eine Richtlinie des Rates zur Gewährleistung eines Minimums an effektiver Besteuerung von Zinserträgen innerhalb der Gemeinschaft, KOM (2001) 400 endg., von der Kommission vorgelegt am 18.07.2001, in: http://europa.eu.int/ comm/ taxation_customs/ proposals/ taxation/ com 2001400/com2001400 _de.pdf, Artikel 12.

667 Vgl. Kommission der Europäischen Gemeinschaften: Vorschlag für eine Richtlinie des Rates zur Gewährleistung eines Minimums an effektiver Besteuerung von Zinserträgen innerhalb der Gemeinschaft, KOM (2001) 400 endg., von der Kommission vorgelegt am

Dies kann entweder erfolgen, indem die wirtschaftlichen Eigentümer die Zahlstelle ausdrücklich zur Erteilung der durch die Richtlinie geforderten Informationen ermächtigt oder indem die zuständige Behörde des Wohnsitzmitgliedstaates des wirtschaftlichen Eigentümers eine die entsprechenden Angaben enthaltende Bescheinigung ausstellt, die der Zahlstelle vorzulegen ist.[668]

Im Rahmen der Maßnahmen, die von den Mitgliedstaaten getroffen werden, um jede Doppelbesteuerung der unter die Richtlinie fallenden Zinsen zu vermeiden, findet im Falle der Quellensteuererhebung und gleichzeitiger Veranlagung des Empfängers in seinem Wohnsitzstaat eine Anrechnung der Quellensteuer bis zum Betrag der auf die Zinsen entfallenden Steuer statt.[669] Übersteigt die erhobene Quellensteuer die gewährte Steueranrechnung, wird die Differenz dem Empfänger von seinem Wohnsitzmitgliedstaat erstattet.[670] Wird eine Zinszahlung über die beschriebene Quellensteuer hinaus noch mit anderen Quellensteuern belastet, die zu einer Steuergutschrift im Wohnsitzmitgliedstaat führen, werden diese Quellensteuern vorrangig gutgeschrieben.[671]

Um über den räumlichen Geltungsbereich der Richtlinie hinaus deren Zielsetzungen zu realisieren und damit die Wettbewerbsfähigkeit der europäischen Finanzmärkte im Weltmaßstab zu erhalten, leitet die Europäische Union mit ihren wichtigsten Handelspartnern bilaterale oder multilaterale Verhandlungen

---

18.07.2001, in: http://europa.eu.int/ comm/ taxation_customs/ proposals/ taxation/ com 2001400/com2001400 _de.pdf, Artikel 13.

668 Vgl. Kommission der Europäischen Gemeinschaften: Vorschlag für eine Richtlinie des Rates zur Gewährleistung eines Minimums an effektiver Besteuerung von Zinserträgen innerhalb der Gemeinschaft, KOM (2001) 400 endg., von der Kommission vorgelegt am 18.07.2001, in: http://europa.eu.int/ comm/ taxation_customs/ proposals/ taxation/ com 2001400/com2001400 _de.pdf, Artikel 13.

669 Vgl. Kommission der Europäischen Gemeinschaften: Vorschlag für eine Richtlinie des Rates zur Gewährleistung eines Minimums an effektiver Besteuerung von Zinserträgen innerhalb der Gemeinschaft, KOM (2001) 400 endg., von der Kommission vorgelegt am 18.07.2001, in: http://europa.eu.int/ comm/ taxation_customs/ proposals/ taxation/ com 2001400/com2001400 _de.pdf, Artikel 14.

670 Vgl. Kommission der Europäischen Gemeinschaften: Vorschlag für eine Richtlinie des Rates zur Gewährleistung eines Minimums an effektiver Besteuerung von Zinserträgen innerhalb der Gemeinschaft, KOM (2001) 400 endg., von der Kommission vorgelegt am 18.07.2001, in: http://europa.eu.int/ comm/ taxation_customs/ proposals/ taxation/ com 2001400/com2001400 _de.pdf, Artikel 14 Abs. 2 S. 2.

671 Vgl. Kommission der Europäischen Gemeinschaften: Vorschlag für eine Richtlinie des Rates zur Gewährleistung eines Minimums an effektiver Besteuerung von Zinserträgen innerhalb der Gemeinschaft, KOM (2001) 400 endg., von der Kommission vorgelegt am 18.07.2001, in: http://europa.eu.int/ comm/ taxation_customs/ proposals/ taxation/ com 2001400/com2001400 _de.pdf, Artikel 14 Abs 3.

ein, um auch für Zinszahlungen, die von Zahlstellen in diesen Drittländern an in der Europäischen Union ansässige Empfänger geleistet werden, eine effektive Besteuerung sicherzustellen.[672] Eingeschlossen in diese Überlegungen sind auch die assoziierten Gebiete.[673] Hinreichende Zusicherungen der Anwendung gleichwertiger Maßnahmen in den wichtigen Drittstaaten und der Anwendung derselben Regelungen in den abhängigen oder assoziierten Gebieten werden vor Verabschiedung der Richtlinie benötigt.[674] Dass diesem Aspekt große Relevanz zufällt zeigt sich daran, dass einige Mitgliedstaaten ihre Zustimmung zu der Richtlinie von der Einführung gleichwertiger Maßnahmen in diesen Drittstaaten abhängig gemacht haben, wobei für die Drittstaaten mit bedeutenden internationalen Finanzmärkten, wie die Schweiz oder Liechtenstein, eher eine Quellensteuererhebung angestrebt sein dürfte, da von ihnen kein Informationsaustausch verlangt werden kann.[675] Sind jedoch hinreichende Zusicherungen zur Herstellung einer Mindestbesteuerung gegeben worden, soll der Rat bis zum

---

672 Vgl. Rat der Europäischen Gemeinschaften: Schlußfolgerungen des Rates „Wirtschafts- und Finanzfragen" vom 1. Dezember 1997 zur Steuerpolitik – Entschließung des Rates und der im Rat vereinigten Vertreter der Regierungen der Mitgliedstaaten vom 1. Dezember 1997 über einen Verhaltenskodex für die Unternehmensbesteuerung – Besteuerung von Zinserträgen, in: ABl. C 2 vom 06.01.1998, S. 1-6, hier: S. 6; Kommission der Europäischen Gemeinschaften: Vorschlag für eine Richtlinie des Rates zur Gewährleistung eines Minimums an effektiver Besteuerung von Zinserträgen innerhalb der Gemeinschaft, KOM (2001) 400 endg., von der Kommission vorgelegt am 18.07.2001, in: http://europa.eu.int/comm/taxation_customs/proposals/taxation/com2001400/com2001400_de.pdf, S. 3.

673 Vgl. Kommission der Europäischen Gemeinschaften: Vorschlag für eine Richtlinie des Rates zur Gewährleistung eines Minimums an effektiver Besteuerung von Zinserträgen innerhalb der Gemeinschaft, KOM (2001) 400 endg., von der Kommission vorgelegt am 18.07.2001, in: http://europa.eu.int/ comm/ taxation_customs/ proposals/ taxation/ com 2001400/com2001400 _de.pdf, S. 3; Selling, Heinz-Jürgen: Steuerharmonisierung im europäischen Binnenmarkt, in: IStR 2000, 9. Jg. S. 417-424, hier: S. 418.

674 Vgl. Kommission der Europäischen Gemeinschaften: Vorschlag für eine Richtlinie des Rates zur Gewährleistung eines Minimums an effektiver Besteuerung von Zinserträgen innerhalb der Gemeinschaft, KOM (2001) 400 endg., von der Kommission vorgelegt am 18.07.2001, in: http://europa.eu.int/ comm/ taxation_customs/ proposals/ taxation/ com 2001400/com2001400 _de.pdf, S. 3; Selling, Heinz-Jürgen: Steuerharmonisierung im europäischen Binnenmarkt, in: IStR 2000, 9. Jg., S. 417-424, hier: S. 418.

675 Vgl. Kischel, Dieter: Der „wesentliche Inhalt" der EU-Richtlinie zur Harmonisierung der Zinsbesteuerung, in: IWB, Fach 11, Gruppe 2, vom 28.02.2001, S. 459-468, hier: S. 468; Bernhard, Winfred: Harmonisierung der steuerlichen Erfassung von Zinserträgen in Europa, in: DB 2001, 54. Jg., S. 664-667, hier: S. 667.

31. Dezember 2002 einstimmig über die Annahme und Durchführung der Richtlinie beschließen.[676]

Die Richtlinie für die Mindestbesteuerung von Zinserträgen sollte drei Jahre nach ihrem Inkrafttreten hinsichtlich ihrer Anwendung untersucht werden, um auf dieser Grundlage die Richtlinie gegebenenfalls zugunsten einer effektiveren Besteuerung von Zinserträgen sowie der Beseitigung unerwünschter Wettbewerbsverzerrungen zu modifizieren.[677]

4.3.2.3 Richtlinienvorschlag für die Berücksichtigung von Verlusten von Tochtergesellschaften und Betriebsstätten

Der zeitgleich mit dem ersten Vorschlag für die Richtlinie über die Quellensteuerbefreiung von Zinsen und Lizenzgebühren von der Kommission vorgelegte Vorschlag für die sogenannte Verlustrichtlinie sieht für die auf dem Gebiet der Europäischen Union ansässigen Unternehmen die Berücksichtigung der Verluste ihrer in anderen Mitgliedstaaten belegenen Betriebsstätten und Tochtergesellschaften vor.[678] Begründet wird die Notwendigkeit einer grenzüberschreitenden Verlustberücksichtigung wiederum mit den Erfordernissen des gemeinsamen Marktes, da in diesem die sich auf Gemeinschaftsebene erstreckende unternehmerische Tätigkeit nicht schlechter gestellt werden darf als die auf das Territorium eines Mitgliedstaates begrenzte Tätigkeit.[679] Zu wahren ist bei der

---

676 Vgl. Kommission der Europäischen Gemeinschaften: Vorschlag für eine Richtlinie des Rates zur Gewährleistung eines Minimums an effektiver Besteuerung von Zinserträgen innerhalb der Gemeinschaft, KOM (2001) 400 endg., von der Kommission vorgelegt am 18.07.2001, in: http://europa.eu.int/ comm/ taxation_customs/ proposals/ taxation/ com 2001400/com2001400 _de.pdf, S. 3; Selling, Heinz-Jürgen: Steuerharmonisierung im europäischen Binnenmarkt, in: IStR 2000, 9. Jg., S. 417-424, hier: S. 418.

677 Vgl. Kommission der Europäischen Gemeinschaften: Vorschlag für eine Richtlinie des Rates zur Gewährleistung eines Minimums an effektiver Besteuerung von Zinserträgen innerhalb der Gemeinschaft, KOM (2001) 400 endg., von der Kommission vorgelegt am 18.07.2001, in: http://europa.eu.int/ comm/ taxation_customs/ proposals/ taxation/ com 2001400/com2001400 _de.pdf, Artikel 19.

678 Vgl. Kommission der Europäischen Gemeinschaften: Vorschlag für eine Richtlinie des Rates über eine Regelung für Unternehmen zur Berücksichtigung der Verluste ihrer in anderen Mitgliedstaaten belegenen Betriebsstätten und Tochtergesellschaften, KOM (90) 595 endg., von der Kommission vorgelegt am 06.12.1990, in: ABl. C 53 vom 28.02.1991, S. 30-34, hier: S. 30.

679 Vgl. Carl, Dieter: Neue Vorschläge der Kommission zur Unternehmensbesteuerung, in: EuZW 1991, 2. Jg., S. 369-372, hier: S. 370; Hahn, Hartmut: Grenzüberschreitende Berücksichtigung von Betriebsstättenverlusten? Bemerkungen zu einer neu entfachten Diskussion, in: IStR 2002, 11. Jg., S. 681-687, hier: S. 681; Kommission der Europäischen

Umsetzung dieser Ziele wiederum das Subsidiaritätsprinzip und der Verhältnismäßigkeitsgrundsatz.[680]

Zur technischen Umsetzung der Forderung nach einem grenzüberschreitenden Verlustausgleich wurden für die Berücksichtigung von Betriebsstättenverlusten mehrere Alternativen angeboten, im Rahmen derer die Mitgliedstaaten die Richtlinie umzusetzen hätten. Für die Berücksichtigung von Betriebsstättenverlusten kommt dabei zum einen in Betracht, die positiven und negativen Ergebnisse aller in einem anderen Mitgliedstaat belegenen Betriebsstätten im Rahmen der Anrechnungsmethode in die im Veranlagungszeitraum erzielten Ergebnisse des Unternehmens einzubeziehen, unter Abzug der gegebenenfalls von diesen Betriebsstätten auf erzielte Gewinne entrichteten Steuer.[681] Zum anderen besteht die Möglichkeit des Verlustabzugs mit Nachbesteuerung, also die Verluste der Betriebsstätten von dem in demselben Veranlagungszeitraum erzielten steuerpflichtigen Gewinn des Unternehmens abzuziehen und spätere Gewinne dieser in einem anderen Mitgliedstaat belegenen Betriebsstätte den steuerpflichtigen Gewinnen des Unternehmens in Höhe der abgezogenen Verluste wieder hinzuzurechnen.[682] Für den Fall, dass die Richtlinie von einem Mitgliedstaat durch die Anrechnungsmethode umgesetzt wurde, ist deren Anwendung für die Unternehmen dieses Mitgliedstaates verbindlich; die Anwendung des Verlustabzugs

---

Gemeinschaften: Vorschlag für eine Richtlinie des Rates über eine Regelung für Unternehmen zur Berücksichtigung der Verluste ihrer in anderen Mitgliedstaaten belegenen Betriebsstätten und Tochtergesellschaften, KOM (90) 595 endg., von der Kommission vorgelegt am 06.12.1990, in: ABl. C 53 vom 28.02.1991, S. 30-34, hier: S. 30.

680 Vgl. Artikel 5 EGV.

681 Vgl. Kommission der Europäischen Gemeinschaften: Vorschlag für eine Richtlinie des Rates über eine Regelung für Unternehmen zur Berücksichtigung der Verluste ihrer in anderen Mitgliedstaaten belegenen Betriebsstätten und Tochtergesellschaften, KOM (90) 595 endg., von der Kommission vorgelegt am 06.12.1990, in: ABl. C 53 vom 28.02.1991, S. 30-34, Artikel 6. Vgl. auch Saß, Gert: Zum EG-Richtlinienvorschlag vom 28.11.1990 über den Abzug von Verlusten ausländischer Betriebsstätten und Tochtergesellschaften, in: BB 1991, 46. Jg., S. 1161-1165.

682 Vgl. Kommission der Europäischen Gemeinschaften: Vorschlag für eine Richtlinie des Rates über eine Regelung für Unternehmen zur Berücksichtigung der Verluste ihrer in anderen Mitgliedstaaten belegenen Betriebsstätten und Tochtergesellschaften, KOM (90) 595 endg., von der Kommission vorgelegt am 06.12.1990, in: ABl. C 53 vom 28.02.1991, S. 30-34, Artikel 7. Die Ergebnisse der Betriebsstätten bzw. Tochterunternehmen können bei Anwendung dieser Methode des Verlustabzugs unter Nachbesteuerung nach dem Recht des Mitgliedstaates, in dem sie belegen sind, ermittelt werden.

mit Nachversteuerung steht bei deren Umsetzung in einem Mitgliedstaat im Ermessen der ansässigen Unternehmen.[683]

Die Methode des Verlustabzugs mit Nachbesteuerung findet auch für die Berücksichtigung von Verlusten der Tochtergesellschaften Anwendung, wobei die zu berücksichtigenden Gewinne und Verluste für jede Tochtergesellschaft separat entsprechend der Beteiligungshöhe ermittelt werden müssen.[684] Da es sich bei Tochtergesellschaften anders als bei Betriebsstätten jedoch um rechtlich selbständige Subjekte handelt, muss es den Muttergesellschaften freigestellt werden, die Verluste der Tochtergesellschaften in ihr Ergebnis einzubeziehen.[685] Die Anwendung dieser Methode zur Berücksichtigung des Verlustes einer Tochtergesellschaft schließt jedoch die gleichzeitige Korrektur des Wertansatzes der Beteiligung aus, um einen doppelten steuerlichen Abzug der Verluste zu vermeiden.[686] Den Mitgliedstaaten bleibt es aber freigestellt, bei der Umsetzung der Richtlinie neben der Methode des Verlustabzugs andere Möglichkeiten der Berücksichtigung von Verlusten von Tochtergesellschaften einzuführen oder beizubehalten, insbesondere Methoden der Ergebniskonsolidierung.[687]

---

683 Vgl. Kommission der Europäischen Gemeinschaften: Vorschlag für eine Richtlinie des Rates über eine Regelung für Unternehmen zur Berücksichtigung der Verluste ihrer in anderen Mitgliedstaaten belegenen Betriebsstätten und Tochtergesellschaften, KOM (90) 595 endg., von der Kommission vorgelegt am 06.12.1990, in: ABl. C 53 vom 28.02.1991, S. 30-34, Artikel 5.

684 Vgl. Kommission der Europäischen Gemeinschaften: Vorschlag für eine Richtlinie des Rates über eine Regelung für Unternehmen zur Berücksichtigung der Verluste ihrer in anderen Mitgliedstaaten belegenen Betriebsstätten und Tochtergesellschaften, KOM (90) 595 endg., von der Kommission vorgelegt am 06.12.1990, in: ABl. C 53 vom 28.02.1991, S. 30-34, Artikel 9.

685 Die Regelungen betreffend der Tochtergesellschaften sind daher als Wahlrecht in der Verlustrichtlinie enthalten. Vgl. Kommission der Europäischen Gemeinschaften: Vorschlag für eine Richtlinie des Rates über eine Regelung für Unternehmen zur Berücksichtigung der Verluste ihrer in anderen Mitgliedstaaten belegenen Betriebsstätten und Tochtergesellschaften, KOM (90) 595 endg., von der Kommission vorgelegt am 06.12.1990, in: ABl. C 53 vom 28.02.1991, S. 30-34, Artikel 9.

686 Vgl. Kommission der Europäischen Gemeinschaften: Vorschlag für eine Richtlinie des Rates über eine Regelung für Unternehmen zur Berücksichtigung der Verluste ihrer in anderen Mitgliedstaaten belegenen Betriebsstätten und Tochtergesellschaften, KOM (90) 595 endg., von der Kommission vorgelegt am 06.12.1990, in: ABl. C 53 vom 28.02.1991, S. 30-34, Artikel 11.

687 Vgl. Kommission der Europäischen Gemeinschaften: Vorschlag für eine Richtlinie des Rates über eine Regelung für Unternehmen zur Berücksichtigung der Verluste ihrer in anderen Mitgliedstaaten belegenen Betriebsstätten und Tochtergesellschaften, KOM (90)

Zu beachten ist, dass es den Mitgliedstaaten zur Sicherung ihrer Steuereinnahmen freisteht, einzelstaatliche oder vertragliche Bestimmungen zur Verhinderung von Steuerhinterziehungen und Missbräuchen weiterhin anzuwenden.[688]

Der Vorschlag für eine Verlustrichtlinie stellt hinsichtlich der zur Anwendung berechtigten Gesellschaften eine Ausnahme dar. Die Regelungen beschränken sich nicht auf Kapitalgesellschaften, sondern erstrecken sich auf alle Unternehmen, unabhängig von deren Rechtsform. Die Unternehmen, Betriebsstätten und Tochtergesellschaften müssen, um die Richtlinie in Anspruch nehmen zu können, lediglich in ihrem Ansässigkeitsstaat einer der in der Richtlinie aufgeführten Steuer ohne Möglichkeit der Steuerbefreiung unterliegen.[689] Namentlich sind dies für Deutschland die Einkommensteuer und die Körperschaftsteuer, für Frankreich die Impôt sur le revenue und die Impôt sur les sociétés, so dass sowohl Personenunternehmen als auch Kapitalgesellschaften von der Richtlinie Gebrauch machen könnten.[690] Abweichend von den bereits beschriebenen Richtlinien bzw. Vorschlägen wird eine Tochtergesellschaft jedoch erst ab einer Beteiligungshöhe von mindestens 75 % als solche anerkannt, wobei die Mitgliedstaaten bei der Umsetzung eine niedrigere Beteiligungsquote vorsehen könnten.[691] Diese hohe Beteiligungsquote, die eine weitgehende Gleichbehandlung mit Betriebsstättenverlusten gewährleisten sollte, wird allerdings dem sich

---

595 endg., von der Kommission vorgelegt am 06.12.1990, in: ABl. C 53 vom 28.02.1991, S. 30-34, Artikel 12.

688 Vgl. Kommission der Europäischen Gemeinschaften: Vorschlag für eine Richtlinie des Rates über eine Regelung für Unternehmen zur Berücksichtigung der Verluste ihrer in anderen Mitgliedstaaten belegenen Betriebsstätten und Tochtergesellschaften, KOM (90) 595 endg., von der Kommission vorgelegt am 06.12.1990, in: ABl. C 53 vom 28.02.1991, S. 30-34, Artikel 13.

689 Vgl. Kommission der Europäischen Gemeinschaften: Vorschlag für eine Richtlinie des Rates über eine Regelung für Unternehmen zur Berücksichtigung der Verluste ihrer in anderen Mitgliedstaaten belegenen Betriebsstätten und Tochtergesellschaften, KOM (90) 595 endg., von der Kommission vorgelegt am 06.12.1990, in: ABl. C 53 vom 28.02.1991, S. 30-34, Artikel 3.

690 Vgl. Kommission der Europäischen Gemeinschaften: Vorschlag für eine Richtlinie des Rates über eine Regelung für Unternehmen zur Berücksichtigung der Verluste ihrer in anderen Mitgliedstaaten belegenen Betriebsstätten und Tochtergesellschaften, KOM (90) 595 endg., von der Kommission vorgelegt am 06.12.1990, in: ABl. C 53 vom 28.02.1991, S. 30-34, Artikel 9 Bst. c) und f).

691 Vgl. Kommission der Europäischen Gemeinschaften: Vorschlag für eine Richtlinie des Rates über eine Regelung für Unternehmen zur Berücksichtigung der Verluste ihrer in anderen Mitgliedstaaten belegenen Betriebsstätten und Tochtergesellschaften, KOM (90) 595 endg., von der Kommission vorgelegt am 06.12.1990, in: ABl. C 53 vom 28.02.1991, S. 30-34, Artikel 2.

aus der Fusionsrichtlinie ergebenden Konzept der grenzüberschreitenden Kooperation nicht gerecht.[692]

Kritisiert werden darüber hinaus die Methoden zur Berücksichtigung von Betriebsstättenverlusten, die eine Reihe von Fragen aufwerfen, und die mögliche Kollision von nationalen Regelungen zur Ergebniskonsolidierung von Mutter- und Tochtergesellschaften und der Berücksichtigung von Verlusten von Tochtergesellschaften im Rahmen der Richtlinie.[693] Mit einer Verabschiedung der Richtlinie ohne vorherige Überarbeitung wird nicht mehr gerechnet.[694]

4.3.2.4 Der Verhaltenskodex zur Unternehmensbesteuerung

Am 1. Dezember 1997 stimmten nach einer umfassenden Aussprache der Rat für Wirtschafts- und Finanzfragen und die im Rat vereinigten Vertreter der Regierungen der Mitgliedstaaten der Entschließung über den Verhaltenskodex zu.[695] Bei dem Verhaltenskodex als eines der Kernelelemente des Steuerpaketes

---

692 Vgl. Kluge, Volker: Das deutsche Internationale Steuerrecht, 3. Aufl., München 1992, S. 108.

693 Vgl. Carl, Dieter: Neue Vorschläge der Kommission zur Unternehmensbesteuerung, in: EuZW 1991, 2. Jg., S. 369-372, hier: S. 370-371. Die deutsche körperschaftsteuerliche und gewerbesteuerliche Organschaft haben sich seit Veröffentlichung des Richtlinienvorschlags aber stark weiterentwickelt. So bezieht die körperschaftsteuerliche Organschaft vermehrt innerhalb von Grenzen internationale Sachverhalte mit ein. Vgl. § 14-19 KStG; § 2 Abs. 2 S. 2-3 GewStG; Wehrheim, Michael: Grundzüge der Unternehmensbesteuerung, München 2002, S. 44-46, 79-81; Meilicke, Wienand: Die Neuregelung der ertragsteuerlichen Organschaft über die Grenze, in: DB 2002, 55. Jg., S. 911-916; Hey, Friedrich E.F.: Organschaft und Verlustberücksichtigung im Ausland – Adressatenkreis von § 14 Abs. 1 Nr. 5 KStG n.F., in: BB 2002, 57. Jg., S. 915-916; Orth, Manfred: Elemente einer grenzüberschreitenden Organschaft im deutschen Steuerrecht, in: GmbHR 1996, 87. Jg., S. 33-40; Linklaters Oppenhoff & Rädler: Steueränderungen zum 1.1.2002 im Unternehmensbereich – Unternehmenssteuerfortentwicklungsgesetz, Steueränderungsgesetz 2001, Steuerverkürzungsbekämpfungsgesetz und Gesetz zur Eindämmung illegaler Betätigung im Baugewerbe, in: DB 2002, 55. Jg., Beilage Nr. 1, S. 41-50.

694 Vgl. Commission of the European Communities: Company Taxation in the Internal Market, in: http://europa.eu.int/ comm/ taxation_customs/ publications/ official_doc/ com/com.htm, S. 338-339; Carl, Dieter: Neue Vorschläge der Kommission zur Unternehmensbesteuerung, in: EuZW 1991, 2. Jg., S. 369-372, hier: S. 371.

695 Vgl. Rat der Europäischen Gemeinschaften: Schlußfolgerungen des Rates „Wirtschafts- und Finanzfragen" vom 1. Dezember 1997 zur Steuerpolitik – Entschließung des Rates und der im Rat vereinigten Vertreter der Regierungen der Mitgliedstaaten vom 1. Dezember 1997 über einen Verhaltenskodex für die Unternehmensbesteuerung – Besteuerung von Zinserträgen, in: ABl. C 2 vom 06.01.1998, S. 1-6, hier: S. 1.

handelt es sich um eine rein politische, also nicht juristisch bindende Verpflichtung der Unterzeichnerstaaten.[696] Die sich aus dem Vertrag über die Europäische Union ergebenden Rechte und Pflichten der Mitgliedstaaten der Europäischen Union sowie deren Zuständigkeiten und die Zuständigkeiten der Gemeinschaft werden durch das Steuerpaket folglich nicht berührt, da es keine rechtlich bindende Verpflichtung darstellt.[697] Da jedoch die Entschließung zum Verhaltenskodex von dem Rat für Wirtschafts- und Finanzfragen sowie den im Rat vereinigten Vertretern der Regierungen der Mitgliedstaaten einstimmig verabschiedet wurde, wird der damit verbundenen Selbstverpflichtung erhebliches Gewicht verliehen.[698] Insofern und auch aufgrund der übergreifenden Wirkung auf die anderen Bestandteile des Steuerpakets würde eine Nichtbeachtung des Verhaltenskodex erhebliche politische Kosten für den entsprechenden Mitgliedstaat mit sich bringen.

Der Verhaltenskodex begründet sich in der Auffassung, dass schädlicher Steuerwettbewerb mit den gemeinschaftlichen Zielen der Solidarität und des verzerrungsfreien Wettbewerbs zwischen den Mitgliedstaaten unvereinbar ist.[699] Der Anwendungsbereich des sich auf die Unternehmensbesteuerung beziehenden Verhaltenskodex erstreckt sich sowohl auf Rechts- und Verwaltungsvorschriften als auch auf Verwaltungspraktiken, die die Standortneutralität innerhalb der Europäischen Union beeinflussen könnten, wobei auch Verzerrungen innerhalb einer Unternehmensgruppe Beachtung finden sollen.[700] Folglich werden auch

---

696 Vgl. Thömmes, Otmar: EG-rechtliche Anmerkungen zu Ritter, S. 430, in: IStR 2001, 10. Jg., S. 441-442, hier: S. 441; Hendricks, Barbara: Germany: A View on Tax Harmonization and the Code of Conduct, in: European Taxation 2000, 40. Jg., Special Issue: European Union: Tackling Harmful Tax Competition – A Round Table on the Code of Conduct, S. 413-414, hier: S. 413.

697 Vgl. Rat der Europäischen Gemeinschaften: Schlußfolgerungen des Rates „Wirtschafts- und Finanzfragen“ vom 1. Dezember 1997 zur Steuerpolitik – Entschließung des Rates und der im Rat vereinigten Vertreter der Regierungen der Mitgliedstaaten vom 1. Dezember 1997 über einen Verhaltenskodex für die Unternehmensbesteuerung – Besteuerung von Zinserträgen, in: ABl. C 2 vom 06.01.1998, S. 1-6, hier: S. 2.

698 Vgl. Mors, Matthias: Der EU-Verhaltenskodex zur Unternehmensbesteuerung. Bisherige Erfahrungen und Ergebnisse der „hochrangigen Arbeitsgruppe, in: Müller, Walter/ Fromm, Oliver/Hansjürgens, Bernd: Regeln für den europäischen Systemwettbewerb – Steuern und soziale Sicherungssysteme, Marburg 2001, S. 197-215, hier: S. 199.

699 Vgl. Santos, António Carlos: Point J of the Code of Conduct or the Primacy of Politics over Administration, in: European Taxation 2000, 40. Jg., Special Issue: European Union: Tackling Harmful Tax Competition – A Round Table on the Code of Conduct, S. 417-421, hier: S. 417.

700 Vgl. Rat der Europäischen Gemeinschaften: Schlußfolgerungen des Rates „Wirtschafts- und Finanzfragen“ vom 1. Dezember 1997 zur Steuerpolitik – Entschließung des Rates und der im Rat vereinigten Vertreter der Regierungen der Mitgliedstaaten vom 1. De-

potentiell schädliche, noch nicht in Kraft getretene Maßnahmen sowie die tatsächliche Umsetzung der bestehenden Steuergesetzgebung vom Verhaltenskodex erfasst. Außerdem herrscht innerhalb des Rates Einigkeit darüber, dass sich die Grundsätze des Verhaltenskodex nicht nur auf das geographische Territorium der Europäischen Union beschränken sollten, sondern auch darüber hinaus insbesondere in abhängigen oder assoziierten Gebieten Anwendung finden sollten.[701] Der Verhaltenskodex zur Unternehmensbesteuerung enthält sowohl eine Stillhalte- als auch eine Rücknahmeverpflichtung, die den Mitgliedstaaten das Treffen neuer schädlicher Maßnahmen untersagt und eine Aufhebung oder Änderung der bestehenden schädlichen Vorschriften und Praktiken vorschreibt.[702]

Steuerliche Maßnahmen werden als schädlich und somit als in den Anwendungsbereich des Verhaltenskodex fallend angesehen, wenn sie eine an dem üblicherweise in dem betreffenden Mitgliedstaat vorherrschenden Besteuerungsniveau bemessene deutlich niedrigere effektive Besteuerung bewirken, einschließlich einer Nullbesteuerung.[703] Erfasst werden hiernach nur präferentielle Maßnahmen; somit unterliegt das Besteuerungsniveau eines Staates nicht

---

zember 1997 über einen Verhaltenskodex für die Unternehmensbesteuerung – Besteuerung von Zinserträgen, in: ABl. C 2 vom 06.01.1998, S. 1-6, hier: S. 3; Larbig, Gregor: Der EU-Verhaltenskodex zur Unternehmensbesteuerung. Kodex und OECD-Report im Vergleich, in: Müller, Walter/Fromm, Oliver/Hansjürgens, Bernd: Regeln für den europäischen Systemwettbewerb – Steuern und soziale Sicherungssysteme, Marburg 2001, S. 217-233, hier: S. 218-219.

701 Vgl. Mors, Matthias: Der EU-Verhaltenskodex zur Unternehmensbesteuerung. Bisherige Erfahrungen und Ergebnisse der „hochrangigen Arbeitsgruppe, in: Müller, Walter/ Fromm, Oliver/Hansjürgens, Bernd: Regeln für den europäischen Systemwettbewerb – Steuern und soziale Sicherungssysteme, Marburg 2001, S. 197-215, hier: S. 199-200.

702 Vgl. Rat der Europäischen Gemeinschaften: Schlußfolgerungen des Rates „Wirtschafts- und Finanzfragen“ vom 1. Dezember 1997 zur Steuerpolitik – Entschließung des Rates und der im Rat vereinigten Vertreter der Regierungen der Mitgliedstaaten vom 1. Dezember 1997 über einen Verhaltenskodex für die Unternehmensbesteuerung – Besteuerung von Zinserträgen, in: ABl. C 2 vom 06.01.1998, S. 1-6, hier: S. 4; Larbig, Gregor: Der EU-Verhaltenskodex zur Unternehmensbesteuerung. Kodex und OECD-Report im Vergleich, in: Müller, Walter/Fromm, Oliver/Hansjürgens, Bernd: Regeln für den europäischen Systemwettbewerb – Steuern und soziale Sicherungssysteme, Marburg 2001, S. 217-233, hier: S. 220.

703 Vgl. Rat der Europäischen Gemeinschaften: Schlußfolgerungen des Rates „Wirtschafts- und Finanzfragen“ vom 1. Dezember 1997 zur Steuerpolitik – Entschließung des Rates und der im Rat vereinigten Vertreter der Regierungen der Mitgliedstaaten vom 1. Dezember 1997 über einen Verhaltenskodex für die Unternehmensbesteuerung – Besteuerung von Zinserträgen, in: ABl. C 2 vom 06.01.1998, S. 1-6, hier: S. 3.

der Regulierung des Verhaltenskodex und bleibt im Rahmen des steuerlichen Standortwettbewerbs souverän durch die Mitgliedstaaten bestimmbar.

Das zur Qualifizierung einer steuerlichen Maßnahme notwendigerweise zu bestimmende vorherrschende Besteuerungsniveau kann sich dabei aus dem Nominalsteuersatz, aus der steuerlichen Bemessungsgrundlage sowie aus anderen einschlägigen Faktoren ergeben.[704] Unter anderem ist bei der Beurteilung steuerlicher Maßnahmen als schädlich auch zu berücksichtigen, ob die durch den Einsatz der Maßnahme entstehenden Vorteile ausschließlich Gebietsfremden oder für Transaktionen mit Gebietsfremden gewährt werden oder

- ob die Vorteile von der inländischen Wirtschaft völlig isoliert sind und folglich keine Auswirkungen auf die inländische Steuerbemessungsgrundlage haben.[705] Außerdem sind als Indizien für die Schädlichkeit einer Maßnahme zu beachten,
- ob die Vorteile auch gewährt werden, wenn keine tatsächliche Wirtschaftstätigkeit erbracht wird und substantielle wirtschaftliche Präsenz des Vorteilsempfängers im gewährenden Mitgliedstaat vorhanden ist oder
- ob die Gewinnermittlungsregeln bei Aktivitäten innerhalb international tätiger Konzerne von international anerkannten Grundsätzen wie beispielsweise den OECD-Verrechnungspreisregeln abweichen, da steuerliche Maßnahmen ein solches Handeln bevorteilen können.[706] Gefordert wird zusätzlich eine

---

[704] Vgl. Rat der Europäischen Gemeinschaften: Schlußfolgerungen des Rates „Wirtschafts- und Finanzfragen" vom 1. Dezember 1997 zur Steuerpolitik – Entschließung des Rates und der im Rat vereinigten Vertreter der Regierungen der Mitgliedstaaten vom 1. Dezember 1997 über einen Verhaltenskodex für die Unternehmensbesteuerung – Besteuerung von Zinserträgen, in: ABl. C 2 vom 06.01.1998, S. 1-6, hier: S. 3.

[705] Vgl. Rat der Europäischen Gemeinschaften: Schlußfolgerungen des Rates „Wirtschafts- und Finanzfragen" vom 1. Dezember 1997 zur Steuerpolitik – Entschließung des Rates und der im Rat vereinigten Vertreter der Regierungen der Mitgliedstaaten vom 1. Dezember 1997 über einen Verhaltenskodex für die Unternehmensbesteuerung – Besteuerung von Zinserträgen, in: ABl. C 2 vom 06.01.1998, S. 1-6, hier: S. 3.

[706] Vgl. Rat der Europäischen Gemeinschaften: Schlußfolgerungen des Rates „Wirtschafts- und Finanzfragen" vom 1. Dezember 1997 zur Steuerpolitik – Entschließung des Rates und der im Rat vereinigten Vertreter der Regierungen der Mitgliedstaaten vom 1. Dezember 1997 über einen Verhaltenskodex für die Unternehmensbesteuerung – Besteuerung von Zinserträgen, in: ABl. C 2 vom 06.01.1998, S. 1-6, hier: S. 3.

- Transparenz steuerlicher Regelungen auch in Bezug auf die Handhabung dieser auf der Verwaltungsebene der Mitgliedstaaten der Europäischen Union.[707]

Dabei sind die aufgeführten Kriterien nicht als allgemeingültig oder ausschließlich für die Definition schädlicher steuerlicher Maßnahmen anzusehen, sondern vielmehr ein aus der gegebenen Handlungsnotwendigkeit heraus entwickelter Ansatzpunkt zur Unterbindung des schädlichen Steuerwettbewerbs.[708]

---

707 Vgl. Rat der Europäischen Gemeinschaften: Schlußfolgerungen des Rates „Wirtschafts- und Finanzfragen" vom 1. Dezember 1997 zur Steuerpolitik – Entschließung des Rates und der im Rat vereinigten Vertreter der Regierungen der Mitgliedstaaten vom 1. Dezember 1997 über einen Verhaltenskodex für die Unternehmensbesteuerung – Besteuerung von Zinserträgen, in: ABl. C 2 vom 06.01.1998, S. 1-6, hier: S. 3; Hamaekers, Hubert: Introduction, in: European Taxation 2000, 40. Jg., Special Issue: European Union: Tackling Harmful Tax Competition – A Round Table on the Code of Conduct, S. 398-400, hier: S. 398; Larbig, Gregor: Der EU-Verhaltenskodex zur Unternehmensbesteuerung. Kodex und OECD-Report im Vergleich, in: Müller, Walter/Fromm, Oliver/Hansjürgens, Bernd: Regeln für den europäischen Systemwettbewerb – Steuern und soziale Sicherungssysteme, Marburg 2001, S. 217-233, hier: S. 219-220.

708 Im Rahmen des am 1. Dezember 1997 verabschiedeten Verhaltenskodex stellte der Rat „Wirtschafts- und Finanzfragen" fest, dass ein Teil der unter den Kodex fallenden Maßnahmen in den Geltungsbereich der die staatlichen Beihilfen betreffenden Artikel 87 bis 89 EGV fallen könnte. Die Kommission verpflichtete sich vor diesem Hintergrund, unbeschadet des Gemeinschaftsrechts und der Vertragsziele, bis Mitte 1998 Leitlinien für die Anwendung der Vorschriften über staatliche Beihilfen auf Maßnahmen im Bereich der direkten Unternehmensbesteuerung zu veröffentlichen und genauestens auf die strikte Anwendung der Vorschriften über die betreffenden Beihilfen zu achten. Unter anderem waren die negativen Auswirkungen dieser Beihilfen zu berücksichtigen, die durch die Anwendung des Verhaltenskodex erkennbar wurden. Betroffen können auch steuerliche Maßnahmen in Form staatlicher Beihilfen sein, die in den Artikeln 87 bis 89 des Vertrags zur Gründung der Europäischen Gemeinschaft als binnenmarktkonform geregelt sind. Vgl. Rat der Europäischen Gemeinschaften: Schlußfolgerungen des Rates „Wirtschafts- und Finanzfragen" vom 1. Dezember 1997 zur Steuerpolitik – Entschließung des Rates und der im Rat vereinigten Vertreter der Regierungen der Mitgliedstaaten vom 1. Dezember 1997 über einen Verhaltenskodex für die Unternehmensbesteuerung – Besteuerung von Zinserträgen, in: ABl. C 2 vom 06.01.1998, S. 1-6, hier: S. 5; Randzio-Plath, Christa: Vorteile und Nachteile des internationalen Steuerwettbewerbs, in: Müller, Walter/Fromm, Oliver/Hansjürgens, Bernd: Regeln für den europäischen Systemwettbewerb – Steuern und soziale Sicherungssysteme, Marburg 2001, S. 235-249, hier: S. 243; Larbig, Gregor: Der EU-Verhaltenskodex zur Unternehmensbesteuerung. Kodex und OECD-Report im Vergleich, in: Müller, Walter/Fromm, Oliver/Hansjürgens, Bernd: Regeln für den europäischen Systemwettbewerb – Steuern und soziale Sicherungssysteme, Marburg 2001, S. 217-233, hier: S. 221.

Innerhalb der gemäß dem Verhaltenskodex eingesetzten „hochrangigen Gruppe", die die steuerlichen Maßnahmen beurteilt und die Erteilung von Auskünften über die potentiell schädlichen Maßnahmen überwacht, wurden die fünf oben aufgeführten Kriterien zur Beurteilung potentiell schädlicher Maßnahmen

---

Die im Dezember 1998 von der Kommission auf Wunsch der Mitgliedstaaten vorgelegten Leitlinien legen dar, unter welchen Voraussetzungen eine Maßnahme als staatliche Beihilfe zu qualifizieren ist:

- Die steuerliche Maßnahme muss dem Begünstigten einen Vorteil verschaffen, der dessen normalerweise zu tragende Belastung mindert.
- Die Vorteilsgewährung muss vom Staat oder aus staatlichen Mitteln erfolgen.
- Die Maßnahme muss den Wettbewerb sowie den Handel zwischen den Mitgliedstaaten beeinträchtigen.
- Die betreffende Maßnahme muss spezifisch oder selektiv sein, also bestimmte Produktionszweige begünstigen.

Vgl. Kommission der Europäischen Gemeinschaften: Mitteilung der Kommission über die Anwendung der Vorschriften über staatliche Beihilfen auf Maßnahmen im Bereich der direkten Unternehmensbesteuerung, in: ABl. C 384 vom 10.12.1998, S. 3-9. Vgl. auch Kommission der Europäischen Gemeinschaften: Leitfaden für die Verwaltung von Finanzhilfen (für Antragsteller und Begünstigte), in: http://europa.eu.int/ comm/ secretariat_general/sgc/info_ subv/commun/shortvad-de.pdf.

Bei einem Vergleich der Maßnahmen als staatliche Beihilfen qualifizierenden Kriterien des Vertrags zur Gründung der Europäischen Gemeinschaft mit den Kriterien des Verhaltenskodex werden Abweichungen deutlich, die induzieren, dass eine steuerliche Maßnahme möglicherweise als eine mit dem gemeinsamen Markt unvereinbare staatliche Beihilfe eingestuft werden kann, ohne schädlich im Sinne des Verhaltenskodex zu sein. Andererseits können jedoch auch Maßnahmen vom Verhaltenskodex als schädlich erfasst werden, ohne als eine (unerlaubte) staatliche Beihilfe durch den Vertrag zur Gründung der Europäischen Gemeinschaft erfasst zu werden.

Zu beachten ist vor diesem Hintergrund auch der unterschiedliche räumliche Geltungsbereich beider Werke, da sich die im Vertrag zur Gründung der Eurpäischen Gemeinschaft verankerte Beihilfekontrolle auf das Territorium der Europäischen Union beschränkt, während der Verhaltenskodex prinzipiell auch in abhängigen und assoziierten Gebieten Anwendung findet.

Im Rahmen der in Artikel 88 Abs. 1 EGV ausdrücklich berücksichtigten „fortschreitenden Entwicklung" des gemeinsamen Marktes ist es durchaus möglich, eine in der Vergangenheit von der Kommission genehmigte staatliche Beihilfe aufgrund der tatsächlich fortschreitenden Entwicklung nun als nicht mehr mit dem gemeinsamen Markt vereinbar einzustufen. Vgl. Mors, Matthias: Der EU-Verhaltenskodex zur Unternehmensbesteuerung. Bisherige Erfahrungen und Ergebnisse der „hochrangigen Arbeitsgruppe, in: Müller, Walter/Fromm, Oliver/Hansjürgens, Bernd: Regeln für den europäischen Systemwettbewerb – Steuern und soziale Sicherungssysteme, Marburg 2001, S. 197-215, hier: S. 206.

diskutiert und weiterentwickelt.[709] Grundlage der Arbeiten der Gruppe stellt eine von der Kommission erstellte erste Liste potentiell schädlicher Maßnahmen dar.[710] Diese Liste wurde durch (anonyme) Vorschläge der Mitgliedstaaten und der Kommission erweitert.[711] Von den insgesamt 280 von der Gruppe zu analysierenden Maßnahmen wurden 66 steuerliche Maßnahmen im November 1999 in einem Bericht an den Rat „Wirtschafts- und Finanzfragen" als schädlich im Sinne des Verhaltenskodex identifiziert.[712] Davon sind 40 schädliche Maßnah-

---

709 Vgl. Rat der Europäischen Gemeinschaften: Schlußfolgerungen des Rates „Wirtschafts- und Finanzfragen" vom 1. Dezember 1997 zur Steuerpolitik – Entschließung des Rates und der im Rat vereinigten Vertreter der Regierungen der Mitgliedstaaten vom 1. Dezember 1997 über einen Verhaltenskodex für die Unternehmensbesteuerung – Besteuerung von Zinserträgen, in: ABl. C 2 vom 06.01.1998, S. 1-6, hier: S. 1-2; Rat der Europäischen Gemeinschaften: Schlußfolgerungen des Rates vom 9. März 1998 zur Einsetzung der Gruppe „Verhaltenskodex" (Unternehmensbesteuerung), in: ABl. C 99 vom 01.04.1998, S. 1-2; Mors, Matthias: Der EU-Verhaltenskodex zur Unternehmensbesteuerung. Bisherige Erfahrungen und Ergebnisse der „hochrangigen Arbeitsgruppe, in: Müller, Walter/Fromm, Oliver/Hansjürgens, Bernd: Regeln für den europäischen Systemwettbewerb – Steuern und soziale Sicherungssysteme, Marburg 2001, S. 197-215, hier: S. 201-202; Ellis, Maarten J.: The Code of Conduct in 2000: Cracking the Code or Coating the Crack?, in: European Taxation 2000, 40. Jg., Special Issue: European Union: Tackling Harmful Tax Competition – A Round Table on the Code of Conduct, S. 414-416, hier: S. 414.

710 Vgl. Gruppe „Verhaltenskodex": Bericht der Gruppe „Verhaltenskodex" (Unternehmensbesteuerung) an den Rat „Wirtschaft und Finanzen" (Tagung am 29. November 1999), in: http://ue.eu.int/newsroom/LoadDoc.cfm?MAX=81&DOC=!!!&BID=75&DID=60642&GRP=2309&LANG=4 und http://europa.eu.int/comm/taxation_customs/french/taxation/law/primarolo/primarolo_de.pdf, S. 3.

711 Vgl. Gruppe „Verhaltenskodex": Bericht der Gruppe „Verhaltenskodex" (Unternehmensbesteuerung) an den Rat „Wirtschaft und Finanzen" (Tagung am 29. November 1999), in: http://ue.eu.int/newsroom/LoadDoc.cfm?MAX=81&DOC=!!!&BID=75&DID=60642&GRP=2309&LANG=4 und http://europa.eu.int/comm/taxation_customs/french/taxation/law/primarolo/primarolo_de.pdf, S. 4.

712 Vgl. Gruppe „Verhaltenskodex": Bericht der Gruppe „Verhaltenskodex" (Unternehmensbesteuerung) an den Rat „Wirtschaft und Finanzen" (Tagung am 29. November 1999), in: http://ue.eu.int/newsroom/LoadDoc.cfm?MAX=81&DOC=!!!&BID=75&DID=60642&GRP=2309&LANG=4 und http://europa.eu.int/comm/taxation_customs/french/taxation/law/primarolo/primarolo_de.pdf, S. 3-4; Wilkie, Tim D./O`Grady, Eileen: EU Commission Approves Investigation of 11 "Harmful" Corporate Tax Regimes, Termination of 4 Others, in: Tax Notes International 2001, o.Jg., S. 420-421, hier: S. 421. Vgl. auch Tabelle 1 im Anhang dieser Arbeit.

men auf dem Territorium der Europäischen Union zu finden, drei in Gibraltar und 23 in abhängigen oder assoziierten Gebieten.[713]

Im Rahmen der darauf folgenden weiteren Arbeit innerhalb der Arbeitsgruppe war hauptsächlicher Diskussionspunkt die tatsächliche Umsetzung der im Kodex verankerten Rücknahmeverpflichtung.[714] Belastet wurde die Arbeit jedoch von mangelnden Fortschritten bei der Einigung auf Richtlinien zur Mindestbesteuerung von Zinserträgen und zur Besteuerung der Zahlung von Zinsen und Lizenzgebühren, wobei die belgische, die deutsche, die französische, die italienische und die niederländische Delegation die Ansicht vertraten, dass die drei Bestandteile des Steuerpakets (Verhaltenskodex, Richtlinie über die Mindestbesteuerung von Zinsen und Richtlinie über Zinsen und Lizenzgebühren) untrennbar miteinander verbunden sind.[715] Diese Problematik wurde durch die erfolgreichen Diskussionen der Wirtschafts- und Finanzminister im Juni 2000 entschärft, so dass sich der Rat „Wirtschaft und Finanzen" im November 2000 auf einige Eckpunkte einigen konnte, unter anderem bezüglich der Richtlinie zur Mindestbesteuerung von Zinserträgen, einer künftigen Richtlinie über Zinsen und Lizenzgebühren sowie einem Zeitplan zur tatsächlichen Umsetzung der Rücknahmeverpflichtung.[716] Es wurde beschlossen, das Steuerpaket als Ganzes bis Ende 2002 zu implementieren.[717]

---

713 Vgl. Gruppe „Verhaltenskodex": Bericht der Gruppe „Verhaltenskodex" (Unternehmensbesteuerung) an den Rat „Wirtschaft und Finanzen" (Tagung am 29. November 1999), in: http://ue.eu.int/newsroom/LoadDoc.cfm?MAX=81&DOC=!!!&BID=75&DID =60642&GRP=2309&LANG=4 und http://europa.eu.int/comm/taxation_customs/french/ taxation/law/primarolo/primarolo_de.pdf, S. 12-18, 164-177.

714 Vgl. Mors, Matthias: Der EU-Verhaltenskodex zur Unternehmensbesteuerung. Bisherige Erfahrungen und Ergebnisse der „hochrangigen Arbeitsgruppe, in: Müller, Walter/ Fromm, Oliver/Hansjürgens, Bernd: Regeln für den europäischen Systemwettbewerb – Steuern und soziale Sicherungssysteme, Marburg 2001, S. 197-215, hier: S. 204.

715 Vgl. Gruppe „Verhaltenskodex": Bericht der Gruppe „Verhaltenskodex" (Unternehmensbesteuerung) an den Rat „Wirtschaft und Finanzen" (Tagung am 29. November 1999), in: http://ue.eu.int/newsroom/LoadDoc.cfm?MAX=81&DOC=!!!&BID=75&DID =60642&GRP=2309&LANG=4 und http://europa.eu.int/comm/taxation_customs/french/ taxation/law/primarolo/primarolo_de.pdf, S. 1 und Fußnote 1.

716 Vgl. Rat „Wirtschaft und Finanzen": Mitteilung an die Presse: 2312. Tagung des Rates Wirtschaft und Finanzen am 26./27. November 2000 in Brüssel, in: http://ue.eu.int/Newsroom/ LoadDoc.cfm? M...OC=!!!& BID=93& DID=64441& GRP= 2989&LANG=4, S. 4-5, 13-22.

717 Vgl. Abeele, Michel Vanden: Breakthrough on the taxation package, Brüssel 2001, in: http://europa.eu.int/ comm/ taxation_customs/ french/ publications/thekey/key-15-00.pdf, S. 5.

4.3.2.5 Exkurs: Die Sichtweise der Organisation for Economic Cooperation and Development (OECD)

Das Maßnahmenpaket der Europäischen Union ist Ausdruck einer international bedeutenden und umfassenden Bewegung, schädlichen Steuerwettbewerb zu begrenzen. Auch die OECD hat sich mit dieser Problematik befasst und der Ministerrat der OECD hat vom Steuerausschuss im April 1998 einen Bericht vorlegen lassen, in dem Maßnahmen entwickelt wurden, um den schädlichen Auswirkungen des Steuerwettbewerbs auf Investitions- und Finanzierungsentscheidungen sowie auf die Besteuerungsbasis zu begegnen.[718]

Dieser Bericht begrüßt grundsätzlich die zunehmende Globalisierung und die mit dem internationalen Steuerwettbewerb verbundenen positiven Auswirkungen auf die Steuersysteme, ohne eine Vereinheitlichung dieser oder eine Mindestbesteuerung zu fordern und den Staaten ihre Souveränität über ihr Besteuerungssystem nehmen zu wollen.[719] Kritisiert werden lediglich der unfaire Steuerwettbewerb in Form von gewährten Steuerpräferenzen und die Steuerpraktiken sogenannter Steueroasen.[720] Auch hier liegt das Hauptaugenmerk auf der Besteuerung weitgehend mobiler Produktionsfaktoren.[721] Als schädlich wird die Nutzung öffentlicher Güter eines Staates durch Personen angesehen, die die lokale Besteuerung umgehen, sowie die verzerrenden Wirkungen von präferierenden steuerlichen Regelungen, die gerechte Wettbewerbsbedingungen für wirtschaftliche Tätigkeiten gefährden.[722]

Ausgebaut wurden die im Bericht von 1998 enthaltenen Überlegungen durch einen im Juni 2000 vom Steuerausschuss vorgelegten und einen weiteren im

---

718 Vgl. OECD: Harmful Tax Practices, in: http:// www. oecd.fr/ daf /fa/ harm-tax/ harmtax. htm; OECD: Harmful Tax Competition – An Emerging Global Issue, Paris 1998 und in: http://www.oecd.org/pdf/M00004000/M00004517.pdf.

719 Vgl. OECD: Harmful Tax Competition – An Emerging Global Issue, Paris 1998 und in: http://www.oecd.org/pdf/M00004000/M00004517.pdf, S. 7-8.

720 Vgl. Parly, Florence: France: The Code of Conduct and the Fight against Harmful Tax Competition, in: European Taxation 2000, 40. Jg., Special Issue: European Union: Tackling Harmful Tax Competition – A Round Table on the Code of Conduct, S. 406-409, hier: S. 406.

721 Vgl. OECD: Harmful Tax Competition – An Emerging Global Issue, Paris 1998 und in: http://www.oecd.org/pdf/M00004000/M00004517.pdf, S. 8.

722 Vgl. OECD: Harmful Tax Competition – An Emerging Global Issue, Paris 1998 und in: http://www.oecd.org/pdf/M00004000/M00004517.pdf, S. 8.

November 2001 veröffentlichten Bericht, in denen die Resultate der zwischenzeitlichen Arbeit enthalten sind.[723]

Die OECD konzentriert sich in ihren Bemühungen auf die drei Kernbereiche

- schädliche steuerliche Maßnahmen innerhalb der Mitgliedstaaten der OECD zu identifizieren,
- Empfehlungen zur Bekämpfung schädlicher Steuerpraktiken auszusprechen und
- Nichtmitgliedstaaten der OECD dazu zu bewegen, sich den Bemühungen der OECD anzuschließen.[724]

4.3.2.5.1 Kriterien zur Identifizierung schädlicher Steuerpraktiken

Zur Identifizierung schädlicher Steuermaßnahmen wird zur Systematisierung zwischen schädlichen Präferenzsystemen (Nischenregelungen) und Steueroasen unterschieden. Dabei handelt es sich bei Steueroasen um Staaten, die in der Lage sind, ihre Staatsausgaben weitgehend steuerunabhängig zu finanzieren und folglich in diesen Gebieten keine oder nur eine sehr geringe effektive Besteuerung vorliegt.[725] Relevant ist auch, ob über die Niedrigbesteuerung hinaus Rahmenbedingungen gegeben sind, die es einem Nichtansässigen erlauben, der Besteuerung in seinem Ansässigkeitsstaat zu entgehen und ob die Investition mit Aktivitäten in dem die präferierenden Regelungen anbietenden Staat verbunden sein muss.[726]

---

723 Vgl. OECD: Towards Global Tax Co-operation - Report to the 2000 Ministerial Council Meeting and Recommendations by the Committee on Fiscal Affairs – Progress in Identifying and Eliminating Harmful Tax Practices, in: http://www.oecd.org/pdf/M000014000/M00014130.pdf; OECD: The OECD's Project on Harmful Tax Practices: The 2001 Progress Report, in: http://www.oecd.org.pdf/M00021000/M00021182.pdf; OECD: Harmful Tax Practices, in: http:// www.oecd.fr/ daf /fa/ harm-tax/ harmtax.htm; Business and Industry Advisory Committee of the OECD: A Business View on Tax Competition, in: European Taxation 2000, 40. Jg., Special Issue: European Union: Tackling Harmful Tax Competition – A Round Table on the Code of Conduct, S. 421-425, hier: S. 422.

724 Vgl. Mors, Matthias: Der EU-Verhaltenskodex zur Unternehmensbesteuerung. Bisherige Erfahrungen und Ergebnisse der „hochrangigen Arbeitsgruppe, in: Müller, Walter/ Fromm, Oliver/Hansjürgens, Bernd: Regeln für den europäischen Systemwettbewerb – Steuern und soziale Sicherungssysteme, Marburg 2001, S. 197-215, hier: S. 207.

725 Vgl. OECD: Harmful Tax Competition – An Emerging Global Issue, Paris 1998 und in: http://www.oecd.org/pdf/M00004000/M00004517.pdf, S. 21-25, Abs. 47-56.

726 Vgl. OECD: Harmful Tax Competition – An Emerging Global Issue, Paris 1998 und in: http://www.oecd.org/pdf/M00004000/M00004517.pdf, S. 23.

Schlüsselfaktoren zur Identifizierung von schädlichen Präferenzsystemen können gemäß dem OECD-Bericht neben der

- nicht vorhandenen oder niedrigen Effektivbesteuerung auch die
- Abschottung des Anbieterstaates in dem Sinne sein, dass dieser bei Inanspruchnahme der niedrigen Besteuerung keine Aktivitäten im Inland zulässt oder Ansässigen der Zugang zur niedrigen effektiven Besteuerung verwehrt wird.[727] Ebenso kann
- mangelnde Transparenz ein Indiz für schädliche Steuerpraktiken sein, da ein Fehlen oder Nichtdurchsetzen grundlegender Pflichten die Steuerausweichung begünstigen.[728] Problematisch ist auch, wenn
- kein effektiver Informationsaustausch von Seiten des vorteilsgewährenden Staates erfolgt und ausländischen Steuerbehörden auf deren Ersuchen Informationen verweigert werden.[729] Dabei kann selbst bei bestehender Bereitschaft zum Informationsaustausch ein Mangel an Transparenz diesen wenig effizient werden lassen.[730]

Weitere, die Identifizierung von schädlichen Steuerpräferenzsystemen unterstützende Faktoren können dabei sein

- eine künstliche Definition der Besteuerungsbasis, durch die die Bemessungsgrundlage stark eingeschränkt oder gänzlich freigestellt wird,[731]
- die Nichtbeachtung international anerkannter Verrechnungspreisgrundsätze,[732]

---

727 Vgl. OECD: Harmful Tax Competition – An Emerging Global Issue, Paris 1998 und in: http://www.oecd.org/pdf/M00004000/M00004517.pdf, S. 26-28, Abs. 57-62.

728 Diese Pflichten können beispielsweise Steuererklärungs- und Abschlussprüfungspflichten oder die Pflicht zur Offenlegung der Begünstigten eines Rechtsträgers oder dessen wirtschaftlicher Eigentümer sein. Vgl. OECD: Harmful Tax Competition – An Emerging Global Issue, Paris 1998 und in: http://www.oecd.org/pdf/M00004000/M00004517.pdf, S. 28-29, Abs. 63.

729 Vgl. OECD: Harmful Tax Competition – An Emerging Global Issue, Paris 1998 und in: http://www.oecd.org/pdf/M00004000/M00004517.pdf, S. 29-30, Abs. 64-67.

730 Vgl. OECD: Harmful Tax Competition – An Emerging Global Issue, Paris 1998 und in: http://www.oecd.org/pdf/M00004000/M00004517.pdf, S. 30, Abs. 66-67.

731 Vgl. OECD: Harmful Tax Competition – An Emerging Global Issue, Paris 1998 und in: http://www.oecd.org/pdf/M00004000/M00004517.pdf, S. 30-31, Abs. 68-70.

732 Vgl. OECD: Harmful Tax Competition – An Emerging Global Issue, Paris 1998 und in: http://www.oecd.org/pdf/M00004000/M00004517.pdf, S. 31-32, Abs. 71-72.

- die Anwendung des Territorial- im Gegensatz zum Welteinkommensprinzip und damit die Nichtbesteuerung ausländischer Einkünfte,[733]
- eine bestehende Verhandlungsmöglichkeit über die Höhe des Steuersatzes und/oder der Bemessungsgrundlage,[734]
- das Vorhandensein von Sicherheitsvorkehrungen, wie beispielsweise des Bankgeheimnisses, und damit beschränkter Zugang zu Informationen,[735]
- der Zugang zu einem weiten Netz von Besteuerungsabkommen, wobei die genaue Ausgestaltung der Abkommen relevant ist[736] und
- Steuerregime, die als steuerminimierende Alternativen angeboten werden, sowie die Begünstigung von rein steuerlichen motivierten Aktivitäten oder Gestaltungen.[737]

Bei der Identifizierung von Steueroasen kommt zu den Schlüsselfaktoren noch der Mangel an substanzieller Aktivität in dem die steuerlichen Vorteile anbietenden Staat als Kriterium hinzu. Dies wird jedoch, ebenso wie die Abschottung, die mangelnde Transparenz und der fehlende effektive Informationsaustausch, lediglich als Indiz angesehen und bezieht sich vorwiegend auf Staaten und Gebiete, deren Offshoresektor die Wirtschaft dominiert und die viele Basis- oder Briefkastenfirmen beherbergen.[738]

Bestehende Maßnahmen sind auf deren schädliche Wirkungsweise hin zu überprüfen und einem „Forum on Harmful Tax Practices“, also einem Forum für schädlichen Steuerwettbewerb, mitzuteilen, das innerhalb von zwei Jahren eine Liste der schädlichen steuerlichen Maßnahmen zu erstellen hat.[739] Die Liste ist im OECD-Bericht enthalten, der im Juni 2000 dem Ministerrat der OECD

---

733 Vgl. OECD: Harmful Tax Competition – An Emerging Global Issue, Paris 1998 und in: http://www.oecd.org/pdf/M00004000/M00004517.pdf, S. 32, Abs. 73.

734 Vgl. OECD: Harmful Tax Competition – An Emerging Global Issue, Paris 1998 und in: http://www.oecd.org/pdf/M00004000/M00004517.pdf, S. 32-33, Abs. 74.

735 Vgl. OECD: Harmful Tax Competition – An Emerging Global Issue, Paris 1998 und in: http://www.oecd.org/pdf/M00004000/M00004517.pdf, S. 33, Abs. 75.

736 Vgl. OECD: Harmful Tax Competition – An Emerging Global Issue, Paris 1998 und in: http://www.oecd.org/pdf/M00004000/M00004517.pdf, S. 33, Abs. 76-77.

737 Vgl. OECD: Harmful Tax Competition – An Emerging Global Issue, Paris 1998 und in: http://www.oecd.org/pdf/M00004000/M00004517.pdf, S. 33-34, Abs. 78.

738 Vgl. OECD: Harmful Tax Competition – An Emerging Global Issue, Paris 1998 und in: http://www.oecd.org/pdf/M00004000/M00004517.pdf, S. 34-35, Abs. 80-84.

739 Vgl. OECD: Harmful Tax Competition – An Emerging Global Issue, Paris 1998 und in: http://www.oecd.org/pdf/M00004000/M00004517.pdf, S. 56.

vorgelegt wurde, und identifiziert weltweit insgesamt 47 den Finanz- und Dienstleistungssektor betreffende und als potentiell schädlich einzustufende Präferenzregelungen.[740]

In dem Bericht von 1998 wird das Forum on Harmful Tax Practices außerdem dazu aufgerufen, eine Liste der Steueroasen zu erstellen.[741] Diese Liste ist ebenfalls in dem OECD-Bericht von Juni 2000 enthalten.[742] Parallel zu den Arbeiten des Forums haben einige der potentiell als Steueroasen einzustufenden Länder Interesse an der Möglichkeit einer Zusammenarbeit mit der OECD zur Bekämpfung des schädlichen Steuerwettbewerbs bekundet und sind zu Konsultationen eingeladen worden, wovon mehr als die Hälfte der potentiellen Steueroasen Gebrauch gemacht haben.[743] Auf dieser Entwicklung aufbauend hat der Rat der OECD den Ausschuss für Steuerfragen instruiert, die Bemühungen um Kooperation mit den Steueroasen aufrechtzuerhalten und bis zum 31. Juli 2001

---

740 Diese Aufstellung ist einer der Kernbestandteile des OECD-Berichts 2000 „Towards Global Tax Co-operation" und im Anhang dieser Arbeit in Tabelle 2 enthalten. Der Bericht enthält keine Regelungen für Holding-Gesellschaften, da insbesondere bei diesen die Abgrenzung schädlicher von unschädlichen Maßnahmen besonders komplex ist und mehr Zeit zur Ausarbeitung geeigneter Beurteilungsmaßstäbe benötigt wird. Für die Qualifikation einer Regelung als potentiell schädlich war für das Forum maßgebend, ob diese den im Bericht von 1998 aufgeführten Kriterien entsprechen. Eine endgültige Beurteilung der Schädlichkeit der aufgeführten Maßnahmen kann jedoch erst nach Konkretisierung der Beurteilungsmaßstäbe erfolgen. Das Forum wird zu diesem Zweck Anwendungsregeln für die aufgestellten Kriterien entwickeln. Vgl. OECD: Towards Global Tax Co-operation - Report to the 2000 Ministerial Council Meeting and Recommendations by the Committee on Fiscal Affairs – Progress in Identifying and Eliminating Harmful Tax Practices, in: http://www.oecd.org/pdf/ M000014000/M00014130.pdf, S.15, Abs. 13.

741 Vgl OECD: Harmful Tax Competition – An Emerging Global Issue, Paris 1998 und in: http://www.oecd.org/pdf/M00004000/M00004517.pdf, S. 57, Abs. 149-151.

742 Bei der zur Einordnung eines Landes notwendigen Untersuchung der Steuergesetzgebung der potentiell als Steueroasen einzustufenden Staaten und Gebiete hat man sich an den im Bericht von 1998 aufgeführten Kriterien orientiert. Vgl. OECD: Towards Global Tax Co-operation - Report to the 2000 Ministerial Council Meeting and Recommendations by the Committee on Fiscal Affairs – Progress in Identifying and Eliminating Harmful Tax Practices, in: http://www.oecd.org/pdf/M000014000/M00014130.pdf, S. 10-11, Abs. 7-9 und S. 16-17, Abs. 17. Die vom Forum on Harmful Tax Practices erstellte Liste der Steueroasen ist im Anhang dieser Arbeit in Tabelle 3 enthalten.

743 Vgl. OECD: Towards Global Tax Co-operation - Report to the 2000 Ministerial Council Meeting and Recommendations by the Committee on Fiscal Affairs – Progress in Identifying and Eliminating Harmful Tax Practices, in: http://www.oecd.org/pdf/M000014000/ M00014130.pdf, S. 18, Abs. 18; Eimermann, Dieter: OECD-Arbeiten zum schädlichen Steuerwettbewerb – ein Zwischenstand, in: IStR 2001, 10. Jg., S. 81-86, hier: S. 83.

eine Liste der unkooperativen Steueroasen zu erstellen.[744] Staaten, die bis Ende Juni 2001 nicht die politische Verpflichtung eingingen, einen Plan zu akzeptieren, der die Eliminierung ihrer schädlichen steuerlichen Praktiken bis Ende 2005 vorsieht, werden automatisch in die Liste unkooperativer Steueroasen aufgenommen. Zukünftig haben diese Staaten mit Abwehrmaßnahmen bezüglich ihrer schädlichen Steuermaßnahmen zu rechnen.[745] Zu beachten ist sowohl bei der Liste der Präferenzregime als auch der Aufzählung der (unkooperativen) Steueroasen, dass diese als dynamisch zu verstehen sind und der fortschreitenden Entwicklung zeitnah angepasst werden.[746] So haben die fortlaufenden Gespräche

---

744 Vgl. OECD: Towards Global Tax Co-operation - Report to the 2000 Ministerial Council Meeting and Recommendations by the Committee on Fiscal Affairs – Progress in Identifying and Eliminating Harmful Tax Practices, in: http://www.oecd.org/pdf/M000014000/M00014130.pdf, S. 18, Abs. 19.

745 Vgl. OECD: Towards Global Tax Co-operation - Report to the 2000 Ministerial Council Meeting and Recommendations by the Committee on Fiscal Affairs – Progress in Identifying and Eliminating Harmful Tax Practices, in: http://www.oecd.org/pdf/M000014000/M00014130.pdf, S. 18-19, Abs. 19-23.

746 Vgl. OECD: Towards Global Tax Co-operation - Report to the 2000 Ministerial Council Meeting and Recommendations by the Committee on Fiscal Affairs – Progress in Identifying and Eliminating Harmful Tax Practices, in: http://www.oecd.org/pdf/M000014000/M00014130.pdf, S. 20, Abs. 24-25.

Um den Dialog mit den kooperativen Staaten auszubauen, zeigt der Bericht 2000 einige dazu notwendige Arbeitsfelder auf:

- die Entwicklung eines Modells zum Informationsaustausch, das beispielsweise in Form eines OECD Model Tax Information Exchange Agreements, also eines OECD-Musters, oder einer multilateralen Vereinbarung umgesetzt werden kann,
- die Schaffung eines multilateralen Rahmens zur Zusammenarbeit mit den kooperativen Steueroasen zur Förderung des Informationsaustausches und anderer relevanter Sachverhalte zur Bekämpfung des schädlichen Steuerwettbewerbs,
- eine Untersuchung der Möglichkeiten, wie kooperative Staaten insbesondere in der Übergangsphase zu unterstützen sind, da deren wirtschaftliche Entwicklung unter Umständen wesentlich auf Maßnahmen beruhte, die von der OECD als schädlich erachtet werden. Durch die wünschenswerte Anerkennung der OECD-Prinzipien verlieren nun jedoch diese Staaten eine ihrer wesentlichen wirtschaftlichen Grundlagen. Zu diesem Zeck sollten die OECD-Mitgliedstaaten in Erwägung ziehen,
  - ihre bilateralen Unterstützungsprogramme neu auszurichten,
  - internationale Organisationen zu ermutigen, die besonderen Bedürfnisse dieser Staaten in der Ausgestaltung multilateraler Unterstützungsprogramme zu berücksichtigen sowie
  - den betreffenden Staaten unter der Schirmherrschaft der OECD oder anderer Organisationen spezifische Hilfe bei der Ausgestaltung des neuen Steuersystems und der Reorganisation ihrer Finanzverwaltung anzubieten.

mit Vertretern der Steueroasen dazu geführt, dass bereits vor Ende 2001 fünf Staaten von der Liste der Steueroasen gestrichen wurden.[747] Innerhalb der bis 28. Februar 2002 verlängerten Frist konnte die Liste um 20 weitere Staaten gekürzt werden.[748]

4.3.2.5.2 Empfehlungen zur Bekämpfung schädlicher Steuerpraktiken

Der OECD-Bericht von 1998 enthält 19 Empfehlungen an die OECD-Mitgliedstaaten, wie dem schädlichen Steuerwettbewerb begegnet werden könnte.[749] Die Vorschläge erstrecken sich dabei sowohl auf die nationale Gesetzgebung als auch auf Doppelbesteuerungsabkommen.[750] Empfohlen werden beispielsweise Abwehrmaßnahmen im Rahmen der Außensteuergesetzgebung, die Einführung von Missbrauchsvorschriften, der verstärkte Austausch von Informationen, die Befolgung der OECD-Verrechnungspreisrichtlinien sowie die gegenseitige Unterstützung bei der Steuererhebung.[751]

- Die betroffenen Staaten sollen ermutigt werden, Programme zur Verbesserung ihrer Finanzverwaltung und Vollstreckung zu initiieren und sich zu diesem Zweck bereits bestehenden Organisationen anzuschließen.

Vgl. OECD: Towards Global Tax Co-operation - Report to the 2000 Ministerial Council Meeting and Recommendations by the Committee on Fiscal Affairs – Progress in Identifying and Eliminating Harmful Tax Practices, in: http://www.oecd.org/pdf/M00014000/M00014130.pdf, S. 20-21, Abs. 26-27.

747 Diese sind Aruba, Bahrain, die Isle of Man, die Niederländischen Antillen und die Republik der Seychellen. Vgl. OECD: The OECD's Project on Harmful Tax Practices: The 2001 Progress Report, in: http://www.oecd.org.pdf/M00021000/M00021182.pdf, S. 7-9, Abs. 16-22 sowie Tabelle 3 im Anhang dieser Arbeit.

748 Vgl. OECD: Home Harmful Tax Practices, in: http://www.oecd.org/EN/home/0,,EN-home-103-nodirectorate-no-no-no-22,00.html; OECD: Tax Haven Update, in: http://www.oecd.org/EN/document/0,,EN-d...-103-nodirectorate-no-4-4393-22,00.html sowie Tabelle 3 im Anhang dieser Arbeit. Vgl. zur Fristverlängerung OECD: The OECD's Project on Harmful Tax Practices: The 2001 Progress Report, in: http://www.oecd.org.pdf/M00021000/M00021182.pdf, S. 10, Abs. 33.

749 Vgl. OECD: Harmful Tax Competition – An Emerging Global Issue, Paris 1998 und in: http://www.oecd.org/pdf/M00004000/M00004517.pdf, S. 37-59, Abs. 85-156.

750 Vgl. OECD: Harmful Tax Competition – An Emerging Global Issue, Paris 1998 und in: http:// www.oecd.org/ pdf/ M00004000/ M00004517.pdf, S. 37-40, Abs. 85-96, S. 46, Abs. 113.

751 Für die unilaterale Gesetzgebung wird den Mitgliedstaaten im Einzelnen empfohlen, dass sie,

- soweit keine Abwehrgesetze, beispielsweise in Form eines Außensteuergesetzes, vorhanden sind, prüfen sollten, solche Regelungen einzuführen bzw. bei Existenz derartiger Gesetze deren effiziente Funktionsweise insbesondere bezüglich schädlicher Steuermaßnahmen anderer Staaten überdenken sollten. Diese Abwehrmaßnahmen könnten sich beispielsweise als Hinzurechnungsbesteuerung i.S.d. §§ 7-14 AStG (Vgl. Gesetz über die Besteuerung bei Auslandsbeziehungen (Außensteuergesetz), vom 8. September 1972, veröffentlicht in: BGBl. I 1972, S. 1713, in: Steuergesetze, München Stand 01.01.2002.) oder als Missbrauchsvorschrift i.S.d. § 50d Abs. 3 EStG darstellen, wobei die OECD auch auf die Notwendigkeit zur Schaffung von Regelungen für die Beteiligung an ausländischen Investmentfonds hinweist, da bei diesen trotz hohen Investitionsvolumens die meist gesetzlich bestehende Mindestbeteiligungshöhe nicht erreicht und somit eine Besteuerung umgangen wird. Durch diese Empfehlungen unterstreicht die OECD ausdrücklich die Legitimität nationaler Abwehrmaßnahmen. Desweiteren sollten Mitgliedstaaten,

- soweit sie für die Besteuerung ausländischer Einkünfte auf nationaler Ebene die Freistellungsmethode vorsehen, diese möglicherweise nicht auf Einkünfte aus Quellen anwenden, die durch schädliche Steuermaßnahmen begünstigt sind, um so die Steuerflucht für im Inland ansässige Personen unattraktiver zu machen. Die Mitgliedstaaten werden zudem aufgefordert, dass sie,
- soweit sie keine Informationspflichten (information reporting rules) für internationale Transaktionen oder Operationen im Inland ansässiger Personen haben, deren Einführung in Erwägung ziehen. Auch sollte mit anderen Staaten, die entsprechende Regelungen führen, ein stärkerer Informationsaustausch angestrebt werden. Außerdem wird empfohlen, dass Mitgliedstaaten,
- soweit sie mit den Steuerpflichtigen Vereinbarungen über deren Besteuerung, sogenannte „rulings" abschließen, bereits vor dem Stattfinden geplanter Transaktionen die Bedingungen für die administrative Entscheidung bezüglich der Position des Steuerpflichtigen bzw. die Bedingungen für die Bewilligung, Lossagung oder Widerrufung getroffener Entscheidungen offen darlegen. Die dadurch erhöhte Transparenz ist notwendig, um schädlichen Steuerwettbewerb zu identifizieren und abzubauen. Gefordert wird von der OECD zudem, dass die Mitgliedstaaten
- die 1995 von der OECD veröffentlichten Verrechnungspreisrichtlinien befolgen und die nationale Gesetzgebung im Falle einer Abweichung entsprechend anpassen, um so diesbezüglich einen fairen Steuerwettbewerb herzustellen. Desweiteren werden die Mitgliedstaaten aufgefordert, dass sie
- ihre Gesetze, sonstigen Regelungen und praktische Handhabung bezüglich des Bankgeheimnisses überprüfen, um möglicherweise den Steuerbehörden Zugang zu Bankinformationen zu ermöglichen.

Vgl. OECD: Harmful Tax Competition – An Emerging Global Issue, Paris 1998 und in: http://www.oecd.org/pdf/M00004000/M00004517.pdf, S. 40-46, Abs. 97-112; OECD: Transfer Pricing Guidelines for Multinational Enterprises and Tax Administrations, Paris 2001; Littwin, Frank: Steueroasen-Regelungen in der Europäischen Union, in: IWB, Fach 11, Gruppe 2, vom 22.07.1998, S. 345-352, hier: S. 348-349.

Um durch bilaterale Verträge in Form von Doppelbesteuerungsabkommen schädlichen Steuerwettbewerb nicht noch zu erleichtern, empfiehlt die OECD ihren Mitgliedstaaten im Einzelnen, dass diese

Der Bericht von 1998 enthält desweiteren allgemeine Empfehlungen zur Intensivierung der internationalen Kooperation als Antwort auf den schädlichen Steuerwettbewerb.[752] So sind keine schädlichen präferierenden Maßnahmen in Form von Regelungen oder Verwaltungspraktiken neu einzuführen oder auszubauen[753] und die identifizierten und in die Liste aufgenommenen Maßnahmen sind innerhalb von fünf Jahren nach Billigung der Leitlinien durch den Rat der OECD, also bis April 2003, zu beseitigen.[754] Die Frist kann in Ausnahmefällen

---

- verstärkt vom Austausch relevanter Informationen, insbesondere mit Steueroasen und Ländern, in denen steuerliche Präferenzsysteme existieren, Gebrauch machen, um so den Steuerbehörden Zugang zu mehr und effizienteren Informationen zu verschaffen. Die OECD rät ihren Mitgliedstaaten,
- ihre Doppelbesteuerungsabkommen so auszugestalten, dass auf schädlichen Steuerwettbewerb effektiver reagiert werden kann und so im Fall des Vorliegens unfairer Maßnahmen nicht von Abkommensvergünstigungen Gebrauch gemacht werden darf. Diesbezüglich sollte auch das OECD-Musterabkommen eine Anpassung erfahren. Außerdem soll von der OECD eine Liste aufgestellt und gepflegt werden, die Bedingungen enthält, unter denen manche Staaten die in Doppelbesteuerungsabkommen enthaltenen Vorteilseinräumungen verweigern. Diese Liste soll den Mitgliedstaaten als Referenzpunkt und Diskussionsbasis dienen. Auch sollten die Mitgliedstaaten
- Unklarheiten oder Ungewissheiten über das Verhältnis ihrer nationalen Missbrauchsbekämpfungsvorschriften zu ihren Doppelbesteuerungsabkommen beseitigen. Weiter rät die OECD ihren Mitgliedstaaten,
- bestehende Abkommen mit Steueroasen zu kündigen und auch in Zukunft keine neuen Verträge abzuschließen. Den Mitgliedstaaten wird außerdem empfohlen,
- koordinierte Maßnahmen zur Sicherung der Besteuerung in Erwägung zu ziehen, die in Form der Verstärkung simultaner Außenprüfungen, spezifischem Informationsaustausch oder gemeinsamen Aus- und Fortbildungsprogrammen realisiert werden könnten. Zusätzlich werden die Mitgliedstaaten dazu angehalten,
- sich gegenseitig bei der Steuererhebung zu unterstützen, indem sie unter Umständen entsprechende Regelungen in ihre Doppelbesteuerungsabkommen aufnehmen oder bestehende Regelungen erweitern.

Vgl. OECD: Harmful Tax Competition – An Emerging Global Issue, Paris 1998 und in: http://www.oecd.org/pdf/M00004000/M00004517.pdf, S. 46-52, Abs. 114-137; OECD: OECD-Musterabkommen 2000 zur Vermeidung der Doppelbesteuerung auf dem Gebiet der Steuern vom Einkommen und vom Vermögen, Stand Dezember 2000, in: www.bundesfi nanzministerium.de/Anlage4929/OECD-Musterabkommen-2000.pdf.

752 Vgl. OECD: Harmful Tax Competition – An Emerging Global Issue, Paris 1998 und in: http://www.oecd.org/pdf/M00004000/M00004517.pdf, S. 52-53, Abs. 138-139.

753 Vgl. OECD: Harmful Tax Competition – An Emerging Global Issue, Paris 1998 und in: http://www.oecd.org/pdf/M00004000/M00004517.pdf, S. 56.

754 Vgl. OECD: Harmful Tax Competition – An Emerging Global Issue, Paris 1998 und in: http://www.oecd.org/pdf/M00004000/M00004517.pdf, S. 56.

bis zum 31. Dezember 2005 verlängert werden.[755] Die beseitigten Maßnahmen werden im Rahmen einer jährlichen Überarbeitung aus der Liste gestrichen.[756]

Die Empfehlungen beinhalten neben den allgemeinen Leitlinien auch die Aufforderung an die Mitgliedstaaten sicherzustellen, dass, soweit sie politische, ökonomische oder andere Verbindungen zu Steueroasen pflegen, diese Verbindungen nicht zur Ausweitung eines schädlichen Steuerwettbewerbs führen.[757]

4.3.2.5.3 Notwendigkeit der weiteren Einbeziehung von Nicht-Mitgliedstaaten und Abwehrmaßnahmen gegenüber unkooperativen Staaten

Bereits eine in dem Bericht von 1998 enthaltene Empfehlung geht an den Steuerausschuss der OECD, der Prinzipien einer guten Steuerverwaltung entwickeln soll, die auf den Empfehlungen des Berichts basieren.[758] Die Prinzipien sind aktiv zu propagieren. Das Forum für schädlichen Steuerwettbewerb sollte desweiteren Nicht-Mitgliedstaaten der OECD dazu ermutigen, die Empfehlungen mitsamt der Leitlinien anzuerkennen.[759] Der Einbeziehung von Nicht-Mitgliedstaaten fällt deshalb eine große Bedeutung zu, da die meisten von ihnen entweder Opfer der schädlichen steuerlichen Maßnahmen anderer Staaten sind oder selbst potentiell schädliche Präferenzregime besitzen oder Steueroasen darstellen. Einige dieser Staaten üben einen starken Einfluss auf den globalen

---

755 Vgl. OECD: Harmful Tax Competition – An Emerging Global Issue, Paris 1998 und in: http://www.oecd.org/pdf/M00004000/M00004517.pdf, S. 56.

756 Vgl. OECD: Harmful Tax Competition – An Emerging Global Issue, Paris 1998 und in: http://www.oecd.org/pdf/M00004000/M00004517.pdf, S. 56. Darüber hinaus werden die Mitgliedstaaten der OECD dazu aufgefordert, bestehende oder geplante Maßnahmen des eigenen Landes oder eines anderen Staates, die noch nicht in der Liste enthalten sind und möglicherweise eine schädliche Regelung oder Verwaltungspraktik darstellen könnten, dem Forum für schädlichen Steuerwettbewerb anzuzeigen und das Forum um seine Meinung zu bitten. Das Forum sollte zudem die nationalen und bilateralen Reaktionen auf schädliche Steuerpraktiken anderer Länder koordinieren. Unter Zuhilfenahme des Forums sollte außerdem versucht werden, Nicht-Mitgliedstaaten der OECD zur Identifizierung mit den Leitlinien zu bewegen. Vgl. OECD: Harmful Tax Competition – An Emerging Global Issue, Paris 1998 und in: http://www.oecd.org/pdf/M00004000/M00004517.pdf, S. 57.

757 Vgl. OECD: Harmful Tax Competition – An Emerging Global Issue, Paris 1998 und in: http://www.oecd.org/pdf/M00004000/M00004517.pdf, S. 57-58, Abs. 152-153.

758 Vgl. OECD: Harmful Tax Competition – An Emerging Global Issue, Paris 1998 und in: http://www.oecd.org/pdf/M00004000/M00004517.pdf, S. 58, Abs. 154-155.

759 Vgl. OECD: Harmful Tax Competition – An Emerging Global Issue, Paris 1998 und in: http://www.oecd.org/pdf/M00004000/M00004517.pdf, S. 58-59, Abs. 156.

Finanzmarkt aus.[760] Bei einer ausschließlichen Betrachtung der schädlichen Regelungen und Praktiken der Mitgliedstaaten und einer parallelen Außenvorlassung der Nicht-Mitgliedstaaten, verbunden mit einer Bekämpfung der schädlichen Maßnahmen, besteht die Gefahr einer Verschiebung der betrachteten Aktivitäten in Wirtschaftsräume mit weiterhin bestehenden präferierenden Regelungen.[761] Damit verbunden wäre eine Bevorteilung unkooperativer Nicht-Mitgliedstaaten einhergehend mit einem wirtschaftlichen Nachteil der im Sinne eines fairen Steuerwettbewerbs handelnden Staaten.[762] Zur effektiven Bekämpfung des unfairen Steuerwettbewerbs sind also zwingend auch Nicht-Mitgliedstaaten in die Betrachtung einzubeziehen.

Die Empfehlung des Berichts 2000 lautet somit, weiterhin zu versuchen, die bislang unkooperativen Nicht-Mitgliedstaaten zu einem Dialog zu bewegen und die Prinzipien des Berichts von 1998 anzuerkennen.[763] Das Forum wird zum Zweck der Bekämpfung des schädlichen Steuerwettbewerbs auf globaler Ebene weiterhin nach Kommunikationswegen suchen, um den Kontakt zu den Nicht-Mitgliedstaaten zu intensivieren.[764]

Aufgrund der begrenzten Wirksamkeit einzelstaatlicher Abwehrmaßnahmen zum Erhalt der Besteuerungsbasis enthält der Bericht 2000 erste Überlegungen zu koordinierten Abwehrmaßnahmen gegenüber unkooperativen Staaten und

---

760 Vgl. OECD: Towards Global Tax Co-operation - Report to the 2000 Ministerial Council Meeting and Recommendations by the Committee on Fiscal Affairs – Progress in Identifying and Eliminating Harmful Tax Practices, in: http://www.oecd.org/pdf/M000014000/M00014130.pdf, S. 22, Abs. 29.

761 Vgl. OECD: Towards Global Tax Co-operation - Report to the 2000 Ministerial Council Meeting and Recommendations by the Committee on Fiscal Affairs – Progress in Identifying and Eliminating Harmful Tax Practices, in: http://www.oecd.org/pdf/M000014000/M00014130.pdf, S. 22, Abs. 28-29.

762 Vgl. OECD: Towards Global Tax Co-operation - Report to the 2000 Ministerial Council Meeting and Recommendations by the Committee on Fiscal Affairs – Progress in Identifying and Eliminating Harmful Tax Practices, in: http://www.oecd.org/pdf/M000014000/M00014130.pdf, S. 22, Abs. 30.

763 Vgl. OECD: Towards Global Tax Co-operation - Report to the 2000 Ministerial Council Meeting and Recommendations by the Committee on Fiscal Affairs – Progress in Identifying and Eliminating Harmful Tax Practices, in: http://www.oecd.org/pdf/M000014000/M00014130.pdf, S. 22, Abs. 30.

764 Vgl. OECD: Towards Global Tax Co-operation - Report to the 2000 Ministerial Council Meeting and Recommendations by the Committee on Fiscal Affairs – Progress in Identifying and Eliminating Harmful Tax Practices, in: http://www.oecd.org/pdf/M000014000/M00014130.pdf, S. 22, Abs. 31

Gebieten, um dem schädlichen Steuerwettbewerb effektiv zu begegnen.[765] Diese sind auch im Interesse der Länder notwendig, die sich bereit erklären, zur

---

[765] Vgl. OECD: Towards Global Tax Co-operation - Report to the 2000 Ministerial Council Meeting and Recommendations by the Committee on Fiscal Affairs – Progress in Identifying and Eliminating Harmful Tax Practices, in: http://www.oecd.org/pdf/M000014000/M00014130.pdf, S. 24-26, Abs. 32-38.

Als Rahmenwerk für eine gemeinsame Vorgehensweise nennt der Bericht 2000 folgende mögliche Abwehrmaßnahmen:

- die Verweigerung von Steuerabzügen, -befreiungen oder -gutschriften und Freibeträgen in Zusammenhang mit Transaktionen mit unkooperativen Staaten oder Transaktionen, die mit Vorteilen aus der Nutzung schädlicher Maßnahmen verbunden sind,
- die Forderung nach umfassenden Informationen bei Transaktionen, an denen unkooperative Steueroasen beteiligt sind oder deren Steuerpraktiken genutzt werden, verbunden mit merklichen Strafen für fehlende oder unzureichende Berichterstattung,
- die effektive Anwendung bzw. Einführung einer nationalen Außensteuergesetzgebung,
- die Verweigerung jeglicher Ausnahmen, die im Normalfall die Sanktionierung einer Handlung verhindern oder begrenzen, für Transaktionen mit in unkooperativen Staaten ansässigen Rechtsträgern und für Transaktionen, die mit der Nutzung schädlicher Maßnahmen einhergehen,
- die Versagung der Nutzung des Anrechnungs- oder Freistellungsverfahrens bei Bezügen aus unkooperativen Staaten oder aus Quellen, die schädliche steuerliche Maßnahmen nutzen,
- die Erhebung von Quellensteuern auf bestimmte Zahlungen an in unkooperativen Steueroasen ansässige Personen,
- die Intensivierung von Prüfungs- und Kontrollmaßnahmen bezüglich unkooperativer Länder und Transaktionen, die durch schädliche Steuermaßnahmen Vorteile erfahren.
- Die Mitgliedstaaten sollten überprüfen, ob die bestehenden oder geplanten Abwehrmaßnahmen der nationalen Gesetzgebung auch auf Transaktionen anwendbar sind, in denen unkooperative Staaten oder deren Steuerpraktiken involviert sind.
- Die Mitgliedstaaten sollten mit unkooperativen Ländern keine umfassenden Verträge bezüglich der Behandlung des Einkommens abschließen und in Erwägung ziehen, bestehende Abkommen zu kündigen, soweit bestimmte Bedingungen nicht erfüllt werden.
- Bei der Gründung oder Akquisition von in unkooperativen Staaten ansässigen Rechtsträgern sollte der Abzug von gewöhnlich zulässigen Abzügen verweigert werden.
- Es sollten Transaktionsabgaben oder Gebühren auf bestimmte Transaktionen mit unkooperativen Staaten erhoben werden.

Vgl. OECD: Towards Global Tax Co-operation - Report to the 2000 Ministerial Council Meeting and Recommendations by the Committee on Fiscal Affairs – Progress in Identifying and Eliminating Harmful Tax Practices, in: http://www.oecd.org/pdf/M000014000/M00014130.pdf, S. 25, Abs. 35.

Bekämpfung des schädlichen Steuerwettbewerbs mit den OECD-Mitgliedstaaten zusammenzuarbeiten und die schädlichen Bestandteile ihres Steuerrechts zu beseitigen.[766] Die vorgeschlagenen Abwehrmaßnahmen sind nicht nur für unkooperative Nicht-Mitgliedstaaten reserviert, sondern können auch gegenüber Mitgliedstaaten Anwendung finden, wenn diese ihre schädlichen Regelungen nicht innerhalb der gesetzten Frist beseitigen.[767] Abschließend weist der Bericht 2000 die Mitgliedstaaten ausdrücklich auf die Möglichkeit der Nutzung nichtsteuerlicher unilateraler Abwehrmaßnahmen hin.[768]

Nichtsdestotrotz versucht die OECD mit Hilfe von Schlüsselwörtern wie Fairness und Transparenz nicht nur einen Maßstab für sich selbst, sondern global akzeptierte Standards für einen weltweiten fairen Steuerwettbewerb zu schaffen. Daher fällt weiterhin dem Dialog mit Drittstaaten eine große Bedeutung zur Realisierung dieser Ziele zu und der Ausbau der internationalen Zusammenarbeit wird auch in Zukunft ein wichtiges Arbeitsfeld der OECD darstellen.

4.3.2.6 Vergleich der beiden politischen Ansätze und Darstellung zukünftiger Problemfelder

Das Steuerpaket der Europäischen Union und die Berichte der OECD verfolgen ein gemeinsames Ziel, die Bekämpfung des schädlichen Steuerwettbewerbs. Sie unterscheiden sich zunächst offensichtlich durch die räumliche Ausdehnung der mit ihnen verbundenen politischen Verpflichtung. Bei einer Betrachtung der von den beiden Organisationen als potentiell schädlich identifizierten Maßnahmen ist festzustellen, dass sich eine Vielzahl der 66 von der Gruppe „Verhaltenskodex" als schädlich eingestuften Maßnahmen in den OECD-Listen der Präferenzsysteme und Steueroasen wiederfinden.[769] Die von der Gruppe „Verhaltenskodex

---

766 Vgl. OECD: Towards Global Tax Co-operation - Report to the 2000 Ministerial Council Meeting and Recommendations by the Committee on Fiscal Affairs – Progress in Identifying and Eliminating Harmful Tax Practices, in: http://www.oecd.org/pdf/M000014000/M00014130.pdf, S. 24, Abs. 33.

767 Vgl. OECD: Towards Global Tax Co-operation - Report to the 2000 Ministerial Council Meeting and Recommendations by the Committee on Fiscal Affairs – Progress in Identifying and Eliminating Harmful Tax Practices, in: http://www.oecd.org/pdf/M000014000/M00014130.pdf, S. 24, Abs. 33.

768 Vgl. OECD: Towards Global Tax Co-operation - Report to the 2000 Ministerial Council Meeting and Recommendations by the Committee on Fiscal Affairs – Progress in Identifying and Eliminating Harmful Tax Practices, in: http://www.oecd.org/pdf/M000014000/M00014130.pdf, S. 26, Abs. 36-38.

769 Vgl. hierzu die im Anhang dieser Arbeit enthaltenen Tabellen 1 bis 3.

dex" identifizierten Maßnahmen auf dem Territorium der Europäischen Union befinden sich dabei in der Aufzählung der potentiellen steuerlichen Präferenzsysteme. Der OECD-Report befasst sich darüber hinaus explizit mit den problematischen Steueroasen, die der Verhaltenskodex nur indirekt behandelt.[770] Eine Reihe der abhängigen oder assoziierten Gebiete der Mitgliedstaaten der Europäischen Union stehen auf der Liste der Steueroasen.

Während das Konzept der OECD nahezu ausschließlich Finanz- und andere Dienstleistungen fokussiert,[771] umfasst das Steuerpaket der Europäischen Union zumindest prinzipiell Aktivitäten aus allen Bereichen der Wirtschaft. Die OECD geht jedoch im Gegensatz zur Europäischen Union mit ihren Ausführungen weit über die Grenzen der reinen Identifizierung schädlicher Maßnahmen hinaus und spricht Empfehlungen für die Handhabung unfairen Steuerwettbewerbs aus, die steuerliche sowie nicht-steuerliche Abwehrmaßnahmen ausdrücklich umfassen. Der Verhaltenskodex hingegen vermeidet eine Aufführung möglicher Sanktionen und beschränkt sich auf die Wirkung der mit einem Verstoß gegen den Verhaltenskodex verbundenen politischen Kosten.

Zu beachten ist aber der eingeschränkte räumliche Geltungsbereich des Verhaltenskodex, der vorwiegend darauf abzielt, den europäischen Binnenmarkt vor schädlichem Steuerwettbewerb zu schützen. So sind viele der von der OECD empfohlenen Abwehrmaßnahmen aufgrund ihrer diskriminierenden oder beschränkenden Wirkung innerhalb der Europäischen Union nicht anwendbar. Sie könnten aber von den Mitgliedstaaten der Europäischen Union zum Einsatz gegenüber Drittstaaten in Erwägung gezogen werden.

Es ist jedoch zu würdigen, dass sich diese beiden teilweise differierenden Ansätze aufgrund der gemeinsamen Zielsetzung, schädlichen Steuerpraktiken Einhalt zu gebieten, bislang ergänzt und gegenseitig gestützt haben und durch ihre parallele Existenz der umfassenden internationalen Bewegung stärkeres Gewicht verliehen haben.[772]

---

770 Vgl. Larbig, Gregor: Der EU-Verhaltenskodex zur Unternehmensbesteuerung. Kodex und OECD-Report im Vergleich, in: Müller, Walter/Fromm, Oliver/Hansjürgens, Bernd: Regeln für den europäischen Systemwettbewerb – Steuern und soziale Sicherungssysteme, Marburg 2001, S. 217-233, hier: S. 222.

771 Vgl. OECD: Harmful Tax Competition – An Emerging Global Issue, Paris 1998 und in: http://www.oecd.org/pdf/M00004000/M00004517.pdf, S. 8, Abs. 6.

772 Vgl. Parly, Florence: France: The Code of Conduct and the Fight against Harmful Tax Competition, in: European Taxation 2000, 40. Jg., Special Issue: European Union: Tackling Harmful Tax Competition – A Round Table on the Code of Conduct, S. 406-409, hier: S. 409.

Es ist zu überlegen, ob der Verhaltenskodex zukünftig auch Maßnahmen hinsichtlich der Besteuerung von Arbeitnehmern umfassen sollte. Obwohl die breite Masse der Beschäftigten nicht zu den ohne große Schwierigkeiten mobilen Produktionsfaktoren zählt, könnte durch den mobilen Teil der Arbeitnehmer, der beispielsweise durch auf ausländische Beschäftigte begrenzte Vergünstigungen bei der Einkommensteuer oder der Sozialversicherung angelockt werden könnte, der Standort für wirtschaftliche Aktivitäten in der Gemeinschaft spürbar beeinflusst werden.[773]

Problematisch wird in Zusammenhang mit der Betrachtung des Verhaltenskodex in Zukunft auch die Osterweiterung der Europäischen Union sein. Da beitretende Staaten im Zeitpunkt ihres Beitritts dazu verpflichtet sind, den „aquis", das heißt die bestehenden Gemeinschaftsregeln mitsamt der Gesetzgebung und den eindeutigen politischen Vorgaben, voll zu übernehmen, müssten sie sich auch mit dem Verhaltenskodex einverstanden erklären.[774] Obwohl bislang praktisch alle Beitrittskandidaten eine Respektierung des Verhaltenskodex signalisiert haben, wurde noch keine detaillierte Analyse der steuerlichen Rechts- und Verwaltungsvorschriften sowie der Verwaltungspraktiken der potentiellen zukünftigen Mitgliedstaaten nach Maßgabe des Verhaltenskodex vorgenommen.[775] Die Bewertung der Steuerpraktiken dieser Länder stellt somit ein weiteres zukünftiges Arbeitsfeld der Gruppe „Verhaltenskodex" dar.

Trotzdem ist es positiv zu vermerken, dass die Kommission und der Rat die direkte Besteuerung als eine mögliche Quelle von Handelshemmnissen und Verzerrungen des Binnenmarktes anerkannt haben und somit deren Relevanz für das Funktionieren des gemeinsamen Marktes verdeutlichen.[776]

---

773 Vgl. Mors, Matthias: Der EU-Verhaltenskodex zur Unternehmensbesteuerung. Bisherige Erfahrungen und Ergebnisse der „hochrangigen Arbeitsgruppe", in: Müller, Walter/ Fromm, Oliver/Hansjürgens, Bernd: Regeln für den europäischen Systemwettbewerb – Steuern und soziale Sicherungssysteme, Marburg 2001, S. 197-215, hier: S. 208.

774 Vgl. Mors, Matthias: Der EU-Verhaltenskodex zur Unternehmensbesteuerung. Bisherige Erfahrungen und Ergebnisse der „hochrangigen Arbeitsgruppe", in: Müller, Walter/ Fromm, Oliver/Hansjürgens, Bernd: Regeln für den europäischen Systemwettbewerb – Steuern und soziale Sicherungssysteme, Marburg 2001, S. 197-215, hier: S. 208-209.

775 Vgl. Mors, Matthias: Der EU-Verhaltenskodex zur Unternehmensbesteuerung. Bisherige Erfahrungen und Ergebnisse der „hochrangigen Arbeitsgruppe", in: Müller, Walter/ Fromm, Oliver/Hansjürgens, Bernd: Regeln für den europäischen Systemwettbewerb – Steuern und soziale Sicherungssysteme, Marburg 2001, S. 197-215, hier: S. 209.

776 Vgl. Larbig, Gregor: Der EU-Verhaltenskodex zur Unternehmensbesteuerung. Kodex und OECD-Report im Vergleich, in: Müller, Walter/Fromm, Oliver/Hansjürgens, Bernd: Regeln für den europäischen Systemwettbewerb – Steuern und soziale Sicherungssysteme, Marburg 2001, S. 217-233, hier: S. 231.

4.4 Verbleibender Handlungsspielraum der Europäischen Union

Die Europäische Union ist im Rahmen der durch den Vertrag zur Gründung der Europäischen Gemeinschaft gesetzten Grenzen zur Angleichung von Rechtsvorschriften legitimiert. Dieses Recht besteht unter anderem in Bezug auf Maßnahmen der Mitgliedstaaten, die bestimmten Regelungen des Vertrags zur Gründung der Europäischen Gemeinschaft direkt entgegenstehen. Ein Beispiel für die mögliche Kollision von nationalem und Gemeinschaftsrecht im Bereich des direkten Steuerrechts sind staatliche Beihilfen. Bedeutender für die direkte Besteuerung sind die Grundfreiheiten, die jede Diskriminierung aus Gründen der Staatsangehörigkeit im Geltungsbereich des Vertrags zur Gründung der Europäischen Gemeinschaft untersagen. Die Diskriminierungsverbote haben außerdem durch die Rechtsprechung des Europäischen Gerichtshofes eine Interpretation als Beschränkungsverbote erfahren.

Weniger genau definiert ist bislang die Legitimation zur Rechtsangleichung aufgrund von Artikel 94 EGV. Diese Vorschrift erlaubt die Angleichung derjenigen Rechts- und Verwaltungsvorschriften der Mitgliedstaaten, die sich unmittelbar auf die Errichtung oder das Funktionieren des gemeinsamen Marktes auswirken. Im Rahmen dieser Angleichungskompetenz sind bereits die Fusionsrichtlinie, die Mutter-Tochter-Richtlinie und die Schiedsverfahrenskonvention erlassen worden. Die Legitimation ist allerdings weniger als Wahlrecht, sondern vielmehr auch als eine Aufgabe zu verstehen, um den Zielsetzungen der Artikel 2 und 3 EGV Rechnung zu tragen. Zu diesem Zweck wurde eine Reihe weiterer gemeinschaftlicher Maßnahmen angestrebt, bislang jedoch nicht verabschiedet. Festzuhalten ist aber, dass die Europäische Union zur Angleichung der Rechtsvorschriften legitimiert ist, soweit Auswirkungen der Rechts- und Verwaltungsvorschriften der Mitgliedstaaten auf den gemeinsamen Markt zu verzeichnen sind. Dabei ist die Vermeidung von Verfälschungen des Wettbewerbs sowie ökonomischer Verzerrungen explizit in der Zielsetzung des funktionsfähigen Binnenmarktes enthalten.[777] Auch wurde von der Europäischen Union im Rahmen des Verhaltenskodex die direkte Besteuerung als Quelle schädlichen Wettbewerbs sowie als Ursache von Behinderungen und Verzerrungen im gemeinsamen Markt anerkannt.

Im anschließenden Kapitel wird untersucht, inwieweit Normen der direkten Besteuerung Einfluss auf den gemeinsamen Markt nehmen und folglich die Europäische Union zu Harmonisierungsmaßnahmen legitimiert bzw. sogar verpflichtet ist.

---

[777] Vgl. Artikel 3 Abs. 1 Bst. g) EVG, Artikel 96 EGV.

5 Vergleich der gegebenen Unternehmensbesteuerung in der Europäischen Union mit den ökonomischen Vorgaben

Bei der Betrachtung der finanzwissenschaftlichen Sichtweise und der bisherigen Harmonisierungsrealität in der Europäischen Union wird deutlich, dass die Finanzwissenschaft Kriterien für eine rationale Ertragsbesteuerung von Unternehmen zur Gewährleistung eines von Verzerrungen und Zusatzlasten freien Marktes empfiehlt, welche meines Erachtens den positiven Aspekten des Steuerwettbewerbs nicht zwingend entgegenstehen. Als Kriterien werden zu diesem Zweck die Einfachheit, Gerechtigkeit und Effizienz der Unternehmensbesteuerung herangezogen, ohne eine einheitliche Effektivsteuerbelastung zu fordern. Die Europäische Union hat sich ebenfalls das Ziel eines funktionsfähigen gemeinsamen Marktes gesetzt und sieht zu diesem Zweck die Möglichkeit der Rechtsangleichung vor. Resultat dieser Bestrebungen im Bereich der direkten Steuern sind bislang die Fusionsrichtlinie, die Mutter-Tochter-Richtlinie und die Schiedsverfahrenskonvention. Darüber hinaus werden Einzelregelungen, vorwiegend in Form von Diskriminierungen und Beschränkungen, als dem Vertrag zur Gründung der Europäischen Gemeinschaft mit dem Ziel des funktionsfähigen gemeinsamen Marktes entgegenstehend befunden. Auf einer weiteren Ebene, der Bekämpfung des schädlichen Steuerwettbewerbs, ist ebenfalls ein Konsens zwischen den Zielen der Finanzwissenschaft und denen der Europäischen Union ersichtlich, ohne dass es sich bei dem Vorgehen der Europäischen Union um eine vertraglich verankerte, sondern vielmehr um eine politische Entscheidung handelt.

Aus ökonomischer Sicht werden jedwede Verzerrungen abgelehnt, die einen leistungsfähigen Wettbewerb einschränken können, wobei diese sowohl aus systemimmanenten als auch aus bestimmten Einzelregelungen resultieren können. Die Europäische Union verfolgt mit den Diskriminierungsverboten den Zweck, Inländer und Ausländer gleich zu behandeln, unter anderem mit dem Ziel, Behinderungen auf dem gemeinsamen Markt zu vermeiden. Durch die Diskriminierungsverbote soll folglich verhindert werden, dass Personen oder Tätigkeiten aufgrund ihrer Staatsangehörigkeit Benachteiligungen im grenzüberschreitenden Geschäftsverkehr innerhalb der Europäischen Union ausgesetzt werden. Eine derartige Benachteiligung kann aus ökonomischer Sicht zu Verzerrungen führen, da die Wirtschaftssubjekte steuerliche Faktoren in ihr unternehmerisches Kalkül einbeziehen und die standortabhängige Steuerbelastung zu vermeiden suchen, auch wenn bei einer von der Besteuerung abstrahierenden Betrachtung weniger wirtschaftliche Gründe für ein derartiges Handeln sprechen. Die Grundfreiheiten lassen sich somit auch unter ökonomischen Gesichtspunkten erklären, indem man die mit den Diskriminierungsverboten unversöhnlichen steuerlichen Maßnahmen sowohl unter das Postulat der Gerechtigkeit, als auch die erforderliche Neutralität der Besteuerung subsumieren kann.

Über die Einhaltung der Diskriminierungsverbote hinaus ist das Ziel des Funktionierens des gemeinsamen Marktes im Vertrag zur Gründung der Europäischen Gemeinschaft verankert. Die Europäische Union ist durch Artikel 94 EGV legitimiert, nationales Recht zum Zwecke des gemeinsamen Marktes anzugleichen. Der gegebene Handlungsspielraum ist bislang jedoch hinsichtlich dessen Anwendung auf steuerliche Vorschriften nur durch die ungenaue Zielsetzung hinsichtlich des gemeinsamen Marktes definiert und sollte durch die Realisation ökonomischer Maßstäbe mit Inhalt gefüllt werden, um eine optimale Funktionsweise des gemeinsamen Marktes zu gewährleisten. Ein Vergleich ökonomischer Kriterien mit der tatsächlichen Besteuerungsrealität in der Europäischen Union soll dazu dienen, den weiteren Handlungsbedarf auf diesem Gebiet aufzuzeigen.

Eine Untersuchung, die den Vergleich der finanzwissenschaftlichen Zielsetzung mit der tatsächlichen Besteuerungsrealität anstrebt, muss sich auf mehreren Ebenen bewegen, um in allen angesprochenen Bereichen einen weiterhin bestehenden Handlungsbedarf zu erarbeiten:

- Analyse systemimmanenter Schranken, die aus dem Zusammenspiel von 15 verschieden ausgestalteten Steuersystemen resultieren, Zusatzlasten, Verzerrungen und Intransparenzen hervorrufen können, damit den Postulaten der Einfachheit, der Gerechtigkeit und der Effizienz widersprechen und so der gewünschten Funktionsweise des gemeinsamen Marktes möglicherweise entgegenstehen,
- Betrachtung bestehender steuerlicher Einzelregelungen, die andere Standorte gegenüber dem eigenen benachteiligen, daher auch durch die Diskriminierungsverbote erfasst werden, und dem Gerechtigkeits- und Neutralitätsgrundsatz widersprechen können,
- Untersuchung von Maßnahmen, die gezielt ausländische Investitionen anlocken sollen und dem schädlichen Steuerwettbewerb zuzuordnen sind.

Aufgrund der Vielzahl von in der Europäischen Union vereinigten Ländern soll neben dem allgemeinen Vergleich hinsichtlich der angegebenen Ziele eine Berücksichtigung der Beispielstaaten Deutschland und Frankreich erfolgen, um den verbleibenden Harmonisierungsbedarf besser zu verdeutlichen. Außerdem ist insbesondere bei der Betrachtung der unerwünschten Einzelregelungen eine Auswahl zu treffen, die hier anhand regionaler Kriterien erfolgt.

5.1 Analyse verbleibender systemimmanenter Schranken

Die Europäische Gemeinschaft gab mehrere Studien zur Untersuchung der Ausgestaltung und der ökonomischen Wirkungsweise der europäischen Steuersysteme in Auftrag, um Erkenntnisse über das Ausmaß der Harmonisierungsnotwendigkeit auf dem Gebiet der direkten Steuern zu erhalten und darauf aufbauend entsprechend handeln zu können. Dem „Committee of Independent Experts on Company Taxation“ unter der Leitung von Herrn Ruding wurde im Oktober 1990 der Auftrag erteilt, die innerhalb der Gemeinschaft vorherrschende Unternehmensbesteuerung auf deren Vereinbarkeit mit den europarechtlichen Vorgaben hinsichtlich des gemeinsamen Marktes zu überprüfen.[778] Trotz der im gleichen Jahr erfolgten Verabschiedung der Mutter-Tochter-Richtlinie, der Fusionsrichtlinie und der Schiedsverfahrenskonvention schien des Mandat notwendig.[779] Der aktuellste Bericht stammt von der Europäischen Kommission und wurde im Oktober 2001 veröffentlicht.[780] Da dieser auf den gleichen ökonomischen Vorgaben fußt wie der Ruding-Bericht und auf dessen Ergebnissen aufbaut, bleibt auch der Ruding-Bericht nach wie vor eine der wichtigsten Studien zur Unternehmensbesteuerung in der Europäischen Gemeinschaft.

Die im Folgenden nach den Grundzügen des Ruding-Berichts und des Berichts der Kommission zur Unternehmensbesteuerung dargestellten Ergebnisse bauen somit sämtlich auf der im Vertrag zur Gründung der Europäischen Gemeinschaft verankerten Zielsetzung der ungestörten Funktionsweise des gemeinsamen Marktes auf. Die innerhalb der Europäischen Union vorherrschende Besteuerung soll in Bezug auf dieses Kriterium untersucht werden. Der diesen Studien zugrundegelegte gewünschte Zustand der Unternehmensbesteuerung stimmt somit mit den finanzwissenschaftlichen Vorgaben überein. Daher sind die Studien geeignet, den angestrebten Vergleich zu unterstützen.

Zu beachten ist, dass sich sämtliche Untersuchungen auf Kapitalgesellschaften beschränken. Ohne dass dies explizit durch die Studien betont wird, liegen meines Erachtens die Gründe in der steuerlich transparenten Behandlung von Personengesellschaften und der diesen in manchen europäischen Staaten fehlenden oder beschränkten Rechtspersönlichkeit. Die effektive Steuerbelastung von im Rahmen der Personengesellschaften generierten Gewinnen hängt entschei-

---

778 Vgl. Unabhängiger Sachverständigenausschuß zur Unternehmensbesteuerung: Report of the Committee of Independent Experts on Company Taxation, Luxemburg 1992.

779 Vgl. Hey, Johanna: Harmonisierung der Unternehmensbesteuerung in Europa: ein Vorschlag unter Auswertung des Ruding-Berichts und der US-amerikanischen „integration debate“, Diss. Köln 1996, Köln 1997, S. 72; Kommission der Europäischen Gemeinschaften: Mitteilung der Kommission der Europäischen Gemeinschaften an den Rat und das Parlament über Leitlinien zur Unternehmensbesteuerung vom 20.4.1990, SEK (90) 610 endg. Ratsdok. 6128/90, in: BR-Drs. 360/90 vom 18.5.1990, S. 1-27.

780 Vgl. Commission of the European Communities: Company Taxation in the Internal Market, in: http://europa.eu.int/comm/taxation_customs/publications/official_doc/com/com.htm.

dend von der Besteuerung des jeweiligen Mitunternehmers ab. Den steuerlichen Verhältnissen der Gesellschafter fällt bei der Besteuerung von Personengesellschaften in der Regel eine viel höhere Relevanz zu als bei der Besteuerung von Kapitalgesellschaften und Steuerbelastungsvergleiche könnten nur unter beengender Prämissensetzung erfolgen. Die Besteuerung der Mitunternehmer wiederum ist das Resultat der länderspezifischen Besteuerung und wird entscheidend von persönlichen Eigenschaften des Mitunternehmers (natürliche Person oder juristische Person) geprägt. Ist ein Mitunternehmer eine natürliche Person, sind Aspekte der persönlichen Leistungsfähigkeit in seine persönliche Besteuerung einzubeziehen, so dass ein Vergleich unter sehr einschränkender und keinesfalls repräsentativer Prämissensetzung allenfalls für Personengesellschaften und deren Mitunternehmer, die innerhalb eines Staates besteuert werden, mit entsprechenden Konstellationen in anderen Staaten möglich wäre. Eine über eine Staatsgrenze bestehende Mitunternehmerschaft wäre hingegen noch komplexer und nicht für alle denkbaren Konstellationen darstellbar.

Zudem hängt die Qualifizierung von Gewinnen aus Personengesellschaften in vielen Staaten von der inhaltlichen Tätigkeit der Gesellschaft ab, so dass neben den verschiedenen Bemessungsgrundlagen, den Ansässigkeitsstaaten der Mitunternehmer und den persönlichen Merkmalen der Gesellschafter eine Zuordnung der Gewinne zu verschiedenen Einkunftsarten in Abhängigkeit des Betätigungsfeldes der Personengesellschaft erschwerend hinzukäme. Resultat ist, dass die Möglichkeit, grenzüberschreitende Investitionen über Personengesellschaften auszuüben, durch die mangelnde Transparenz stark erschwert wird und die Steuerbelastung nur in einem konkreten Einzelfall quantifizierbar ist.

Ein Vergleich unter Einbeziehung eines wie in Frankreich für Personengesellschaften bestehenden Optionsrechtes macht zudem zwar die Vergleichbarkeit von das Optionsrecht ausübenden Gesellschaften mit Kapitalgesellschaften und anderen von einem Optionsrecht Gebrauch machenden Gesellschaften möglich. Eine Vergleichbarkeit mit Personengesellschaften, denen dieses Wahlrecht nicht offen steht oder die dies nicht wahrnehmen, wird hingegen weiter erschwert.

Ein weiteres Problem hinsichtlich der Vergleichbarkeit der Steuerbelastung von Gesellschaften im Rahmen eines Steuerbelastungsvergleiches besteht in der Existenz sogenannter Mischformen, durch die es den Gesellschaftern unter Umständen möglich ist, den (zeitlichen) Anfall der Steuerbelastung in für sie günstiger Hinsicht zu steuern. Alle bestehenden Studien, die den beschriebenen hohen Anforderungen gerecht werden wollen, beschränken sich daher auf den

Vergleich von Kapitalgesellschaften bzw. von Gesellschaften, die wie Kapitalgesellschaften besteuert werden.[781]

Zwar werden auch im internationalen Wirtschaftsraum Personengesellschaften immer bedeutender, die vom Volumen her bedeutendste Masse der grenz-

---

781 Auch bei einer ausschließlichen Betrachtung der effektiven Steuerbelastung von Gesellschaften, die der Besteuerung von Kapitalgesellschaften unterliegen, unterscheiden sich die Untersuchungsergebnisse stark in Abhängigkeit des gewählten zugrundeliegenden methodischen Ansatzes. Vgl. Gaëtan Nicodème: Economic Paper: Computing effective corporate tax rates: comparisons and results, in: http://europa.eu.int/comm/economy_finance/ publications/economic_papers/2001/ecp153en.pdf, S. 3, 36.

Weniger erstaunlich ist, dass die Ergebnisse in für die jeweils publizierende Quelle günstiger Weise schwanken. Vgl. Schneider, Dieter: Statement: Die Bundesrepublik Deutschland als Hochsteuerland?, in: Besters, Hans: Unternehmensbesteuerung als Standortfaktor, Baden-Baden 1991, S. 144-151, hier: S. 150; Bundesministerium für Wirtschaft und Technologie: Unternehmenssteuern in Deutschland – Ein Überblick für Auslandsinvestoren, 2001, in: http://www.bmwi.de/ Homepage/ download/ wirtschafts politik/Unternehmenssteuern.pdf; Bundesministerium der Finanzen: Steuerreform 2000 – Graphische Darstellungen und internationale Vergleiche, in: http://www.bundesfinanz ministerium. de/Anlage9077/Graphische-Uebersichten.pdf; Sozialdemokratische Partei Deutschlands: Entlastung für alle, in: http://www.spd.de/politik/stichwort/steuerreform/ steuerreform.html. Es wäre jedoch falsch, aufgrund der den Steuerbelastungsvergleichen gegenüber vorgebrachten Kritik, diesen jegliche Aussagekraft und Relevanz abzusprechen. Vgl. Fuest, Winfried: Unternehmensbesteuerung: Reform infolge international unterschiedlicher Belastung, in: Besters, Hans: Unternehmensbesteuerung als Standortfaktor, Baden-Baden 1991, S.104-124, hier: S. 105-106.

Daher wird im Folgenden auf vorwiegend wissenschaftlich interessierte Quellen zugegriffen, um den Einfluss einer verfolgten Absicht weitgehend auszuschließen. Wichtig ist auch, dass aktuelle Änderungen des Steuerrechtes in allen betrachteten Ländern in die Datenbasis miteinbezogen werden, um eine ausreichende Aktualität sicherzustellen. Da die im Bericht der Europäischen Kommission enthaltenen Berechnungen auf steuerlichen Regelungen des Jahres 1999 basieren und nur für die Bundesrepublik Deutschland die bis 2001 erfolgten Änderungen einbezieht, werden an dieser Stelle die Ergebnisse einer zwar etwas früher (März 2001) publizierten, aber auf Basis des Steuerrechts aller Mitgliedstaaten von 2001 arbeitenden Studie herangezogen. Vgl. Baker & McKenzie: The Effective Tax Burden of Companies in the Member States of the EU – The Perspective of a Multinational Investor, 2001, in: http://www.bakernet.com/publications/documents/1547_tx.html.

Die von der Kommission angestellten Schlussfolgerungen bleiben trotzdem unverfälscht, da die Werte nur geringfügig voneinander abweichen. Vgl. Commission of the European Communities: Company Taxation in the Internal Market, in: http://europa.eu.int/ comm/taxation_ customs/publications/official_doc/com/com.htm, S. 77-218; Baker & McKenzie: The Effective Tax Burden of Companies in the Member States of the EU – The Perspective of a Multinational Investor, 2001, in: http://www.bakernet.com/ publications/documents/1547_tx.html, S. 31-77.

überschreitenden Wirtschaftstätigkeit ist jedoch weiterhin Kapitalgesellschaften zuzuschreiben. Damit bleibt trotz bestehender nationaler Belastungsunterschiede zwischen Personen- und Kapitalgesellschaften in einem internationalen Markt vorwiegend der zwischenstaatliche Belastungsvergleich vergleichbarer Rechtsformen relevant.

5.1.1 Der Ruding-Bericht

Der Ruding-Ausschuss stand bei seiner Untersuchung drei Schlüsselfragen gegenüber, die es im Rahmen der Ausschussarbeit zu klären galt:

- „Führen steuerliche Unterschiede zwischen den Mitgliedstaaten zu erheblichen Behinderungen im Funktionieren des Binnenmarktes, vor allem in Bezug auf Investitionsentscheidungen und den Wettbewerb?“[782] Hier standen Behinderungen, die zu einer Diskriminierung zwischen Inländern und Ausländern führen, im Vordergrund.[783]
- „Ist anzunehmen, dass solche Behinderungen durch das Wirken der Marktkräfte und die Steuerkonkurrenz zwischen den nationalen Steuersystemen beseitigt werden oder besteht Handlungsbedarf auf Gemeinschaftsebene?
- Welche Maßnahmen sind auf Gemeinschaftsebene erforderlich, um diese Behinderungen zu beseitigen oder abzuschwächen?“[784]

Im Rahmen dieser Fragestellungen hat sich der Ausschuss auch mit der Auswirkung der Körperschaftsteuer auf die Investitionstätigkeit und die Sparquote sowie mit der durch eine drohende Kapitalknappheit gekennzeichneten Lage der Weltwirtschaft befasst.[785]

Der Ruding-Ausschuss untersuchte bei seiner Analyse der steuerlichen Lage in den Mitgliedstaaten zunächst die vorherrschenden Besteuerungsregelungen auf Abweichungen hinsichtlich der Erfassung vergleichbarer wirtschaftlicher

---

782 Blumenberg, Jens: Die Schlußfolgerungen und Empfehlungen des Ruding-Ausschusses, in: DB 1992, 45. Jg., Beilage Nr. 5, S. 2.

783 Vgl. Hey, Johanna: Harmonisierung der Unternehmensbesteuerung in Europa: ein Vorschlag unter Auswertung des Ruding-Berichts und der US-amerikanischen „integration debate“, Diss. Köln 1996, Köln 1997, S. 74.

784 Blumenberg, Jens: Die Schlußfolgerungen und Empfehlungen des Ruding-Ausschusses, in: DB 1992, 45. Jg., Beilage Nr. 5, S. 2.

785 Vgl. Unabhängiger Sachverständigenausschuß zur Unternehmensbesteuerung: Report of the Committee of Independent Experts on Company Taxation, Luxemburg 1992, S. 11; Blumenberg, Jens: Die Schlußfolgerungen und Empfehlungen des Ruding-Ausschusses, in: DB 1992, 45. Jg., Beilage Nr. 5, S. 2.

Vorgänge bzw. der aus diesen Vorgängen resultierenden Erträge.[786] In einem nächsten Schritt wurden die Auswirkungen der Steuerunterschiede zwischen den Mitgliedstaaten herausgearbeitet, um sich anschließend der Frage zu stellen, ob und inwieweit ein Handlungsbedarf auf Gemeinschaftsebene besteht.[787] Die Darstellung der Ergebnisse des Ruding-Berichts erfolgt zusammen mit denen der Kommission nach der folgenden kurzen Darlegung der Grundlagen der Kommissionsstudie.[788]

5.1.2 Bericht der Europäischen Kommission zur Unternehmensbesteuerung im Binnenmarkt

Im Oktober 2001 wurde von der Europäischen Kommission ein Bericht zur Unternehmensbesteuerung im Binnenmarkt veröffentlicht, zu dem die Ansicht Ausschlag gegeben hat, dass die in der Europäischen Union bestehenden Unternehmensteuersysteme nicht ausreichend an die fortschreitende Entwicklung der Globalisierung, die wirtschaftliche Integration im gemeinsamen Binnenmarkt sowie die Wirtschafts- und Währungsunion angepasst wurden.[789]

---

786 Vgl. Unabhängiger Sachverständigenausschuß zur Unternehmensbesteuerung: Report of the Committee of Independent Experts on Company Taxation, Luxemburg 1992, Kapitel 2 und 3.

787 Vgl. Unabhängiger Sachverständigenausschuß zur Unternehmensbesteuerung: Report of the Committee of Independent Experts on Company Taxation, Luxemburg 1992, Kapitel 4 bis 6.

788 Vgl. zu den Ergebnissen des Ruding-Berichts und des Berichts der Europäischen Kommission zur Unternehmensbesteuerung Abschnitt 5.1.3 „Die wichtigsten Steuerunterschiede zwischen den Mitgliedstaaten der Europäischen Union“ und zu den darauf aufbauenden Empfehlungen Abschnitt 6.4 „Die Empfehlungen des Ruding-Ausschusses“.

789 Vgl. Commission of the European Communities: Taxation, in: http://europa.eu.int/comm/taxation_customs/taxation/information_notes/tax_savings.htm; Commission of the European Communities: Press Release IP/01/1468: Company taxation: Commission suggests single consolidated tax base, in: http://europa.eu.int/comm/taxation_customs/publications/official_doc/com/com.htm; Commission of the European Communities: Memo MEMO/01/335: Commission Company Tax Strategy – Frequently asked Questions, in: http://europa.eu.int/ comm /taxation_customs/ publications/ official_doc/ com/ com.htm; Commission of the European Communities: Company Taxation in the Internal Market, in: http://europa.eu.int/comm/taxation_customs/publications/official_doc/com/com.htm.

Das der Europäischen Kommission erteilte Mandat geht zurück auf das Treffen des Europäischen Rates im September 1998 in Wien, auf dem unter anderem der Verhaltenskodex zur Unternehmensbesteuerung diskutiert wurde und weitere Maßnahmen im Bereich der Unternehmensbesteuerung als notwendig erachtet wurden. Vgl. Commission of the European Communities: Company Taxation in the Internal Market, in:

Die strukturellen Veränderungen auf dem Territorium der Europäischen Union haben innerhalb von Unternehmensgruppen zu unionsweiten Reorganisationen und Zentralisationen von unternehmerischen Funktionsbereichen geführt, da die Unternehmen nicht länger die nationalen Märkte, sondern vielmehr den europäischen Binnenmarkt als ihren „Heimatmarkt“ ansehen.[790] Die Wirtschaftssubjekte werden jedoch mit der Vielfalt von 15 verschiedenen Unternehmensteuersystemen konfrontiert, was eine Verminderung der ökonomischen Effizienz, erhöhte Beratungs- und Entrichtungskosten sowie einen Mangel an Transparenz mit sich bringt und den gemeinsamen Binnenmarkt mit seinen unterschiedlichen juristischen und ökonomischen Einflussfaktoren nicht mit einem Markt wie den USA vergleichbar macht.[791]

Den Untersuchungen der Kommission wird betonend vorangestellt, „that an ‚ideal‘ company tax system has to be equitable, efficient, simple, transparent, effective and provide certainty“[792]. Die Erfüllung dieser Kriterien in einem Unternehmensteuersystem führt, wie bereits diskutiert, zu einem höheren Grad an wirtschaftlicher Wohlfahrt, weshalb die Analyse sich primär mit bestehenden

---

http://europa.eu.int/ comm/ taxation_customs/ publications/ official_doc/ com /com.htm, S. 2-3.

Die wirtschaftlichen Rahmenbedingungen unterlagen signifikanten Änderungen, insbesondere aufgrund einer größeren Anzahl von Fusionen und Unternehmensakquisitionen, der fortschreitenden Entwicklung des Electronic Commerce, der zunehmenden Mobilität von Produktionsfaktoren und der Entwicklung von Steueroasen. Vor allem bestand weder der Binnenmarkt noch die Wirtschafts- und Währungsunion, und während die Integration in diesen Bereichen voranschritt, passten sich die Steuersysteme an die veränderten Begebenheiten nur allmählich an. In einer durch die hohe Mobilität von Kapital gekennzeichnete Unternehmensumwelt reagieren die Wirtschaftssubjekte bei internationalen Investitionen sensibel auf Unterschiede zwischen den nationalen Steuervorschriften der Mitgliedstaaten. Diese gewinnen an Bedeutung durch den Wegfall anderer Faktoren, die die grenzüberschreitende Wirtschaftstätigkeit beeinflussen. Vgl. Commission of the European Communities: Company Taxation in the Internal Market, in: http://europa.eu.int/ comm/ taxation_customs/ publications/ official_doc/ com/ com.htm, S. 16-24.

790 Vgl. Commission of the European Communities: Company Taxation in the Internal Market, in: http://europa.eu.int/comm/ taxation_customs/ publications/ official_doc/com/ com.htm, S. 23.

791 Vgl. Commission of the European Communities: Company Taxation in the Internal Market, in: http://europa.eu.int/comm/ taxation_customs/ publications/ official_doc/com/ com.htm, S. 23.

792 Commission of the European Communities: Company Taxation in the Internal Market, in: http://europa.eu.int/comm/taxation_customs/publications/official_doc/com/com.htm, S. 26.

Verzerrungen in der Europäischen Union, den effektiven Steuerbelastungen in den Mitgliedstaaten und dem fairen steuerlichen Wettbewerb befasst.[793]

Die Studie konzentriert sich nach einer detaillierten „Bestandsaufnahme", die sowohl eine vergleichende Analyse der qualitativen Merkmale der Unternehmensbesteuerung, als auch eine Herausarbeitung der tatsächlichen Steuerbelastungen in den Mitgliedstaaten umfasst, auf die Analyse verschiedener steuerlicher Bereiche, die grenzüberschreitende unternehmerische Aktivitäten behindern.[794] Die Ergebnisse des Ruding-Berichtes sollten dabei einbezogen werden.[795] Im Anschluss werden sowohl Lösungsmöglichkeiten für spezifische Einzelprobleme, als auch grundlegende Vorgehensweisen diskutiert.[796]

5.1.3 Die wichtigsten Steuerunterschiede zwischen den Mitgliedstaaten der Europäischen Union

Die Steuerunterschiede, die durch die Koexistenz der 15 verschiedenen Steuersysteme auftreten, lassen sich quantitativ und qualitativ darstellen. Eine über die Quantifizierung hinausgehende Untersuchung qualitativer Faktoren ist notwendig, um besondere Hindernisse für grenzüberschreitende Unternehmenstätigkeit zu verdeutlichen.

---

793 Vgl. Commission of the European Communities: Company Taxation in the Internal Market, in: http://europa.eu.int/comm/ taxation_customs/ publications/ official_doc/com/ com.htm, S. 28-30.

794 Vgl. Commission of the European Communities: Company Taxation in the Internal Market, in: http://europa.eu.int/comm/ taxation_customs/ publications/ official_doc/com/ com.htm, S. 30. Zu den Anforderungen an internationale Steuerbelastungsvergleiche vgl. Spengel, Christoph: Europäische Steuerbelastungsvergleiche – Deutschland, Frankreich, Großbritannien, Diss. Mannheim 1995, Düsseldorf 1995, S. 5-53; Jacobs, Otto H./ Spengel, Christoph: European Tax Analyser: EDV-gestützter Vergleich der Steuerbelastung von Kapitalgesellschaften in Deutschland, Frankreich und Großbritannien, Baden-Baden 1996, S. 107-203; Spengel, Christoph: Höhe und Struktur der Unternehmensbesteuerung in Europa – Ein Belastungsvergleich auf der Basis eines Unternehmensmodells, in: Jacobs, Otto H./Spengel, Christoph: Aspekte der Unternehmensbesteuerung in Europa, Baden-Baden 1996, S. 37-84, hier: S. 39-52.

795 Vgl. Commission of the European Communities: Company Taxation in the Internal Market, in: http://europa.eu.int/comm/ taxation_customs/ publications/ official_doc/com/ com.htm, S. 2.

796 Vgl. Commission of the European Communities: Company Taxation in the Internal Market, in: http://europa.eu.int/comm/ taxation_customs/ publications/ official_doc/com/ com.htm, S. 30.

5.1.3.1 Quantitative Analyse: Die effektive Unternehmensteuerbelastung in der Europäischen Union

Angesichts der zunehmenden Internationalisierung der Märkte und den damit verbundenen Standortfragen können stark unterschiedliche Effektivsteuerbelastungen insbesondere in einem gemeinsamen Markt die Standortwahl von Unternehmen beeinflussen, da sie nicht zwangsläufig mit einer entsprechenden Gegenleistung in Form öffentlicher Güter korellieren.[797] Eine Untersuchung der bestehenden Belastungsunterschiede scheint daher geboten.

5.1.3.1.1 Anforderungen an einen Steuerbelastungsvergleich

Die Aussagekraft einer ausschließlichen Betrachtung der internationalen Steuertarife ist aufgrund der Vernachlässigung bzw. unvollständigen Berücksichtigung von Unterschieden zwischen den steuerlichen Bemessungsgrundlagen als tendenziell gering einzustufen.[798] Demgegenüber sind Modelle der effektiven Grenzsteuersätze oder Belastungsvergleiche, die auf Basis von Unternehmensmodellen angestellt werden, geeignetere Ansätze.[799] Generell gilt es jedoch zu beachten, dass auch die Ergebnisse dieser modellgestützten Vergleiche auf einer Vielzahl von Annahmen und Vereinfachungen aufbauen und nur Tendenzen aufzeigen, die nicht generalisiert werden können.[800]

An effektive Steuerbelastungsvergleiche sind eine Reihe von Anforderungen geknüpft, um einen sinnvollen Vergleich mit nützlichen Resultaten zu bekommen. So muss die Quantifizierung der Steuerbelastungen auf Untersuchungseinheiten basieren, die in allen untersuchten Ländern bezüglich sämtlicher wirtschaftlicher, rechtlicher und persönlicher Daten übereinstimmen und darüber hinaus für die tatsächlichen Verhältnisse in mindestens einem Land repräsenta-

---

797 Vgl. Jacobs, Otto H./Spengel, Christoph: Unternehmensbesteuerung im internationalen Vergleich – Eine Bestandsaufnahme, in: Siebert, Horst: Steuerpolitik und Standortqualität: Expertisen zum Standort Deutschland, Tübingen 1996, S. 49-98, hier: S. 50.

798 Vgl. Jacobs, Otto H./Spengel, Christoph: European Tax Analyser: EDV-gestützter Vergleich der Steuerbelastung von Kapitalgesellschaften in Deutschland, Frankreich und Großbritannien, Baden-Baden 1996, S. 146.

799 Vgl. Jacobs, Otto H./Spengel, Christoph: European Tax Analyser: EDV-gestützter Vergleich der Steuerbelastung von Kapitalgesellschaften in Deutschland, Frankreich und Großbritannien, Baden-Baden 1996, S. 146, 153.

800 Vgl. Jacobs, Otto H./Spengel, Christoph: European Tax Analyser: EDV-gestützter Vergleich der Steuerbelastung von Kapitalgesellschaften in Deutschland, Frankreich und Großbritannien, Baden-Baden 1996, S. 147, 153.

tiv sind.[801] Auch sollten Modelle herangezogen werden, die das tatsächliche unternehmerische Geschehen möglichst genau abbilden, um wiederum aus den Untersuchungsergebnissen Rückschlüsse auf die Realität zuzulassen.[802] Zudem sollte sich die Berechnung der Steuerbelastung nicht nur auf die Unternehmensebene beschränken, sondern es müssten auch die steuerlich relevanten Verhältnisse der Gesellschafter miteinbezogen werden.[803] Da jedoch Annahmen hinsichtlich des Standortes der Anteilseigner zu treffen sind, ob es sich um juristische oder natürliche Personen handelt, und darüber hinaus die Lebensumstände privater Investoren zu schätzen sind, wird häufig auf diese sehr subjektive Komponente verzichtet.[804] Einzubeziehen sind in die Berechnungen alle entscheidungsrelevanten Ertrag- und Substanzsteuern.[805] Neben den Steuertarifen sind alle weiteren, die Steuerbelastung bestimmenden Faktoren zu berücksichtigen, die vorwiegend in der Ausgestaltung der steuerlichen Bemessungsgrundlagen, Interdependenzen zwischen den Steuerarten sowie Unterschieden im Aufbau der Steuersysteme bestehen.[806] Letztlich sind die ermittelten Steuerbelastungen auf finanzielle und damit steuerlich weitgehend neutrale Zielgrößen zu beziehen.[807]

---

801 Vgl. Spengel, Christoph: Europäische Steuerbelastungsvergleiche – Deutschland, Frankreich, Großbritannien, Diss. Mannheim 1995, Düsseldorf 1995, S. 5-6, 52.

802 Vgl. Jacobs, Otto H./Spengel, Christoph: European Tax Analyser: EDV-gestützter Vergleich der Steuerbelastung von Kapitalgesellschaften in Deutschland, Frankreich und Großbritannien, Baden-Baden 1996, S. 109-110.

803 Vgl. Spengel, Christoph: Europäische Steuerbelastungsvergleiche – Deutschland, Frankreich, Großbritannien, Diss. Mannheim 1995, Düsseldorf 1995, S. 8-9, 52.

804 Vgl. Baker & McKenzie: The Effective Tax Burden of Companies in the Member States of the EU – The Perspective of a Multinational Investor, 2001, in: http://www.bakernet.com/publications/documents/1547_tx.html, S. 9.

805 Vgl. Jacobs, Otto H./Spengel, Christoph: Unternehmensbesteuerung im internationalen Vergleich – Eine Bestandsaufnahme, in: Siebert, Horst: Steuerpolitik und Standortqualität: Expertisen zum Standort Deutschland, Tübingen 1996, S. 49-98, hier: S. 50.

806 Vgl. Spengel, Christoph: Europäische Steuerbelastungsvergleiche – Deutschland, Frankreich, Großbritannien, Diss. Mannheim 1995, Düsseldorf 1995, S. 10, 52-53. Im Idealfall ist auch eine mehrperiodige Betrachtung wünschenswert, um den Unterschieden hinsichtlich der steuerlichen Behandlung von Gewinnen und Verlusten, den Einflüssen divergierender Gewinnermittlungsvorschriften und dem unterschiedlichen zeitlichen Anfall von Steuerzahlungen Rechnung zu tragen. Vgl. Jacobs, Otto H./Spengel, Christoph: European Tax Analyser: EDV-gestützter Vergleich der Steuerbelastung von Kapitalgesellschaften in Deutschland, Frankreich und Großbritannien, Baden-Baden 1996, S. 113.

807 Vgl. Spengel, Christoph: Europäische Steuerbelastungsvergleiche – Deutschland, Frankreich, Großbritannien, Diss. Mannheim 1995, Düsseldorf 1995, S. 11, 53.

Die Steuerbelastung von Personengesellschaften hängt – soweit keine Besteuerung nach dem Recht der Kapitalgesellschaften erfolgt – anders als bei Kapitalgesellschaften oft zu einem bedeutenden Teil von den steuerlichen Rahmenbedingungen des Gesellschafters ab. Aufgrund der hohen an Effektivsteuerbelastungsvergleiche gestellten Anforderungen ist ein internationaler Vergleich unter Einbeziehung von Personengesellschaften kaum möglich, da die ohnehin schon bestehende Komplexität durch die notwendige Einbeziehung der stark differierenden persönlichen Besteuerungsaspekte des Gesellschafters bzw. der Gesellschafter noch verstärkt wird.

Auch im Bereich der Kapitalgesellschaftsbesteuerung sind im Rahmen von vergleichenden Studien Annahmen zu treffen, so dass nicht alle relevanten Faktoren der verschiedenen Steuersysteme einbezogen werden können.[808] Somit sollten die Ergebnisse als Zusammenfassung und Quantifizierung der essentiellen Faktoren der Steuersysteme verstanden werden.[809]

5.1.3.1.2 Quantifizierung der Effektivsteuerbelastung

Die einzelnen Steuersysteme der Mitgliedstaaten tendieren dazu, Unterschiede in den Ertragsteuersätzen durch unterschiedliche Bemessungsgrundlagen aufzuwiegen. Bei der Betrachtung repräsentativer Studien zur Effektivsteuerbelastung wird jedoch insgesamt deutlich, dass die effektive Steuerbelastung in den meisten Staaten signifikant von der Finanzierungsart, dem zugrundegelegten Gewinn vor Steuern, den eingesetzten Wirtschaftsgütern, der Personalintensität und der betrachteten Branche abhängt.[810] Zu beachten ist jedoch, dass die

---

808 Vgl. Jacobs, Otto H./Spengel, Christoph: Measurement and Development of the Effective Tax Burden of Companies – An Overview and International Comparison, in: Intertax 2000, 28. Jg., S. 334-351, hier: S. 339; Commission of the European Communities: Company Taxation in the Internal Market, in: http://europa.eu.int/ comm/ taxation_ customs/publications/official_doc/com/com.htm, S. 68.

809 Vgl. Commission of the European Communities: Company Taxation in the Internal Market, in: http://europa.eu.int/comm/ taxation_customs/ publications/ official_doc/com/ com.htm, S. 68-69.

810 Vgl. Baker & McKenzie: The Effective Tax Burden of Companies in the Member States of the EU – The Perspective of a Multinational Investor, 2001, in: http://www.bakernet.com/publications/documents/1547_tx.html, S. 33-53; Commission of the European Communities: Company Taxation in the Internal Market, in: http://europa.eu.int/ comm/ taxation_customs/ publications/ official_doc/ com/com.htm, S. 69-74, 219-220.

Steuergesetze der Mitgliedstaaten zumeist die gleichen Investitionsarten und Finanzierungsquellen steuerlich bevorzugen.[811]

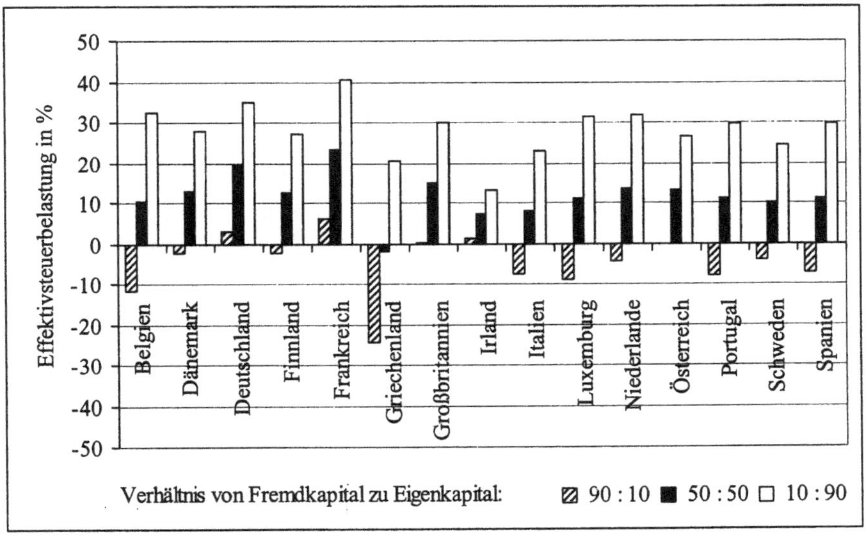

Abb. 3: Die effektive Unternehmensteuerbelastung unter Variation des Verhältnisses von Fremdkapital zu Eigenkapital[812]

Es ist offensichtlich, dass Fremdkapital, im Gegensatz zu Eigenkapital, die steuerlich deutlich günstigere Finanzierungsvariante ist, da Fremdkapitalzinsen in der Regel steuerlich abzugsfähige Betriebsausgaben bewirken, Eigenkapitalkosten hingegen nicht gewinnmindernde Ausschüttungen darstellen.

---

811 Vgl. Commission of the European Communities: Company Taxation in the Internal Market, in: http://europa.eu.int/comm/ taxation_customs/ publications/ official_doc/com/ com.htm, S. 69-74, 218; Baker & McKenzie: The Effective Tax Burden of Companies in the Member States of the EU – The Perspective of a Multinational Investor, 2001, in: http://www.bakernet.com/publications/documents/1547_tx.html, S. 37-40.

812 Quelle: Eigene Darstellung. Für die zugrundeliegenden Zahlen vgl. Baker & McKenzie: The Effective Tax Burden of Companies in the Member States of the EU – The Perspective of a Multinational Investor, 2001, in: http:// www.bakernet.com/ publications/ documents/1547_tx. html, S. 48 sowie Tabelle 4 im Anhang dieser Arbeit.

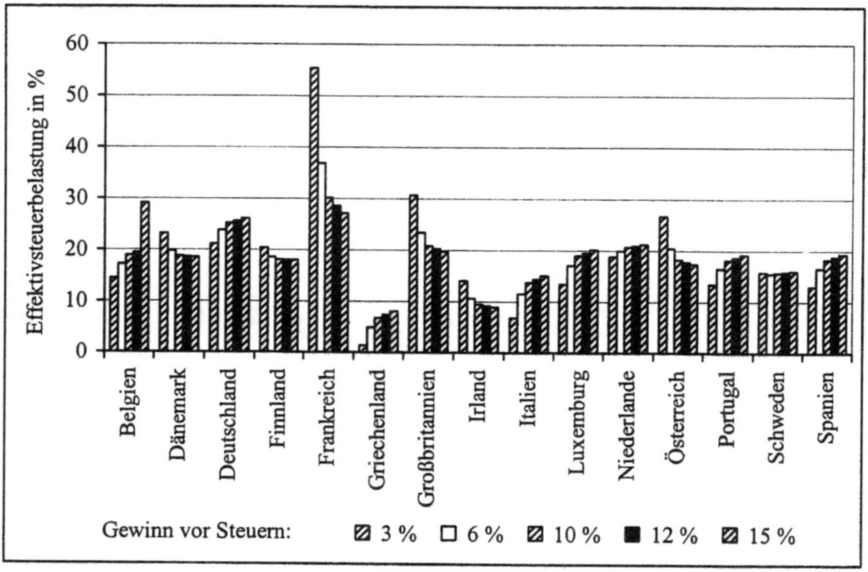

Abb. 4: Die effektive Unternehmensteuerbelastung unter Variation des Gewinns vor Steuern[813]

Für das Gefälle in der profitabhängigen Unternehmensteuerbelastung sind in erster Linie die Steuersätze verantwortlich.[814] Die Bedeutung der Steuersätze für

---

813 Quelle: Eigene Darstellung. Für die zugrundeliegenden Zahlen vgl. Baker & McKenzie: The Effective Tax Burden of Companies in the Member States of the EU – The Perspective of a Multinational Investor, 2001, in: http://www.bakernet.com/publications/documents/1547 _tx.html, S. 41 sowie Tabelle 5 im Anhang dieser Arbeit. Der Gewinn vor Steuern ist in Prozent des eingesetzten Kapitals bemessen.

814 Die Ergebnisse der Kommission hinsichtlich der Ertragsteuersätze (Einkommensteuern, Zuschlagsteuern und lokale Steuern) hängen davon ab, ob es sich um marginale oder profitablere Investitionen handelt. Bei marginalen Investitionen wurden Unterschiede von bis zu 37 % und bei profitableren Investitionen von bis zu 26 % gemessen. Vgl. Commission of the European Communities: Company Taxation in the Internal Market, in: http://europa.eu.int/ comm/ taxation_customs/ publications/ official_doc/ com/ com.htm, S. 69-74, 218, 221.

Die Einbeziehung der persönlichen Besteuerung der Anteilseigner verstärkt dieses Gefälle zusätzlich. Vgl. Commission of the European Communities: Company Taxation in the Internal Market, in: http://europa.eu.int/ comm/ taxation_customs/ publications/ official_ doc/com/com.htm, S. 69-74, 219.

die effektive Steuerbelastung steigt mit der Profitabilität einer Investition.[815] Konsequent nehmen die kompensatorischen Effekte einer geringeren Bemessungsgrundlage auf die effektive Steuerbelastung mit steigender Profitabilität ab.[816]

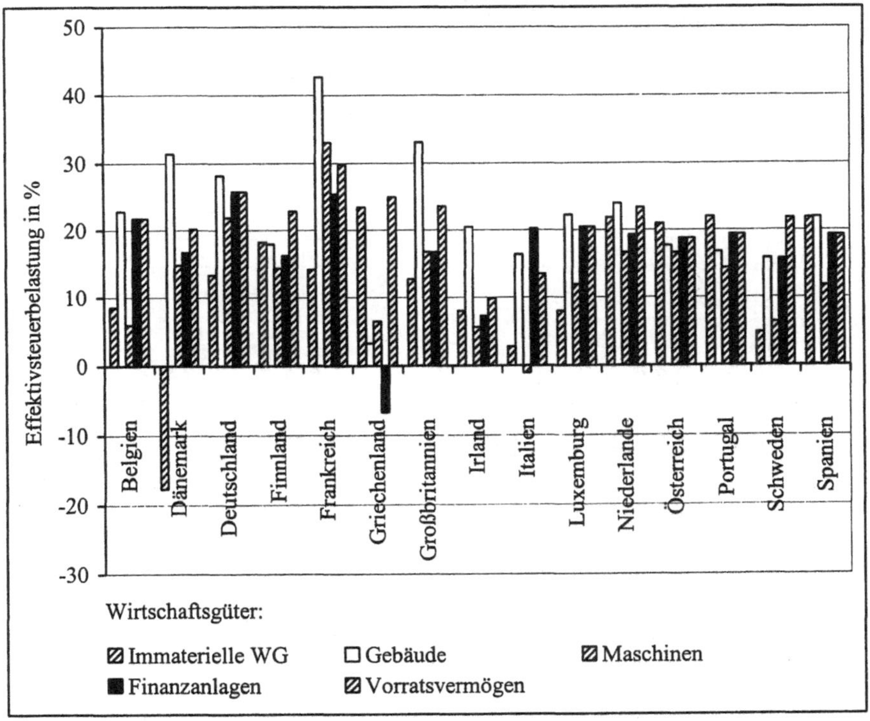

Abb. 5: Die effektive Unternehmensteuerbelastung unter Variation der eingesetzten Wirtschaftsgüter[817]

---

815 Vgl. Commission of the European Communities: Company Taxation in the Internal Market, in: http://europa.eu.int/comm/ taxation_customs/ publications/ official_doc/com/ com.htm, S. 69-74, 219-220.

816 Vgl. Commission of the European Communities: Company Taxation in the Internal Market, in: http://europa.eu.int/comm/taxation_customs/publications/official_doc/com/ com.htm, S. 69-74, 219-220.

817 Quelle: Eigene Darstellung. Für die zugrundeliegenden Zahlen vgl. Baker & McKenzie: The Effective Tax Burden of Companies in the Member States of the EU – The Perspec-

Die unterschiedliche effektive Steuerbelastung, die in Abhängigkeit der eingesetzten Wirtschaftsgüter auftritt, hängt stark zusammen mit deren Abschreibungsmöglichkeit und -dauer.[818] So fallen Finanzanlagen und Vorratsvermögen zumeist in die Gruppe der nicht abschreibungsfähigen Wirtschaftsgüter; Gebäuden wird für steuerliche Zwecke im Regelfall eine recht lange Lebensdauer zugeschrieben, wodurch der korrespondierende Aufwand auf einen langen Zeitraum verteilt wird.[819]

Der steuerliche Einfluss auf die Art der eingesetzten Wirtschaftsgüter hängt eng mit der unterschiedlichen steuerlichen Belastung des Personaleinsatzes zusammen.

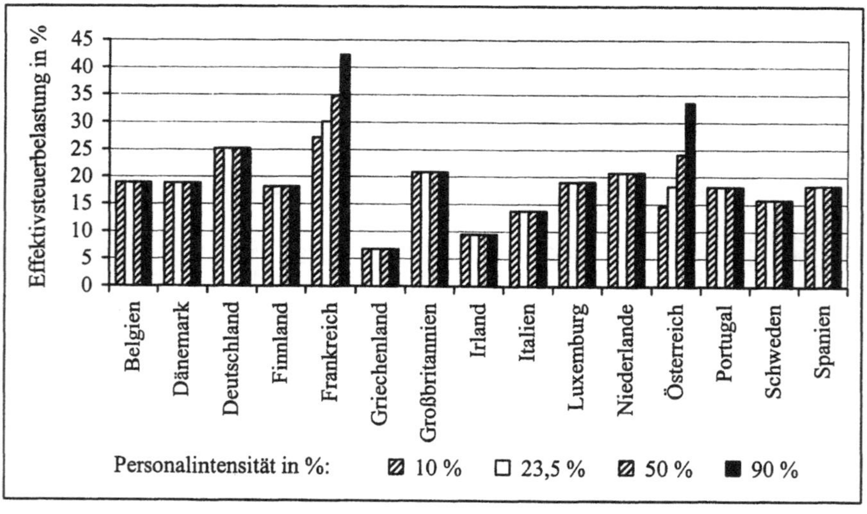

Abb. 6: Die effektive Unternehmensteuerbelastung unter Variation der Personalintensität[820]

---

tive of a Multinational Investor, 2001, in: http://www.bakernet.com/publications/documents/1547_ tx.html, S. 34 sowie Tabelle 6 im Anhang dieser Arbeit.

818 Vgl. Baker & McKenzie: The Effective Tax Burden of Companies in the Member States of the EU – The Perspective of a Multinational Investor, 2001, in: http://www.bakernet.com/publications/documents/1547_tx.html, S. 36.

819 Vgl. Baker & McKenzie: The Effective Tax Burden of Companies in the Member States of the EU – The Perspective of a Multinational Investor, 2001, in: http://www.bakernet.com/publications/documents/1547_tx.html, S. 36-37

820 Quelle: Eigene Darstellung. Für die zugrundeliegenden Zahlen vgl. Baker & McKenzie: The Effective Tax Burden of Companies in the Member States of the EU – The Perspec-

Deutlich wird eine neutrale steuerliche Behandlung der Personalintensität, allerdings mit zwei Ausnahmen. Die mit steigender Personalintensität zunehmende Steuerbelastung wird in Frankreich ausgelöst durch die Gewerbesteuer (Taxe professionnelle) sowie weitere personalkostenabhängige Steuern;[821] für Österreich wird die steigende Steuerbelastung durch die dort erhobene Kommunalsteuer erklärt.[822] Die schwankende steuerliche Belastung der Personalkosten ist somit auf die vorherrschenden Steuerarten bzw. deren Bemessungsgrundlagen zurückzuführen. Frankreich hat aber bereits angekündigt, den lohn- und gehaltsabhängigen Bestandteil der gewerbesteuerlichen Bemessungsgrundlage bis zum Ende des Jahres 2003 zu streichen.[823]

Als zusammenhängend mit der unterschiedlichen steuerlichen Belastung verschiedener Wirtschaftsgüter, des Personalaufwandes und verschiedener Fremdfinanzierungsquoten kann auch die Belastung ganzer Branchen gesehen werden.

Der branchenspezifische Steuerbelastungsvergleich zeigt kein einheitliches Bild innerhalb der Europäischen Union auf. Deutlich wird jedoch, dass die Chemische und die Automobilindustrie im europäischen Durchschnitt der höchsten Steuerbelastung unterliegen, während die Handels- und Transportbranche mit der geringsten Effektivbesteuerung belastet werden.[824] (Vgl. Abbildung 7 auf der folgenden Seite.)

Insgesamt ergab die Analyse, dass Investitionen in immaterielle Wirtschaftsgüter und Maschinen in den meisten Ländern bevorzugt werden und die Schuldaufnahme unter steuerlichen Gesichtspunkten die günstigste Finanzierungsform

---

tive of a Multinational Investor, 2001, in: http://www.bakernet.com/publications/documents/1547_ tx.html, S. 44 sowie Tabelle 7 im Anhang dieser Arbeit.

821 Dies sind beispielsweise die Lohnsummensteuer (Taxe sur les salaires), die Lehrlingsabgabe (Taxe d`apprentissage) und die Berufsbildungsabgabe (Participation des employeurs à la formation professionnellecontinue). Vgl. Abschnitt 2.2.4.4 „Lohnsummensteuer (Taxe sur les salaires)".

822 Vgl. Baker & McKenzie: The Effective Tax Burden of Companies in the Member States of the EU – The Perspective of a Multinational Investor, 2001, in: http://www.bakernet.com/publications/documents/1547_tx.html, S. 43.

823 Vgl. Baker & McKenzie: The Effective Tax Burden of Companies in the Member States of the EU – The Perspective of a Multinational Investor, 2001, in: http://www.bakernet.com/publications/documents/1547_tx.html, S. 44.

824 Vgl. Baker & McKenzie: The Effective Tax Burden of Companies in the Member States of the EU – The Perspective of a Multinational Investor, 2001, in: http://www.bakernet.com/ publications/documents/1547_tx.html, S. 50-52.

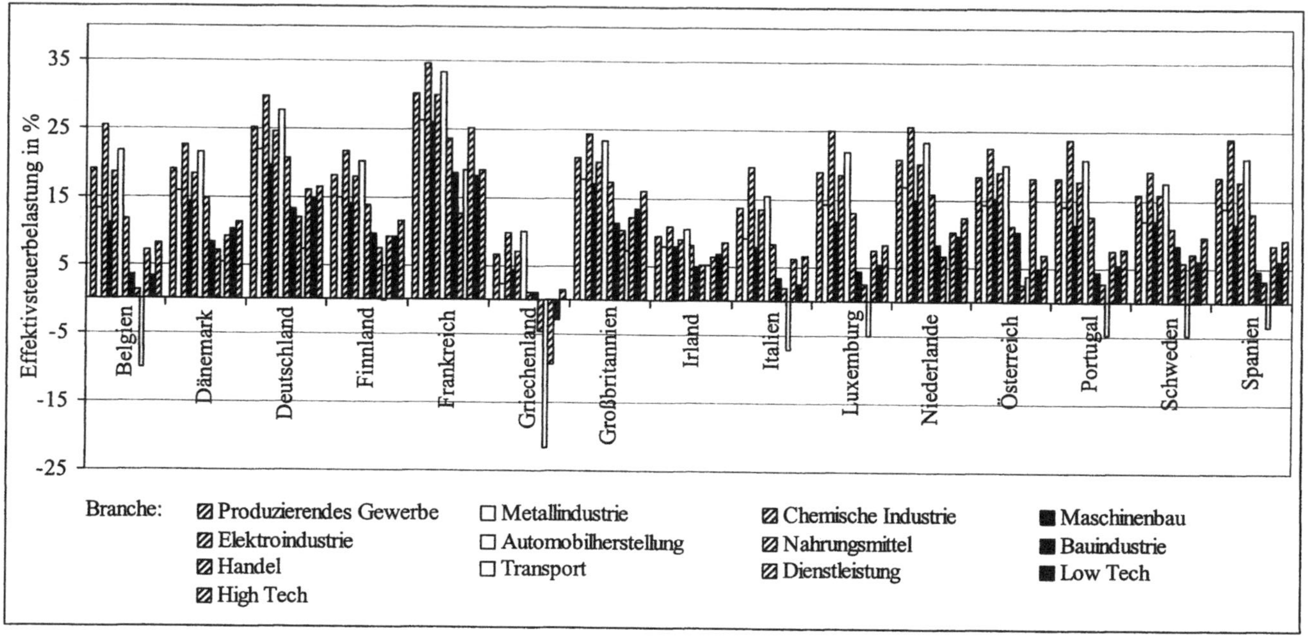

Abb. 7: Die effektive Unternehmensteuerbelastung für ausgewählte Branchen[825]

---

825 Quelle: Eigene Darstellung. Für die zugrundeliegenden Zahlen vgl. Baker & McKenzie: The Effective Tax Burden of Companies in the Member States of the EU – The Perspective of a Multinational Investor, 2001, in: http://www.bakernet.com/ publications/ documents/ 1547_tx.html, S. 51a sowie Tabelle 8 im Anhang dieser Arbeit.

in allen Ländern der Europäischen Union darstellt.[826] Ansonsten ist die Behandlung steuerlicher Faktoren durch die Mitgliedstaaten eher heterogen.

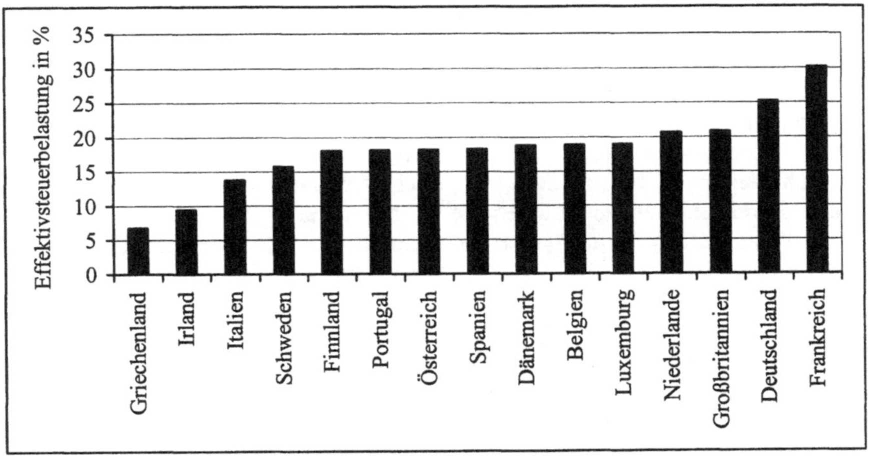

Abb. 8: Die effektive Unternehmensteuerbelastung in den Mitgliedstaaten der Europäischen Union[827]

Ein Vergleich der gesamten Effektivsteuerbelastung macht bestehende Unterschiede zwischen den Mitgliedstaaten in einem Ausmaß deutlich, aus dem durchaus ein Standortfaktor erwachsen kann. Dies muss allerdings im Verhältnis gesehen werden zu dem jeweiligen Angebot an öffentlichen Gütern, deren Quantifizierbarkeit leider kaum möglich ist. Da jedoch im Zielkatalog der Artikel 2 und 3 EGV unter anderem eine Hebung der Lebenshaltung und der Lebensqualität, eine Stärkung des wirtschaftlichen und sozialen Zusammenhalts sowie die Förderung der Forschung und technologischen Entwicklung festgelegt sind, ist in Zukunft auch mit einer weiteren Angleichung des Unternehmensumfeldes zu rechnen. Damit einher geht eine zunehmende Vereinheitlichung der nicht-steuerlichen Standortfaktoren, so dass auf lange Sicht das geforderte

---

826 Vgl. Commission of the European Communities: Company Taxation in the Internal Market, in: http://europa.eu.int/comm/ taxation_customs/ publications/ official_doc/com/ com.htm, S. 69-74, 219.

827 Quelle: Eigene Darstellung. Für die zugrundeliegenden Zahlen vgl. Baker & McKenzie: The Effective Tax Burden of Companies in the Member States of the EU – The Perspective of a Multinational Investor, 2001, in: http://www.bakernet.com/publications/documents/1547_tx. html, S. 77 sowie Tabelle 9 im Anhang dieser Arbeit.

Entgelt (in Form von Steuern) für die in den Mitgliedstaaten gebotene Leistung sich ebenfalls weiter angleichen müsste.

5.1.3.1.3 Zusätzliche Einflüsse grenzüberschreitender Tätigkeit

Bei der Betrachtung grenzüberschreitender Investitionen werden darüber hinaus unterschiedliche Behandlungen der Investitionen in oder aus anderen Staaten durch die Mitgliedstaaten deutlich.[828] So hängt die Besteuerung einer Tochtergesellschaft stark davon ab, in welchem Mitgliedstaat sich diese befindet.[829] Es sind Schwankungen von bis zu 30 % in der Effektivsteuerbelastung in Abhängigkeit des Gastlandes der Tochtergesellschaft zu verzeichnen, unabhängig von deren Finanzierungsform.[830] Ebenso unterliegen Tochtergesellschaften, in Abhängigkeit des Ansässigkeitsstaates ihrer Muttergesellschaft, unterschiedlichen Steuerbelastungen, die innerhalb eines Landes ebenfalls bis zu 30 % variieren können.[831] Diese Steuerbelastungen stellen für die Unternehmen Kostenfaktoren dar und beeinflussen unternehmerisches Handeln, so dass Standortentscheidungen für Tochtergesellschaften mitunter stark von der resultierenden Effektivbesteuerung abhängig gemacht werden können und von den Standortentscheidungen ohne Vorherrschen der Besteuerung abweichen können.[832]

Im Durchschnitt unterlagen Inbound- und Outbound-Investitionen einer höheren effektiven Steuerbelastung als vergleichbare Inlandsinvestitionen.[833] Soweit

---

828 Vgl. beispielsweise Scheffler, Wolfram: Steuerfreistellung für Auslandsinvestitionen, in: Jacobs, Otto H./Spengel, Christoph: Aspekte der Unternehmensbesteuerung in Europa, Baden-Baden 1996, S. 155-182.

829 Vgl. Commission of the European Communities: Company Taxation in the Internal Market, in: http://europa.eu.int/comm/ taxation_customs/ publications/ official_doc/com/ com.htm, S. 124-202, 220.

830 Vgl. Commission of the European Communities: Company Taxation in the Internal Market, in: http://europa.eu.int/comm/ taxation_customs/ publications/ official_doc/com/ com.htm, S. 124-202, 220.

831 Vgl. Commission of the European Communities: Company Taxation in the Internal Market, in: http://europa.eu.int/comm/ taxation_customs/ publications/ official_doc/com/ com.htm, S. 124-202, 220.

832 Vgl. Commission of the European Communities: Company Taxation in the Internal Market, in: http://europa.eu.int/comm/ taxation_customs/ publications/ official_doc/com/ com.htm, S. 124-202, 220.

833 Vgl. Commission of the European Communities: Company Taxation in the Internal Market, in: http://europa.eu.int/comm/ taxation_customs/ publications/ official_doc/com/ com.htm, S. 124-202, 220.

Unternehmen die steuerlich favorisierte Finanzierungsform frei wählen können, bevorzugt das internationale System der Unternehmensbesteuerung multinational operierende Unternehmen in ihren Gastländern im Verhältnis zu ansässigen Unternehmen durch eine niedrigere Effektivbelastung.[834] Die Spannweite zwischen den Effektivsteuerbelastungen der verschiedenen Investitionen lässt sich mit den Wechselwirkungen zwischen verschiedenen Steuersystemen erklären und kann nicht einem einzelnen Faktor der Besteuerung zugeschrieben werden.[835]

Wie bei den Inlandsinvestitionen lässt sich der größte Einfluss auf die Standortwahl und die Finanzierungsform auf die nominalen Steuersätze zurückführen.[836] Die Bemessungsgrundlage gewinnt hingegen in spezifischen Situationen an Relevanz, beispielsweise bei besonderen länderspezifischen Abschreibungsmodellen.[837]

Trotz der variierenden Auswirkungen in Abhängigkeit von den zugrundegelegten Indikatoren bleiben die relativen Positionen der Länder im zwischenstaatlichen Vergleich in etwa konstant.[838]

Insgesamt werden die unterschiedlichen Effektivbelastungen in den Mitgliedstaaten – sowohl bei den Mutter- als auch bei den Tochtergesellschaften – vor allem auf die verschiedenen Steuersätze zurückgeführt. Eine einheitliche Besteuerungsbasis zeigt hingegen nicht diese Auswirkungen.[839] Es muss aber entgegengehalten werden, dass in den Modellen nicht alle Bestandteile der

---

[834] Vgl. Commission of the European Communities: Company Taxation in the Internal Market, in: http://europa.eu.int/comm/ taxation_customs/ publications/ official_doc/com/ com.htm, S. 124-202, 220.

[835] Vgl. Commission of the European Communities: Company Taxation in the Internal Market, in: http://europa.eu.int/comm/ taxation_customs/ publications/ official_doc/com/ com.htm, S. 124-202, 220.

[836] Vgl. Commission of the European Communities: Company Taxation in the Internal Market, in: http://europa.eu.int/comm/ taxation_customs/ publications/ official_doc/com/ com.htm, S. 124-202, 220.

[837] Vgl. Commission of the European Communities: Company Taxation in the Internal Market, in: http://europa.eu.int/comm/ taxation_customs/ publications/ official_doc/com/ com.htm, S. 124-202, 220.

[838] Vgl. Commission of the European Communities: Company Taxation in the Internal Market, in: http://europa.eu.int/comm/ taxation_customs/ publications/ official_doc/com/ com.htm, S. 124-202, 220-221.

[839] Vgl. Commission of the European Communities: Company Taxation in the Internal Market, in: http://europa.eu.int/comm/ taxation_customs/ publications/ official_doc/com/ com.htm, S. 124-202, 221.

steuerlichen Bemessungsgrundlagen einbezogen worden sind und dass die positiven Effekte, die aus einer gemeinsamen Bemessungsgrundlage, einer Verlustkonsolidierung sowie vereinfachten Verrechnungspreismethoden resultieren, nicht durch die Methodik der zugrundegelegten Modelle erfasst werden.[840]

Obwohl die Existenz von Marktunvollkommenheiten einen Teil der Unterschiede in den effektiven Steuerbelastungen zur Beseitigung dieser Externalitäten rechtfertigen kann, scheint die beobachtete Spannweite in der Lage zu sein, die internationale Ressourcenverteilung und damit die ökonomische Effizienz zu beeinflussen, ohne jedoch eine Aussage über das Ausmaß des Effizienzverlustes machen zu können.[841]

5.1.3.2 Qualitative Analyse: Besondere steuerliche Hindernisse für grenzüberschreitende Geschäftstätigkeit in der Europäischen Union

Innerhalb einer nächsten Analysestufe werden einzelne steuerliche Bereiche näher untersucht, die Hindernisse für transnationale Unternehmenstätigkeiten, wie Handel, Niederlassung oder Investition darstellen können und durch die aus dem Zusammenspiel von 15 verschiedenen Steuersystemen erhöhte Steuer- und Entrichtungskosten entstehen können.[842] Die Tatsache, dass jeder Mitgliedstaat eigene Steuervorschriften besitzt, hat eine Reihe von Konsequenzen:

- Doppelbesteuerung kann als Resultat kollidierender Besteuerungsrechte, insbesondere bei Zahlungen zwischen verbundenen Unternehmen, auftreten.[843]

---

[840] Vgl. Commission of the European Communities: Company Taxation in the Internal Market, in: http://europa.eu.int/comm/ taxation_customs/ publications/ official_doc/com/ com.htm, S. 124-202, 221-222.

[841] Vgl. Commission of the European Communities: Company Taxation in the Internal Market, in: http://europa.eu.int/comm/ taxation_customs/ publications/ official_doc/com/ com.htm, S. 124-202, 222.

[842] Vgl. Commission of the European Communities: Company Taxation in the Internal Market, in: http://europa.eu.int/comm/ taxation_customs/ publications/ official_doc/com/ com.htm, S. 223-305.

[843] Vgl. Commission of the European Communities: Company Taxation in the Internal Market, in: http://europa.eu.int/comm/ taxation_customs/ publications/ official_doc/com/ com.htm, S. 223, 284-289.

- Grenzüberschreitende Reorganisationen, die einen Verlust der Besteuerungsrechte eines Mitgliedstaates zur Folge haben, führen zu einer Veräußerungsgewinnbesteuerung und anderen Abgaben.[844]
- Die Mitgliedstaaten sind nicht bereit, Entlastungen für Verluste verbundener Unternehmen zu gewähren, die außerhalb des Territoriums ihres Besteuerungsrechtes liegen.[845]
- Unternehmen sind verpflichtet, die Gewinne in den einzelnen Ländern in einer separaten Rechnungslegung nach dem Fremdvergleichsgrundsatz zu ermitteln.[846]
- In jedem Land bestehen eigene Regelungen hinsichtlich der Rechnungslegung, der Bestimmung des steuerlichen Gewinns, der Steuerfestsetzung und -verwaltung, wodurch der gemeinsame Markt für den Investor intransparent ist.[847]
- Jeder Mitgliedstaat besitzt ein eigenes Netz an Doppelbesteuerungsabkommen.[848]

5.1.3.2.1 Die Behandlung von grenzüberschreitenden Zahlungen zwischen verbundenen Unternehmen

Die ungehemmte Vereinnahmung von Unternehmensgewinnen stellt für Unternehmen am gemeinsamen Markt einen bedeutenden Faktor dar, dessen Reali-

---

844 Vgl. Commission of the European Communities: Company Taxation in the Internal Market, in: http://europa.eu.int/comm/ taxation_customs/ publications/ official_doc/com/ com.htm, S. 223, 232-242.

845 Vgl. Commission of the European Communities: Company Taxation in the Internal Market, in: http://europa.eu.int/comm/ taxation_customs/ publications/ official_doc/com/ com.htm, S. 223, 242-255.

846 Vgl. Commission of the European Communities: Company Taxation in the Internal Market, in: http://europa.eu.int/comm/ taxation_customs/ publications/ official_doc/com/ com.htm, S. 223, 255-283.

847 Vgl. Commission of the European Communities: Company Taxation in the Internal Market, in: http://europa.eu.int/comm/ taxation_customs/ publications/ official_doc/com/ com.htm, S. 223.

848 Vgl. Commission of the European Communities: Company Taxation in the Internal Market, in: http://europa.eu.int/comm/ taxation_customs/ publications/ official_doc/com/ com.htm, S. 223.

sierung die Mutter-Tochter-Richtlinie anstrebt.[849] Sie ist jedoch in ihrer Wirkung begrenzt auf Beteiligungen von 25 % oder mehr, so dass nicht alle Einkommensströme von der Quellensteuerreduktion profitieren.[850]

Ein weiteres Problem ergibt sich, unabhängig von der Mutter-Tochter-Richtlinie, aus der Bevorzugung von Inlandsinvestitionen durch einige Steuersysteme wie Anrechnungssysteme, bei denen die Anrechnung inländischen Anteilseignern vorbehalten ist.[851]

Auch die Zahlung von Zinsen und Lizenzgebühren unterliegt meist der Quellenbesteuerung, was eine Doppelbesteuerung hervorrufen kann.[852] Die Richtlinie über die Quellensteuerbefreiung von Zinsen und Lizenzgebühren soll dieser Doppelbesteuerung entgegenwirken.[853] Deren Verabschiedung darf somit nicht weiter aufgeschoben werden.

5.1.3.2.2 Grenzüberschreitende Reorganisation

Die durch grenzüberschreitende Fusionen, Akquisitionen und interne Restrukturierungen ausgelöste Veräußerungsgewinnbesteuerung sowie weitere Transfersteuern stellen für die betroffenen Unternehmen Kosten dar, die zur Wahl einer

---

849 Vgl. Commission of the European Communities: Company Taxation in the Internal Market, in: http://europa.eu.int/comm/ taxation_customs/ publications/ official_doc/com/ com.htm, S. 232.

850 Vgl. Artikel 3 Abs. 1 Bst. a) der Richtlinie (EWG) 90/435 über das gemeinsame Steuersystem der Mutter- und Tochtergesellschaften verschiedener Mitgliedstaaten, vom 23.06.1990, in: ABl. L 225 vom 20.08.1990, S. 6-9, ber. ABl. L 226, S. 20, geändert durch Beitrittsakte 1995, in: ABl. L 1 vom 01.01.1995, S. 1-219.

851 Vgl. Commission of the European Communities: Company Taxation in the Internal Market, in: http://europa.eu.int/comm/ taxation_customs/ publications/ official_doc/com/ com.htm, S. 225-232.

852 Vgl. Commission of the European Communities: Company Taxation in the Internal Market, in: http://europa.eu.int/comm/ taxation_customs/ publications/ official_doc/com/ com.htm, S. 225-232. Eine Doppelbesteuerung von Zinsen und Lizenzgebühren kann beispielsweise im Fall von Anrechnungsüberhängen auftreten.

853 Vgl. Commission of the European Communities: Company Taxation in the Internal Market, in: http://europa.eu.int/comm/ taxation_customs/ publications/ official_doc/com/ com.htm, S. 225-232; Kommission der Europäischen Gemeinschaften: Vorschlag für eine Richtlinie des Rates über die gemeinsame Steuerregelung für Zahlungen von Zinsen und Lizenzgebühren zwischen verbundenen Unternehmen verschiedener Mitgliedstaaten, KOM (1998) 67 endg., von der Kommission vorgelegt am 06.03.1998, in: ABl. C 123 vom 22.04.1998, S. 9-13.

ökonomisch suboptimalen Struktur führen können.[854] Außerdem werden bereits ansässige Unternehmen gegenüber neu in den Binnenmarkt eintretenden Unternehmen benachteiligt, weil diese sich direkt eine geeignete Struktur aufbauen können.[855] Die Fusionsrichtlinie sieht in vielen Fällen die Möglichkeit eines Aufschubs der Besteuerung vor, es verbleiben jedoch einige Probleme:

- Durch die Fusionsrichtlinie werden nicht alle Fälle abgedeckt. So werden nicht alle Unternehmen und alle Transferabgaben erfasst.[856] Auch umfasst die Richtlinie nicht alle möglichen Operationen, wie beispielsweise die Zentralisierung der Produktion.[857] Zusätzlich kann zum Beispiel die Umwandlung einer bestehenden Tochtergesellschaft in eine Betriebsstätte die Nutzung der vor der Umwandlung aufgelaufenen Verlustvorträge gefährden.[858]
- Auch werden grenzüberschreitende Reorganisationen durch die mangelnde Existenz eines einheitlichen gesellschaftsrechtlichen Rahmenwerkes erschwert, was durch die geplante Einführung einer neuen unionsweiten Rechtsform im Jahre 2004 etwas erleichtert werden wird.[859]
- Da die Richtlinie in den einzelnen Mitgliedstaaten sehr unterschiedlich umgesetzt wurde, ist keine einheitliche Linie für grenzüberschreitende Reor-

854 Vgl. Commission of the European Communities: Company Taxation in the Internal Market, in: http://europa.eu.int/comm/ taxation_customs/ publications/ official_doc/com/ com.htm, S. 241.

855 Vgl. Commission of the European Communities: Company Taxation in the Internal Market, in: http://europa.eu.int/comm/ taxation_customs/ publications/ official_doc/com/ com.htm, S. 232.

856 Vgl. Commission of the European Communities: Company Taxation in the Internal Market, in: http://europa.eu.int/comm/ taxation_customs/ publications/ official_doc/com/ com.htm, S. 235-236, 241.

857 Vgl. Commission of the European Communities: Company Taxation in the Internal Market, in: http://europa.eu.int/comm/ taxation_customs/ publications/ official_doc/com/ com.htm, S. 241.

858 Vgl. Commission of the European Communities: Company Taxation in the Internal Market, in: http://europa.eu.int/comm/ taxation_customs/ publications/ official_doc/com/ com.htm, S. 239-240.

859 Vgl. Commission of the European Communities: Company Taxation in the Internal Market, in: http://europa.eu.int/comm/ taxation_customs/ publications/ official_doc/com/ com.htm, S. 235. Vgl. auch Abschnitt 6.6.2 „Empfehlungen hinsichtlich besonderer Hindernisse" dieser Arbeit.

ganisationen gegeben.[860] Auch die in manchen Staaten erfolgte Einfügung von Missbrauchsvorschriften machen unionsinterne Reorganisationsmöglichkeiten nicht mit rein nationalen Umstrukturierungen vergleichbar, engen die Wirkung der Richtlinie ein und hinterlassen Situationen möglicher Doppelbesteuerung.[861]

5.1.3.2.3 Grenzüberschreitende Verlustkompensation

Große Schwierigkeiten werden hinsichtlich der grenzüberschreitenden Verlustkompensation deutlich, die aus betriebswirtschaftlicher Sicht eines der bedeutendsten Hindernisse transnationaler Investitionen darstellt.[862] Während Verluste aus ausländischen Betriebsstätten häufig ausgeglichen bzw. analog zu den Regelungen für nationale Verluste vorgetragen werden können, existieren keine Möglichkeiten zur Berücksichtigung der Verluste von Tochtergesellschaften, wie beispielsweise bei im gleichen Mitgliedstaat ansässigen verbundenen Unternehmen über die Bildung eines Organkreises.[863]

Da mit der mangelnden Verlustabzugsmöglichkeit unter anderem die Gefahr einer Doppelbesteuerung verbunden ist, stellen unter diesem Aspekt, im Vergleich zur transnationalen Investition, nationale Aktivitäten, insbesondere in großen Ländern, die reizvollere Alternative dar.[864] Dieser Problematik soll beispielsweise die vorgeschlagene Verlustrichtlinie[865] entgegenwirken.

---

860 Vgl. Commission of the European Communities: Company Taxation in the Internal Market, in: http://europa.eu.int/comm/ taxation_customs/ publications/ official_doc/com/ com.htm, S. 237.

861 Vgl. Commission of the European Communities: Company Taxation in the Internal Market, in: http://europa.eu.int/comm/ taxation_customs/ publications/ official_doc/com/ com.htm, S. 238-239.

862 Vgl. Commission of the European Communities: Company Taxation in the Internal Market, in: http://europa.eu.int/comm/ taxation_customs/ publications/ official_doc/com/ com.htm, S. 242.

863 Vgl. Commission of the European Communities: Company Taxation in the Internal Market, in: http://europa.eu.int/comm/ taxation_customs/ publications/ official_doc/com/ com.htm, S. 244-246.

864 Vgl. Commission of the European Communities: Company Taxation in the Internal Market, in: http://europa.eu.int/comm/ taxation_customs/ publications/ official_doc/com/ com.htm, S. 248-251.

865 Vgl. Kommission der Europäischen Gemeinschaften: Vorschlag für eine Richtlinie des Rates über eine Regelung für Unternehmen zur Berücksichtigung der Verluste ihrer in anderen Mitgliedstaaten belegenen Betriebsstätten und Tochtergesellschaften, KOM (90)

5.1.3.2.4 Die Verrechnungspreisproblematik

Innerhalb der letzten zehn Jahre sind die mit Verrechnungspreisen zusammenhängenden steuerlichen Probleme ständig gewachsen und nehmen weiter zu.[866] Da Verrechnungspreise oft nicht der ökonomischen Realität entsprechen und dennoch den rein steuerlichen Anforderungen genügen müssen, sind Aufwendungen zu deren Bestimmung den steuerlichen Ermittlungskosten zuzurechnen.[867] Um Manipulationen vorzubeugen, bestehen viele Mitgliedstaaten auf immer genaueren Dokumentationen des „richtigen" Verrechnungspreises, der meist anhand des Drittvergleichsgrundsatzes (arm's length) zu bestimmen ist.[868] Aber eben diese Ermittlung wird aufgrund neuer Technologien und wirtschaftlicher Strukturen immer komplexer und kostspieliger, da für diese noch keine geeigneten Vergleichsdaten am Markt existieren.[869] Hinzu kommt, dass beträchtliche Unterschiede in den Ansichten der Mitgliedstaaten dahingehend bestehen, welche Verrechnungspreismethoden anzuwenden sind.[870] Auch die Anerkennung und Umsetzung der OECD-Verrechnungspreisrichtlinien erfolgt nicht einheitlich.[871] Die am gemeinsamen Markt tätigen Unternehmen stehen daher einer großen Unsicherheit gegenüber, ob die von ihnen ermittelten Verrechnungspreise von den jeweiligen Finanzverwaltungen akzeptiert werden.[872]

---

595 endg., von der Kommission vorgelegt am 06.12.1990, in: ABl. C 53 vom 28.02.1991, S. 30-34.

866 Vgl. Commission of the European Communities: Company Taxation in the Internal Market, in: http://europa.eu.int/comm/ taxation_customs/ publications/ official_doc/com/ com.htm, S. 255.

867 Vgl. Commission of the European Communities: Company Taxation in the Internal Market, in: http://europa.eu.int/comm/ taxation_customs/ publications/ official_doc/com/ com.htm, S. 255.

868 Vgl. Commission of the European Communities: Company Taxation in the Internal Market, in: http://europa.eu.int/comm/ taxation_customs/ publications/ official_doc/com/ com.htm, S. 255-256, 259, 266.

869 Vgl. Commission of the European Communities: Company Taxation in the Internal Market, in: http://europa.eu.int/comm/ taxation_customs/ publications/ official_doc/com/ com.htm, S. 255.

870 Vgl. Commission of the European Communities: Company Taxation in the Internal Market, in: http://europa.eu.int/comm/ taxation_customs/ publications/ official_doc/com/ com.htm, S. 256-259.

871 OECD: Transfer Pricing Guidelines for Multinational Enterprises and Tax Administrations, Paris 2001.

872 Vgl. Commission of the European Communities: Company Taxation in the Internal Market, in: http://europa.eu.int/comm/ taxation_customs/ publications/ official_doc/com/ com.htm, S. 256-259, 265-266.

Die kombinierten Effekte dieser Entwicklungen führen für die ansässigen Unternehmen zu einem deutlichen Anstieg der steuerlichen Entrichtungskosten.[873] Die nationale Anwendung der OECD-Verrechnungspreisgrundsätze erfolgt schleppend, und auch die daran weitgehend orientierten Regelungen in Deutschland und Frankreich sind recht allgemein gehalten.[874]

Ein weiteres Problem liegt in der mit der Ermittlung von Verrechnungspreisen verbundenen Gefahr der wirtschaftlichen Doppelbesteuerung.[875] Werden in einem Land Preisanpassungen vorgenommen, ohne dass der andere Staat, mit dem die konzerninterne Liefer- oder Leistungsverknüpfung besteht, dies ebenfalls in gleicher Höhe tut, kann ein einziger Sachverhalt in zwei oder mehreren

---

873 Vgl. Commission of the European Communities: Company Taxation in the Internal Market, in: http://europa.eu.int/comm/ taxation_customs/ publications/ official_doc/com/ com.htm, S. 255-256.

874 Vgl. OECD: Transfer Pricing Guidelines for Multinational Enterprises and Tax Administrations, Paris 2001; Vögele, Alexander: Handbuch der Verrechnungspreise: Betriebswirtschaft, Steuerrecht, OECD- und US-Verrechnungspreisrichtlinien, München 1997, S. 27-88; Wehnert, Oliver/Stalberg, Peter: Grundsatzentscheidung des BFH zur Bestimmung von Verrechnungspreisen im internationalen Konzern, in: IStR 2002, 11. Jg., S. 141-144; Dreßler, Günter: Die neuen französischen Verrechnungspreis-Prüfungsrichtlinien vom Juli 1998, in: StBP 1999, 39. Jg., S. 141-152, hier: S. 152; Thill, Pierre-Sébastien/Hellio, François: Prüfung der Verrechnungspreise im französischen Steuerrecht, in: IWB, Fach 5, Gruppe 2, vom 10.12.1997, S. 1103-1124, hier: S. 1124. Vgl. zu den komplexen Mitwirkungspflichten der Steuerpflichtigen BFH: Urteil vom 17.10.2001, Az. I R 103/00, in: IStR 2001, 10. Jg., S. 746-753; Leffers, Ines/Long, Yves: Dokumentations- und Mitwirkungspflichten in Frankreich bei der Überprüfung der Verrechnungspreise, in: IWB, Fach 5, Gruppe 2, vom 25.11.1998, S. 1123-1130; Sinz, Andreas: Steuerwirkungen von Gesellschafterbeiträgen im (internationalen) französischen Konzern, in: IStR 2002, 11. Jg., S. 194-200; Bourmont, Jaques-Henry de/Rubechi, Guillaume: Verrechnungspreise im deutsch-französischen Umfeld: Wie sollten sich Konzerne auf eine Betriebsprüfung vorbereiten?, in: IStR, 2002, 11. Jg., S. 495-501; Isensee, Tobias: Der tatsächliche Fremdvergleich bei der Bestimmung von Verrechnungspreisen am Beispiel von Vertriebsunternehmen, in: IStR 2002, 11. Jg., S. 465-468; Boos, Monica/ Rehkugler, Heinz: Immaterielle Wirtschaftsgüter – (Dis)Harmonien der Transfer Pricing Vorschriften im internationalen Vergleich – Teil I, in: IStR 2002, 11. Jg., S. 532-536; Boos, Monica/Rehkugler, Heinz: Immaterielle Wirtschaftsgüter – (Dis)Harmonien der Transfer Pricing Vorschriften im internationalen Vergleich – Teil II, in: IStR 2002, 11. Jg., S. 603-608.

875 Vgl. Commission of the European Communities: Company Taxation in the Internal Market, in: http://europa.eu.int/comm/ taxation_customs/ publications/ official_doc/com/ com.htm, S. 256, 259-260.

Staaten in die steuerliche Bemessungsgrundlage einfließen.[876] Zwar ist zur Verhinderung eben dieses Sachverhaltes die Schiedsverfahrenskonvention eingeführt worden, doch wirken die darin enthaltenen Bedingungen offensichtlich abschreckend, da trotz bestehender Probleme kaum von der Anrufung der Schiedsverfahrenskonvention Gebrauch durch die Steuerzahler gemacht wird.[877]

Die Verrechnungspreisprobleme bestehen somit insbesondere hinsichtlich der sehr hohen Entrichtungs- und Erhebungskosten sowie in der Gefahr der Doppelbesteuerung und stellen eine der wichtigsten noch zu lösenden Aufgaben in der Unternehmensbesteuerung dar.[878]

5.1.3.2.5 Regelungen der Körperschaftsteuersysteme, variierende Steuersätze und die steuerliche Gewinnermittlung

Innerhalb der Europäischen Union existieren neben dem klassischen Körperschaftsteuersystem, innerhalb dessem die Unternehmensgewinne sowohl auf Ebene der Gesellschaft als auch beim Anteilseigner jeweils voll der Besteuerung unterliegen, verschiedene Systeme, die eine Vermeidung oder Milderung dieser Doppelbesteuerung vorsehen.[879] Angesetzt wird dabei entweder auf Gesellschaftsebene, auf Gesellschafterebene oder auf beiden Ebenen. Beispiele für die verschiedenen Möglichkeiten zur Vermeidung der Mehrfachbelastung sind das französische Anrechnungssystem und die in Deutschland gegebene Anwendung eines ermäßigten Steuersatzes auf Dividendeneinkünfte bei natürlichen Personen.

---

876 Vgl. Commission of the European Communities: Company Taxation in the Internal Market, in: http://europa.eu.int/comm/ taxation_customs/ publications/ official_doc/com/ com.htm, S. 274.

877 Vgl. Commission of the European Communities: Company Taxation in the Internal Market, in: http://europa.eu.int/comm/ taxation_customs/ publications/ official_doc/com/ com.htm, S. 279-283; Übereinkommen (EWG) 90/436 über die Beseitigung der Doppelbesteuerung im Falle von Gewinnberichtigungen zwischen verbundenen Unternehmen, in: ABl. L 225 vom 20.08.1990, S. 10-16, hier: S. 10; Laule, Gerhard: Die Harmonisierung des europäischen Steuerrechts, in: IStR 2001, 10. Jg., S. 297-306, hier: S. 302-303.

878 Vgl. Commission of the European Communities: Company Taxation in the Internal Market, in: http://europa.eu.int/comm/ taxation_customs/ publications/ official_doc/com/ com.htm, S. 256.

879 Vgl. Unabhängiger Sachverständigenausschuß zur Unternehmensbesteuerung: Report of the Committee of Independent Experts on Company Taxation, Luxemburg 1992, Kapitel 3.

Unterschiede bestehen auch hinsichtlich der Steuersätze sowohl zwischen den Mitgliedstaaten als auch teilweise innerhalb der Mitgliedstaaten.[880] So entstehen innerhalb der Mitgliedstaaten, beispielsweise durch die Bildung steuerfreier Zonen, wie die besonderen Gewerbegebiete in Frankreich, spezifische regionale Steuersätze. Die Gewährung ermäßigter Steuersätze für kleine und mittlere Unternehmen erzeugt ebenfalls Belastungsunterschiede.[881]

Auch hinsichtlich der Ermittlung der steuerlichen Bemessungsgrundlagen bestehen Unterschiede zwischen den Mitgliedstaaten. Zwar bauen die Gewinnermittlungsvorschriften auf den Grundsätzen ordnungsmäßiger Buchführung auf, doch besteht in manchen Ländern, wie Deutschland und Frankreich, ein enger Zusammenhang zwischen der Buchführung für steuerliche und handelsrechtliche Zwecke, während anderen Mitgliedstaaten, wie beispielsweise dem Vereinigten Königreich, dieser Zusammenhang fremd ist.[882] Darüber hinaus bestehen große Unterschiede in den steuerlichen Abschreibungsmöglichkeiten, der Behandlung von Verlusten, Rückstellungen, Vorräten und Betriebsausgaben sowie hinsichtlich der steuerlichen Behandlung realisierter Veräußerungsgewinne und der Inflation.[883]

Aus diesen Unterschieden resultieren enorme Zusatzlasten nicht nur durch Verzerrungen, sondern auch durch hohe zusätzliche Entrichtungskosten.

5.1.3.2.6 Doppelbesteuerungsabkommen

Weitere mögliche steuerliche Hindernisse für transnationale Unternehmensaktivitäten am gemeinsamen Markt treten im Bereich der Doppelbesteuerungsabkommen auf. Obwohl das Abkommensnetz zwischen den Mitgliedstaaten der Europäischen Union fast komplett ist, bestehen nach wie vor einige Lücken. Auch wenn die meisten Abkommen dem OECD-Musterabkommen folgen, unterscheiden sich die Abkommen doch zum Teil in ihren Bedingungen und

---

880 Vgl. Blumenberg, Jens: Die Schlußfolgerungen und Empfehlungen des Ruding-Ausschusses, in: DB 1992, 45. Jg., Beilage Nr. 5, S. 2.

881 Vgl. Kommission der Europäischen Gemeinschaften: Inventar der Steuern, die in den Mitgliedstaaten der Europäischen Union erhoben werden, 17. Aufl., Luxemburg 2000, S. 209; Blumenberg, Jens: Die Schlußfolgerungen und Empfehlungen des Ruding-Ausschusses, in: DB 1992, 45. Jg., Beilage Nr. 5, S. 2-3.

882 Vgl. Unabhängiger Sachverständigenausschuß zur Unternehmensbesteuerung: Report of the Committee of Independent Experts on Company Taxation, Luxemburg 1992, Kapitel 3.

883 Vgl. Blumenberg, Jens: Die Schlußfolgerungen und Empfehlungen des Ruding-Ausschusses, in: DB 1992, 45. Jg., Beilage Nr. 5, S. 3.

Interpretationen.[884] Die unterschiedliche Anwendung eines Abkommens durch die Vertragstaaten kann sogar in einigen Fällen unbeabsichtigt zu einer Doppelbesteuerung oder zu weißen Einkünften führen.[885] Die resultierende und stetig steigende Komplexität steigert die Entrichtungskosten und führt zu Unsicherheit hinsichtlich der Durchführung unternehmerischer Aktivitäten über die Grenze.[886]

Darüber hinaus ist auch das OECD-Musterabkommen – und insbesondere die Nicht-Diskriminierungs-Artikel – nicht geeignet, den strengeren europarechtlichen Diskriminierungsverboten gerecht zu werden.[887]

Die uneinheitliche Abkommenspraxis gegenüber Drittstaaten kann zusätzlich Verzerrungen hervorrufen und zu Abschottungen führen.[888]

5.1.3.2.7 Weitere Problembereiche

Auch andere steuerliche Faktoren können zur Hemmung des grenzüberschreitenden Geschäftsverkehrs innerhalb der Europäischen Union beitragen. Dies gilt

---

884 Vgl. Commission of the European Communities: Company Taxation in the Internal Market, in: http://europa.eu.int/comm/ taxation_customs/ publications/ official_doc/com/ com.htm, S. 285-289. Das Abkommensnetz von Deutschland und Frankreich sind innerhalb der Europäischen Union lückenlos, vgl. Bundesamt für Finanzen: Texte der Doppelbesteuerungsabkommen, in: http://www.bff-online.de/dba/dba_texte.html; Ministère de l'Economie, des Finances et de l'Industrie: Tax Conventions and agreements, in: http://www.francetresor.gouv.fr/ oat/us/conv.html; OECD: OECD-Musterabkommen 2000 zur Vermeidung der Doppelbesteuerung auf dem Gebiet der Steuern vom Einkommen und vom Vermögen, Stand Dezember 2000, in: www.bundesfinanzministerium.de/ Anlage4929/OECD-Musterabkommen-2000.pdf.

885 Vgl. Commission of the European Communities: Company Taxation in the Internal Market, in: http://europa.eu.int/comm/ taxation_customs/ publications/ official_doc/com/ com.htm, S. 285-287.

886 Vgl. Commission of the European Communities: Company Taxation in the Internal Market, in: http://europa.eu.int/comm/ taxation_customs/ publications/ official_doc/com/ com.htm, S. 289.

887 Vgl. Commission of the European Communities: Company Taxation in the Internal Market, in: http://europa.eu.int/comm/ taxation_customs/ publications/ official_doc/com/ com.htm, S. 288-289; OECD: OECD-Musterabkommen 2000 zur Vermeidung der Doppelbesteuerung auf dem Gebiet der Steuern vom Einkommen und vom Vermögen, Stand Dezember 2000, in: www.bundesfinanzministerium.de/ Anlage4929/ OECD-Musterab kommen-2000.pdf.

888 Vgl. Commission of the European Communities: Company Taxation in the Internal Market, in: http://europa.eu.int/comm/ taxation_customs/ publications/ official_doc/com/ com.htm, S. 289.

insbesondere für die Besteuerung von Gehalts- und Lohnnebenkosten sowie von Stock Options und Pensionszusatzleistungen und für die Umsatzsteuer.[889] Es ist zu beachten, dass diese Schwierigkeiten zusammen mit den anderen steuerlichen Hindernissen einen kumulativen Effekt für die betroffenen Unternehmen bewirken.[890] Insbesondere für kleine und mittelgroße Unternehmen bewirkt die Masse (kleinerer) Hindernisse überproportionale Entrichtungskosten und Risiken, so dass die Summe der Schranken die transnationale Unternehmenstätigkeit in vielen Fällen verhindert.[891]

5.2 Betrachtung diskriminierender steuerlicher Einzelregelungen

Auch um den ökonomischen Anforderungen eines verzerrungsfreien Wirtschaftsraumes und dem Funktionieren des gemeinsamen Marktes gerecht zu werden, wird angestrebt, sämtliche diskriminierende Maßnahmen des Steuerrechtes aufzudecken und deren Effekten entgegenzuwirken. Diese Aufgabe wird im Wesentlichen durch den Europäischen Gerichtshof wahrgenommen, der die Einhaltung der Grundfreiheiten des Vertrages zur Gründung der Europäischen Gemeinschaft durch seine Rechtsprechung sicherstellt. Daher scheint es geboten, neben der erfolgten Betrachtung bereits getroffener Urteile und somit nicht mehr bestehender diskriminierender steuerlicher Maßnahmen, auch die noch existierenden Regelungen darzustellen, die aufgrund ihrer möglicherweise diskriminierenden Wirkung im Rahmen von Verfahren beim Europäischen Gerichtshof anhängig sind.

Auch hinsichtlich direkter steuerlicher Maßnahmen stehen noch mehrere Urteile aus; so steht beispielsweise § 10 Abs. 1 Nr. 8 EStG auf dem Prüfstand des Europäischen Gerichtshofes.[892] Fraglich ist, ob deutsche Staatsangehörige, die in Luxemburg wohnhaft und dort als Beamte der Europäischen Gemeinschaft tätig

---

889 Vgl. auch für die Ausführungen zur unterschiedlichen Besteuerung von Gehalts- und Lohnnebenkosten, Stock Options sowie Pensionszusatzleistungen Commission of the European Communities: Company Taxation in the Internal Market, in: http://europa.eu.int/ comm/ taxation_customs/ publications/ official_doc/ com/ com.htm, S. 289-297. Bei der Umsatzsteuer stellen vor allem die Befolgungskosten Hindernisse dar.

890 Vgl. Commission of the European Communities: Company Taxation in the Internal Market, in: http://europa.eu.int/comm/ taxation_customs/ publications/ official_doc/com/ com.htm, S. 289-297.

891 Vgl. Commission of the European Communities: Company Taxation in the Internal Market, in: http://europa.eu.int/comm/ taxation_customs/ publications/ official_doc/com/ com.htm, S. 297-305.

892 Vgl. EuGH, anhängige Rs. C-209/01 (Schilling).

sind, im Rahmen ihrer deutschen Einkommensteuerveranlagung die Aufwendungen für eine in Luxemburg beschäftigte Haushälterin absetzen dürfen, obwohl die für diese Person entrichteten Beiträge zur gesetzlichen Rentenversicherung nicht an die deutsche Rentenversicherung gezahlt worden sind.[893] Im Rahmen dieses die Freizügigkeit betreffenden Verfahrens soll auch grundsätzlichen Fragen hinsichtlich der Anwendbarkeit von Artikel 48 EGV auf Bedienstete der Europäischen Gemeinschaft nachgegangen werden.[894]

Ein weiteres Verfahren beschäftigt sich vor dem Hintergrund der Niederlassungsfreiheit mit der diskriminierenden Wirkung von § 10 Abs. 2 EStG in der Fassung von 1992. Die Abzugsfähigkeit von Beiträgen an Versicherungsunternehmen wurde davon abhängig gemacht, dass die Unternehmen ihren Sitz oder ihre Geschäftsleitung im Inland haben oder ihnen die Erlaubnis zur Ausübung eines Gewerbebetriebes im Inland erteilt wurde.[895]

Fraglich ist in einem weiteren anhängigen Verfahren, ob es gegen Artikel 43 EGV verstößt, wenn gemäß § 50a Abs. 4 S. 1-2 EStG die in Deutschland erzielten steuerpflichtigen Einkünfte aus selbständiger künstlerischer oder sportlicher Tätigkeit eines niederländischen Staatsangehörigen einem Steuerabzug in Höhe von 25 % zuzüglich Solidaritätszuschlag unterliegen. Eine Möglichkeit, dass die gezahlten Abgaben im Wege eines Erstattungsantrages oder einer Steuerveranlagung ganz oder teilweise erstattet werden, ist nicht vorgesehen, obwohl im Falle der unbeschränkten Steuerpflicht durch Berücksichtigung des Grundfreibetrages und vor allem des Betriebsausgabenabzuges eine geringere Steuerpflicht bestehen könnte.[896] Somit werden die beschränkt steuerpflichtigen Künstler und Sportler mit ihren erzielten Einkünften nach Berechnung des Finanzgerichtes Düsseldorf mit dem Mindeststeuersatz von 25 % einer höheren effektiven Besteuerung unterworfen als unbeschränkt Steuerpflichtige. Es sei vielmehr ein Abzug von Aufwendungen zu gestatten, um eine Bruttobesteuerung und damit eine im Vergleich zur unbeschränkten Steuerpflicht höhere Nettobesteuerung zu vermeiden, denn die derzeitigen Regelungen bewirken eine Benachteiligung aufgrund des in den Niederlanden befindlichen Wohnsitzes.[897] So stehen möglicherweise die zugrundeliegenden Regelungen mit den im Fall

893 Vgl. EuGH, anhängige Rs. C-209/01 (Schilling).

894 Vgl. EuGH, anhängige Rs. C-209/01 (Schilling).

895 Vgl. EuGH, anhängige Rs. C-288/01 (Versicherung).

896 Vgl. EuGH, anhängige Rs. C-234/01 (Gerritse); Grams, Harald/Molenaar, Dick: EuGH: Neue Vorlage: Besteuerung beschränkt steuerpflichtiger Künstler im Inland, in: IStR 2001, 10. Jg., S. 443-446, hier: S. 443.

897 Vgl. Grams, Harald/Molenaar, Dick: EuGH: Neue Vorlage: Besteuerung beschränkt steuerpflichtiger Künstler im Inland, in: IStR 2001, 10. Jg., S. 443-446, hier: S. 443.

Asscher entwickelten Rechtsgrundsätzen nicht in Einklang.[898] In Großbritannien und den Niederlanden erfolgt durch vorherige Kostenschätzung, die von der Bruttogage in Abzug gebracht wird, auf Grundlage dieser Kalkulation eine Nettogewinnbesteuerung.[899] Eine positive Entscheidung des Europäischen Gerichtshofes wird das in Deutschland vorherrschende starre System der Bruttobesteuerung in Frage stellen. Aber nicht nur der deutsche Gesetzgeber wäre gezwungen, dem Urteil des Europäischen Gerichtshofes Folge zu leisten, sondern auch andere Mitgliedstaaten, die ein Bruttoquellensteuersystem anwenden, müssten dieses überdenken.[900]

Die Korrekturvorschrift des § 1 Abs. 1 AStG steht aufgrund eines Vorlagebeschlusses des Bundesfinanzhofes ebenfalls auf dem Prüfstand des Europäischen Gerichtshofes.[901] Als kritisch und möglicherweise den Artikeln 43 und 56 EGV entgegenstehend wurden die unterschiedlichen Wertmaßstäbe für Korrekturnormen (verdeckte Einlage, verdeckte Gewinnausschüttung/Entnahme, § 1 AStG) im deutschen Steuerrecht befunden.[902] Da für Korrekturen über die

---

898 Vgl. EuGH vom 27.06.1996, Rs. C-107/94 (Asscher); Lüdicke, Jürgen: BFH: Entscheidungen: Mindeststeuersatz für beschränkt Steuerpflichtige gemeinschaftsrechtlich bedenklich, in: IStR 2001, 10. Jg., S. 285-286, hier: S. 285. Vgl. zur gegenteiligen Argumentation FG Hamburg: Gerichtsbescheid vom 27.07.2001, Az. II 377/00, in: EFG 2001, 49. Jg., S. 1553, Revision eingelegt, BFH Az. I R 75/01. Vgl. zum Fall Asscher auch Abschnitt 4.2.3.1.3 „Die Inländerdiskriminierung und die Interpretation der speziellen Grundfreiheiten als Beschränkungsverbote". Vgl. kritisch FG München: Beschluss vom 22.03.2002, Az. 1 V 4030/01, in: IStR 2002, 11. Jg., S. 418-420.

899 Vgl. Grams, Harald/Molenaar, Dick: EuGH: Neue Vorlage: Besteuerung beschränkt steuerpflichtiger Künstler im Inland, in: IStR 2001, 10. Jg., S. 443-446, hier: S. 446.

900 Vgl. Grams, Harald/Molenaar, Dick: EuGH: Neue Vorlage: Besteuerung beschränkt steuerpflichtiger Künstler im Inland, in: IStR 2001, 10. Jg., S. 443-446, hier: S. 446. Zur Zeit haben nur Großbritannien und die Niederlande ein Abzugssystem, das eine leistungsgerechte Besteuerung beschränkt steuerpflichtiger Künstler gewährleistet. Vgl. für weitere Entwicklungen in Deutschland vgl. Holthaus, Jörg: Steuerabzug bei beschränkt steuerpflichtigen Sportlern und Künstlern: Einführung eines Staffeltarifs im § 50a Abs. 4 EStG (StÄndG 2001), in: IStR 2002, 11. Jg., S. 454-456; Holthaus, Jörg: Änderung des § 50d EStG durch StÄndG 2001: Formelle Steuerfalle seit 1.1.2002 bei Ausschüttungen an ausländische Anteilseigner und Vergütungen im Sinne des § 50a Abs. 4 EStG, in: IStR 2002, 11. Jg., S. 664-665; Bundesministerium für Finanzen: Schreiben vom 07.05.2002, Az. IV B 4 – S2293 – 26/02, in: IStR 2002, 11. Jg., S. 492-494.

901 Vgl. BFH: Beschluss vom 21.06.2001, Az. I B 141/00, in: IStR 2001, 10. Jg., S. 509.

902 Vgl. BFH: Beschluss vom 21.06.2001, Az. I B 141/00, in: IStR 2001, 10. Jg., S. 509; Borstell, Thomas/Brüninghaus, Dirk: Zweifel an der Rechtmäßigkeit von Verrechnungspreiskorrekturen nach § 1 AStG – Ausblick nach dem BFH-Beschluss vom 21.06.2001, in: IStR 2001, 10. Jg., S. 757-760, hier: S. 757; Köplin, Manfred: Quod erat expectandum! – Einige Überlegungen zum Beschluss des BFH vom 21.6.2001, I B 141/00, in:

Grenze meist der auf § 1 AStG basierende Fremdvergleichspreis, bei rein nationalen Sachverhalten hingegen der Teilwert den Maßstab bildet, kann bei Abweichungen der beiden Werte eine Benachteiligung eines Auslandsengagements entstehen.[903]

Der französische Staat sieht zur Zeit keine seiner Regelungen zur direkten Besteuerung als Gegenstand eines anhängigen Verfahrens beim Europäischen Gerichtshof.

Aufgrund der durch den Europäischen Gerichtshof erfolgten Interpretation der Grundfreiheiten als Beschränkungsverbot sind meines Erachtens weitere nationale Regelungen der Außensteuergesetzgebung, beispielsweise zur Wegzugs- oder Hinzurechnungsbesteuerung, gemeinschaftsrechtlich als problematisch einzustufen, da diese aufgrund der mit ihnen einhergehenden Liquiditätseinbußen ohne Gewinnrealisierung bzw. -zufluss ein Hindernis des freien Personenverkehrs in der Europäischen Union darstellen können.[904]

IStR 2002, 11. Jg., S. 120-123, hier: S. 120; Eigelshoven, Axel: Gemeinschaftsrechtliche Bedenken des BFH gegen § 1 AStG – Anm. zu BFH vom 21.6.2001, in: IWB, Fach 3, Gruppe 1, vom 22.08.2001, S. 1761-1764, hier: S. 1761.

903 Vgl. Borstell, Thomas/Brüninghaus, Dirk: Zweifel an der Rechtmäßigkeit von Verrechnungspreiskorrekturen nach § 1 AStG – Ausblick nach dem BFH-Beschluss vom 21.06.2001, in: IStR 2001, 10. Jg., S. 757-760, hier: S. 757; Köplin, Manfred: Quod erat expectandum! – Einige Überlegungen zum Beschluss des BFH vom 21.6.2001, I B 141/00, in: IStR 2002, 11. Jg., S. 120-123, hier: S. 120.

904 Vgl. zur Problematik bezüglich des Außensteuergesetzes beispielsweise Saß, Gert: Zur Vereinbarkeit der Hinzurechnungsbesteuerung nach dem AStG mit den EU-Grundfreiheiten, in: DB 2002, 55. Jg., S. 2342-2346; Dörrfuß, Peter/Jaguttis, Andrea: Frankreich: Verstößt die Wegzugsbesteuerung gegen Europarecht?, in IStR 2002, 11. Jg., S. 1*-2*; Herlinghaus, Andreas: Vereinbarkeit der Hinzurechnungsbesteuerung nach § 1 AStG mit dem Europarecht – Zum Aussetzungsbeschluß des FG Münster vom 31.08.2000 (8 V 4639/00 E), in: FR 2001, 83. Jg., S. 240-244; Wassermeyer, Franz: Die Fortentwicklung der Besteuerung von Auslandsbeziehungen – Anmerkungen zu den derzeitigen Überlegungen zur Reform des Außensteuerrechts, in: IStR 2001, 10. Jg., S. 113-117; Menck, Thomas: Die (un)verborgene Krise des Aussensteuerrechts – Anmerkungen zu einem Beitrag Franz Wassermeyers, in: IStR 2001, 10. Jg., S.279-281; Werra, Matthias: Zum Reformbedarf beim Außensteuergesetz unter besonderer Berücksichtigung des Verhaltenskodex, in: IStR 2001, 10. Jg., S. 438-441; Rättig, Horst/Protzen, Peer Daniel: Die „neue Hinzurechnungsbesteuerung" der §§ 7-14 AStG in der Fassung des UntStFG – Problembereiche und Gestaltungshinweise, in: IStR 2002, 11. Jg., S. 123-128; Rättig, Horst/Protzen, Peer Daniel: Überblick über die Hinzurechnungsbesteuerung des AStG in der Fassung des Unternehmenssteuerfortentwicklungsgesetzes, in: DStR 2002, 40. Jg., S. 241-246. Vgl. zu französischen Abwehrmaßnahmen beispielsweise Tillmanns, Wolfhard: Hinzurechnungsbesteuerung in Frankreich, in: IWB, Fach 5, Gruppe 2, vom

Für das deutsche Steuerrecht wird zudem die Gemeinschaftsrechtskonformität des § 8b Abs. 5 KStG in der Literatur diskutiert.[905] Ein möglicher Verstoß könnte aus der unterschiedlichen Behandlung von aus dem Inland und aus dem Ausland stammenden Dividenden auf Körperschaftsebene resultieren. Für Auslandsdividenden wird anders als bei Inlandsdividenden die pauschale Annahme getroffen, dass 5 % der Bezüge als Ausgaben gelten, die nicht als Betriebsausgaben abgezogen werden dürfen und somit der Körperschaftsteuer zu unterwerfen sind. Dadurch entsteht eine steuerliche Benachteiligung von ausländischen gegenüber inländischen Tochtergesellschaften. Die Lage ist zwar beim tatsächlichen Bestehen von mit dem Dividendenbezug zusammenhängenden Betriebsausgaben anders, da diese im Gegensatz zur Behandlung von Inlandsbeteiligungen trotz der 95 %igen Steuerbefreiung der Auslandsdividenden in voller Höhe abzugsfähig sind. Dies ist jedoch meines Erachtens nicht geeignet, die Diskriminierung im Fall von weniger als 5 % gegebenen Betriebsausgaben zu heilen. Sogar die Bundesregierung hat darauf hingewiesen, dass die Gefahr besteht, dass die Regelungen des § 8b Abs. 5 KStG den Grundfreiheiten des Vertrags zur Gründung der Europäischen Gemeinschaft entgegenstehen.[906]

5.3 Untersuchung von bestehenden Maßnahmen des schädlichen Steuerwettbewerbs

Im Rahmen der Harmonisierung des Binnenmarktes ist eine Untersuchung der bestehenden Maßnahmen und Regelungen unerlässlich, die, gemessen an dem üblicherweise in dem betreffenden Mitgliedstaat vorherrschenden Besteuerungsniveau, eine deutlich niedrigere Effektivsteuerbelastung vorsehen. Der Mitgliedstaat kann als Wirtschaftsstandort spürbar beeinflusst werden und es

---

09.05.2001, S. 1263-1264; Richter, Dirk: Neueste Entwicklung der französischen Rechtsprechung zum Außensteuerrecht bei DBA-Staaten, in: IStR 2002, 11. Jg., S. 231-235.

905 Vgl. Schmidt, Lutz/Hageböke, Jens: Die erneute Änderung von § 8b Abs. 5 KStG durch das UntStFG - Unzulässige rückwirkende Erweiterung eines verfassungs- und europarechtswidrigen Steuertatbestandes?, in: IStR 2002, 11. Jg., S. 150-157; Thömmes, Otmar: § 8b KStG und EG-Recht, in DB 2001, 54. Jg., S. 775-779; Kussmaul, Heinz/Beckmann, Stefan: Die Dividendenbesteuerung im nationalen und internationalen Kontext, in: DB 2001, 54. Jg., S. 608-614; Schön, Wolfgang: Die Abzugsschranken des § 3c EStG zwischen Verfassungs- und Europarecht, in: FR 2001, 83. Jg., S. 381-392.

906 Vgl. Bundesregierung: Unterrichtung durch die Bundesregierung – Entwurf eines Gesetzes zur Fortentwicklung des Unternehmensteuerrechts (Unternehmensteuerfortentwicklungsgesetz – UntStFG) - Stellungnahme des Bundesrates und Gegenäußerung der Bundesregierung, in: BT-Drs. 14/7084 vom 10.10.2001, S. 1-8, hier: S. 3.

können – wie diskutiert – die ökonomisch schlechtesten Wirkungen des internationalen Steuerwettbewerbs hervorgerufen werden.[907] Die Rücknahme der durch die Gruppe „Verhaltenskodex" aufgedeckten Maßnahmen bis zum 31. Dezember 2002 und die Vermeidung der Umsetzung weiterer schädlicher Regelungen sind wichtige Forderungen des Verhaltenskodex und Voraussetzung der ungestörten Funktionsweise des gemeinsamen Marktes.[908]

Als schädlich identifiziert wurden im Bereich des deutschen Steuerrechts eine und vier französische Regelungen von insgesamt 40 innerhalb der Europäischen Union und 66 unter Hinzunahme von Gibraltar sowie den abhängigen oder assoziierten Gebieten.[909]

In Deutschland wurde die steuerliche Behandlung von Kontroll- und Koordinierungsstellen ausländischer Gesellschaften kritisiert, da diese gemäß einem koordinierten Ländererlass vom 24. August 1984 grundsätzlich Betriebsstätten im Sinne der Doppelbesteuerungsabkommen darstellen.[910] Ausgenommen ist der Fall, dass die Stelle nur Hilfstätigkeiten ausübt.[911] Beteiligungen oder Anteile an

907 Vgl. Kommission der Europäischen Gemeinschaften: Mitteilung der Kommission an den Rat und das Europäische Parlament: Erster Jahresbericht über die Anwendung des Verhaltenskodex für die Unternehmensbesteuerung und über steuerliche Beihilfen: Bericht über den Fortschritt der Arbeiten zur Besteuerung von Zinserträgen und eine gemeinsame Steuerregelung für Zahlungen von Zinsen und Lizenzgebühren zwischen verbundenen Unternehmen, Brüssel 1998, in: http://europa.eu.int/comm/taxation_customs/french/publications/official_doc/com/taxation/com_nov1998/com595de.pdf, S. 2.

908 Vgl. http://europa.eu.int/scadplus/leg/de/lvb/126036.htm.

909 Vgl. Gruppe „Verhaltenskodex": Bericht der Gruppe „Verhaltenskodex" (Unternehmensbesteuerung) an den Rat „Wirtschaft und Finanzen" (Tagung am 29. November 1999), in: http://ue.eu.int/newsroom/LoadDoc.cfm?MAX=81&DOC=!!!&BID=75 DID=60642&GRP=2309&LANG=4 und http://europa.eu.int/ comm/taxation_customs/ french/taxation/law/prima rolo/primarolo_de.pdf, S. 176-178. Die OECD hat darüber hinaus deutsche Regelungen zur Besteuerung der internationalen Seeschiffahrt kritisiert. Vgl. OECD: Towards Global Tax Co-operation - Report to the 2000 Ministerial Council Meeting and Recommendations by the Committee on Fiscal Affairs – Progress in Identifying an Eliminating Harmful Tax Practices, in: http://www.oecd.org/pdf/M000014000/M00014130.pdf, S. 14, Abs. 11.

910 Vgl. Erlass (koordinierter Ländererlass) vom 24.08.1984, Az. S – 1301 – 65 – V B 5, in: BStBl. I 1984, S. 458; Gruppe „Verhaltenskodex": Bericht der Gruppe „Verhaltenskodex" (Unternehmensbesteuerung) an den Rat „Wirtschaft und Finanzen" (Tagung am 29. November 1999), in: http://ue.eu.int/newsroom/LoadDoc.cfm?MAX=81&DOC=!!!&BID=75&DID=60642&GRP=2309&LANG=4 und http://europa.eu.int/comm/taxation_customs/french/taxation/law/primarolo/primarolo_de.pdf, S. 34-35, 176.

911 Vgl. Erlass (koordinierter Ländererlass) vom 24.08.1984, Az. S – 1301 – 65 – V B 5, in: BStBl. I 1984, S. 458.

Tochtergesellschaften sowie Darlehen, Patente oder sonstige vergleichbare Wirtschaftsgüter ebenso wie die daraus fließenden Einkünfte sind stets der Konzernspitze zuzurechnen.[912] Begründet wird diese Regelung mit der Tatsache, dass die Koordinierungszentren nur Verwaltungsaufgaben erfüllen. Dementsprechend sind der Betriebsstätte nur die Wirtschaftsgüter zuzurechnen, die der Wahrnehmung dieser Aufgabe dienen.[913] Kritisiert wird die Gewinnermittlung dieser Betriebsstätten nach der Kostenaufschlagsmethode unter Berücksichtigung eines Gewinnzuschlages von zwischen 5 % und 10 %, wobei ein Gewinnzuschlag von mehr als 10 % im Gegensatz zu einem 5 % unterschreitenden Zuschlag zwar von den Steuerbehörden akzeptiert werden kann, in der Praxis jedoch von den Steuerpflichtigen nicht genutzt wird und ein Satz von 5 % bis 10 % nicht beanstandet wird.[914] Obwohl diese Regelung auch für deutsche Konzernmuttergesellschaften Gültigkeit besitzt, ist diese Maßnahme als schädlich im Sinne des Verhaltenskodex einzustufen, da die Kontroll- und Koordinierungszentren aufgrund der niedrigeren Bemessungsgrundlage einer geringeren Effektivsteuerbelastung als andere Tätigkeiten in Deutschland unterliegen.[915]

Eine recht ähnliche Regelung wurde auch in der französischen Besteuerung kritisiert, die sowohl von ausländischen als auch von französischen multinationalen Unternehmen in Anspruch genommen werden kann, wenn diesen eine

---

912 Vgl. Erlass (koordinierter Ländererlass) vom 24.08.1984, Az. S – 1301 – 65 – V B 5, in: BStBl. I 1984, S. 458.

913 Vgl. Erlass (koordinierter Ländererlass) vom 24.08.1984, Az. S – 1301 – 65 – V B 5, in: BStBl. I 1984, S. 458.

914 Vgl. Erlass (koordinierter Ländererlass) vom 24.08.1984, Az. S – 1301 – 65 – V B 5, in: BStBl. I 1984, S. 458; Gruppe „Verhaltenskodex“: Bericht der Gruppe „Verhaltenskodex“ (Unternehmensbesteuerung) an den Rat „Wirtschaft und Finanzen“ (Tagung am 29. November 1999), in: http://ue.eu.int/newsroom/LoadDoc.cfm?MAX=81&DOC=!!!&BID=75&DID=60642&GRP=2309&LANG=4 und http://europa.eu.int/comm/taxation_customs/french/taxation/law/primarolo/primarolo_de.pdf, S. 34-35.

915 Vgl. Gruppe „Verhaltenskodex“: Bericht der Gruppe „Verhaltenskodex“ (Unternehmensbesteuerung) an den Rat „Wirtschaft und Finanzen“ (Tagung am 29. November 1999), in: http://ue.eu.int/newsroom/LoadDoc.cfm?MAX=81&DOC=!!!&BID=75&DID=60642&GRP=2309&LANG=4 und http://europa.eu.int/comm/taxation_customs/french/taxation/law/prima rolo/primarolo_de.pdf, S. 34-35; Rat der Europäischen Gemeinschaften: Schlußfolgerungen des Rates „Wirtschafts- und Finanzfragen“ vom 1. Dezember 1997 zur Steuerpolitik – Entschließung des Rates und der im Rat vereinigten Vertreter der Regierungen der Mitgliedstaaten vom 1. Dezember 1997 über einen Verhaltenskodex für die Unternehmensbesteuerung – Besteuerung von Zinserträgen, in: ABl. C 2 vom 06.01.1998, S. 1-6, hier: S. 3.

entsprechende Genehmigung erteilt worden ist.[916] Die Funktion der Verwaltungs- und Logistikzentren liegt ebenfalls in der Wahrnehmung von Tätigkeiten für eine andere Konzerngesellschaft.[917] Als schädliche Steuervergünstigung wird die Begrenzung der steuerlichen Bemessungsgrundlage auf einen bestimmten Prozentsatz (ca. 6-10 %) der ausgewiesenen betrieblichen Aufwendungen in Abhängigkeit von der Art der wahrgenommenen Tätigkeiten von der Gruppe „Verhaltenskodex" beanstandet.[918]

Desweiteren wird kritisiert, dass Lizenzeinnahmen aus Patenten, die von körperschaftsteuerpflichtigen Gesellschaften und sonstigen Steuerpflichtigen, bei denen die Patentrechte entweder zum Sachvermögen des Inhabers gehören oder käuflich erworben wurden und mindestens zwei Jahre gehalten werden, in Frankreich mit dem für langfristige Veräußerungsgewinne geltenden ermäßigten Steuersatz in Höhe von 19 % besteuert werden.[919] Dieser Steuersatz findet jedoch keine Anwendung, wenn die gezahlten Lizenzgebühren in Frankreich steuerlich abzugsfähig sind, also wenn diese von einem in Frankreich steuerpflichtigen verbundenen Unternehmen gezahlt werden.[920]

---

916 Vgl. Gruppe „Verhaltenskodex": Bericht der Gruppe „Verhaltenskodex" (Unternehmensbesteuerung) an den Rat „Wirtschaft und Finanzen" (Tagung am 29. November 1999), in: http://ue.eu.int/newsroom/LoadDoc.cfm?MAX=81&DOC=!!!&BID=75&DID=60642&GRP=2309&LANG=4 und http://europa.eu.int/comm/taxation_customs/french/taxation/law/prima rolo/primarolo_de.pdf, S. 23, 176.

917 Vgl. Gruppe „Verhaltenskodex": Bericht der Gruppe „Verhaltenskodex" (Unternehmensbesteuerung) an den Rat „Wirtschaft und Finanzen" (Tagung am 29. November 1999), in: http://ue.eu.int/newsroom/LoadDoc.cfm?MAX=81&DOC=!!!&BID=75&DID=60642&GRP=2309&LANG=4 und http://europa.eu.int/comm/taxation_customs/french/taxation/law/prima rolo/primarolo_de.pdf, S. 23.

918 Vgl. Gruppe „Verhaltenskodex": Bericht der Gruppe „Verhaltenskodex" (Unternehmensbesteuerung) an den Rat „Wirtschaft und Finanzen" (Tagung am 29. November 1999), in: http://ue.eu.int/newsroom/LoadDoc.cfm?MAX=81&DOC=!!!&BID=75&DID=60642&GRP=2309&LANG=4 und http://europa.eu.int/comm/taxation_customs/french/taxation/law/prima rolo/primarolo_de.pdf, S. 23.

919 Vgl. Gruppe „Verhaltenskodex": Bericht der Gruppe „Verhaltenskodex" (Unternehmensbesteuerung) an den Rat „Wirtschaft und Finanzen" (Tagung am 29. November 1999), in: http://ue.eu.int/newsroom/LoadDoc.cfm?MAX=81&DOC=!!!&BID=75&DID=60642&GRP=2309&LANG=4 und http://europa.eu.int/comm/taxation_customs/french/taxation/law/prima rolo/primarolo_de.pdf, S. 28-29, 176.

920 Vgl. Gruppe „Verhaltenskodex": Bericht der Gruppe „Verhaltenskodex" (Unternehmensbesteuerung) an den Rat „Wirtschaft und Finanzen" (Tagung am 29. November 1999), in: http://ue.eu.int/newsroom/LoadDoc.cfm?MAX=81&DOC=!!!&BID=75&DID=60642&GRP=2309&LANG=4 und http://europa.eu.int/comm/taxation_customs/french/taxation/law/prima rolo/primarolo_de.pdf, S. 28-29.

Zudem wird in Frankreich die Möglichkeit der Bildung von steuerlich abzugsfähigen Rückstellungen für die Erschließung von Lagerstätten fester mineralischer Stoffe beanstandet. Die Rückstellung darf von Unternehmen gebildet werden, die feste mineralische Stoffe abbauen, die für die französische Wirtschaft von Interesse sind.[921] Der Rückstellungsbetrag darf 15 % des Umsatzes, den die Unternehmen aus dem Verkauf der abgebauten Mineralien an ausländische Tochtergesellschaften erzielen, nicht übersteigen, ebenso wenig wie 50 % des in dem betreffenden Geschäftsjahr insgesamt von der Gesellschaft generierten steuerbaren Gewinns aus dem Verkauf derselben unverarbeiteten oder verarbeiteten Erzeugnisse.[922] Wird die Rückstellung innerhalb von fünf Jahren für die Erschließung weiterer Lagerstätten oder für diesbezügliche Forschungsarbeiten aufgewendet, bleibt der Rückstellungsbetrag endgültig von der Steuer befreit; anderenfalls ist die Rückstellung im Jahr des Ablaufes der Fünfjahresfrist dem steuerpflichtigen Gewinn der Gesellschaft hinzuzurechnen.[923]

In Frankreich ist es darüber hinaus Erdölgesellschaften, die in Frankreich, Algerien, Marokko, Tunesien, Togo oder Kamerun Kohlenwasserstoffvorkommen ausbeuten, gestattet, eine steuerlich abzugsfähige Rückstellung zu bilden. Diese muss innerhalb von zwei Jahren für die Steigerung der Produktion aus bereits erschlossenen Vorkommen oder für die Erschließung neuer Vorkommen in diesen Ländern verwendet werden.[924] Der Rückstellungsbetrag ist auf 23,5 %

---

921 Vgl. Anhang IV Artikel 4 C CGI; Gruppe „Verhaltenskodex“: Bericht der Gruppe „Verhaltenskodex“ (Unternehmensbesteuerung) an den Rat „Wirtschaft und Finanzen“ (Tagung am 29. November 1999), in: http://ue.eu.int/newsroom/LoadDoc.cfm?MAX=81&DOC=!!!&BID=75&DID=60642&GRP=2309&LANG=4 und http://europa.eu.int/comm/taxation_customs/french/taxation/law/primarolo/primarolo_de.pdf, S. 76, 176.

922 Der Prozentsatz von 15 % kann unter bestimmten Voraussetzungen auf 20 % erhöht werden und als Tochtergesellschaften gelten in diesem Zusammenhang Gesellschaften, an denen eine direkte oder indirekte Beteiligungsquote von mindestens 50 % besteht. Vgl. Anhang IV Artikel 4 C CGI; Gruppe „Verhaltenskodex“: Bericht der Gruppe „Verhaltenskodex“ (Unternehmensbesteuerung) an den Rat „Wirtschaft und Finanzen“ (Tagung am 29. November 1999), in: http://ue.eu.int/newsroom/LoadDoc.cfm?MAX=81&DOC=!!!&BID=75&DID=60642&GRP=2309&LANG=4 und http://europa.eu.int/comm/taxation_customs/french/taxation/law/primarolo/primarolo_de.pdf, S. 76.

923 Vgl. Anhang IV Artikel 4 C CGI; Gruppe „Verhaltenskodex“: Bericht der Gruppe „Verhaltenskodex“ (Unternehmensbesteuerung) an den Rat „Wirtschaft und Finanzen“ (Tagung am 29. November 1999), in: http://ue.eu.int/newsroom/LoadDoc.cfm?MAX=81&DOC=!!!&BID=75&DID=60642&GRP=2309&LANG=4 und http://europa.eu.int/comm/taxation_customs/ french/taxation/law/primarolo/primarolo_de.pdf, S. 76.

924 Vgl. Artikel 39 CGI; Gruppe „Verhaltenskodex“: Bericht der Gruppe „Verhaltenskodex“ (Unternehmensbesteuerung) an den Rat „Wirtschaft und Finanzen“ (Tagung am 29. November 1999), in: http://ue.eu.int/newsroom/LoadDoc.cfm?MAX=81&DOC=!!!&BID=

der Verkaufserlöse aus der Ausbeutung der Lagerstätten begrenzt und darf auch 50 % des daraus erwirtschafteten Gewinns nicht übersteigen.[925]

5.4 Identifizierte Wirkungsweisen der Unternehmensbesteuerung in der Europäischen Union

Die beschriebenen Steuerunterschiede sowie diskriminierende und schädliche Einzelregelungen, also die bestehenden Faktoren der Unternehmensbesteuerung in der Europäischen Union, können indirekt Auswirkungen auf die öffentliche Wohlfahrt induzieren, indem sie den Kriterien einer rationalen Unternehmensbesteuerung entgegenstehen. Aus ökonomischer Sicht wird zur Steigerung der öffentlichen Wohlfahrt ein einfaches, gerechtes und effizientes Steuersystem angestrebt, welches aber einen fairen Steuerwettbewerb ermöglicht. Da bislang keine umfassende Angleichung der Unternehmensbesteuerung der Mitgliedstaaten der Europäischen Union erfolgt ist, bleibt ausreichend Spielraum für einen Steuerwettbewerb bestehen, der seine positiven Effekte somit entfalten kann.

5.4.1 Wirkung auf die Einfachheit der Unternehmensbesteuerung

Die Koexistenz der 15 verschieden ausgestalteten Unternehmensteuersysteme wurde von den Studien dahingehend kritisiert, dass diese zu einer Intransparenz auf dem gemeinsamen Markt führen. Das Erfordernis, bei Vorliegen grenzüberschreitender Geschäftstätigkeit unterschiedliche Gesetzeslagen zu befolgen, bringt Unsicherheiten sowie beachtliche Entrichtungskosten mit sich, die schon für sich genommen eine bedeutende Barriere grenzüberschreitender Unternehmensaktivität darstellen, die freie Standortwahl behindern und dem ökonomischen Grundsatz der Einfachheit der Besteuerung widersprechen.[926] Insbesonde-

---

75&DID=60642&GRP=2309&LANG=4 und http://europa.eu.int/comm/taxation_customs/french/taxation/law/primarolo/primarolo_de.pdf, S. 76-77, 176, 182.

[925] Vgl. Artikel 39 CGI; Gruppe „Verhaltenskodex": Bericht der Gruppe „Verhaltenskodex" (Unternehmensbesteuerung) an den Rat „Wirtschaft und Finanzen" (Tagung am 29. November 1999), in: http://ue.eu.int/newsroom/LoadDoc.cfm?MAX=81&DOC=!!!&BID=75&DID=60642&GRP=2309&LANG=4 und http://europa.eu.int/comm/taxation_customs/french/taxation/law/primarolo/primarolo_de.pdf, S. 76-77.

[926] Vgl. Commission of the European Communities: Company Taxation in the Internal Market, in: http://europa.eu.int/comm/ taxation_customs/ publications/ official_doc/com/ com.htm, S. 223.

re kleine und mittelgroße Unternehmen hält dieser Kostenfaktor von der Ausübung transnationaler Geschäftstätigkeit ab.[927]

Am komplexesten und auch in der Beratungspraxis am undurchsichtigsten sind die Regelungen hinsichtlich der Bemessungsgrundlagen der verschiedenen Steuerarten. Durch das Zusammenspiel mit hybriden Rechtsformen wird eine Intransparenz geschaffen, die einem einzelnen internationalen Investor rein unternehmerisch geprägtes Handeln nahezu unmöglich macht. Ein Vergleich der Steuersätze hingegen ist weit weniger aufwendig und intransparent, als ein umfassender Systemvergleich, der zudem tatsächlich anfallende Zusatzlasten der Besteuerung für den betreffenden Investor hervorruft. So würden die Entrichtungskosten bei größerer Transparenz sinken, was wiederum das Postulat der Einfachheit der Besteuerung unterstützt.

Durch die zwischen den Mitgliedstaaten bestehenden Steuerunterschiede können auch im Zusammenhang mit der Durchsetzung eines Steueranspruchs Probleme auftreten. Da auf dem Territorialitätsprinzip basierende Steuern sich leichter verwalten lassen als auf dem Wohnsitzprinzip fußende Steuern, werden die (Erhebungs-)Kosten zur Durchsetzung des Steueranspruchs der nach dem Wohnsitzprinzip besteuernden Mitgliedstaaten vermutlich steigen.[928]

Eine wünschenswerte Transparenz gewährleistet zudem nicht nur eine gewisse Kontrolle des Staates, sondern auch die Aufdeckung von gewährten Steuervergünstigungen der Mitgliedstaaten, die dazu beitragen, den Wettbewerb innerhalb der Gemeinschaft zu verfälschen und so die Errichtung und das Funktionieren des Binnenmarktes zu beeinträchtigen.[929] Insbesondere hinsichtlich der steuerlichen Bemessungsgrundlagen der Mitgliedstaaten besteht das Erfordernis zu mehr Transparenz.[930] Eine somit erleichterte Steuererhebung wäre auch mit

---

927 Vgl. Commission of the European Communities: Company Taxation in the Internal Market, in: http://europa.eu.int/comm/ taxation_customs/ publications/ official_doc/com/ com.htm, S. 223, 297-305.

928 Vgl. Blumenberg, Jens: Die Schlußfolgerungen und Empfehlungen des Ruding-Ausschusses, in: DB 1992, 45. Jg., Beilage Nr. 5, S. 5.

929 Vgl. Blumenberg, Jens: Die Schlußfolgerungen und Empfehlungen des Ruding-Ausschusses, in: DB 1992, 45. Jg., Beilage Nr. 5, S. 5.

930 Vgl. Bundesministerium der Finanzen: Gemeinsame Stellungnahme der Wissenschaftlichen Beiräte beim Bundesministerium der Finanzen und beim Bundesministerium für Wirtschaft zu „Reform der Einkommen– und Körperschaftsteuer" vom 2. Oktober 1998, in: Bundesministerium der Finanzen: Der Wissenschaftliche Beirat beim Bundesministerium der Finanzen: Gutachten und Stellungnahmen 1988-1998, Bonn 1999, S. 403-406, hier: S. 404; Unabhängiger Sachverständigenausschuß zur Unternehmensbesteuerung: Report of the Committee of Independent Experts on Company Taxation, Luxemburg 1992, Kapitel 2; Lang, Joachim: Besteuerung der Unternehmen in Staaten der Europä-

geringeren Kosten verbunden und entspräche eher der Forderung einer Erhebungsbilligkeit im Rahmen des Postulats der Einfachheit der Besteuerung.

Die Verteilung der Besteuerungsrechte zwischen den verschiedenen Steuerhoheiten stellt einen weiteren kritischen Bereich der gemeinschaftlichen Besteuerung dar. Die Steuergerechtigkeit hinsichtlich der Verteilung des Steueraufkommens kann aber durch die Beachtung einiger Grundsätze gewahrt werden. Der Quellenstaat sollte vorrangig berechtigt sein, den in seinem Hoheitsgebiet erzielten Mehrwert zu besteuern, da er die zur Produktion notwendige Infrastruktur und weitere öffentliche Leistungen zur Verfügung stellt.[931] Auch sollten die Mitgliedstaaten ausländische Unternehmen und Anteilseigner oder im Ausland investierende Unternehmen und natürliche Personen nicht durch steuerliche Regelungen benachteiligen und damit diskriminieren.[932] Zusätzlich sollten gemäß dem Prinzip der Gegenseitigkeit die Parteien bilateraler Verträge gleich hohe Quellensteuersätze vereinbaren, woran es in den bestehenden Abkommen bislang häufig mangelt.[933]

Insgesamt kann hier aufgrund der bestehenden Intransparenz sowie den hohen Erhebungs- und Entrichtungskosten nicht testiert werden, dass die bestehende Unternehmensbesteuerung innerhalb des gemeinsamen Marktes dem Postulat einer einfachen Unternehmensbesteuerung gerecht wird.

5.4.2 Wirkung auf die Gerechtigkeit der Unternehmensbesteuerung

Das Postulat der gerechten Besteuerung wird neben der durch mehr Transparenz geförderten Gleichmäßigkeit über die Durchsetzung der Diskriminierungsverbote unterstützt, indem am gleichen Ort in gleicher Weise tätige Unternehmen dieselbe steuerliche Behandlung erfahren sollten. Auch die Problematik des schädlichen Steuerwettbewerbs kann durch die Forderung nach einer gerechten Unternehmensbesteuerung erfasst werden, da die Inanspruchnahme selbiger Vergünstigungen ansässigen Personen oft nicht möglich ist. Sowohl hinsichtlich

---

ischen Union – Resümee, in: Lang, Joachim: Unternehmensbesteuerung in EU-Staaten, Köln 1994, S. 295-317, hier: S. 308.

931 Vgl. Unabhängiger Sachverständigenausschuß zur Unternehmensbesteuerung: Report of the Committee of Independent Experts on Company Taxation, Luxemburg 1992, Kapitel 2.

932 Vgl. Blumenberg, Jens: Die Schlußfolgerungen und Empfehlungen des Ruding-Ausschusses, in: DB 1992, 45. Jg., Beilage Nr. 5, S. 4.

933 Vgl. Unabhängiger Sachverständigenausschuß zur Unternehmensbesteuerung: Report of the Committee of Independent Experts on Company Taxation, Luxemburg 1992, Kapitel 2.

diskriminierender als auch bezüglich schädlicher Maßnahmen der direkten Besteuerung bestehen weiterhin Diskrepanzen zwischen dem ökonomischen Optimum und der Realität, wodurch ein weiteres Aufgabenfeld aufgezeigt wird. Die bisher errungenen Fortschritte reichen meines Erachtens noch nicht aus, dem Postulat der geichmäßigen Besteuerung zu genügen.

5.4.3 Wirkung auf die Effizienz der Unternehmensbesteuerung

Da Standortentscheidungen der Unternehmen von Steuererwägungen beeinflusst werden und somit die Besteuerung bei der Wahl des Standortes eine Rolle spielt, verfälschen steuerliche Unterschiede zwischen den Mitgliedstaaten die internationale Standortneutralität und damit den Wettbewerb.[934] Das Ergebnis dieser Verfälschung ist nach Auffassung des Ruding-Ausschusses wahrscheinlich eine Fehlallokation der Ressourcen in der Gemeinschaft und eine damit verbundene Produktivitätsverringerung, die wiederum die Wettbewerbsfähigkeit der Gemeinschaft im Vergleich zu Drittstaaten mindert.[935] Vermutet werden erhebliche steuerinduzierte Wettbewerbsverfälschungen und Effizienzeinbußen.[936]

Steuerliche Wettbewerbsverzerrungen sind unter anderem aus steuerlichen Anreizen zu erwarten, die die Mitgliedstaaten für in- und ausländische Direktinvestitionen gewähren.[937] Dabei ist ein starkes Gefälle hinsichtlich der steuerlichen Komponente der Kapitalkosten zwischen den Mitgliedstaaten zu verzeichnen.[938] Von noch größerem Belang ist, dass die Steuerbelastung von

---

934 Vgl. Hey, Johanna: Harmonisierung der Unternehmensbesteuerung in Europa: ein Vorschlag unter Auswertung des Ruding-Berichts und der US-amerikanischen „integration debate", Diss. Köln 1996, Köln 1997, S. 74.

935 Vgl. Blumenberg, Jens: Die Schlußfolgerungen und Empfehlungen des Ruding-Ausschusses, in: DB 1992, 45. Jg., Beilage Nr. 5, S. 4.

936 Vgl. Unabhängiger Sachverständigenausschuß zur Unternehmensbesteuerung: Report of the Committee of Independent Experts on Company Taxation, Luxemburg 1992, Kapitel 4 bis 6.

937 Vgl. Unabhängiger Sachverständigenausschuß zur Unternehmensbesteuerung: Report of the Committee of Independent Experts on Company Taxation, Luxemburg 1992, Kapitel 4 bis 6.

938 Kapitalkosten stellen einen Teil der Gesamtkosten einer Investition dar und beeinflussen damit die Wettbewerbsfähigkeit der in einem Land ansässigen Unternehmen im Verhältnis zu in anderen Ländern mit anderen Kapitalkosten ansässigen Unternehmen. Nach Auffassung des Ruding-Ausschusses sollte jedoch die Festlegung der Kapitalkosten für getätigte Unternehmensinvestitionen jedem Mitgliedstaat selbst überlassen bleiben und auf Ebene der Gemeinschaft nur eingegriffen werden, wenn das Funktionieren des Binnenmarktes durch die Kapitalkostenunterschiede ernsthaft behindert wird. Vgl. Blumenberg, Jens: Die Schlußfolgerungen und Empfehlungen des Ruding-Ausschusses, in: DB

Auslandsinvestitionen in der Regel die von reinen Inlandsinvestitionen übersteigt.[939] Die höhere Effektivsteuerbelastung von Inbound- und Outbound-Investitionen gegenüber rein nationalen Engagements stellen dabei ein ebensolches Hemmnis für die grenzüberschreitende Tätigkeit dar wie die Gefahr der Doppelbesteuerung und hohe Entrichtungskosten.

Neben der Beeinflussung des Standortes für Direktinvestitionen sind auch Wirkungen der Besteuerung auf die Finanzierung und Rechtsform von Unternehmen gegeben. Beispielsweise können Entscheidungen betroffen sein, ob eine Investition über die Muttergesellschaft oder unbeteiligte Fremdkapitalgeber finanziert werden soll, oder ob eine Betriebsstätte oder Tochtergesellschaft errichtet werden soll.[940] Insgesamt verfälschen folglich eine Reihe steuerlicher Verzerrungsfaktoren den innergemeinschaftlichen Wettbewerb.

Darüber hinaus stellen die aufgezeigten steuerlichen Problemfelder des grenzüberschreitenden Geschäftsverkehrs Hindernisse dar, die die internationale Unternehmenstätigkeit und die freie Standortwahl erschweren. Unterschiedliche Behandlungen grenzüberschreitender Zahlungsströme und Spezifika hinsichtlich der steuerlichen Behandlung von Finanzierungsarten sowie der Rechtsformen sind geeignet, das Handeln der Wirtschaftssubjekte zu beeinflussen. So stellen insbesondere die steuerliche Behandlung von Zahlungen zwischen verbundenen Unternehmen, grenzüberschreitende Reorganisationen, Verrechnungspreise sowie der Mangel an Verlustkompensationsmöglichkeiten und die uneinheitliche Auslegung und Lückenhaftigkeit der Doppelbesteuerungsabkommen Hindernisse für eine effiziente Ressourcenallokation dar.

Zusammenfassend lässt sich hier festhalten, dass die erhöhten Befolgungskosten und die Intransparenz dem Postulat der Einfachheit widersprechen, diskriminierende und schädliche Einzelregelungen sowie mangelnde Transparenz dem Postulat der Gleichmäßigkeit bzw. Gerechtigkeit entgegenstehen und die ungleiche steuerliche Belastung vergleichbarer ökonomischer Vorgänge in den einzelnen Staaten zu Verzerrungen führt und nicht dem Grundsatz der Effizienz entspricht. Diese fundamentalen Probleme hemmen die grenzüberschreitende Tätigkeit im gemeinsamen Markt, schwächen die Wettbewerbsfähigkeit der

---

1992, 45. Jg., Beilage Nr. 5, S. 3; Unabhängiger Sachverständigenausschuß zur Unternehmensbesteuerung: Report of the Committee of Independent Experts on Company Taxation, Luxemburg 1992, Kapitel 4.

939 Vgl. Blumenberg, Jens: Die Schlußfolgerungen und Empfehlungen des Ruding-Ausschusses, in: DB 1992, 45. Jg., Beilage Nr. 5, S. 3-4.

940 Vgl. Unabhängiger Sachverständigenausschuß zur Unternehmensbesteuerung: Report of the Committee of Independent Experts on Company Taxation, Luxemburg 1992, Kapitel 5 und 6.

ansässigen Unternehmen und münden aus finanzwissenschaftlicher Sicht in einem Verlust an öffentlicher Wohlfahrt in der Europäischen Union.[941] Darüber hinaus macht es die ständige räumliche Vergrößerung der Union dringlich, geeignete Lösungen zu finden.[942]

Obwohl von der Europäischen Union schon einige Initiativen zur Beseitigung der steuerlichen Schranken unternommen wurden, wie beispielsweise die Mutter-Tochter-Richtlinie, die Fusionsrichtlinie und die Schiedsverfahrenskonvention, stellen diese keine ausreichende Lösung dar, die mit der ständig wachsenden Integration im Binnenmarkt Schritt halten könnte.[943]

Die quantitative und qualitative Analyse der Steuersysteme sowie der bestehenden diskriminierenden und präferierenden Einzelregelungen hat aufgezeigt, dass die Steuerrealität noch weit von der aus ökonomischer Sicht anzustrebenden Ausgestaltung der Unternehmensbesteuerung entfernt ist. Auch die dargestellten Studien kommen zu dem Ergebnis, dass die gegenwärtige steuerliche Situation in Europa zu steuerlichen Wettbewerbsverzerrungen und Zusatzlasten führen kann.[944] Bislang kann folglich nicht von einem aus unternehmerischer Sicht

---

941 Vgl. Jacobs, Otto H./Spengel, Christoph: Die Europäischen Steuersysteme – Eine Übersicht, in: Aspekte der Unternehmensbesteuerung in Europa, Baden-Baden 1996, S. 11-36, hier: S. 11; Wagner, Franz W.: Welche Kriterien bestimmen die internationale Wettbewerbsfähigkeit der Methoden steuerlicher Gewinnermittlung?, in: BFuP 2000, 52. Jg., S. 183-203, hier: S. 183; Commission of the European Communities: Company Taxation in the Internal Market, in: http://europa.eu.int/comm/taxation_customs/publications/official_doc/com/com. htm, S. 223-224.

942 Vgl. Commission of the European Communities: Company Taxation in the Internal Market, in: http://europa.eu.int/comm/ taxation_customs/ publications/ official_doc/com/ com.htm, S. 224.

943 Vgl. Commission of the European Communities: Company Taxation in the Internal Market, in: http://europa.eu.int/comm/ taxation_customs/ publications/ official_doc/com/ com.htm, S. 223-224; Richtlinie (EWG) 90/435 über das gemeinsame Steuersystem der Mutter- und Tochtergesellschaften verschiedener Mitgliedstaaten, vom 23.06.1990, in: ABl. L 225 vom 20.08.1990, S. 6-9, ber. ABl. L 226, S. 20, geändert durch Beitrittsakte 1995, in: ABl. L 1 vom 01.01.1995, S. 1-219; Richtlinie (EWG) 90/434 über das gemeinsame Steuersystem für Fusionen, Spaltungen, die Einbringung von Unternehmensteilen und den Austausch von Anteilen, die Gesellschaften verschiedener Mitgliedstaaten betreffen, vom 23.06.1990, in: ABl. L 225 vom 20.08.1990, S. 1-5, geändert durch Beitrittsakte 1995, in: ABl. L 1 vom 01.01.1995, S. 1-219; Übereinkommen (EWG) 90/436 über die Beseitigung der Doppelbesteuerung im Falle von Gewinnberichtigungen zwischen verbundenen Unternehmen, in: ABl. L 225 vom 20.08.1990, S. 10-16; Laule, Gerhard: Die Harmonisierung des europäischen Steuerrechts, in: IStR 2001, 10. Jg., S. 297-306, hier: S. 300-303.

944 Vgl. hierzu Abschnitt 5.1.4.1 „Steuerliche Wettbewerbsverzerrungen" dieser Arbeit.

einfachen, gerechten und effizienten (neutralen) europäischen Steuersystem gesprochen werden. Dies erfordert weitere harmonisierende Maßnahmen von Seiten der Europäischen Union, deren mögliche Ausgestaltung Gegenstand der folgenden Ausführungen ist.

6 Vorschläge für weitere Harmonisierungsmaßnahmen

Auf allen Ebenen, die bei dem Vergleich der ökonomischen Vorgaben mit der realen europäischen Steuerwelt untersucht wurden, besteht weiterhin Handlungsbedarf. In dem Bereich der Einzelregelungen ist ein Abbau sämtlicher diskriminierender und schädlicher Maßnahmen anzustreben.

Zur Weiterentwicklung der nationalen Steuersysteme hinsichtlich des Abbaus systemimmanenter Verzerrungen hat die Europäische Union eine Reihe von Studien in Auftrag gegeben, die sich mit dieser Problematik auseinandersetzen und einige Empfehlungen aussprechen.[945] Kurz betrachtet werden neben den Empfehlungen des bereits dargestellten Ruding-Berichts und der Europäischen Kommission auch die Vorschläge des Neumark-Berichts und der Van den Tempel-Studie sowie ein Richtlinienvorschlag aus dem Jahre 1975.

6.1 Der Neumark-Bericht

Bereits 1962 wurde von der Europäischen Kommission ein von Herrn Neumark geleiteter Steuer- und Finanzausschuss eingesetzt, der das Problem der Harmonisierung der europäischen Körperschaftsteuersysteme untersuchen sollte.[946] Der aus den Arbeiten der Gruppe resultierende Bericht sah einen gespaltenen Körperschaftsteuersatz für thesaurierte und ausgeschüttete Gewinne vor, ähnlich dem alten deutschen Körperschaftsteuersystem, mit einem für alle Mitgliedstaa-

---

945 Vgl. Kommission der Europäischen Wirtschaftsgemeinschaft: Bericht des Steuer- und Finanzausschusses, Brüssel 1962; Tempel, Jan van den: Corporation Tax and Individual Income Tax in the European Communities, Brüssel 1970; Kommission der Europäischen Gemeinschaften: Vorschlag für eine Richtlinie des Rates zur Harmonisierung der Körperschaftsteuersysteme und der Regelungen der Quellensteuer auf Dividenden, in: BT-Drs. 7/3981 vom 18.08.1975, S. 1-14; Unabhängiger Sachverständigenausschuß zur Unternehmensbesteuerung: Report of the Committee of Independent Experts on Company Taxation, Luxemburg 1992; Commission of the European Communities: Company Taxation in the Internal Market, in: http://europa.eu.int/comm/taxation_customs/publications/official_doc/com/com.htm; Maiterth, Ralf: Wettbewerbsneutralität der Besteuerung, Diss. Berlin 1999, Bielefeld 2001, S. 70-71.

946 Vgl. Kommission der Europäischen Wirtschaftsgemeinschaft: Bericht des Steuer- und Finanzausschusses, Brüssel 1962; Saß, Gert: Steuerharmonisierung in der EG – Perspektiven für eine Harmonisierung der Körperschaftsteuer und der Gewinnermittlung, in: DB 1993, 46. Jg., S. 113-124, hier: S. 113; Maiterth, Ralf: Wettbewerbsneutralität der Besteuerung, Diss. Berlin 1999, Bielefeld 2001, S. 70; Hey, Johanna: Harmonisierung der Unternehmensbesteuerung in Europa: ein Vorschlag unter Auswertung des Ruding-Berichts und der US-amerikanischen „integration debate", Diss. Köln 1996, Köln 1997, S. 67.

ten einheitlichen proportionalen Steuersatz.[947] Es wurde darauf hingewiesen, dass die Harmonisierung der direkten Steuern ein langwieriger Prozess ist, der entsprechend dem ökonomischen und politischen Entwicklungsstand der Europäischen Gemeinschaft voranzubringen ist.[948] Trotzdem war der Ausschuss der Ansicht, dass ein gemeinsamer Wirtschaftsraum nur unter der Voraussetzung eines einheitlichen Körperschaftsteuersystems zu verwirklichen sei.[949]

6.2 Die Van den Tempel-Studie

Mit der Erstellung einer weiteren Studie zur Beurteilung verschiedener Körperschaftsteuersysteme wurde 1969 der niederländische Steuerrechtler van den Tempel von der Europäischen Kommission beauftragt.[950] In dem Bericht „Corporation Tax and Individual Income Tax in the European Communities" gelangt er zu der Auffassung, dass das klassische Körperschaftsteuersystem, das eine wirtschaftliche Doppelbesteuerung auf Ebene der Körperschaft und beim Anteilseigner beinhaltet, dem Anrechnungssystem, dem System mit einem gespaltenen Körperschaftsteuersatz und anderen Entlastungsmodellen vorzuziehen sei.[951] Gründe dafür waren die besondere Eignung des klassischen Systems zur Besteuerung internationaler Sachverhalte und die mit diesem System verbundene Einfachheit der Steuererhebung.[952] Die separate Erfassung von Kapitalgesellschaft und Anteilseigner würde der rechtlichen und wirtschaftlichen Eigenständigkeit der Kapitalgesellschaft gerecht. Den Vorwurf der Doppelbesteuerung rechtfertigte van de Tempel mit dem Argument, dass ein Großteil des Anteilsbesitzes auf Personen mit hohem Einkommen entfalle und so die Progressivität der Einkommensteuer nur verstärkt würde.[953] Außerdem verhindere

---

947 Vgl. Kommission der Europäischen Wirtschaftsgemeinschaft: Bericht des Steuer- und Finanzausschusses, Brüssel 1962, S. 41-66.

948 Vgl. Kommission der Europäischen Wirtschaftsgemeinschaft: Bericht des Steuer- und Finanzausschusses, Brüssel 1962, S. 41-66.

949 Vgl. Kommission der Europäischen Wirtschaftsgemeinschaft: Bericht des Steuer- und Finanzausschusses, Brüssel 1962, S. 7-9.

950 Vgl. Hey, Johanna: Harmonisierung der Unternehmensbesteuerung in Europa: ein Vorschlag unter Auswertung des Ruding-Berichts und der US-amerikanischen „integration debate", Diss. Köln 1996, Köln 1997, S. 68.

951 Vgl. Tempel, Jan van den: Corporation Tax and Individual Income Tax in the European Communities, Brüssel 1970, S. 21, 23, 24, 41.

952 Vgl. Tempel, Jan van den: Corporation Tax and Individual Income Tax in the European Communities, Brüssel 1970, S. 21, 23, 24, 41.

953 Vgl. Tempel, Jan van den: Corporation Tax and Individual Income Tax in the European Communities, Brüssel 1970, S. 20; Saß, Gert: Steuerharmonisierung in der EG – Per-

die doppelte Belastung teilweise die unerwünschte Ausschüttung unternehmerischer Gewinne, so dass die finanzielle Basis der Unternehmen nicht zugunsten des privaten Verbrauchs geschmälert würde.[954]

6.3 Richtlinienvorschlag von 1975

1975 wurde durch die Kommission ein abweichender Richtlinienvorschlag erarbeitet, der die Einführung eines europaweit einheitlichen körperschaftsteuerlichen Teilanrechnungssystems vorsah.[955] Die Gewinne von Kapitalgesellschaften sollten ohne Unterscheidung zwischen Thesaurierung und Ausschüttung einem einheitlichen Körperschaftsteuersatz unterliegen.[956] Die Steuergutschrift, die jedoch nicht der gezahlten Körperschaftsteuer in voller Höhe entspricht, und die Bardividende sollten zusammen die Bemessungsgrundlage beim Anteilseigner bilden, ohne diesbezüglich zwischen natürlichen Personen und Kapitalgesellschaften zu unterscheiden.[957] Die Körperschaftsteuergutschrift war innerhalb der Europäischen Gemeinschaft auch dann zu gewähren, wenn die ausschüttende Gesellschaft und der Anteilseigner in unterschiedlichen Mitgliedstaaten ansässig waren. Die Steuergutschrift, bedingt durch Steuersatz und Anrechnungsquote, wird in diesem Fall nach den im Sitzstaat der ausschüttenden Gesellschaft vorherrschenden Regelungen bemessen.[958]

Um sicherzustellen, dass die gewährte Körperschaftsteuergutschrift die gezahlte Körperschaftsteuer nicht übersteigt, wird eine mit der précompte mobilier, der französischen Ausschüttungssteuer, vergleichbare Ausgleichssteuer auf Ebene

---

spektiven für eine Harmonisierung der Körperschaftsteuer und der Gewinnermittlung, in: DB 1993, 46. Jg., S. 113-124, hier: S. 123.

954 Vgl. Tempel, Jan van den: Corporation Tax and Individual Income Tax in the European Communities, Brüssel 1970, S. 20.

955 Vgl. Kommission der Europäischen Gemeinschaften: Vorschlag für eine Richtlinie des Rates zur Harmonisierung der Körperschaftsteuersysteme und der Regelungen der Quellensteuer auf Dividenden, in: BT-Drs. 7/3981 vom 18.08.1975, S. 1-14.

956 Vgl. Kommission der Europäischen Gemeinschaften: Vorschlag für eine Richtlinie des Rates zur Harmonisierung der Körperschaftsteuersysteme und der Regelungen der Quellensteuer auf Dividenden, in: BT-Drs. 7/3981 vom 18.08.1975, S. 1-14, Artikel 3 Abs.1.

957 Vgl. Kommission der Europäischen Gemeinschaften: Vorschlag für eine Richtlinie des Rates zur Harmonisierung der Körperschaftsteuersysteme und der Regelungen der Quellensteuer auf Dividenden, in: BT-Drs. 7/3981 vom 18.08.1975, S. 1-14, Artikel 4 Abs. 1.

958 Vgl. Kommission der Europäischen Gemeinschaften: Vorschlag für eine Richtlinie des Rates zur Harmonisierung der Körperschaftsteuersysteme und der Regelungen der Quellensteuer auf Dividenden, in: BT-Drs. 7/3981 vom 18.08.1975, S. 1-14, Artikel 4 Abs. 1.

der ausschüttenden Gesellschaft erhoben.[959] Diese trifft sowohl steuerfreie und ermäßigt besteuerte Inlandsgewinne als auch Dividenden einer in einem Drittstaat ansässigen Tochtergesellschaft, bei denen die Ausgleichssteuer in voller Höhe des regulären Körperschaftsteuersatzes erhoben wird.[960] Analog zum alten deutschen Anrechnungsverfahren gelten jedoch die regulär belasteten Gewinnbestandteile als zuerst für eine Ausschüttung verwendet.[961]

Der Richtlinienentwurf wurde 1977 vom Europäischen Parlament ablehnend aufgenommen und 1990 offiziell durch die Europäische Kommission zurückgezogen.[962] Erstaunlich scheint aus heutiger Sicht, dass sich die Kritik des Europäischen Parlamentes nicht primär auf die Harmonisierung des Körperschaftsteuersystems, sondern auf das Fehlen eines Harmonisierungsvorschlages hinsichtlich der Ermittlung der körperschaftsteuerlichen Bemessungsgrundlage bezogen hat.[963]

6.4 Die Empfehlungen des Ruding-Ausschusses

Trotz einzelner Maßnahmen der Mitgliedstaaten, die zur Konvergenz der Unternehmensteuern in der Union beigetragen haben, behindern die nach wie vor bestehenden Unterschiede das Funktionieren des gemeinsamen Binnenmarktes.[964] Um größeren Wettbewerbsverzerrungen entgegenzuwirken, nennt der

---

959 Vgl. Kommission der Europäischen Gemeinschaften: Vorschlag für eine Richtlinie des Rates zur Harmonisierung der Körperschaftsteuersysteme und der Regelungen der Quellensteuer auf Dividenden, in: BT-Drs. 7/3981 vom 18.08.1975, S. 1-14, Artikel 9.

960 Vgl. Kommission der Europäischen Gemeinschaften: Vorschlag für eine Richtlinie des Rates zur Harmonisierung der Körperschaftsteuersysteme und der Regelungen der Quellensteuer auf Dividenden, in: BT-Drs. 7/3981 vom 18.08.1975, S. 1-14, Artikel 9.

961 Vgl. Kommission der Europäischen Gemeinschaften: Vorschlag für eine Richtlinie des Rates zur Harmonisierung der Körperschaftsteuersysteme und der Regelungen der Quellensteuer auf Dividenden, in: BT-Drs. 7/3981 vom 18.08.1975, S. 1-14, Artikel 21.

962 Vgl. Europäisches Parlament: Richtlinie für die Körperschaftsteuersysteme (Abstimmung), in: ABl. C 6 vom 09.01.1978, S. 31; Kommission der Europäischen Gemeinschaften: Mitteilung der Kommission der Europäischen Gemeinschaften an den Rat und das Parlament über Leitlinien zur Unternehmensbesteuerung vom 20.4.1990, SEK (90) 610 endg. Ratsdok. 6128/90, in: BR-Drs. 360/90 vom 18.5.1990, S. 1-27.

963 Vgl. Europäisches Parlament: Richtlinie für die Körperschaftsteuersysteme (Abstimmung), in: ABl. C 6 vom 09.01.1978, S. 31.

964 Vgl. Unabhängiger Sachverständigenausschuß zur Unternehmensbesteuerung: Report of the Committee of Independent Experts on Company Taxation, Luxemburg 1992, Kapitel 10.

Ausschuss eine Reihe von verzerrungsvermeidenden Maßnahmen, die sich mit der

- Beseitigung der Doppelbesteuerung ausländischer Einkünfte und
- grundlegenden Harmonisierungen im Bereich der Körperschaftsteuer befassen. Die Kritik an der Körperschaftsteuer umfasst sowohl
  - die Körperschaftsteuersysteme als auch
  - die Körperschaftsteuersätze und die körperschaftsteuerliche Gewinnermittlung. Zu
  - Steuervergünstigungen wird gesondert Stellung genommen.

6.4.1 Maßnahmen zur Beseitigung der Doppelbesteuerung bei internationalen Unternehmensstrukturen

Angestrebt ist die Beseitigung von Quellensteuern auf Dividenden zwischen in den Mitgliedstaaten ansässigen Mutter- und Tochtergesellschaften über die Vorgaben der Mutter-Tochter-Richtlinie hinaus. Die dort vorgesehene Mindestbeteiligungsschwelle von 25 % sollte reduziert und die Anwendung nach und nach Unternehmen aller Rechtsformen ermöglicht werden.[965] Außerdem wird ein Quellensteuersatz auf alle anderen in der Europäischen Union gezahlten Dividenden, z.B. an natürliche Personen, in Höhe von 30 % gefordert, um Steuerhinterziehungen durch in der Union ansässige Anteilseigner zu verhindern.[966] Die Quellensteuer sollte entfallen, wenn der Anteilseigner seine Eigenschaft als in der Union ansässiger Steuerzahler hinreichend nachweist.[967]

---

965 Vgl. Hey, Johanna: Harmonisierung der Unternehmensbesteuerung in Europa: ein Vorschlag unter Auswertung des Ruding-Berichts und der US-amerikanischen „integration debate", Diss. Köln 1996, Köln 1997, S. 75; Rat der Europäischen Gemeinschaft: Stellungnahme zu den Schlussfolgerungen und Empfehlungen des unabhängigen Sachverständigenausschusses unter dem Vorsitz von Herrn Ruding zur Unternehmensbesteuerung, und der Mitteilung der Kommission an den Rat und das Europäische Parlament im Anschluss an die Schlussfolgerungen des unabhängigen Sachverständigenausschusses unter dem Vorsitz von Herrn Ruding über die Leitlinien für die Unternehmensbesteuerung im Rahmen der Vertiefung des Binnenmarktes, in: ABl. C 19 vom 25. Januar 1993, S. 65-71, hier: S. 66.

966 Vgl. Förster, Jutta: Reaktion der EG-Kommission auf den Ruding-Bericht, in: IWB, Fach 11, Gruppe 2, vom 10.08.1992, S. 69-74, hier: S. 73.

967 Vgl. Unabhängiger Sachverständigenausschuß zur Unternehmensbesteuerung: Report of the Committee of Independent Experts on Company Taxation, Luxemburg 1992, Kapitel 10.

Empfohlen wird durch den Ausschuss ebenfalls eine Richtlinie über die Abschaffung der Quellensteuern auf Zinsen und Lizenzgebühren, die sämtliche derartige Zahlungen zwischen verbundenen Unternehmen erfassen sollte.[968] Begleitet werden sollte die Richtlinie von Maßnahmen, die die einmalige Besteuerung der Einkünfte beim Empfänger sicherstellen.[969]

Desweiteren empfiehlt der Ausschuss den Mitgliedstaaten, neben der Annahme einer Richtlinie, die die Verrechnung von Verlusten von in anderen Mitgliedstaaten belegenen Betriebsstätten und Tochtergesellschaften vorsieht, auf nationaler Ebene einen vollständigen vertikalen und horizontalen Verlustausgleich im Konzernbereich einzuführen.[970] Wünschenswert sei auch eine spätere Erweiterung der Richtlinie hinsichtlich der Möglichkeit eines vollständigen Verlustausgleiches im Konzernbereich auf Gemeinschaftsebene.[971]

Hinsichtlich der zwischenstaatlichen Doppelbesteuerungsabkommen werden die Mitgliedstaaten aufgefordert, ihr innergemeinschaftliches Abkommensnetz zu vervollständigen und die lückenhaften Abkommen zu ergänzen.[972] Hilfreich wäre hierbei ein gemeinschaftliches Konzept für den Abschluss von Doppelbesteuerungsabkommen zwischen Mitgliedstaaten und zwischen Mitglied- und Drittstaaten.[973]

6.4.2 Maßnahmen im Bereich der Körperschaftsteuer

Im Rahmen der Körperschaftsteuern wurden die drei Komponenten – das Körperschaftsteuersystem, der Steuersatz und die Gewinnermittlung – gesondert hinsichtlich der diesbezüglichen Empfehlungen diskutiert.

---

968 Vgl. Carl, Dieter: Neue Vorschläge zur Vereinheitlichung der Unternehmensbesteuerung, in: DStZ 1993, 81. Jg., S. 2-5, hier: S. 3.

969 Vgl. Unabhängiger Sachverständigenausschuß zur Unternehmensbesteuerung: Report of the Committee of Independent Experts on Company Taxation, Luxemburg 1992, Kapitel 10.

970 Vgl. Blumenberg, Jens: Die Schlußfolgerungen und Empfehlungen des Ruding-Ausschusses, in: DB 1992, 45. Jg., Beilage Nr. 5, S. 8.

971 Vgl. Unabhängiger Sachverständigenausschuß zur Unternehmensbesteuerung: Report of the Committee of Independent Experts on Company Taxation, Luxemburg 1992, Kapitel 10.

972 Vgl. Förster, Jutta: Reaktion der EG-Kommission auf den Ruding-Bericht, in: IWB, Fach 11, Gruppe 2, vom 10.08.1992, S. 69-74, hier: S. 70.

973 Vgl. Blumenberg, Jens: Die Schlußfolgerungen und Empfehlungen des Ruding-Ausschusses, in: DB 1992, 45. Jg., Beilage Nr. 5, S. 9.

6.4.2.1 Die Körperschaftsteuersysteme

Die Körperschaftsteuersysteme werden danach unterschieden, in welcher Art und in welchem Umfang sie den Anteilseignern bei Gewinnausschüttungen Entlastungen von der Doppelbesteuerung mit Körperschaft- und Einkommensteuer gewähren.[974] Erheben Mitgliedstaaten auf Ausschüttungen, die aus ausländischen Gewinnen stammen, eine Steuer, sollten sie auf gegenseitiger Basis dazu verpflichtet werden, die im Ausland erhobene Körperschaftsteuer anzurechnen.[975]

Die Mitgliedstaaten sollten, soweit sie für inländische Anteilseigner bei der Beteiligung an inländischen Gesellschaften Entlastungen von der Doppelbesteuerung vorsehen, die Vergünstigungen auch für die Beteiligung an ausländischen Unternehmen gewähren.[976]

Ohne diesbezüglich einer konkreten Präferenz Ausdruck zu verleihen, weist der Ausschuss nochmals auf die langfristige Vorteilhaftigkeit der stärkeren Harmonisierung der gemeinschaftlichen Körperschaftsteuersysteme hin, insbesondere hinsichtlich der einheitlichen steuerlichen Behandlung von Dividenden.[977] Zu wahren sei jedoch stets der Grundsatz der Steuerneutralität, der unter anderem die Neutralität der verschiedenen Rechtsformen, die Neutralität zwischen verschiedenen Finanzierungsmethoden und insbesondere die Neutralität zwischen thesaurierten und ausgeschütteten Gewinnen ebenso umfasst, wie die Neutralität zwischen Investitionen in in- und ausländische Unternehmen.[978] Dabei sei auch die Schaffung eines starken europäischen Aktienmarktes von großer Bedeutung.[979] Desweiteren bestehe die Notwendigkeit, den Mitgliedstaa-

---

974 Vgl. Unabhängiger Sachverständigenausschuß zur Unternehmensbesteuerung: Report of the Committee of Independent Experts on Company Taxation, Luxemburg 1992, Kapitel 10.

975 Vgl. Blumenberg, Jens: Die Schlußfolgerungen und Empfehlungen des Ruding-Ausschusses, in: DB 1992, 45. Jg., Beilage Nr. 5, S. 9.

976 Vgl. Blumenberg, Jens: Die Schlußfolgerungen und Empfehlungen des Ruding-Ausschusses, in: DB 1992, 45. Jg., Beilage Nr. 5, S. 9.

977 Vgl. Hey, Johanna: Harmonisierung der Unternehmensbesteuerung in Europa: ein Vorschlag unter Auswertung des Ruding-Berichts und der US-amerikanischen „integration debate", Diss. Köln 1996, Köln 1997, S. 75.

978 Vgl. Carl, Dieter: Neue Vorschläge zur Vereinheitlichung der Unternehmensbesteuerung, in: DStZ 1993, 81. Jg., S. 2-5, hier: S. 2; Unabhängiger Sachverständigenausschuß zur Unternehmensbesteuerung: Report of the Committee of Independent Experts on Company Taxation, Luxemburg 1992, Kapitel 10.

979 Vgl. Blumenberg, Jens: Die Schlußfolgerungen und Empfehlungen des Ruding-Ausschusses, in: DB 1992, 45. Jg., Beilage Nr. 5, S. 10.

ten Steuereinnahmen in gleichmäßiger Höhe zu garantieren, basierend auf einer gerechten Verteilung der Einnahmen zwischen Quellen- und Wohnsitzstaat.[980]

6.4.2.2 Die Körperschaftsteuersätze und die körperschaftsteuerliche Gewinnermittlung

Unterschieden in den Steuersätzen und den steuerlichen Gewinnermittlungsvorschriften wird indes vom Ruding-Ausschuss ein stärkerer Einfluss auf die Verteilung der Ressourcen sowie die dadurch verursachten Wettbewerbsverzerrungen zugesprochen.[981] Dies spricht für eine mittelfristige Mindestharmonisierung sowohl der körperschaftsteuerlichen Regelsätze als auch der zugrundeliegenden Gewinnermittlungsvorschriften, da eine Harmonisierung der Steuersätze ohne gleichzeitige Angleichung der steuerlichen Bemessungsgrundlage wirkungslos ist.[982]

Dem Ausschuss scheint in diesem Zusammenhang ein Mindestkörperschaftsteuersatz in Höhe von 30 % angemessen, der unabhängig von der Thesaurierung oder Ausschüttung der Gewinne Bestand haben sollte.[983] Als Höchstsatz wird die Besteuerung mit 40 % vorgeschlagen, wobei lokale und kommunale Steuern bei der Einhaltung der empfohlenen Spanne einzubeziehen sind.[984]

Die unterschiedlichen in der Europäischen Union vorherrschenden Gewinnermittlungsvorschriften führen nach Auffassung des Ausschusses zu Wettbewerbsverzerrungen, die nicht mit einem leistungsfähigen Binnenmarkt vereinbart werden können.[985] Abgesehen von der Rolle der Gewinnermittlungsvorschriften als notwendiger Teil der allgemeinen wettbewerbsfördernden Har-

---

980 Vgl. Unabhängiger Sachverständigenausschuß zur Unternehmensbesteuerung: Report of the Committee of Independent Experts on Company Taxation, Luxemburg 1992, Kapitel 10.

981 Vgl. Blumenberg, Jens: Die Schlußfolgerungen und Empfehlungen des Ruding-Ausschusses, in: DB 1992, 45. Jg., Beilage Nr. 5, S. 10.

982 Vgl. Unabhängiger Sachverständigenausschuß zur Unternehmensbesteuerung: Report of the Committee of Independent Experts on Company Taxation, Luxemburg 1992, Kapitel 10.

983 Vgl. Förster, Jutta: Reaktion der EG-Kommission auf den Ruding-Bericht, in: IWB, Fach 11, Gruppe 2, vom 10.08.1992, S. 69-74, hier: S. 70, 72.

984 Vgl. Hey, Johanna: Harmonisierung der Unternehmensbesteuerung in Europa: ein Vorschlag unter Auswertung des Ruding-Berichts und der US-amerikanischen „integration debate", Diss. Köln 1996, Köln 1997, S. 75.

985 Vgl. Unabhängiger Sachverständigenausschuß zur Unternehmensbesteuerung: Report of the Committee of Independent Experts on Company Taxation, Luxemburg 1992, Kapitel 10.

monisierung nutzen die Mitgliedstaaten oft die Gewinnermittlungsvorschriften als weitgehend intransparentes Wettbewerbsinstrument, um ausländische Unternehmen anzulocken.[986] Eine Angleichung der nationalen Gewinnermittlungsvorschriften, die grenzüberschreitende unternehmerische Tätigkeiten häufig erschweren, würde durch mehr Transparenz und eine einfachere Rechtsanwendung in der Europäischen Union zur Vermeidung von Wettbewerbsverzerrungen beitragen.[987]

Eine vollständige Harmonisierung der Gewinnermittlungsvorschriften scheint nach Ansicht des Ausschusses jedoch nicht geboten.[988] Vielmehr sollten Mindeststandards oder Mindestregeln festgesetzt werden, die sich auf diejenigen Bestandteile der Bemessungsgrundlage erstrecken, von denen kein ausreichender Angleich durch die Marktkräfte erwartet wird.[989] Diese Standards sollten sich zumindest erstrecken auf Abschreibungen, die steuerliche Behandlung immaterieller Wirtschaftsgüter und des Leasings, die Vorratsbewertung, Rückstellungen, die Behandlung von Aufwendungen im Rahmen der betrieblichen Altersversorgung, die steuerliche Behandlung der Rentenversicherungsbeiträge für Mitarbeiter im Ausland oder an ausländische Pensionsfonds, einheitliche Vorgaben für den Betriebsausgabenabzug, die Aufteilung der Kosten der Konzernzentrale und die Verrechnung konzerninterner Leistungen, die Regelungen über die Unterkapitalisierung, die Behandlung des Verlustvortrages und Verlustrücktrages und auf Veräußerungsgewinne.[990] Ebenso wird eine Harmonisierung empfohlen für Fälligkeitsfristen von in allen Mitgliedstaaten erhobenen Steuern, die Einführung einheitlicher Regelungen, die für Nicht-Kapitalgesellschaften eine Option zur Körperschaftsteuer vorsehen, und der

---

986 Vgl. Blumenberg, Jens: Die Schlußfolgerungen und Empfehlungen des Ruding-Ausschusses, in: DB 1992, 45. Jg., Beilage Nr. 5, S. 10-11.

987 Vgl. Blumenberg, Jens: Die Schlußfolgerungen und Empfehlungen des Ruding-Ausschusses, in: DB 1992, 45. Jg., Beilage Nr. 5, S. 10-11.

988 Vgl. Unabhängiger Sachverständigenausschuß zur Unternehmensbesteuerung: Report of the Committee of Independent Experts on Company Taxation, Luxemburg 1992, Kapitel 10.

989 Vgl. Unabhängiger Sachverständigenausschuß zur Unternehmensbesteuerung: Report of the Committee of Independent Experts on Company Taxation, Luxemburg 1992, Kapitel 10.

990 Vgl. Blumenberg, Jens: Die Schlußfolgerungen und Empfehlungen des Ruding-Ausschusses, in: DB 1992, 45. Jg., Beilage Nr. 5, S. 11-14.

Ersatz von Gewerbesteuern durch an der körperschaftsteuerlichen Bemessungsgrundlage anknüpfende Gewinnsteuern.[991]

6.4.2.3 Steuervergünstigungen

Die von dem Ausschuss als sinnvoll erachtete größere Harmonisierung der Körperschaftsteuersätze und der Gewinnermittlungsmethoden schließt nicht zwingend die Gewährung von Steuervergünstigungen durch die Mitgliedstaaten aus, solange diese weder eine diskriminierende, noch eine wettbewerbsverzerrende Wirkung entfalten.[992] Bestimmte Steuervergünstigungen sind hingegen notwendig, um beispielsweise das Zusammenwachsen und den zukünftigen Zusammenhalt der Mitgliedstaaten zu gewährleisten, weshalb diesen das Recht erhalten bleiben sollte, zeitlich befristete Vergünstigungen für genau definierte Aktivitäten in bestimmten Regionen zu gewähren, um dort die wirtschaftliche Entwicklung zu fördern.[993]

6.5 Empfehlungen des Berichtes der Europäischen Kommission zur Unternehmensbesteuerung

Die Europäische Kommission unterscheidet in ihren Empfehlungen grundsätzlich zwei Ansätze, die zur Bekämpfung der steuerlichen Hindernisse (und damit Verzerrungen) innerhalb der Europäischen Union eingesetzt werden könnten:

- gezielte Lösungen zur Vermeidung einzelner Hindernisse und

---

991 Vgl. Unabhängiger Sachverständigenausschuß zur Unternehmensbesteuerung: Report of the Committee of Independent Experts on Company Taxation, Luxemburg 1992, Kapitel 10.

992 Vgl. Blumenberg, Jens: Die Schlußfolgerungen und Empfehlungen des Ruding-Ausschusses, in: DB 1992, 45. Jg., Beilage Nr. 5, S. 10-11.

993 Vgl. Blumenberg, Jens: Die Schlußfolgerungen und Empfehlungen des Ruding-Ausschusses, in: DB 1992, 45. Jg., Beilage Nr. 5, S. 11. Da die aus Neuinvestitionen resultierenden Steuermehreinnahmen meist geringer sind als die durch die Vergünstigung ausgelösten Steuermindereinnahmen, führen Steuervergünstigungen häufig zu einer Minderung der Gesamteinnahmen. Direkte Zuschüsse sind grundsätzlich Steuervergünstigungen vorzuziehen, wobei unter Kostenaspekten Maßnahmen in Form von Steuergutschriften immer noch wirksamer sind als Steuersatzsenkungen. Vgl. Unabhängiger Sachverständigenausschuß zur Unternehmensbesteuerung: Report of the Committee of Independent Experts on Company Taxation, Luxemburg 1992, Kapitel 10. Vgl. zu der Beihilfeproblematik Abschnitt 4.2.1 „Erörterung der durch eine mögliche Rechtsangleichung betroffenen Bereiche“.

- umfassendere Konzepte, die an der Ursache der meisten steuerlichen Schranken, also der Bemessungsgrundlage, ansetzen.[994]

In Ermangelung politischer Lösungen werden die Wirtschaftssubjekte gezwungen, Ressourcen zur Umgehung diskriminierender Einzelregelungen und anderer steuerlicher Hindernisse aufzuwenden.[995] Der Europäische Gerichtshof hat zwar bereits einen großen Beitrag zur Beseitigung der steuerlichen Schranken für Unternehmen geleistet. Trotzdem ist es unwahrscheinlich, dass durch die reine Auslegung der europäischen Verträge alle den grenzüberschreitenden Geschäftsverkehr behindernden steuerlichen Hindernisse erfasst werden.[996]

Die weitergehenden Methoden sehen die Einführung einer einheitlichen steuerlichen Bemessungsgrundlage vor, was die meisten der identifizierten steuerlichen Schranken des grenzüberschreitenden Geschäftverkehrs erfassen würde.[997]

6.5.1 Gezielte Lösungen

Viele Probleme resultieren aus der uneinheitlichen Umsetzung der bestehenden Richtlinien sowie aus der Vernachlässigung weiterer steuerlicher Gebiete.[998] Verbesserungen könnten durch einen Austausch hinsichtlich der besten Besteuerungspraktiken sowie einer damit verbundenen Entwicklung eines einheitlichen Verständnisses bedeutender steuerlicher Konzepte in der Europäischen Union entstehen. Eine einheitliche Anwendung des geltenden Europarechtes wäre damit sichergestellt, die Entrichtungs- und Erhebungskosten reduziert und die

---

994 Vgl. Commission of the European Communities: Company Taxation in the Internal Market, in: http://europa.eu.int/comm/ taxation_customs/ publications/ official_doc/com/ com.htm, S. 306-307.

995 Vgl. Commission of the European Communities: Company Taxation in the Internal Market, in: http://europa.eu.int/comm/ taxation_customs/ publications/ official_doc/com/ com.htm, S. 306.

996 Vgl. Commission of the European Communities: Company Taxation in the Internal Market, in: http://europa.eu.int/comm/ taxation_customs/ publications/ official_doc/com/ com.htm, S. 315-316.

997 Vgl. Commission of the European Communities: Company Taxation in the Internal Market, in: http://europa.eu.int/comm/ taxation_customs/ publications/ official_doc/com/ com.htm, S. 306.

998 Vgl. Commission of the European Communities: Company Taxation in the Internal Market, in: http://europa.eu.int/comm/ taxation_customs/ publications/ official_doc/com/ com.htm, S. 325.

Effizienz der Unternehmensbesteuerung erhöht.[999] Konkrete Vorschläge der Kommission richten sich unter anderem auf

- die Weiterentwicklung der Mutter-Tochter-Richtlinie und der Fusionsrichtlinie,
- die Ermöglichung des grenzüberschreitenden Verlustausgleiches,
- Weiterentwicklungen im Bereich der Verrechnungspreise und
- die Anpassung der Doppelbesteuerungsabkommen.

6.5.1.1 Weiterentwicklung der Mutter-Tochter-Richtlinie und der Fusionsrichtlinie

Die Unzulänglichkeiten der Fusions- und der Mutter-Tochter-Richtlinie geben Anlass zur Verbesserung, insbesondere hinsichtlich deren Anwendbarkeit auf alle Unternehmen und die einheitliche Auslegung der Vermeidungs- und Missbrauchsvorschriften.[1000]

Um grenzüberschreitende Restrukturierungen zu erleichtern, sollte außerdem eine Einbeziehung von Transfersteuern in die Fusionsrichtlinie überdacht werden.[1001] Zusätzlich sollten Fälle wirtschaftlicher Doppelbesteuerung zwingend vermieden werden.[1002] Anzumerken ist, dass in Ermangelung eines einheitlichen gesellschaftsrechtlichen Rahmens die Anwendbarkeit der Fusionsrichtli-

---

999 Vgl. Commission of the European Communities: Company Taxation in the Internal Market, in: http://europa.eu.int/comm/ taxation_customs/ publications/ official_doc/com/ com.htm, S. 325.

1000 Vgl. Commission of the European Communities: Company Taxation in the Internal Market, in: http://europa.eu.int/comm/ taxation_customs/ publications/ official_doc/com/ com.htm, S. 327, 330; Richtlinie (EWG) 90/435 über das gemeinsame Steuersystem der Mutter- und Tochtergesellschaften verschiedener Mitgliedstaaten, vom 23.06.1990, in: ABl. L 225 vom 20.08.1990, S. 6-9, ber. ABl. L 226, S. 20, geändert durch Beitrittsakte 1995, in: ABl. L 1 vom 01.01.1995, S. 1-219; Richtlinie (EWG) 90/434 über das gemeinsame Steuersystem für Fusionen, Spaltungen, die Einbringung von Unternehmensteilen und den Austausch von Anteilen, die Gesellschaften verschiedener Mitgliedstaaten betreffen, vom 23.06.1990, in: ABl. L 225 vom 20.08.1990, S. 1-5, geändert durch Beitrittsakte 1995, in: ABl. L 1 vom 01.01.1995, S. 1-219.

1001 Vgl. Commission of the European Communities: Company Taxation in the Internal Market, in: http://europa.eu.int/comm/ taxation_customs/ publications/ official_doc/com/ com.htm, S. 333.

1002 Vgl. Commission of the European Communities: Company Taxation in the Internal Market, in: http://europa.eu.int/comm/ taxation_customs/ publications/ official_doc/com/ com.htm, S. 330.

nie bislang eingeschränkt war. Dieser Problematik kann durch die Einführung eines Europäischen Gesellschaftsrechts Abhilfe geschaffen werden.[1003]

Vorschläge der Kommission im Bereich der Mutter-Tochter-Richtlinie sehen eine Einbeziehung sowohl direkter als auch indirekter Beteiligungen vor, sowie ein Absenken der Beteiligungsgrenze.[1004]

6.5.1.2 Ermöglichung des grenzüberschreitenden Verlustausgleiches

Der zum grenzüberschreitenden Verlustausgleich gemachte Richtlinienvorschlag der Europäischen Kommission würde Muttergesellschaften die Verrechnung der Verluste ihrer in anderen Mitgliedstaaten ansässigen Betriebsstätten und Tochtergesellschaften mit eigenen Gewinnen erlauben.[1005] Vor dem notwendigen Erlass der Richtlinie sind eine Reihe technischer Verbesserungen vorzunehmen, wie zum Beispiel die Ermittlung der Verluste anhand der Gewinnermittlungsvorschriften des Ansässigkeitsstaates der Muttergesellschaft und nicht des Mitgliedstaates, dem die Tochtergesellschaft oder Betriebsstätte zuzuordnen ist.[1006]

Alternativ könnte ein ähnliches Ergebnis über eine Konzernbesteuerung erreicht werden, die alle Konzernunternehmen als Betriebsstätten der Muttergesellschaft ansieht und somit das konsolidierte Ergebnis der Besteuerung unterwirft.[1007]

[1003] Vgl. Commission of the European Communities: Company Taxation in the Internal Market, in: http://europa.eu.int/comm/ taxation_customs/ publications/ official_doc/com/ com.htm, S. 329. Vgl. auch Abschnitt 6.6.2 „Empfehlungen hinsichtlich besonderer Hindernisse".

[1004] Vgl. Commission of the European Communities: Company Taxation in the Internal Market, in: http://europa.eu.int/comm/ taxation_customs/ publications/ official_doc/com/ com.htm, S. 327-328.

[1005] Vgl. Kommission der Europäischen Gemeinschaften: Vorschlag für eine Richtlinie des Rates über eine Regelung für Unternehmen zur Berücksichtigung der Verluste ihrer in anderen Mitgliedstaaten belegenen Betriebsstätten und Tochtergesellschaften, KOM (90) 595 endg., von der Kommission vorgelegt am 06.12.1990, in: ABl. C 53 vom 28.02.1991, S. 30-34.

[1006] Vgl. Commission of the European Communities: Company Taxation in the Internal Market, in: http://europa.eu.int/comm/ taxation_customs/ publications/ official_doc/com/ com.htm, S. 338-339.

[1007] Vgl. Commission of the European Communities: Company Taxation in the Internal Market, in: http://europa.eu.int/comm/ taxation_customs/ publications/ official_doc/com/ com.htm, S. 341-344.

6.5.1.3 Weiterentwicklungen im Bereich der Verrechnungspreise

Um der Behinderung transnationaler Unternehmensaktivitäten in Form hoher Ermittlungskosten und der Gefahr der Doppelbesteuerung zu begegnen, bietet sich unter anderem die Verbesserung der Schiedsverfahrenskonvention an sowie die Überprüfung derer Bestimmungen hinsichtlich einer einheitlichen Interpretation durch den Europäischen Gerichtshof.[1008]

Darüber hinaus sollten die Mitgliedstaaten ermutigt werden, bilaterale oder multilaterale Programme der vorweggenommenen Verrechnungspreisvereinbarung zu implementieren oder zu erweitern.[1009] Obwohl diese Programme recht kostspielig sind, stellen sie eine wirksame Möglichkeit zur Reduktion der mit Verrechnungspreisen verbundenen Unsicherheit dar.[1010] Auch die Schaffung geeigneter Rahmenbedingungen, die dem Steuerpflichtigen vor der Steuerveranlagung die Beratung oder Vereinbarung von Verrechnungspreisen ermöglichen, sollte in Betracht gezogen werden, um aggressive Steuerplanung zu verhindern.[1011]

Eine bessere Koordinierung der Mitgliedstaaten hinsichtlich der Dokumentationsanforderungen und der Anwendung der vielfältigen Verrechnungspreisme-

---

1008 Vgl. Commission of the European Communities: Company Taxation in the Internal Market, in: http://europa.eu.int/comm/ taxation_customs/ publications/ official_doc/com/ com.htm, S. 344, 353.

1009 Vgl. Commission of the European Communities: Company Taxation in the Internal Market, in: http://europa.eu.int/comm/ taxation_customs/ publications/ official_doc/com/ com.htm, S. 355-356.

1010 Vgl. Commission of the European Communities: Company Taxation in the Internal Market, in: http://europa.eu.int/comm/ taxation_customs/ publications/ official_doc/com/ com.htm, S. 355-356.

1011 Vgl. Commission of the European Communities: Company Taxation in the Internal Market, in: http://europa.eu.int/comm/ taxation_customs/ publications/ official_doc/com/ com.htm, S. 352-353. Die bisher bestehenden Advance Pricing Agreements sind bereits Ausdruck dieser Forderung, ohne ihr Genüge zu tun. Vgl. zu den Advance Pricing Agreements beispielsweise Vögele, Alexander/Vögele, Florence: Verbindliche Auskünfte zwischen international verbundenen Unternehmen – Advance Pricing Agreements im Rahmen der künftigen deutschen Verwaltungsgrundsätze für die Verfahren bei der Einkunftsabgrenzung, in: SteuerStud 2002, 23. Jg., S. 82-87; Vögele, Alexander/Vögele, Florence: Advance Pricing Agreements bzw. Verbindliche Auskünfte – Die künftigen deutschen Verwaltungsgrundsätze und die Studie der Europäischen Kommission, in: IStR 2002, 11. Jg., S. 641-644; Portner, Rosemarie: Advance Pricing Agreements (APAs) im deutschen Steuerrecht – innerstaatliche Aspekte und Abkommensrecht, in: IStR 1996, 5. Jg., S. 156-160; Flick, Hans F.W.: Zu gut um wahr zu sein: das APA, in: IStR 1996, 5. Jg., S. 161-162.

thoden würde einen Beitrag zur Reduzierung der Ermittlungskosten und der Unsicherheit leisten.[1012] Diese Koordinierung könnte im Rahmen einer Arbeitsgruppe der Europäischen Union erfolgen, die auf den in diesem Bereich bereits erfolgten Aktivitäten der OECD aufbauen und diese vervollständigen sollte.[1013] Dabei ist die Einbeziehung sowohl von Vertretern der Finanzverwaltung als auch der Unternehmen sinnvoll, um ein Gleichgewicht zwischen den auf beiden Seiten stehenden gerechtfertigten Ansprüchen herzustellen.[1014] Während die Finanzverwaltung Verrechnungspreise als Instrument der Steuervermeidung und Quelle schädlichen Steuerwettbewerbs ansieht, werden die Unternehmen mit überproportional hohen Ermittlungskosten konfrontiert. Wünschenswert wäre darüber hinaus eine stärkere Position der Europäischen Union gegenüber Drittstaaten.[1015]

6.5.1.4 Anpassung der Doppelbesteuerungsabkommen

Im Bereich der Doppelbesteuerungsabkommen wäre die Vervollständigung des europäischen Abkommensnetzes trotz nur noch weniger verbliebener Lücken hilfreich.[1016] Ferner müssten die bestehenden Abkommen den Bedürfnissen des gemeinsamen Marktes angepasst werden.[1017] Außerdem sollte eine einheitliche Abkommenspraxis gegenüber Drittstaaten angestrebt werden.[1018] Zusätzlich

---

[1012] Vgl. Commission of the European Communities: Company Taxation in the Internal Market, in: http://europa.eu.int/comm/ taxation_customs/ publications/ official_doc/com/ com.htm, S. 347-348, 350.

[1013] Vgl. Commission of the European Communities: Company Taxation in the Internal Market, in: http://europa.eu.int/comm/ taxation_customs/ publications/ official_doc/com/ com.htm, S. 347-348.

[1014] Vgl. Commission of the European Communities: Company Taxation in the Internal Market, in: http://europa.eu.int/comm/ taxation_customs/ publications/ official_doc/com/ com.htm, S. 350-351.

[1015] Vgl. Commission of the European Communities: Company Taxation in the Internal Market, in: http://europa.eu.int/comm/ taxation_customs/ publications/ official_doc/com/ com.htm, S. 350-351.

[1016] Vgl. Commission of the European Communities: Company Taxation in the Internal Market, in: http://europa.eu.int/comm/ taxation_customs/ publications/ official_doc/com/ com.htm, S. 362.

[1017] Vgl. Commission of the European Communities: Company Taxation in the Internal Market, in: http://europa.eu.int/comm/ taxation_customs/ publications/ official_doc/com/ com.htm, S. 362.

[1018] Vgl. Commission of the European Communities: Company Taxation in the Internal Market, in: http://europa.eu.int/comm/ taxation_customs/ publications/ official_doc/com/ com.htm, S. 362.

besteht die Notwendigkeit der Einbindung eines Schiedsverfahrens, um durch unterschiedliche Interpretation oder Anwendung der Abkommen durch die Vertragstaaten eine Doppelbesteuerung oder die Generierung weißer Einkünfte auszuschließen.[1019]

Die umfassendste Lösung der bestehenden Probleme wäre die Einführung eines einheitlichen multilateralen Abkommens, über das der Europäische Gerichtshof in Interpretationsfragen zu entscheiden hat.[1020] Ein weiterer Vorschlag beinhaltet, unter Beibehalt des bestehenden Abkommensnetzes, die Entwicklung einer europäischen Fassung des OECD-Musterabkommens und -kommentars, die den spezifischen Anforderungen der Europäischen Union gerecht wird.[1021]

6.5.1.5 Weitere gezielte Vorschläge

Die Vereinheitlichung der steuerlichen Behandlung von Lohn- und Gehaltskosten ist insbesondere hinsichtlich Pensionszusatzleistungen und Stock Options geboten, da die Steuergesetzgebung in vielen Mitgliedstaaten die grenzüberschreitende Mitgliedstaft in Pensionsprogrammen praktisch verhindert und multinationale Unternehmen gezwungen werden, in jedem Staat entsprechende Pensionsprogramme zu etablieren.[1022] Für Stock Options ist weder die Behandlung der damit verbundenen Kosten auf Unternehmensebene, noch deren steuerliche Handhabung beim Arbeitnehmer einheitlich geregelt.[1023]

1019 Vgl. Commission of the European Communities: Company Taxation in the Internal Market, in: http://europa.eu.int/comm/ taxation_customs/ publications/ official_doc/com/ com.htm, S. 362.

1020 Vgl. Commission of the European Communities: Company Taxation in the Internal Market, in: http://europa.eu.int/comm/ taxation_customs/ publications/ official_doc/com/ com.htm, S. 358-360.

1021 Vgl. Commission of the European Communities: Company Taxation in the Internal Market, in: http://europa.eu.int/comm/ taxation_customs/ publications/ official_doc/com/ com.htm, S. 360-361; OECD: OECD-Musterabkommen 2000 zur Vermeidung der Doppelbesteuerung auf dem Gebiet der Steuern vom Einkommen und vom Vermögen, Stand Dezember 2000, in: www.bundesfinanzministerium.de/Anlage4929/OECD-Musterab kommen-2000.pdf.

1022 Vgl. Commission of the European Communities: Company Taxation in the Internal Market, in: http://europa.eu.int/comm/ taxation_customs/ publications/ official_doc/com/ com.htm, S. 363.

1023 Vgl. Commission of the European Communities: Company Taxation in the Internal Market, in: http://europa.eu.int/comm/ taxation_customs/ publications/ official_doc/com/ com.htm, S. 363-365.

Hindernisse für grenzüberschreitende Unternehmensaktivitäten betreffen von ihrer Natur her alle Unternehmen. So sieht die Europäische Kommission keine Notwendigkeit der Implementierung steuerlicher Sonderregelungen für kleine und mittelgroße Unternehmen.[1024] Da sich die steuerlichen Ermittlungskosten aber regressiv zur Unternehmensgröße verhalten, scheinen geringere Anforderungen der (nationalen) Finanzverwaltungen gegenüber kleinen und mittleren Unternehmen sinnvoll, beispielsweise hinsichtlich der Formalien und der Buchführung. So würden grenzüberschreitende Tätigkeiten nicht überproportional behindert.[1025] Darüber hinaus werden diese Unternehmen von der nicht bestehenden Ausgleichsmöglichkeit grenzüberschreitender Verluste besonders hart getroffen und benötigen daher entsprechende Lösungen.[1026]

Die für kleine und mittelgroße Unternehmen bestehenden Probleme hinsichtlich der Komplexität und des erhöhten Verwaltungsaufwandes im Bereich der Umsatzsteuer würden durch die Anwendung des Herkunftstaatsprinzip gelöst.[1027] Dies wird jedoch von der Kommission aufgrund der mangelnden Bereitschaft der Mitgliedstaaten, weitere Angleichungen im Bereich der Steuersätze und den Abbau von Sonderregelungen zu akzeptieren, und der Schwierigkeit, einen zuverlässigen Mechanismus für die Neuverteilung des Steueraufkommens zu schaffen, als nicht erstrebenswert empfunden und statt dessen werden eine Reihe von Einzelmaßnahmen angestrebt.[1028]

1024 Vgl. Commission of the European Communities: Company Taxation in the Internal Market, in: http://europa.eu.int/comm/ taxation_customs/ publications/ official_doc/com/ com.htm, S. 365.

1025 Vgl. Commission of the European Communities: Company Taxation in the Internal Market, in: http://europa.eu.int/comm/ taxation_customs/ publications/ official_doc/com/ com.htm, S. 366.

1026 Vgl. Commission of the European Communities: Company Taxation in the Internal Market, in: http://europa.eu.int/comm/ taxation_customs/ publications/ official_doc/com/ com.htm, S. 366-367.

1027 Vgl. Commission of the European Communities: Company Taxation in the Internal Market, in: http://europa.eu.int/comm/ taxation_customs/ publications/ official_doc/com/ com.htm, S. 367.

1028 Vgl. Commission of the European Communities: Company Taxation in the Internal Market, in: http://europa.eu.int/comm/ taxation_customs/ publications/ official_doc/com/ com.htm, S. 367-369.

6.5.2 Umfassendere Konzepte zur Regelung der Unternehmensbesteuerung in der Europäischen Union

Die weitergehenden Lösungsmaßnahmen streben die Minimierung oder Beseitigung der Hindernisse nicht durch punktuelles, sondern umfassenderes Vorgehen an.[1029] Ihnen gemein ist die Anwendung einer einheitlichen (konsolidierten) Steuerbemessungsgrundlage auf die europaweiten Aktivitäten multinationaler Unternehmen.[1030]

6.5.2.1 Verschiedene Ansätze

- Der Ansatz der „Heimatstaatbesteuerung" sieht unter gegenseitiger Anerkennung die Besteuerung von Konzernen anhand der Bemessungsgrundlage des Ansässigkeitsstaates der Muttergesellschaft vor und baut damit auf den bestehenden Steuersystemen sowie den damit verbundenen Erfahrungen und dem einhergehenden Wissen auf.[1031] Dieser Vorschlag bietet sich vor allem für Staaten mit weitgehend gleichen Bemessungsgrundlagen an.[1032]
- Eine weitere Möglichkeit besteht in der Entwicklung einer neuen einheitlichen europäischen Bemessungsgrundlage.[1033] Diese „gemeinsame konsolidierte Bemessungsgrundlage" würde als paralleles System neben den nationalen Vorschriften existieren.[1034]

[1029] Vgl. Commission of the European Communities: Company Taxation in the Internal Market, in: http://europa.eu.int/comm/ taxation_customs/ publications/ official_doc/com/ com.htm, S. 370-371.

[1030] Vgl. Commission of the European Communities: Company Taxation in the Internal Market, in: http://europa.eu.int/comm/ taxation_customs/ publications/ official_doc/com/ com.htm, S. 371-372.

[1031] Vgl. Commission of the European Communities: Company Taxation in the Internal Market, in: http://europa.eu.int/comm/ taxation_customs/ publications/ official_doc/com/ com.htm, S. 373-375.

[1032] Vgl. Commission of the European Communities: Company Taxation in the Internal Market, in: http://europa.eu.int/comm/ taxation_customs/ publications/ official_doc/com/ com.htm, S. 374.

[1033] Vgl. Commission of the European Communities: Company Taxation in the Internal Market, in: http://europa.eu.int/comm/ taxation_customs/ publications/ official_doc/com/ com.htm, S. 375.

[1034] Vgl. Commission of the European Communities: Company Taxation in the Internal Market, in: http://europa.eu.int/comm/ taxation_customs/ publications/ official_doc/com/ com.htm, S. 375-376.

- Eine andere Alternative sieht eine „Europäische Körperschaftsteuer" vor. In diesem Modell würde die Steuer multinational tätiger Unternehmen direkt auf Ebene der Europäischen Union erhoben und ganz oder zum Teil in den gemeinsamen Haushalt einfließen.[1035]
- Der „traditionelle Ansatz" strebt eine Harmonisierung der nationalen Vorschriften zur Unternehmensbesteuerung an, die eine einzige europaweite Bemessungsgrundlage und ein einheitliches System als Ersatz für die bislang bestehenden nationalen Normen vorsieht.[1036]

Ein wesentliches Element aller Ansätze besteht in der Ergebniskonsolidierung auf einer europaweiten Basis.[1037] Bislang erlauben einige Mitgliedstaaten keine Konsolidierung auf nationaler Ebene (Belgien, Griechenland und Italien) und nur zwei auf internationaler Ebene (Dänemark und Frankreich).[1038] In allen Ansätzen würden die Mitgliedstaaten das Recht auf Bestimmung der Steuersätze behalten.[1039]

Abweichend ist es auch möglich, nicht alle Mitgliedstaaten in das Vorgehen einzubeziehen, so dass nicht alle Staaten zustimmen und daran teilnehmen müssten.[1040] Insbesondere für die Methode der „Heimatstaatbesteuerung" bietet

---

1035 Vgl. Commission of the European Communities: Company Taxation in the Internal Market, in: http://europa.eu.int/comm/ taxation_customs/ publications/ official_doc/com/ com.htm, S. 370, 377.

1036 Vgl. Commission of the European Communities: Company Taxation in the Internal Market, in: http://europa.eu.int/comm/ taxation_customs/ publications/ official_doc/com/ com.htm, S. 377-378.

1037 Vgl. Commission of the European Communities: Company Taxation in the Internal Market, in: http://europa.eu.int/comm/ taxation_customs/ publications/ official_doc/com/ com.htm, S. 373.

1038 Vgl. Commission of the European Communities: Company Taxation in the Internal Market, in: http://europa.eu.int/comm/ taxation_customs/ publications/ official_doc/com/ com.htm, S. 243-246, 386-387.

1039 Vgl. Commission of the European Communities: Company Taxation in the Internal Market, in: http://europa.eu.int/comm/ taxation_customs/ publications/ official_doc/com/ com.htm, S. 373.

1040 Vgl. Commission of the European Communities: Company Taxation in the Internal Market, in: http://europa.eu.int/comm/ taxation_customs/ publications/ official_doc/com/ com.htm, S. 374.

sich nur die Einbeziehung von Mitgliedstaaten mit sehr ähnlichen Bemessungsgrundlagen an.[1041]

Die Verteilung der auf einer konzerneinheitlichen Bemessungsgrundlage erzielten Steuereinnahmen könnte anhand eines Schlüssels erfolgen, der sich aus Faktoren wie beispielsweise Lohnlisten, Vermögen und/oder Umsätzen zusammensetzt.[1042] Alternativ wäre eine Verteilung anhand einer angepassten Umsatzsteuerbemessungsgrundlage der involvierten Staaten möglich.[1043]

Zu beachten ist, dass die Methode der „Heimatstaatbesteuerung“ im Gegensatz zu den anderen Ansätzen aufgrund der gegenseitigen Anerkennung der nationalen Bemessungsgrundlagen keine Einigung der Mitgliedstaaten hinsichtlich einer gemeinsamen Bemessungsgrundlage erfordert.[1044]

6.5.2.2 Vorteile der umfassenderen Ansätze

Die Anwendung einer einheitlichen (konsolidierten) Bemessungsgrundlage auf die europaweiten Aktivitäten von Unternehmen bringt unabhängig von deren genauen Ausgestaltung eine Reihe von Vorteilen mit sich:

- Die steuerlichen Ermittlungskosten würden durch die Vermeidung des Umgangs mit 15 verschiedenen Steuersystemen erheblich reduziert.[1045]
- Die Verrechnungspreisproblematik wäre zumindest innerhalb der Europäischen Union gelöst.[1046]

[1041] Vgl. Commission of the European Communities: Company Taxation in the Internal Market, in: http://europa.eu.int/comm/ taxation_customs/ publications/ official_doc/com/ com.htm, S. 374.

[1042] Vgl. Commission of the European Communities: Company Taxation in the Internal Market, in: http://europa.eu.int/comm/ taxation_customs/ publications/ official_doc/com/ com.htm, S. 407-414.

[1043] Vgl. Commission of the European Communities: Company Taxation in the Internal Market, in: http://europa.eu.int/comm/ taxation_customs/ publications/ official_doc/com/ com.htm, S. 414.

[1044] Vgl. Commission of the European Communities: Company Taxation in the Internal Market, in: http://europa.eu.int/comm/ taxation_customs/ publications/ official_doc/com/ com.htm, S. 378-380.

[1045] Vgl. Commission of the European Communities: Company Taxation in the Internal Market, in: http://europa.eu.int/comm/ taxation_customs/ publications/ official_doc/com/ com.htm, S. 371, 384-385.

- Gewinne und Verluste würden prinzipiell automatisch auf europäischer Ebene konsolidiert.[1047]
- Restrukturierungen würden vereinfacht und dadurch weniger kostspielig.[1048]
- Viele Situationen potentieller Doppelbesteuerung würden vermieden.[1049]
- Diskriminierungen und andere Restriktionen würden verhindert.[1050]

6.5.2.3 Problembereiche

Bei den Ansätzen der „Heimatstaatbesteuerung", der „gemeinsamen konsolidierten Bemessungsgrundlage" und der „Europäischen Körperschaftsteuer" würden die nationalen Steuersysteme weiterhin parallel zur Besteuerung multinational tätiger Unternehmen bestehen bleiben, so dass konkurrierende Unternehmen unter Umständen verschiedenen Steuerbelastungen unterliegen.[1051] Zwar könnte es aus wettbewerbspolitischen Überlegungen heraus rein national tätigen Unternehmen zugestanden werden, zur Besteuerung für multinationale Gesellschaften zu optieren.[1052] Damit wäre eine Benachteiligung der grenzüberschreitend tätigen gegenüber nationalen Unternehmen bzw. internationalen Unternehmen eines anderen Heimatstaates nicht ausgeschlossen, da weiterhin

---

1046 Vgl. Commission of the European Communities: Company Taxation in the Internal Market, in: http://europa.eu.int/comm/ taxation_customs/ publications/ official_doc/com/ com.htm, S. 371, 388.

1047 Vgl. Commission of the European Communities: Company Taxation in the Internal Market, in: http://europa.eu.int/comm/ taxation_customs/ publications/ official_doc/com/ com.htm, S. 371, 386-387.

1048 Vgl. Commission of the European Communities: Company Taxation in the Internal Market, in: http://europa.eu.int/comm/ taxation_customs/ publications/ official_doc/com/ com.htm, S. 371, 385-386.

1049 Vgl. Commission of the European Communities: Company Taxation in the Internal Market, in: http://europa.eu.int/comm/ taxation_customs/ publications/ official_doc/com/ com.htm, S. 386-387.

1050 Vgl. Commission of the European Communities: Company Taxation in the Internal Market, in: http://europa.eu.int/comm/ taxation_customs/ publications/ official_doc/com/ com.htm, S. 371-372.

1051 Vgl. Commission of the European Communities: Company Taxation in the Internal Market, in: http://europa.eu.int/comm/ taxation_customs/ publications/ official_doc/com/ com.htm, S. 399-400.

1052 Vgl. Commission of the European Communities: Company Taxation in the Internal Market, in: http://europa.eu.int/comm/ taxation_customs/ publications/ official_doc/com/ com.htm, S. 402.

verschiedene steuerliche Bemessungsgrundlagen auf gleiche Aktivitäten am gleichen Ort Anwendung finden könnten.[1053]

Außerdem bringen die Methoden, die eine parallele Existenz von nationaler und internationaler Bemessungsgrundlage vorsehen, weitere Probleme, beispielsweise in den Bereichen Restrukturierung, Doppelbesteuerungsabkommen und Minderheitsbeteiligungen mit sich, die weiterer Untersuchungen bedürfen:

- Beinhalten Restrukturierungen einen Wechsel der Anteilseigner oder deren Standorte, ist eine Änderung des Ansässigkeitsstaates der Konzernspitze nicht auszuschließen. Da die Gewinnermittlung von Gesellschaften im Fall der „Heimatstaatbesteuerung" von der Ansässigkeit der Muttergesellschaft abhängt, würde durch eine Reihe von Restrukturierungen eine Änderung der zugrundezulegenden Bemessungsgrundlage erfolgen.[1054] Die gleiche mit hohen Kosten verbundene Umstellung der Gewinnermittlung kann auch bei den Methoden der „gemeinsamen konsolidierten Bemessungsgrundlage" und der „Europäischen Körperschaftsteuer" erfolgen, wenn nicht alle Mitgliedstaaten in diese Harmonisierungsmaßnahme einbezogen worden sind.[1055]
- Im Hinblick auf ausländische Einkünfte können Probleme auftreten, wenn eine Tochtergesellschaft in einem anderen Staat als ihre Muttergesellschaft ansässig ist, das Doppelbesteuerungsabkommen sich hingegen nach dem Ansässigkeitsstaat der Tochtergesellschaft richtet und auf dessen nationale Regelungen abzielt.[1056] Diskrepanzen können entstehen, wenn die Tochtergesellschaft nach der „Heimatstaatbesteuerung" den Gewinnermittlungsregelungen des Ansässigkeitsstaates der Muttergesellschaft unterworfen wird oder auch gemäß der „gemeinsamen konsolidierten Bemessungsgrundlage" oder der „Europäischen Körperschaftsteuer" einer anderen als der nationalen Gewinnermittlung folgt. Probleme treten dabei insbesondere bei der

---

[1053] Vgl. Commission of the European Communities: Company Taxation in the Internal Market, in: http://europa.eu.int/comm/ taxation_customs/ publications/ official_doc/com/ com.htm, S. 402.

[1054] Vgl. Commission of the European Communities: Company Taxation in the Internal Market, in: http://europa.eu.int/comm/ taxation_customs/ publications/ official_doc/com/ com.htm, S. 385.

[1055] Vgl. Commission of the European Communities: Company Taxation in the Internal Market, in: http://europa.eu.int/comm/ taxation_customs/ publications/ official_doc/com/ com.htm, S. 385-386.

[1056] Vgl. Commission of the European Communities: Company Taxation in the Internal Market, in: http://europa.eu.int/comm/ taxation_customs/ publications/ official_doc/com/ com.htm, S. 391-392.

Anwendung unterschiedlicher Methoden zur Vermeidung der Doppelbesteuerung und durch unterschiedliche Körperschaftsteuersysteme in den parallel existierenden Steuersystemen auf.[1057]

- Bei der Anwendung der „gemeinsamen konsolidierten Bemessungsgrundlage“ und der „Europäischen Körperschaftsteuer“ entstehen Probleme hinsichtlich der Kompatibilität der neuen multilateralen Bemessungsgrundlage mit den nationalen Systemen, da Minderheitsgesellschafter von Tochtergesellschaften bislang Dividenden bezogen, die der nationalen Besteuerung unterlagen.[1058] Eine vollständige Kompatibilität kann nur über einen Beibehalt der nationalen Gewinnermittlung für den auf Minderheitsgesellschafter entfallenden Teil des Gewinns erreicht werden, wie es auch in der Methode der „Heimatstaatbesteuerung“ vorgesehen ist.[1059] Dies würde zusätzlichen Aufwand und dadurch erhöhte Kosten mit sich bringen.[1060]

Diese Probleme entstehen nicht bei dem traditionellen Ansatz, da dieser die nationalen Gewinnermittlungsvorschriften durch eine einheitliche europäische Grundlage ersetzt.[1061] Doch trotz der bestehenden Probleme würden auch die anderen Methoden zur Beseitigung der steuerlichen Hindernisse am gemeinsamen Markt beitragen, ohne fundamentale Änderungen zu erfordern.[1062] Alle dargestellten Ansätze tragen zu mehr Effizienz, Einfachheit und Transparenz der Unternehmensbesteuerung in der Europäischen Union bei und helfen, die Lücke

[1057] Vgl. Commission of the European Communities: Company Taxation in the Internal Market, in: http://europa.eu.int/comm/ taxation_customs/ publications/ official_doc/com/ com.htm, S. 391-397.

[1058] Vgl. Commission of the European Communities: Company Taxation in the Internal Market, in: http://europa.eu.int/comm/ taxation_customs/ publications/ official_doc/com/ com.htm, S. 398.

[1059] Vgl. Commission of the European Communities: Company Taxation in the Internal Market, in: http://europa.eu.int/comm/ taxation_customs/ publications/ official_doc/com/ com.htm, S. 374, 395.

[1060] Vgl. Commission of the European Communities: Company Taxation in the Internal Market, in: http://europa.eu.int/comm/ taxation_customs/ publications/ official_doc/com/ com.htm, S. 395.

[1061] Vgl. Commission of the European Communities: Company Taxation in the Internal Market, in: http://europa.eu.int/comm/ taxation_customs/ publications/ official_doc/com/ com.htm, S. 377-378.

[1062] Vgl. Commission of the European Communities: Company Taxation in the Internal Market, in: http://europa.eu.int/comm/ taxation_customs/ publications/ official_doc/com/ com.htm, S. 379.

zwischen den nationalen Systemen zu schließen und die Möglichkeiten der Steuerumgehung und des Steuermissbrauchs zu minimieren.[1063]

6.5.3 Schlussfolgerungen

Die Bekämpfung der steuerlichen Hindernisse führt, unabhängig davon, ob gezielte Lösungen oder die gesamte steuerliche Gewinnermittlung anvisiert werden, nicht nur zu einem Rückgang der Verzerrungen und zur Senkung der Ermittlungskosten bei den multinationalen Unternehmen, sondern auch zu einer Reduzierung der Erhebungskosten, da diese meist von den gleichen Faktoren, wie beispielsweise der Bestimmung der Verrechnungspreise, beeinflusst werden.[1064] Die Wirtschaftlichkeit und Wirksamkeit der Finanzverwaltungen wird zusätzlich dadurch erhöht, dass die Koexistenz von 15 verschiedenen Steuersystemen innerhalb eines Wirtschaftsraumes viele Gelegenheiten der Steuervermeidung und -umgehung bietet.[1065] Durch eine Angleichung der Steuersysteme bzw. der Bemessungsgrundlagen wird die Möglichkeit der Steuervermeidung oder -umgehung stark reduziert.

Eine wichtige Voraussetzung ist jedoch eine gegenseitige Unterstützung der Finanzverwaltungen sowie eine grenzüberschreitende Kooperation, um eine lückenlose Steuerveranlagung zu gewährleisten und sicherzustellen, dass keine der anvisierten Lösungsmaßnahmen in einer Zunahme an ungesetzlicher oder illegaler Steuervermeidung oder -hinterziehung resultiert.[1066]

Im Ergebnis führen alle in Betracht gezogenen Maßnahmen zu einem Rückgang der steuerlichen Hindernisse des grenzüberschreitenden Geschäftsverkehrs;

[1063] Vgl. Commission of the European Communities: Company Taxation in the Internal Market, in: http://europa.eu.int/comm/ taxation_customs/ publications/ official_doc/com/ com.htm, S. 372.

[1064] Vgl. Commission of the European Communities: Company Taxation in the Internal Market, in: http://europa.eu.int/comm/ taxation_customs/ publications/ official_doc/com/ com.htm, S. 384, 404.

[1065] Vgl. Commission of the European Communities: Company Taxation in the Internal Market, in: http://europa.eu.int/comm/ taxation_customs/ publications/ official_doc/com/ com.htm, S. 372.

[1066] Vgl. Commission of the European Communities: Company Taxation in the Internal Market, in: http://europa.eu.int/comm/ taxation_customs/ publications/ official_doc/com/ com.htm, S. 373-374.

insbesondere bei den umfassenderen Lösungen sind zusätzliche Wohlfahrtseffekte zu erwarten.[1067]

6.6 Kritische Würdigung der Empfehlungen

Die Untersuchung der Wirkungsweise eines internationalen Steuerwettbewerbs hat sowohl positive als auch negative Aspekte aufgezeigt.[1068] Die unter anderem aus dem Zusammenspiel mit der Optimalsteuertheorie resultierende Forderung lautete danach, ein einfaches, gerechtes und effizientes Gewinnsteuersystem zu schaffen, ohne eine einheitliche Effektivsteuerbelastung zu fordern.[1069] Hinsichtlich dieses Optimums wurden bei der Betrachtung der derzeit in der Europäischen Union vorherrschenden Unternehmensbesteuerung Mängel deutlich, die von diskriminierenden und schädlichen Einzelregelungen über Maßnahmengruppen, beispielsweise die Behandlung grenzüberschreitender Zahlungen zwischen verbundenen Unternehmen oder der Verrechnungspreise, bis hin zu allgemeiner hinderlicher Intransparenz und hohen Entrichtungs- und Erhebungskosten reichen.[1070]

Ohne eine fortschreitende europäische Rechtsentwicklung im Bereich der direkten Besteuerung sind langfristig deutliche Einbußen der Wettbewerbsfähigkeit des Binnenmarktes und damit verbunden negative Wohlfahrtseffekte für die Unionsbürger abzusehen.[1071]

Um das Funktionieren des gemeinsamen Marktes langfristig zu gewährleisten und Wohlfahrtsverluste zu vermeiden, sollten (Harmonisierungs-)Maßnahmen ergriffen werden. Es haben sich verschiedene Ebenen herauskristallisiert, auf denen Maßnahmen vorgenommen werden können, um den ökonomisch suboptimalen Effekten der derzeit in der Europäischen Union vorherrschenden Unternehmensbesteuerung entgegenzuwirken. In Betracht zu ziehen sind insbesondere

---

1067 Vgl. Commission of the European Communities: Company Taxation in the Internal Market, in: http://europa.eu.int/comm/ taxation_customs/ publications/ official_doc/com/ com.htm, S. 372.

1068 Vgl. Abschnitt 3.2 „Wirkungsweise eines internationalen Steuerwettbewerbs“ dieser Arbeit.

1069 Vgl. Abschnitt 3.3 „Steuerharmonisierung oder Steuerwettbewerb?“ dieser Arbeit.

1070 Vgl. hierzu insbesondere Abschnitt 5.4 „Identifizierte Wirkungsweisen der Unternehmensbesteuerung in der Europäischen Union“ dieser Arbeit.

1071 Vgl. Abschnitt 5.4 „Identifizierte Wirkungsweisen der Unternehmensbesteuerung in der Europäischen Union“ dieser Arbeit.

- die Abschaffung oder Änderung diskriminierender und schädlicher Einzelregelungen,
- die Modifizierung oder Implementierung von Maßnahmen, die gezielt bestehende steuerliche Hindernisse im Binnenmarkt vermeiden sollen und
- umfassendere Maßnahmen, die die Transparenz erhöhen und helfen, die Erhebungs- und Entrichtungskosten sowie steuerliche Wettbewerbsverzerrungen zu verringern.

Die aufgezeigten Maßnahmenbündel weisen aber deutliche Unterschiede in dem Ausmaß ihrer binnenmarktfördernden Wirkung auf. Es ist zu differenzieren, ob die Zielsetzung der Mitgliedstaaten der Europäischen Union dergestalt ist, dass ein gemeinsamer Markt hinsichtlich seiner steuerlichen Rahmenbedingungen so ausgestaltet werden soll, dass er den Anforderungen europäischer bzw. weltweit operierender Unternehmen genügt, oder ob eine Einigung zur weiteren Angleichung nationaler Rechtsvorschriften erzielt werden kann, um die Wettbewerbsfähigkeit des gemeinsamen Marktes über das unbedingt erforderliche Maß hinaus zu erhöhen.

Lautet die Zielsetzung dahingehend, dass möglichst wenig nationale Souveränität in der Steuergesetzgebung zugunsten einer steuerlichen Harmonisierung und damit einer gemeinsamen Schaffung deutlich verbesserter Rahmenbedingungen des Binnenmarktes aufgegeben werden und mehr Spielraum für einen steuerlichen Wettbewerb erhalten bleiben soll, ist zumindest eine Rechtsangleichung in Teilbereichen notwendig, um deutliche Wettbewerbsverzerrungen zu vermeiden.

Sind die Mitgliedstaaten hingegen bereit, weitergehende steuerliche Harmonisierungsmaßnahmen vorzunehmen, um die Wettbewerbsfähigkeit des gemeinsamen Marktes über ein erforderliches Mindestmaß hinaus zu erhöhen und damit weitere positive Wohlfahrtseffekte zu realisieren, sollten zusätzliche bzw. andere Maßnahmen angegangen werden.

Im Folgenden wird zwischen den Mindestanforderungen zur Vermeidung weitreichender Wettbewerbsverzerrungen und einer Zielsetzung unterschieden, die eine darüber hinausgehende Erhöhung der Wettbewerbsfähigkeit des Binnenmarktes zuungunsten nationaler Souveränität verfolgt. Zur Beurteilung der Maßnahmen werden wiederum die Kriterien einer rationalen Unternehmensbesteuerung herangezogen, um ihre Auswirkungen auf den gemeinsamen Markt und damit deren Einfluss auf dessen Wettbewerbsfähigkeit für europäische und weltweite Unternehmen bzw. Konzerne darzustellen.

6.6.1 Mindestanforderung zum Erhalt der Wettbewerbsfähigkeit in der Europäischen Union

Meines Erachtens stellt die Abschaffung diskriminierender und schädlicher Regelungen eine Mindestanforderung dar, die einen positiven Beitrag zur Umsetzung des Gerechtigkeitspostulats sowie des Effizienzziels entfaltet. Eine Beseitigung dieser Einzelregelungen reicht jedoch nicht aus, um den Forderungen nach Einfachheit, Gerechtigkeit und Effizienz gerecht zu werden. Zusätzlich ist es daher notwendig, zumindest den besonderen steuerlichen Hindernissen durch geeignete Maßnahmen entgegenzuwirken, um die bestehenden Wettbewerbsverzerrungen zu verringern und damit eine dauerhafte Schwächung der Wettbewerbsfähigkeit des gemeinsamen Marktes zu verhindern.

6.6.1.1 Abschaffung diskriminierender und schädlicher Einzelregelungen

Ein Abbau diskriminierender Regelungen kann durch eine entsprechend voranschreitende Rechtsprechung des Europäischen Gerichtshofes realisiert werden. Um die Einführung neuer diskriminierender und schädlicher Maßnahmen zu verhindern, sollte meines Erachtens auf Unionsebene ein Ausschuss gebildet werden, der zweifelhafte Einzelregelungen evtl. schon vor deren Verabschiedung einer Begutachtung unterwirft, um dadurch eine Aufnahme diskriminierender und schädlicher Regelungen in den geltenden Gesetzeskatalog zu verhindern.[1072] Dabei ist jedoch auf eine zeitnahe Bearbeitung der von den Mitgliedstaaten vorgebrachten Gesetzesänderungen besonders zu achten, um eine Umsetzung notwendiger Reformen nicht zu verzögern.

Schädliche steuerliche Maßnahmen, die bereits durch die Gruppe „Verhaltenskodex" und die OECD aufgedeckt wurden, sollten zumindest innerhalb des Territoriums der Europäischen Union nicht mehr angewendet werden.[1073] Die

---

1072 So unterliegen bereits heute bestimmte Regelungen nationalen Rechts einer Genehmigungspflicht durch die Europäische Kommission, um einer unerlauben Gewährung von Beihilfen vorzubeugen. Vgl. hierzu Abschnitt 4.2.1 „Erörterung der durch eine mögliche Rechtsangleichung betroffenen Bereiche" dieser Arbeit.

1073 Vgl. Gruppe „Verhaltenskodex": Bericht der Gruppe „Verhaltenskodex" (Unternehmensbesteuerung) an den Rat „Wirtschaft und Finanzen" (Tagung am 29. November 1999), in: http:// ue.eu.int/ newsroom/ LoadDoc.cfm?MAX =81&DOC =!!!&BID =75&DID =60642& GRP =2309&LANG =4 und http://europa.eu.int/comm/taxation_customs/ french/ taxation/ law/primarolo/primarolo_de.pdf.; OECD: Towards Global Tax Cooperation - Report to the 2000 Ministerial Council Meeting and Recommendations by the Committee on Fiscal Affairs – Progress in Identifying and Eliminating Harmful Tax Practices, in: http://www.oecd.org/pdf/M000014000/M00014130.pdf, S.12-14, Abs. 11. Vgl. auch die Tabellen 1 und 2 im Anhang dieser Arbeit.

von der OECD entworfenen Empfehlungen sind innerhalb der Europäischen Union einer genauen Prüfung hinsichtlich deren Konformität mit dem Europarecht und deren zweckmäßiger Anwendbarkeit innerhalb der Europäischen Union zu unterziehen. So sind beispielsweise Abwehrmaßnahmen der nationalen Gesetzgebung unter Umständen als diskriminierend einzustufen und können dem ungestörten Funktionieren des gemeinsamen Marktes entgegenstehen.[1074] Folglich sollte von deren Ausbau oder zumindest deren Anwendung gegenüber anderen Mitgliedstaaten weitgehend abgesehen werden, soweit ihnen nicht ausschließlich eine Missbrauchsvermeidungsfunktion zufällt und die Maßnahme zudem durch zwingende Gründe des Allgemeininteresses gerechtfertigt werden kann, zur Erreichung des verfolgten Ziels geeignet ist und nicht über das hinausgeht, was zur Erreichung dieses Ziels notwendig ist.[1075]

6.6.1.2 Durchsetzung gezielter Maßnahmen

Ein darüber hinausgehender Abbau weiterer Hindernisse könnte durch gezielte (Harmonisierungs-)Maßnahmen oder umfassendere Konzeptionen erreicht werden. Da insbesondere in den Bereichen der steuerlichen Behandlung von Zahlungen zwischen verbundenen Unternehmen (Dividenden, Zinsen, Lizenzgebühren), der steuerneutralen Reorganisation, des grenzüberschreitenden Verlustausgleichs, der Verrechnungspreise und der Vollständigkeit und Interpretation der Doppelbesteuerungsabkommen Handlungsbedarf besteht, sollte zumindest diesbezüglich entsprechend gehandelt werden.

[1074] Vgl. hierzu auch Abschnitt 5.2 „Betrachtung diskriminierender steuerlicher Einzelregelungen“ dieser Arbeit sowie Herlinghaus, Andreas: Vereinbarkeit der Hinzurechnungsbesteuerung nach § 1 AStG mit dem Europarecht – Zum Aussetzungsbeschluß des FG Münster vom 31.08.2000 (8 V 4639/00 E), in: FR 2001, 83. Jg., S. 240-244; Wassermeyer, Franz: Die Fortentwicklung der Besteuerung von Auslandsbeziehungen – Anmerkungen zu den derzeitigen Überlegungen zur Reform des Außensteuerrechts, in: IStR 2001, 10. Jg., S. 113-117; Menck, Thomas: Die (un)verborgene Krise des Aussensteuerrechts – Anmerkungen zu einem Beitrag Franz Wassermeyers, in: IStR 2001, 10. Jg., S.279-281; Werra, Matthias: Zum Reformbedarf beim Außensteuergesetz unter besonderer Berücksichtigung des Verhaltenskodex, in: IStR 2001, 10. Jg., S. 438-441; Borstell, Thomas/ Brüninghaus, Dirk: Zweifel an der Rechtmäßigkeit von Verrechnungspreiskorrekturen nach § 1 AStG – Ausblick nach dem BFH-Beschluss vom 21.06.2001, in: IStR 2001, 10. Jg., S. 757-760; Köplin, Manfred: Quod erat expectandum! – Einige Überlegungen zum Beschluss des BFH vom 21.6.2001, I B 141/00, in: IStR 2002, 11. Jg., S. 120-123; Rättig, Horst/Protzen, Peer Daniel: Die „neue Hinzurechnungsbesteuerung“ der §§ 7-14 AStG in der Fassung des UntStFG – Problembereiche und Gestaltungshinweise, in: IStR 2002, 11. Jg., S. 123-128.

[1075] Vgl. EuGH vom 09.03.1999, Rs. C-212/97 (Centros); EuGH vom 31.03.1993, Rs. C 19/92 (Kraus); EuGH vom 30.11.1995, Rs. C-55/94 (Gebhard).

Eine Überarbeitung der Mutter-Tochter-Richtlinie und der Fusionsrichtlinie sowie die Verabschiedung von (überarbeiteten) Zins- und Verlustrichtlinien entsprechend den Vorschlägen der Europäischen Kommission wären zum Abbau der steuerlichen Hindernisse notwendig.[1076] Auch hinsichtlich der bei Verrechnungspreisen und Doppelbesteuerungabkommen bestehenden Problembereiche sollten die von der Kommission vorgeschlagenen Maßnahmen durchgesetzt werden.[1077]

1076 Vgl. Commission of the European Communities: Company Taxation in the Internal Market, in: http://europa.eu.int/comm/ taxation_customs/ publications/ official_doc/com/ com.htm, S. 327-333, 338-339, 341-344; Richtlinie (EWG) 90/435 über das gemeinsame Steuersystem der Mutter- und Tochtergesellschaften verschiedener Mitgliedstaaten, vom 23.06.1990, in: ABl. L 225 vom 20.08.1990, S. 6-9, ber. ABl. L 226, S. 20, geändert durch Beitrittsakte 1995, in: ABl. L 1 vom 01.01.1995, S. 1-219; Richtlinie (EWG) 90/434 über das gemeinsame Steuersystem für Fusionen, Spaltungen, die Einbringung von Unternehmensteilen und den Austausch von Anteilen, die Gesellschaften verschiedener Mitgliedstaaten betreffen, vom 23.06.1990, in: ABl. L 225 vom 20.08.1990, S. 1-5, geändert durch Beitrittsakte 1995, in: ABl. L 1 vom 01.01.1995, S. 1-219; Kommission der Europäischen Gemeinschaften: Vorschlag für eine Richtlinie des Rates über die gemeinsame Steuerregelung für Zahlungen von Zinsen und Lizenzgebühren zwischen verbundenen Unternehmen verschiedener Mitgliedstaaten, KOM (1998) 67 endg., von der Kommission vorgelegt am 06.03.1998, in: ABl. C 123 vom 22.04.1998, S. 9-13; Kommission der Europäischen Gemeinschaften: Vorschlag für eine Richtlinie des Rates über eine Regelung für Unternehmen zur Berücksichtigung der Verluste ihrer in anderen Mitgliedstaaten belegenen Betriebsstätten und Tochtergesellschaften, KOM (90) 595 endg., von der Kommission vorgelegt am 06.12.1990, in: ABl. C 53 vom 28.02.1991, S. 30-34. Vgl. auch die Abschnitte 6.5.1.1 „Weiterentwicklung der Mutter-Tochter-Richtlinie und der Fusionsrichtlinie“ und 6.5.1.2 „Ermöglichung des grenzüberschreitenden Verlustausgleiches“.

Auch wenn die Kommission im Rahmen ihrer gezielten Lösungen die Verabschiedung einer Richtlinie über die gemeinsame Steuerregelung für Zahlungen von Zinsen und Lizenzgebühren zwischen verbundenen Unternehmen verschiedener Mitgliedstaaten nicht mehr explizit aufführt, befürwortet sie bereits bei der Analyse der besonderen steuerlichen Hindernisse für grenzüberschreitende Geschäftstätigkeit in der Europäischen Union zurecht deren Ratifizierung. Vgl. Commission of the European Communities: Company Taxation in the Internal Market, in: http://europa.eu.int/comm/taxation_customs/ publications/official_doc/com/com. htm, S. 225-232 sowie Abschnitt 5.1.3.2.1 „Die Behandlung von grenzüberschreitenden Zahlungen zwischen verbundenen Unternehmen“ dieser Arbeit.

Die Richtlinie über die Mindestbesteuerung von Zinserträgen betrifft die gleichmäßige Besteuerung natürlicher Personen in der Gemeinschaft und fällt somit aus der hier erfolgenden Betrachtung der Unternehmensbesteuerung heraus.

1077 Vgl. Commission of the European Communities: Company Taxation in the Internal Market, in: http://europa.eu.int/comm/ taxation_customs/ publications/ official_doc/com/ com.htm, S. 344, 347-348, 350-353, 355-356, 358-362. Vgl. auch die Abschnitte 6.5.1.3

Um die Anwendbarkeit der Fusionsrichtlinie zu erweitern und damit deren Nutzen zu erhöhen, ist zudem die Einführung eines Europäischen Gesellschaftsrechts empfehlenswert. Einen wichtigen Schritt stellt in diesem Zusammenhang die Verordnung über das Statut der Europäischen Gesellschaft dar, die am 8. Oktober 2004 in Kraft tritt.[1078] Da diese jedoch die Gründung einer Societas Europaea nur unter genau abgegrenzten grenzüberscheitenden Bedingungen zulässt und eine Aktiengesellschaft nicht für alle Unternehmen ein geeignetes gesellschaftsrechtliches Rahmengebilde darstellt, sind weitere sekundärrechtliche Maßnahmen in der Europäischen Union notwendig, um einen gemeinsamen gesellschaftsrechtlichen Rahmen zu schaffen, auf dem das Steuerrecht aufbauen kann.

6.6.1.3 Wirkungsweise der Maßnahmen

Die Abschaffung diskriminierender und steuerlicher Maßnahmen ist in der Lage, einen positiven Beitrag zur Gerechtigkeit und Effizienz der Unternehmensbesteuerung zu leisten. Eine Angleichung der nationalen Rechtsvorschriften in Teilbereichen wie Dividenden, Zinsen, Lizenzgebühren, der steuerneutralen Reorganisation, dem grenzüberschreitenden Verlustausgleich, den Verrechnungspreisen und der Vollständigkeit und Interpretation der Doppelbesteuerungsabkommen baut darüber hinaus diesbezügliche Verzerrungen ab und erhöht die Transparenz in diesen Teilen des steuerlichen Unternehmensumfeldes. Auch werden die steuerlichen Entrichtungskosten wohl tendenziell sinken, wenn einheitliche Regelungen innerhalb der Europäischen Union – zumindest in

---

„Weiterentwicklungen im Bereich der Verrechnungspreise“ und 6.5.1.4 „Anpassung der Doppelbesteuerungsabkommen“ dieser Arbeit.

1078 Vgl. Artikel 70 der Verordnung (EG) 2157/2002 des Rates vom 8. Oktober 2001 über das Statut der Europäischen Gesellschaft (SE), in: ABl. L 294 vom 10.11.2001, S. 1-21. Vgl. auch beispielhaft Theisen, Manuel René/Wenz, Martin: Die Europäische Aktiengesellschaft - Recht, Steuern und Betriebswirtschaft der Societas Europaea (SE), Düsseldorf 2002; Schulz, Andreas/Geismar, Bernhard: Die Europäische Aktiengesellschaft – Eine kritische Bestandsaufnahme, in: DStR 2001, 39. Jg., S. 1078-1086; Jahn, Andreas: Die Europäische Aktiengesellschaft – Societas Europaea, in: DB 2001, 54. Jg., S. 631-638; Schulz, Andreas/Eicker, Klaus: The European Company Statute – the German View, in: Intertax 2001, 29. Jg., S. 332-341; Förster, Guido/Lange, Carsten: Steuerliche Aspekte der Gründung einer Europäischen Aktiengesellschaft (SE), in: DB 2002, 55. Jg., S. 288-294; Kommission der Europäischen Gemeinschaften: Die Europäische Aktiengesellschaft (SE) – Häufig gestellte Fragen, in: http://europa.eu.int/comm/international_market/de/company/company/news/ecompanyfaq.htm; Brandt, Ulrich/Scheifele, Matthias: Die Europäische Aktiengesellschaft und das anwendbare Recht, in: DStR 2002, 40. Jg., S. 547-555; Lutter, Markus: Europäische Aktiengesellschaft – Rechtsfigur mit Zukunft?, in: BB 2002, 57. Jg., S. 1-7.

diesen Bereichen – vorliegen. Dadurch sind positive Effekte auf alle drei Kriterien einer rationalen Unternehmensbesteuerung abzusehen.

Es ist aber nicht auszuschließen, dass insbesondere nach der notwendigen Umsetzung der empfohlenen Richtlinien in einzelstaatliches Recht (weiterhin) verschiedene nationale Regelungen gegenüber Mitgliedstaaten und Drittstaaten anzuwenden sind. Artgleiche grenzüberschreitende Sachverhalte könnten dadurch in Abhängigkeit der Ansässigkeit des anderen in die Transaktion einbezogenen Wirtschaftssubjektes unterschiedlich behandelt werden. Diesbezüglich wird die Transparenz für die am gemeinsamen Markt tätigen Unternehmen nicht wesentlich erhöht; vielmehr schottet eine solche Situation den Binnenmarkt gegenüber Drittmärkten ab. Die 15 weiterhin bestehenden und in weiten Teilen nicht harmonisierten Bemessungsgrundlagen in der Europäischen Union beinhalten zudem immer noch ein hohes Maß an Intransparenz für ansässige und an einem Investment im Binnenmarkt interessierte Unternehmen.

Abschließend sind aufgrund der Beseitigung bedeutender Quellen von Verzerrungen auf dem gemeinsamen Markt durchaus positive Effekte auf die Einfachheit, Gerechtigkeit und Effizienz der Unternehmensbesteuerung zu erwarten, die die Wettbewerbsfähigkeit des Binnemarktes gegenüber Drittmärkten erhöhen. Diese Wirkung wird aber abgeschwächt durch die aufgezeigten verbleibenden Problemfelder.

Zu beachten ist, dass bei einer Beschränkung der Harmonisierungsbestrebungen auf die Abschaffung diskriminierender und schädlicher Einzelregelungen in Kombination mit der Verabschiedung mehrerer Maßnahmenbündel zur Beseitigung besonderer steuerlicher Hindernisse geringere Wohlfahrtseffekte zu erwarten sind als bei einer umfassenderen Problemlösung, da der gemeinsame Markt weiterhin durch Verzerrungen und Intransparenzen gekennzeichnet ist, auch wenn diese eine Abschwächung erfahren haben.

6.6.2 Empfehlungen zur weitergehenden Erhöhung der Wettbewerbsfähigkeit und öffentlichen Wohlfahrt in der Europäischen Union

Zur Erhöhung der Transparenz und zum Abbau von Ineffizienzen sollte meines Erachtens eine Harmonisierung der steuerlichen Bemessungsgrundlagen angestrebt werden. Wie bereits aufgezeigt, würde mit einer Vereinheitlichung der Bemessungsgrundlage bzw. der damit verbundenen Erhöhung der Transparenz auch eine Senkung der Entrichtungs- und Erhebungskosten einhergehen, die Verrechnungspreisproblematik weitgehend beseitigt, eine Gewinn- und Verlustkonsolidierung ermöglicht, Restrukturierungen erleichtert und Situationen der Doppelbesteuerung und Diskriminierungen vermieden, so dass insgesamt positive Auswirkungen auf sämtliche Kriterien einer rationalen Unternehmensbesteuerung zu verzeichnen wären.[1079] Diese Auswirkungen sichern langfristig die steuerliche Wettbewerbsfähigkeit des gemeinsamen Marktes und mindern die Gefahr negativer Wohlfahrtseffekte.

Die von der Europäischen Kommission diskutierten umfassenden Ansätze sind vor dem Hintergrund der erarbeiteten ökonomischen Kriterien unterschiedlich praktikabel, um den bestehenden Defiziten des steuerlichen Rahmens für Unternehmen innerhalb der Europäischen Union gerecht zu werden. Daher ist eine Auswertung der Methoden erforderlich, um den geeigneten Ansatz zur Realisierung der größtmöglichen Wettbewerbsfähigkeit des gemeinsamen Marktes zu bestimmen.

6.6.2.1 Beurteilung der Maßnahmen zur Harmonisierung der steuerlichen Bemessungsgrundlage

Die von der Europäischen Kommission vorgeschlagenen umfassenderen Konzepte, bestehend aus der Methode der Heimatstaatbesteuerung, dem Konzept der Europäischen Körperschaftsteuer, der Methode der gemeinsamen konsolidierten Bemessungsgrundlage und dem traditionellen Ansatz, beinhalten alle die Implementierung einer gemeinsamen Bemessungsgrundlage für international operierende Unternehmen. Damit sind die beschriebenen positiven Auswirkungen auf die Kriterien einer rationalen Unternehmensbesteuerung verbunden.[1080]

Die Methode der Heimatstaatbesteuerung, das Konzept der Europäischen Körperschaftsteuer und die Methode der gemeinsamen konsolidierten Bemessungsgrundlage birgen jedoch insbesondere in den Bereichen der Restrukturierungen, der Doppelbesteuerungsabkommen und der Behandlung von Minderheitsgesellschaftern einige Probleme.[1081] Auch bieten sie den Nachteil, dass innerhalb des (Binnen-)Marktes und sogar innerhalb eines Mitgliedstaates Unternehmen, die sich unter Umständen in Konkurrenzsituationen zueinander befinden, unterschiedlichen steuerlichen Bedingungen unterliegen, was eine Ungleichbehandlung in Abhängigkeit des Ansässigkeitsstaates der Muttergesellschaft bzw. der räumlichen Ausdehnung des Konzerns bedeutet. Ungleichbehandlungen aufgrund dessen sind meines Erachtens aus Sicht der primärrechtlichen Niederlassungsfreiheit kritisch zu beurteilen. Auch widerspricht es dem

---

[1079] Vgl. Commission of the European Communities: Company Taxation in the Internal Market, in: http://europa.eu.int/comm/ taxation_customs/ publications/ official_doc/com/ com.htm, S. 371-372, 384-388. Vgl. auch Abschnitt 6.5.2.2 „Vorteile der umfassenderen Ansätze" dieser Arbeit.

[1080] Vgl. Abschnitt 6.5.2.2 „Vorteile der umfassenderen Ansätze" dieser Arbeit.

[1081] Vgl. Abschnitt 6.5.2.3 „Problembereiche" dieser Arbeit.

Grundsatz einer gleichmäßigen Besteuerung, wenn Unternehmen – z.B. aufgrund des Kriteriums der grenzüberschreitenden Tätigkeit oder Ausdehnung des Konzerns – unterschiedlichen Gewinnermittlungsgrundsätzen und damit dem Grunde nach verschiedenen Steuerbelastungen unterliegen.

Diese Nachteile weist der traditionelle Ansatz nicht auf, da er keine parallele Existenz von nationaler und gemeinsamer Bemessungsgrundlage anstrebt und im Gegensatz zu den anderen Konzepten, die eine Exklusivität für grenzüberschreitende Konzerne beinhalten, die gemeinsame Steuerbemessungsgrundlage auch rein national tätigen Unternehmen zugänglich macht. Die Probleme hinsichtlich der Behandlung von Restrukturierungen und Minderheitsgesellschaftern würden ebenfalls nicht auftreten. Eine Anpassung der Doppelbesteuerungsabkommen wäre zwar unter Umständen notwendig, eine uneingeschränkte Anwendung der Abkommen auf alle ansässigen Unternehmen aber möglich.

Daher ist eine einheitliche europäische Bemessungsgrundlage, verbunden mit einer Konsolidierungsmöglichkeit und national variablen Steuersätzen, ohne eine parallele Existenz nationaler Bemessungsgrundlagen am Besten geeignet, die Wettbewerbsfähigkeit des Binnenmarktes dauerhaft zu erhöhen. Kritisch ist meines Erachtens bei dem von der Europäischen Kommission vorgeschlagenen Ansatz derzeit aufgrund divergierender Interessen der Mitgliedstaaten die politische Einigung auf eine die nationalen steuerlichen Bemessungsgrundlagen ersetzende gemeinsame Steuerbemessungsgrundlage. Die Verfolgung eines mit negativen ökonomischen Effekten verbundenen (anderen) Konzepts, das nur aufgrund einer leichteren politischen Einigung ausgewählt wird, ist aber zu kurzsichtig, um dauerhaft die Wettbewerbsfähigkeit des gemeinsamen Marktes erhalten zu können.

Aufgrund der absehbaren Schwierigkeiten im politischen Einigungsprozess und zur Erhöhung der Wahrscheinlichkeit einer Einigung durch die Mitgliedstaaten sollten mehrere alternative Wege zur Erreichung des mittel- bis langfristigen Ziels einer gemeinsamen Bemessungsgrundlage in der Europäischen Union ohne parallele Existenz nationaler Bemessungsgrundlagen in Betracht gezogen werden.

Meines Erachtens ist sowohl die Anwendung eines modifizierten Konzepts der gemeinsamen konsolidierten Bemessungsgrundlage als auch eine schrittweise Harmonisierung der nationalen Bemessungsgrundlagen über Richtlinien als Möglichkeit zur langfristigen Umsetzung des traditionellen Ansatzes geeignet.

Vor der Wahl der Methode zur Realisierung des traditionellen Ansatzes sollte im Dialog mit den Mitgliedstaaten geprüft werden, hinsichtlich welches Vorgehens (die Implementierung einer zunächst parallel zu nationalen Regelungen bestehenden gemeinsamen Steuerbemessungsgrundlage oder die schrittweise

Angleichung der nationalen Bemessungsgrundlagen über Richtlinien) die größere Chance auf eine baldige Einigung besteht. Beachtet werden muss, dass es sich bei beiden Lösungen um mittel- bis langfristige Aufgaben handelt und keine ad hoc-Lösung angestrebt wird.

Als positiv ist zu vermerken, dass – unabhängig davon, welche Alternative zur Realisierung des traditionellen Ansatzes gewählt wird – eine Verabschiedung von Maßnahmen nur zu erwarten ist, wenn keine ökonomischen Argumente gegen die Maßnahmen sprechen und so ein effizientes Resultat durch Nutzung des Entdeckungsverfahrens am Ende der Diskussionen stehen sollte.

6.6.2.2 Modifizierte Umsetzung der Methode der gemeinsamen konsolidierten Bemessungsgrundlage

Der traditionelle Ansatz könnte realisiert werden, indem zunächst die Methode der gemeinsamen konsolidierten Bemessungsgrundlage verfolgt wird. Diese ist aber dahingehend zu modifizieren, dass sie mit einem rechtsform- und größenabhängigen Zeitplan für den Wegfall der nationalen Bemessungsgrundlagen kombiniert wird, um den aufgeführten Nachteilen der Koexistenz mit den nationalen Bemessungsgrundlagen zu begegnen. Zunächst sollte allen Unternehmen ein evtl. sogar unwiderrufliches Wahlrecht zur gemeinsamen Bemessungsgrundlage eingeräumt werden, um einer möglichst großen Menge von Wirtschaftssubjekten den Zugang zu ermöglichen, bis die nationalen Bemessungsgrundlagen endgültig durch die gemeinsame konsolidierte Bemessungsgrundlage ersetzt werden. Ist die gemeinsame konsolidierte Bemessungsgrundlage auf lange Sicht als alleinige Bemessungsgrundlage vorgesehen, entspricht sie im Endstadium dem traditionellen Ansatz.

Die gemeinsame Bemessungsgrundlage könnte inhaltlich beispielweise – wie in der Literatur bereits diskutiert – auf internationalen Rechnungslegungsstandards aufbauen.[1082] Implikationen in diese Richtung gehen auch von der Verordnung

---

[1082] Vgl. zu diesen Überlegungen auch Oestreicher, Andreas/Spengel, Christoph: International Accounting Standards, Maßgeblichkeitsprinzip und Besteuerung, in: DB 1999, 52. Jg., S. 593-600; Fülbier, Rolf Uwe/Gassen, Joachim: Wider die Maßgeblichkeit der International Accounting Standards für die steuerliche Gewinnermittlung, in: DB 1999, 52. Jg., S. 1511-1513; Oestreicher, Andreas/Spengel, Christoph: Replik zu Fülbier, Rolf Uwe/Gassen, Joachim: Wider die Maßgeblichkeit der International Accounting Standards für die steuerliche Gewinnermittlung, in: DB 1999, 52. Jg., S. 1513-1516; Oestreicher, Andreas/Spengel, Christoph: Anwendung von IAS in der EU – Zukunft des Maßgeblichkeitsprinzips und Steuerbelastung, in: RIW 2001, 47. Jg., S. 889-902; Buchholz, Rainer/Weis, Regina: Maßgeblichkeitsprinzip ade? Zur inhaltlichen Vereinbarkeit der Gewinnermittlung nach IAS und EStG (Teil I), in: DStR 2002, 40. Jg., S. 512-517; Buchholz, Rainer/Weis, Regina: Maßgeblichkeitsprinzip ade? Zur inhaltlichen Vereinbetreffend die Anwendung internationaler Rechnungslegungsstandards[1083] aus, die ab dem Jahr 2005 die zwingende Anwendung der International Accounting Standards bei der Erstellung der konsolidierten Abschlüsse von kapitalmarktorientierten Gesellschaften vorsieht.[1084] Auch ist ein Wahlrecht in Bezug auf die Einzelabschlüsse und hinsichtlich nicht kapitalmarktorientierter Gesellschaften in der Verordnung enthalten.[1085] Erfolgt durch die Mitgliedstaaten eine Ausübung dieses Wahlrechts dahingehend, dass sie eine Anwendung der International Accounting Standards auch für den Einzelabschluss vorsehen, und besteht zudem – dies ist allerdings nicht in allen Mitgliedstaaten der Fall – eine Maßgeblichkeit der Handelsbilanz für die Steuerbilanz, könnten die International Accounting Standards (automatisch) als Basis für die steuerliche Gewinnermittlung dienen.[1086]

Die Zugrundelegung der International Accounting Standards ist nur eine von vielen Möglichkeiten der Bildung einer gemeinsamen Bemessungsgrundlage; auch eine völlig unabhängig entwickelte Bemessungsgrundlage für rein steuerliche Zwecke ist denkbar. Der Aufbau auf den International Accounting Standards bietet jedoch den Reiz, dass ein bereits bestehendes Regelwerk als Basis benutzt wird, in das bereits die Interessen der Mitgliedstaaten eingeflossen sind. Auch wird die Aufstellung mehrerer von einander unabhängiger jährlicher Abschlüsse im Sinne einer geforderten Entrichtungsbilligkeit vermieden.

Diskutiert werden muss jedoch die bestehende Zieldivergenz zwischen verschiedenen Abschlüssen; daher hat auch eine Beurteilung der grundsätzlichen Eignung der International Accounting Standards als Ausgangsbasis für die steuerliche Gewinnermittlung zu erfolgen. Verfassungsrechtliche Aspekte, die

---

barkeit der Gewinnermittlung nach IAS und EStG (Teil II), in: DStR 2002, 40. Jg., S. 559-564; Dücker, Reinhard: Aktuelle Entwicklungen des europäischen Bilanzrechts – Harmonisierung durch Internationalisierung?, in: StuB 2002, 4. Jg., S. 70-74.

1083 Vgl. Verordnung (EG) 1606/2002 des Europäischen Parlaments und des Rates vom 19. Juli 2002 betreffend die Anwendung internationaler Rechnungslegungsstandards, in: ABl. L 243 vom 11.09.2002, S. 1-4.

1084 Vgl. Artikel 4 der Verordnung (EG) 1606/2002 des Europäischen Parlaments und des Rates vom 19. Juli 2002 betreffend die Anwendung internationaler Rechnungslegungsstandards, in: ABl. L 243 vom 11.09.2002, S. 1-4.

1085 Vgl. Artikel 5 der Verordnung (EG) 1606/2002 des Europäischen Parlaments und des Rates vom 19. Juli 2002 betreffend die Anwendung internationaler Rechnungslegungsstandards, in: ABl. L 243 vom 11.09.2002, S. 1-4.

1086 Vgl. Oestreicher, Andreas/Spengel, Christoph: Anwendung von IAS in der EU – Zukunft des Maßgeblichkeitsprinzips und Steuerbelastung, in: RIW 2001, 47. Jg., S. 889-902, hier: S. 890.

aus einer Normsetzungsbefugnis privater Organisationen resultieren, müssen ebenfalls Beachtung finden.

6.6.2.2.1 Zielsetzungen der International Accounting Standards, der „klassischen“ Handelsbilanz und der Steuerbilanz

Die vorwiegende Zielsetzung der International Accounting Standards besteht in der Vermittlung entscheidungsrelevanter Informationen über das Unternehmen, wobei sich die International Accounting Standards vorwiegend an den von Kapitalmarktteilnehmern benötigten Informationen orientieren.[1087]

Die (deutsche) Handelsbilanz verfolgt in erster Linie den Gläubigerschutz durch eine Begrenzung der Ausschüttungen an die Gesellschafter. Dieser Gedanke wird auf Ebene der Europäischen Union geteilt und hat durch die zweite gesellschaftsrechtliche Richtlinie Ausdruck verliehen bekommen.[1088]

Die Ertragsbesteuerung orientiert sich an der wirtschaftlichen Leistungsfähigkeit der Wirtschaftssubjekte. Das erklärte Ziel der steuerlichen Gewinnermittlung besteht in der Ermittlung eines Periodengewinns, der die wirtschaftliche Leistungsfähigkeit der Steuerpflichtigen auszudrücken vermag und so die Bemessungsgrundlage für die ertragsabhängigen Steuern darstellt.[1089]

Deutlich wird eine Zieldivergenz zwischen den International Accounting Standards, der klassischen Handelsbilanz und der Steuerbilanz. Es stellt sich folglich die Frage, ob und wie diese Ziele bei Zugrundelegung eines gemeinsamen Ausgangspunktes weiterhin verfolgt werden können.

6.6.2.2.2 Der Grundsatz der Maßgeblichkeit

Während die International Accounting Standards mit der ihnen eigenen Tendenz zur Marktbewertung sowohl gegenwärtigen als auch potenziellen Anlegern und

---

[1087] Vgl. Hayn, Sven/Waldersee, Georg Graf: IAS/US-GAAP/HGB im Vergleich: Synoptische Darstellung für den Einzel- und Konzernabschluss, 2. Aufl., Stuttgart 2000, S. 13.

[1088] Vgl. Wörner, Georg: Handels- und Steuerbilanz nach neuem Recht: mit US-GAAP, IAS und EURO, 6. Aufl., Landsberg/Lech 2000, S. 76, Rz. 136; Zweite Richtlinie (EWG) 77/91 des Rates vom 13. Dezember 1976 zur Koordinierung der Schutzbestimmungen, die in den Mitgliedstaaten den Gesellschaften im Sinne des Artikels 58 Absatz 2 des Vertrages im Interesse der Gesellschafter sowie Dritter für die Gründung der Aktiengesellschaft sowie für die Erhaltung und Änderung ihres Kapitals vorgeschrieben sind, um diese Bestimmungen gleichwertig zu gestalten, in: ABl. L 26 vom 31.1.1977, S. 1-13, zuletzt geändert durch Beitrittsakte 1995, in: ABl. L 1 vom 01.01.1995, S. 1-219.

[1089] Vgl. Tipke, Klaus/Lang, Joachim: Steuerrecht, 17. Aufl., Köln 2002, S. 4, Rz. 12.

Gläubigern relevante Informationen für eine rationale Anlage- oder Kreditentscheidung geben möchte, sieht das Handelsrecht von einer Marktbewertung ab und bezweckt durch eine Betonung des Vorsichtsprinzips, die Überbewertung von Chancen und die Unterbewertung von Risiken zu verhindern.[1090] Die Divergenz zwischen den International Accounting Standards und dem klassischen handelsrechtlichen Jahresabschluss könnte durch spezielle Ausschüttungsbegrenzungen weitgehend beseitigt werden, da so eine Sicherung des Mindestkapitals gewährleistet ist.[1091] Zu diesem Zweck könnte eine auf den International Accounting Standards aufbauende Überleitungsrechnung in Betracht gezogen werden, um zu der gewünschten Ausschüttungsbilanz zu gelangen.[1092] So sollten beispielsweise Umperiodisierungen, wie sie bereits heute in Großbritannien vorgenommen werden, in die Überleitungsrechnungen einbezogen werden, um das Realisationsprinzip beizubehalten.[1093]

Der Zielkonflikt zwischen Handels- und Steuerbilanz kann – wie bisher beispielsweise in Deutschland anzutreffen – ebenfalls durch eine Modifikation der Ausgangsgröße beigelegt werden. Durchbrechungen der Maßgeblichkeit sollten dabei zum Beispiel eine Übernahme des Imparitätsprinzips für steuerliche Zwecke vermeiden.[1094]

[1090] Vgl. Hayn, Sven/Waldersee, Georg Graf: IAS/US-GAAP/HGB im Vergleich: Synoptische Darstellung für den Einzel- und Konzernabschluss, 2. Aufl., Stuttgart 2000, S. 13; Tipke, Klaus/Lang, Joachim: Steuerrecht, 17. Aufl., Köln 2002, S. 303-304, Rz. 309.

[1091] Vgl. Oestreicher, Andreas/Spengel, Christoph: Anwendung von IAS in der EU – Zukunft des Maßgeblichkeitsprinzips und Steuerbelastung, in: RIW 2001, 47. Jg., S. 889-902, hier: S. 892.

[1092] Vgl. zum Maßgeblichkeitsprinzip Wehrheim, Michael/Renz, Anette: Die Steuerbilanz, München 2003, S. 14-17. Vgl. ansonsten Oestreicher, Andreas/Spengel, Christoph: Anwendung von IAS in der EU – Zukunft des Maßgeblichkeitsprinzips und Steuerbelastung, in: RIW 2001, 47. Jg., S. 889-902, hier: S. 892.

[1093] Vgl. Oestreicher, Andreas/Spengel, Christoph: International Accounting Standards, Maßgeblichkeitsprinzip und Besteuerung, in: DB 1999, 52. Jg., S. 593-600, hier: S. 598; Oestreicher, Andreas/Spengel, Christoph: Anwendung von IAS in der EU – Zukunft des Maßgeblichkeitsprinzips und Steuerbelastung, in: RIW 2001, 47. Jg., S. 889-902, hier: S. 893. Vgl. zum Realisations- und Anschaffungskostenprinzip Wehrheim, Michael/ Renz, Anette: Die Steuerbilanz, München 2003, S. 40.

[1094] Das handelsrechtliche Imparitätsprinzip führt zu einer steuerlich unerwünschen Berücksichtigung nicht realisierter Verluste. Ausdruck findet das Imparitätsprinzip zur Zeit insbesondere in der handelsrechtlichen Passivierungspflicht für drohende Verlust aus schwebenden Geschäften (§ 249 Abs. 1 S. 1 HGB); steuerrechtlich ist diese Rückstellung nicht zulässig (§ 5 Abs. 4a EStG).

Das Ausmaß der Überleitungsrechnung beim Übergang von den International Accounting Standards zum Handelsrecht hat sich dabei an dem Ziel des Gläubigerschutzes zu orientieren, ebenso wie der Übergang zur steuerlichen Bemessungsgrundlage an den Zielen der steuerlichen Gewinnermittlung auszurichten ist. Erforderlich ist insbesondere für die Steuerbilanz, dass Steuertatbestände nicht als Generalklauseln oder Ermessenstatbestände gestaltet sind, um willkürfreie Ansätze und Bewertungen sicherzustellen; insbesondere eine Marktbewertung kann in der Steuerbilanz nicht empfohlen werden, da dies zur Besteuerung von unrealisierten Gewinnen führen kann.[1095]

6.6.2.2.3 Verfassungsrechtliche Aspekte

Die International Accounting Standards werden durch das International Accounting Standards Committee, ein international besetztes privates Gremium, erarbeitet. In Ermangelung einer demokratischen Legitimierung des International Accounting Standards Committee entfalten die erlassenen Standards keine unmittelbare Rechtsgeltung.[1096] Die Rechtsanwendung der International Accounting Standards kann folglich erst aus der Entscheidung eines rechtsetzenden Organs resultieren, diese Normen als Bestandteil des geltenden Rechts anzuerkennen.[1097] Kritisch ist in diesem Zusammenhang, dass ein schlichter Verweis innerhalb des Sekundärrechts der Europäischen Union auf die International Accounting Standards die Befugnis zur genauen Normsetzung auf eine private internationale Organisation überträgt.

Um dem Demokratie- und Rechtsstaatsprinzip des Grundgesetzes Genüge zu tun, schreibt jedoch die Verordnung betreffend die Anwendung internationaler Rechnungslegungsstandards vor, dass vor der Übernahme und Anwendung der International Accounting Standards auf die Abschlüsse eine genaue Überprüfung des Standards zu erfolgen hat.[1098] So können die International Accounting Standards nur für die durch die Verordnung beschriebenen Zwecke übernom-

---

[1095] Vgl. Oestreicher, Andreas/Spengel, Christoph: Anwendung von IAS in der EU – Zukunft des Maßgeblichkeitsprinzips und Steuerbelastung, in: RIW 2001, 47. Jg., S. 889-902, hier: S. 893-894.

[1096] Vgl. Wörner, Georg: Handels- und Steuerbilanz nach neuem Recht: mit US-GAAP, IAS und EURO, 6. Aufl., Landsberg/Lech 2000, S. 300, Rz. 773.

[1097] Vgl. Oestreicher, Andreas/Spengel, Christoph: Anwendung von IAS in der EU – Zukunft des Maßgeblichkeitsprinzips und Steuerbelastung, in: RIW 2001, 47. Jg., S. 889-902, hier: S. 891.

[1098] Vgl. Artikel 3 der Verordnung (EG) 1606/2002 des Europäischen Parlaments und des Rates vom 19. Juli 2002 betreffend die Anwendung internationaler Rechnungslegungsstandards, in: ABl. L 243 vom 11.09.2002, S. 1-4.

men werden, wenn sie Kriterien wie beispielsweise der Konformität mit dem europäischen öffentlichen Interesse, der Verständlichkeit, der Verlässlichkeit und der Vergleichbarkeit entsprechen.[1099] Die International Accounting Standards werden sozusagen zum Zeitpunkt ihrer Übernahme für gemeinschaftliche Zwecke „festgeschrieben". Neue durch das International Accounting Standards Committee erlassene Standards fließen nicht automatisch, sondern erst nach einer verbindlichen Annahme durch die Europäische Kommission in die „European Accounting Standards" ein.[1100]

Da eine Überprüfung und verbindliche Annahme des Standards durch die Europäische Kommission zu erfolgen hat und somit keine unlegitimierte Rechtsetzung durch das International Accounting Standards Committee erfolgen kann, scheinen diesbezügliche verfassungsrechtliche Bedenken nicht haltbar.[1101]

6.6.2.2.4 Beurteilung der International Accounting Standards als Ausgangspunkt für die steuerliche Gewinnermittlung

Die International Accounting Standards verfolgen vor allem das Ziel der kapitalmarktorientierten Informationsvermittlung; unabhängig davon bieten sie aber eine breite Basis objektivierter Gewinnermittlungsregelungen, die für die steuerliche Gewinnermittlung übernommen werden könnten. Dem Grunde nach kommen die International Accounting Standards also durchaus als Ausgangspunkt für die steuerliche Gewinnermittlung in Betracht, selbst wenn eine pauschale Anknüpfung ausscheidet und wohl eine zweistufige Überleitungsrechnung – von der auf den International Accounting Standards basierenden Bilanz zur Handelsbilanz und von dieser zur Steuerbilanz – benötigt wird.[1102] Die Aufstellung einer Einheitsbilanz für einen kapitalmarktorientierten, einen

---

1099 Vgl. Artikel 3 Abs. 2 der Verordnung (EG) 1606/2002 des Europäischen Parlaments und des Rates vom 19. Juli 2002 betreffend die Anwendung internationaler Rechnungslegungsstandards, in: ABl. L 243 vom 11.09.2002, S. 1-4.

1100 In der juristischen Literatur wird zudem die Verfassungsmäßigkeit einer vorgesehenen Übertragung der diesbezüglichen Normsetzungsbefugnis auf die Europäische Kommission diskutiert. Eine Verfassungswidrigkeit wurde jedoch nicht festgestellt. Vgl. hierzu Heintzen, Markus: EU-Verordnungsentwurf zur Anwendung von IAS: Kein Verstoß gegen Unionsverfassungsrecht, in: BB 2001, 56. Jg., S. 825-829, hier: S. 828.

1101 Vgl. Oestreicher, Andreas/Spengel, Christoph: Anwendung von IAS in der EU – Zukunft des Maßgeblichkeitsprinzips und Steuerbelastung, in: RIW 2001, 47. Jg., S. 889-902, hier: S. 891.

1102 Vgl. Oestreicher, Andreas/Spengel, Christoph: Anwendung von IAS in der EU – Zukunft des Maßgeblichkeitsprinzips und Steuerbelastung, in: RIW 2001, 47. Jg., S. 889-902, hier: S. 894.

handelsrechtlichen und einen steuerlichen Abschluss ist aufgrund der unterschiedlichen Zielsetzungen jedoch nicht möglich.

Auch eine Kollision der durch die Verordnung betreffend die Anwendung internationaler Rechnungslegungsstandards vorgesehenen Übernahme der International Accounting Standards mit dem Verfassungsrecht liegt wohl nicht vor, so dass hieraus keine Ablehnung der Standards als Basis für die Erstellung einer („klassischen" Handels- sowie einer) Steuerbilanz resultieren kann.

6.6.2.3 Schrittweise Harmonisierung der Bemessungsgrundlagen über Richtlinien

Alternativ könnte zur Umsetzung des traditionellen Ansatzes meines Erachtens eine Angleichung der Steuerbemessungsgrundlagen, wie beispielsweise die Koordinierung der einzelstaatlichen Rechtsvorschriften über den Jahresabschluss von Kapitalgesellschaften zum Schutze der Gesellschafter sowie Dritter, schrittweise durch Richtlinien erfolgen.[1103] Dadurch würde der mit den meisten positiven Aspekten verbundene traditionelle Ansatz nach und nach realisiert.

6.6.2.3.1 Ansatzpunkte der Richtlinien

Ausgehend von der Tatsache, dass die Bemessungsgrundlagen aller Mitgliedstaaten im weitesten Sinne auf dem ökonomischen Gewinn eines Unternehmens aufbauen, bieten sich als Ansatzpunkte der Richtlinien zunächst die Bestandteile der steuerlichen Bemessungsgrundlage an, in denen eine sehr heterogene Behandlung durch die Mitgliedstaaten besteht und/oder solche Regelungen an, die die Entscheidungen der Wirtschaftssubjekte besonders beeinflussen und dadurch Verzerrungen hervorrufen.

Anzuraten ist – neben der Beseitigung diskriminierender und schädlicher Einzelregelungen – zuerst eine Ratifizierung der den besonderen steuerlichen Hindernissen am gemeinsamen Markt entgegenwirkenden gezielten Maßnahmen. Insoweit stimmt diese Vorgehensweise mit dem Konzept zur Umsetzung der Mindestanforderungen zum Erhalt der Wettbewerbsfähigkeit des europäischen Binnenmarktes überein.[1104]

[1103] Vgl. Vierte Richtlinie (EWG) 78/660 aufgrund von Artikel 54 Absatz 3 Buchstabe g) des Vertrages über den Jahresabschluss von Gesellschaften bestimmter Rechtsformen, vom 25.07.1978, in: ABl. L 222 vom 14.08.1978, S. 11-31, zuletzt geändert durch Richtlinie 2001/65/EG, in: ABl. L 283 vom 27.10.2001, S. 28-32.

[1104] Vgl. hierzu Abschnitt 6.6.1 „Mindestanforderung zum Erhalt der Wettbewerbsfähigkeit der Europäischen Union" dieser Arbeit.

Der besondere Vorteil des traditionellen Ansatzes besteht aber insbesondere in der Beseitigung weiterer Intransparenzen. Eine darüber hinausgehende Angleichung der nationalen Bemessungsgrundlagen ist daher erforderlich. Relevant sind dabei insbesondere solche Regelungen zur Bestimmung der Bemessungsgrundlage, die unabhängig vom Steuersatz die Effektivsteuerbelastung der Unternehmen beeinflussen, denn diese stellen für die Unternehmen entscheidungsrelevante Faktoren dar, die von diesen aber aufgrund der vorherrschenden Intransparenz nur unter einem hohen Kostenaufwand ersichtlich gemacht werden können. Werden diese Quellen unterschiedlicher Effektivsteuerbelastungen beseitigt, schwindet auch eine Quelle steuerlicher Verzerrungen auf dem gemeinsamen Markt.

Als besonders wirkungsreich auf die Effektivsteuerbelastung wurden bereits mehrere Bereiche der Unternehmensbesteuerung identifiziert.[1105] Zwar spielen Bemessungsgrundlage und Steuersatz bei der Bildung der Effektivsteuerbelastung zusammen, häufig ist die steuerliche Behandlung eines ökonomischen Sachverhalts aber bereits durch die Regelungen zur Ausgestaltung der Bemessungsgrundlage beeinflusst und nicht nur durch den Steuersatz bestimmt. Bestimmte Steuerbefreiungen bzw. Vergünstigungen durch Anwendung eines ermäßigten Steuersatzes sollten bei der schrittweisen Harmonisierung der nationalen steuerlichen Bemessungsgrundlagen auch Berücksichtigung finden, da sonst eine Änderung der nationalen Bemessungsgrundlage durch entsprechende Anpassung des Steuersatzes für den betroffenen Sachverhalt kompensiert werden kann.[1106] Geht man also von einer mit der Rechtsangleichung der Bemessungsgrundlage einhergehenden Angleichung des Steuersatzes auf den – von den einzelnen Mitgliedstaaten frei bestimmbaren – Regelsteuersatz aus, deuten die ermittelten Effektivsteuerbelastungen unter Variation bestimmter Sachverhalte auf Bereiche hin, in denen sehr heterogene Regelungen in den Mitgliedstaaten vorliegen.

Während für die unterschiedlichen Effektivsteuerbelastungen unter Variation des Gewinns vor Steuern vor allem die Steuersätze verantwortlich sind, ist beispielsweise für die Schwankung der Unternehmensteuerbelastung bei Veränderung des eingesetzten Verhältnisses von Eigen- und Fremdkapital vorwiegend die steuerliche Behandlung von Fremdkapitalzinsen und Gewinnausschüttungen

---

[1105] Vgl. hierzu Abschnitt 5.1.3.1.2 „Quantifizierung der Effektivsteuerbelastung“ dieser Arbeit.

[1106] Auf die Qualifizierung bestimmter Steuervergünstigungen als Beihilfe soll hier nicht weiter eingegangen werden.

ausschlaggebend, über die aber bereits bei der Ermittlung der steuerlichen Bemessungsgrundlage entschieden wird.[1107]

Heterogene Steuerbelastungen in Abhängigkeit der eingesetzten Wirtschaftsgüter resultieren vorwiegend aus unterschiedlichen regulären Abschreibungsmöglichkeiten und –dauern, verschiedenen Regelungen für außerplanmäßige Abschreibungen und Unterschieden in den Normen zur Bestimmung der Anschaffungs- und Herstellungskosten in den Mitgliedstaaten.[1108] Hieraus ergibt sich – im Zusammenspiel mit anderen Faktoren, wie beispielsweise der Personalintensität, deren unterschiedliche steuerliche Behandlung aber auf der Existenz bestimmter Steuerarten in den Mitgliedstaaten beruht – auch eine heterogene steuerliche Behandlung ganzer Branchen.[1109]

Dies sind jedoch neben den im Rahmen der qualitativen Analyse aufgeführten und bereits bei den gezielten Maßnahmen diskutierten Problembereichen nur einige Beispiele für notwendige Ansatzpunkte des harmonisierenden Sekundärrechts, die aber bei der Quantifizierung der steuerlichen Unterschiede zwischen den Mitgliedstaaten besonders deutlich hervorgetreten sind.[1110] Weitere problematische Regelungen der Mitgliedstaaten zur Bestimmung der Steuerbemessungsgrundlage werden zusätzlich in eine Rechtsangleichung einzubeziehen sein.

1107 Vgl. Commission of the European Communities: Company Taxation in the Internal Market, in: http://europa.eu.int/comm/ taxation_customs/ publications/ official_doc/com/ com.htm, S. 69-74, 218-221; Baker & McKenzie: The Effective Tax Burden of Companies in the Member States of the EU – The Perspective of a Multinational Investor, 2001, in: http://www.bakernet.com/publications/documents/1547_tx.html, S. 41, 48. Vgl. auch Abschnitt 5.1.3.1.2 „Quantifizierung der Effektivsteuerbelastung" dieser Arbeit.

1108 Vgl. Baker & McKenzie: The Effective Tax Burden of Companies in the Member States of the EU – The Perspective of a Multinational Investor, 2001, in: http://www.bakernet.com/publications/documents/1547_tx.html, S. 36-37 sowie Abschnitt 5.1.3.1.2 „Quantifizierung der Effektivsteuerbelastung" dieser Arbeit.

1109 Vgl. Commission of the European Communities: Company Taxation in the Internal Market, in: http://europa.eu.int/comm/ taxation_customs/ publications/ official_doc/com/ com.htm, S. 69-74, 219; Baker & McKenzie: The Effective Tax Burden of Companies in the Member States of the EU – The Perspective of a Multinational Investor, 2001, in: http://www.bakernet.com/publications/documents/1547_tx.html, S. 34, 36-37, 43-44. Vgl. auch Abschnitt 5.1.3.1.2 „Quantifizierung der Effektivsteuerbelastung" dieser Arbeit.

1110 Vgl. Commission of the European Communities: Company Taxation in the Internal Market, in: http://europa.eu.int/comm/ taxation_customs/ publications/ official_doc/com/ com.htm, S. 223, 232-289 sowie die Abschnitte 5.1.3.1.2 „Quantifizierung der Effektivsteuerbelastung" und 5.1.3.2 „Qualitative Analyse: Besondere steuerliche Hindernisse für grenzüberschreitende Geschäftstätigkeit in der Europäischen Union" dieser Arbeit.

6.6.2.3.2 Abschließende Harmonisierungsmaßnahmen

Problematisch ist bei der Harmonisierung der nationalen steuerlichen Bemessungsgrundlagen über Richtlinien, dass die Umsetzung des Sekundärrechts in nationales Recht den Mitgliedstaaten obliegt. Obwohl als Ziel eine einheitliche Steuerbemessungsgrundlage angestrebt wird, werden weiterhin 15 verschiedene diesbezügliche Regelwerke nebeneinander existieren. Eine Rechtsangleichung über ein anderes sekundärrechtliches Instrument ist meines Erachtens bei einer schrittweisen Vorgehensweise jedoch nicht möglich. Da sich die nationalen Bemessungsgrundlagen nach erfolgter Harmonisierung durch Richtlinien inhaltlich weitgehend entsprechen werden, ist die Ratifizierung eines gemeinsamen Regelwerks zur Bestimmung der Bemessungsgrundlage zu einem späteren Zeitpunkt anzuraten, um die Wirtschaftssubjekte auch hinsichtlich einer möglichen uneinheitlichen Interpretation der Normen zu entlasten und einen (vorerst) letzten Schritt in Richtung Transparenz zu leisten.

Da im Sinne einer Entlastung der Wirtschaftssubjekte auf dem gemeinsamen Markt meines Erachtens nach Möglichkeit ein Erstellen von mehreren jährlichen Abschlüssen auch im Hinblick auf die Forderung nach geringen steuerlichen Entrichtungskosten unterbleiben sollte, ist wiederum zu überlegen, eine abschließende Verordnung, die inhaltlich auf den zuvor verabschiedeten Richtlinien fußt, zu erlassen, die die Ermittlung der gemeinsamen steuerlichen Bemessungsgrundlage auf einem international anerkannten Rechnungslegungsstandard im Sinne einer Maßgeblichkeit ermöglicht.[1111] Dieser Aspekt ist aber nicht erst nach Ratifizierung der Richtlinien, sondern bereits bei deren Entwurf entsprechend zu berücksichtigen.

6.6.2.4 Ausgestaltung der steuerlichen Bemessungsgrundlage

Innerhalb einer vereinheitlichten Bemessungsgrundlage sollte – unabhängig davon, ob der traditionelle Ansatz durch eine schrittweise Angleichung über Richtlinien oder die Implementierung einer zunächst parallel zu nationalen Regelungen bestehenden gemeinsamen Steuerbemessungsgrundlage angestrebt wird – darauf geachtet werden, schädliche und diskriminierende Maßnahmen abzubauen und keine neuen derartigen Maßnahmen einzuführen, denn auch eine angeglichene Besteuerung kann diskriminierende und schädliche Elemente aufweisen. Auch sollten Abwehrmaßnahmen, wie sie momentan beispielsweise im Rahmen des deutschen und französischen Außensteuergesetzes verankert

---

[1111] Vgl. hierzu auch Abschnitt 6.6.2.2 „Modifizierte Umsetzung der Methode der gemeinsamen konsolidierten Bemessungsgrundlage" dieser Arbeit.

sind, vorwiegend gegenüber Drittstaaten und nicht in Bezug auf andere Mitgliedstaaten angewendet werden.[1112]

Ein einfaches und gerechtes Steuersystem zu schaffen, ist innerhalb des neuen europäischen Steuersystems bzw. der einheitlichen Bemessungsgrundlage ebenfalls eine bedeutende Aufgabe. Bei der Erarbeitung der Bemessungsgrundlage ist zudem auf deren Effizienz und damit deren Neutralität hinsichtlich Investitions-, Gewinnverwendungs-, Finanzierungs- und Rechtsformentscheidungen, der Betriebsgröße, des Faktoreinsatzes und der Produkte zu achten. Eine wichtige Voraussetzung insbesondere bezüglich der Rechtsformneutralität und der Gerechtigkeit eines Steuersystems ist die Vergleichbarkeit der Steuersubjekte und -objekte. Ein einheitliches europäisches Gesellschaftsrecht würde helfen, die Qualifizierung von Rechtsformen zu vereinfachen und nationale Sonderregelungen zugunsten einer steuerlichen Transparenz zu harmonisieren. Die Verordnung über das Statut der Europäischen Gesellschaft (SE) ist auch diesbezüglich ein erster Schritt in die richtige Richtung.[1113]

Unter Effizienzgesichtspunkten bleibt die Erfüllung der Standortneutralität ungewiss, da die effektive Steuerbelastung weiterhin von der Höhe des Steuersatzes abhängig bleibt und dieser nach wie vor von den Mitgliedstaaten bestimmt wird. Wie aufgezeigt, ist zwar keine einheitliche Effektivsteuerbelastung zur Herstellung der Standortneutralität gefordert;[1114] fraglich ist jedoch, ob die Steuerbelastung tatsächlich der (Gegen-)Leistung in Form öffentlicher Güter entspricht. Auf lange Sicht werden jedoch das Verhalten multinationaler Unternehmen und das Wirtschaftswachstum in den einzelnen Mitgliedstaaten darüber Aufschluss geben, ob aus Sicht der Wirtschaftssubjekte eine der Gegenleistung entsprechende Leistung geboten wird. Somit bleiben auch die politökonomischen und als positiv zu wertenden Aspekte des internationalen Steuerwettbewerbs bestehen, da die Bestimmung der Höhe des Steuersatzes ebenso wie die öffentlichen Ausgaben weiterhin in den Aufgabenbereich der Mitgliedstaaten

---

[1112] Vgl. hierzu die Abschnitte 5.3 „Untersuchung von bestehenden Maßnahmen des schädlichen Steuerwettbewerbs“ und 6.6.1.1 „Abschaffung diskriminierender und schädlicher Einzelregelungen“ dieser Arbeit. Vgl. zu französischen Abwehrmaßnahmen beispielsweise Tillmanns, Wolfhard: Hinzurechnungsbesteuerung in Frankreich, in: IWB, Fach 5, Gruppe 2, vom 09.05.2001, S. 1263-1264; Richter, Dirk: Neueste Entwicklung der französischen Rechtsprechung zum Außensteuerrecht bei DBA-Staaten, in: IStR 2002, 11. Jg., S. 231-235.

[1113] Vgl. Verordnung (EG) 2157/2002 des Rates vom 8. Oktober 2001 über das Statut der Europäischen Gesellschaft (SE), in: ABl. L 294 vom 10.11.2001, S. 1-21. Vgl. auch die diesbezüglichen Ausführungen in Abschnitt 6.6.1.2 „Durchsetzung gezielter Maßnahmen“ dieser Arbeit.

[1114] Vgl. Abschnitt 3.3 „Steuerharmonisierung oder Steuerwettbewerb?“ dieser Arbeit.

fallen. Eine Möglichkeit, die aus mangelnder Standortneutralität resultierenden Verzerrungen zu begrenzen, besteht in der Vorgabe einer Bandbreite der Steuersätze. Da jedoch das Ziel, Ungleichheiten in der Europäischen Union auch hinsichtlich der Lebensverhältnisse und wirtschaftlicher Bedingungen zu beseitigen[1115] und damit eine Angleichung der Standortqualität ein eher langfristiges Ziel darstellt, ist auch ein Angleich der Höhe der (steuerlichen) Gegenleistung nur langfristig zu überdenken.

6.6.2.5 Verteilung des Steueraufkommens

Die Verteilung der konzerneinheitlichen Bemessungsgrundlage auf die Mitgliedstaaten sollte meines Erachtens – abweichend von den Vorschlägen der Kommission[1116] – nicht anhand von Schlüsseln erfolgen, sondern anhand der Einzelabschlüsse, die ebenfalls auf der einheitlichen Bemessungsgrundlage basieren. So bliebe auch eine Anwendung der nationalen Steuersätze sinnvoll möglich. Anderenfalls wären aufgrund der weiterhin differierenden effektiven Steuerbelastung gezieltere Anpassungen der Wirtschaftssubjekte zur regionalen Ergebnislenkung und damit Verzerrungen ökonomischer Entscheidungen zu erwarten.

Die Verteilung der Steuereinnahmen anhand der Einzelabschlüsse setzt zwar – im Gegensatz zu der von der Kommission vorgeschlagenen Verteilung – spezifische Lösungen für Verrechnungspreise, Restrukturierungen und die Gewinn- und Verlustkonsolidierung voraus; diese wurden aber bereits im Rahmen der gezielten Lösungen zur Bekämpfung besonderer steuerlicher Hindernisse empfohlen[1117] und sollten bei Ausgestaltung der einheitlichen Bemessungsgrundlage Berücksichtigung finden.

6.6.2.6 Harmonisierung der Steuerarten und der Körperschaftsteuersysteme

Mit der Harmonisierung der steuerlichen Bemessungsgrundlage hängt eine Harmonisierung der Steuerarten und auch der Körperschaftsteuersysteme eng zusammen, da die Steuerarten auf den Bemessungsgrundlagen aufbauen und

---

1115 Vgl. Artikel 3 Abs. 1 und 2 EGV.

1116 Vgl. Commission of the European Communities: Company Taxation in the Internal Market, in: http://europa.eu.int/comm/ taxation_customs/ publications/ official_doc/com/ com.htm, S. 407-414. Vgl. auch Abschnitt 6.5.2.1 "Verschiedene Ansätze" dieser Arbeit.

1117 Vgl. die Abschnitte 6.5.1.1 „Weiterentwicklung der Mutter-Tochter-Richtlinie und der Fusionsrichtlinie" und 6.5.1.3 „Weiterentwicklungen im Bereich der Verrechnungspreise" dieser Arbeit.

auch die Körperschaftsteuersysteme derzeit Intransparenzen und Verzerrungen hervorrufen.[1118] Um nicht gezwungen zu werden, zusätzliche Steuerarten im eigenen Staat zu implementieren, bleibt jedoch solchen Mitgliedstaaten, die bislang nur wenige Arten von Steuern erheben, die Möglichkeit offen, einen Steuersatz von null zu wählen und damit die Anzahl der erhobenen Steuerarten weiterhin zu bestimmen. Diese Harmonisierung sollte meines Erachtens aber erst in einem nächsten Schritt, aufbauend auf den bis dahin gesammelten Erfahrungen, diskutiert werden.

6.6.2.7 Wirkungsweise der Maßnahmen

Eine gemeinsame steuerliche Bemessungsgrundlage für unternehmerische Aktivitäten in der Europäischen Union ohne parallele Existenz nationaler Bemessungsgrundlagen würde zur Erhöhung der Transparenz der Unternehmensbesteuerung beitragen, bestehende Verzerrungen abbauen und zur Verringerung der Erhebungs- und Entrichtungskosten beitragen. Durch eine gleiche Behandlung gleicher steuerlicher Sachverhalte und die nicht bestehende Möglichkeit, sich durch die Nutzung von Unterschieden in den nationalen Bemessungsgrundlagen einer Besteuerung zu entziehen, wird die Steuergerechtigkeit zusätzlich erhöht. Der traditionelle Ansatz wäre daher – unabhängig von dem beschrittenen Weg zur Erreichung dieses Ziels – langfristig in der Lage, einen bedeutenden Beitrag zur Einfachheit, Gerechtigkeit und Effizienz der Besteuerung in der Europäischen Union zu leisten.

Es ist jedoch von großer Relevanz, dass bei der Ausgestaltung der einheitlichen Bemessungsgrundlage auf die Europarechtskonformität von steuerlichen Einzelregelungen sowie die Einfachheit, Gerechtigkeit und Neutralität der Besteuerung beachtet wird, denn Verstöße gegen diese Vorgaben würden wiederum Verzerrungen hervorrufen, die sich negativ auf die Wettbewerbsfähigkeit des Binnenmarktes auswirken. Unter Beachtung dieser Vorgaben ist es möglich, der Forderung nach einer rationalen Unternehmensbesteuerung in weiten Teilen zu entsprechen.

Hinsichtlich der Auswirkungen des Steuerwettbewerbs ist anzumerken, dass der europäische Steuerwettbewerb nur bis zum Erreichen der (einzigen) gemeinsamen Bemessungsgrundlage als Entdeckungsverfahren interpretiert werden kann. Da der Binnenmarkt jedoch in Konkurrenz zu anderen Märkten und der in

[1118] Vgl. Unabhängiger Sachverständigenausschuß zur Unternehmensbesteuerung: Report of the Committee of Independent Experts on Company Taxation, Luxemburg 1992, Kapitel 3. Vgl. auch Abschnitt 5.1.3.2.5 „Regelungen der Körperschaftsteuersysteme, variierende Steuersätze und die steuerliche Gewinnermittlung" dieser Arbeit.

Drittstaaten vorherrschenden Besteuerung steht, kann auch die gemeinsame Bemessungsgrundlage im Rahmen eines Entdeckungsverfahrens (dynamisch) weiterentwickelt werden und sollte nicht als statisch verstanden werden, damit auch in Zukunft den sich ändernden Rahmenbedingungen Rechnung getragen wird.

Ungeachtet des aus den umfassenderen Harmonisierungsmaßnahmen resultierenden Nutzens sollten aufgrund des langen Weges bis zum Erreichen einer einheitlichen Bemessungsgrundlage die diskriminierenden und schädlichen Maßnahmen sowie die beschriebenen besonderen steuerlichen Hindernisse durch die aufgezeigten Maßnahmen bald angegangen werden, um eine zwischenzeitliche Schwächung der Wettbewerbsfähigkeit des Binnenmarktes zu verhindern.

6.6.3 Legitimation zur Durchführung der Harmonisierungsmaßnahmen

Fraglich ist, ob die Europäische Union zur Durchführung der hier angestrebten (Harmonisierungs-)Maßnahmen durch den Vertrag zur Gründung der Europäischen Gemeinschaft legitimiert ist und damit die Maßnahmen überhaupt durchführbar sind. Diskriminierende Maßnahmen stehen dem Vertrag zur Gründung der Europäischen Gemeinschaft explizit entgegen und hinsichtlich schädlicher Regelungen sind die Mitgliedstaaten bislang zumindest die politische Verpflichtung zur Einhaltung des Verhaltenskodex eingegangen. Im Bereich der Einzelmaßnahmen ist eine vertragliche bzw. politische Legitimation somit gegeben. Eine Implementierung des Verhaltenskodex würde diesem jedoch noch mehr Gewicht verleihen.

Bei den anderen angestrebten Maßnahmen ist die Frage der Legitimation weniger deutlich zu beantworten. So erlaubt Artikel 94 EGV die Angleichung der Rechtsvorschriften nur, wenn diese sich unmittelbar auf die Errichtung oder das Funktionieren des gemeinsamen Marktes auswirken. Die Wirkung beispielsweise der Intransparenz steuerlicher Regelungen lässt sich jedoch nur schwer quantifizieren, so dass sich nicht sicher nachweisen lässt, ob deren Auswirkungen tatsächlich geeignet sind, das Funktionieren des gemeinsamen Marktes zu beeinträchtigen. Meines Erachtens liegen jedoch derzeit nicht die Voraussetzungen vor, denen ansonsten Wirtschaftssubjekte auf einem Markt ausgesetzt sind.

Somit unterliegt der Binnenmarkt möglicherweise aufgrund der dort vorherrschenden inhomogenen Rechtslage Nachteilen gegenüber anderen Standorten, was sich wiederum auf die Wettbewerbsfähigkeit und damit das Funktionieren des gemeinsamen Marktes negativ auswirkt. Beachtet werden muss aber zusätzlich bei jedem Vorgehen von Seiten der Gemeinschaft sowohl das Subsidiaritätsprinzip als auch der Verhältnismäßigkeitsgrundsatz. Angesichts der hier dargestellten Problembereiche dürften die angestrebten Maßnahmen aber keinem dieser Prinzipien widersprechen. Die Möglichkeit einer Rechtsangleichung durch Richtlinien in den betroffenen Bereichen wie auch die Implementierung einer gemeinsamen Bemessungsgrundlage sollte meines Erachtens durch den Vertrag zur Gründung der Europäischen Gemeinschaft gedeckt sein. Die Durchsetzung dieser Maßnahmen ist jedoch aufgrund der bislang geforderten Einstimmigkeit in Steuerfragen trotz positiver Auswirkungen auf den gemeinsamen Markt weiterhin unsicher.

7 Thesenförmige Zusammenfassung

- Die Errichtung eines gemeinsamen Marktes mit einem unverfälschten Wettbewerb ist eines der Ziele der Europäischen Gemeinschaft (Artikel 2 und 3 EGV). Daher besteht die Frage nach den notwendigen wirtschaftlichen Rahmenbedingungen zur Gewährleistung der optimalen Funktionsweise des Marktes. Da die Besteuerung einen Einflussfaktor unternehmerischen Handelns darstellen kann, fällt auch dieser als Rahmenbedingung eines gemeinsamen europäischen Marktes Relevanz zu. Ein Vergleich der finanzwissenschaftlichen Kriterien und der Wirkung staatlichen Steuerwettbewerbs mit den derzeit vorherrschenden steuerlichen Bedingungen in der Europäischen Union soll dazu beitragen, verbleibenden Handlungsbedarf auf dem Gebiet der direkten Besteuerung aufzuzeigen und dessen Umsetzung auf Basis der europäischen Rechtslage zu diskutieren. Die Betrachtung der Mitgliedstaaten Deutschland und Frankreich soll helfen, die Unterschiedlichkeit der gegebenen Besteuerungsnormen auch anhand problematischer Einzelregelungen zu verdeutlichen.

- In Deutschland und Frankreich finden unterschiedliche Steuerarten mit differierenden Steuersätzen auf verschieden ausgestaltete Bemessungsgrundlagen Anwendung. Es wird deutlich, dass Unternehmen am gemeinsamen Markt mit sehr unterschiedlichen komplexen und damit intransparenten steuerlichen Rahmenbedingungen der Mitgliedstaaten konfrontiert werden.

- Die meisten Steuern bewirken über den Entzug monetärer Mittel hinaus Wohlfahrtsverluste in Form von Zusatzlasten, die aus Störungen der Allokationseffizienz resultieren. Darüber hinaus belasten Erhebungs- und Entrichtungskosten sowohl die Steuersubjekte als auch den Staat. Die aus diesen Aspekten resultierenden Forderungen lauten nach einem einfachen, gerechten und effizienten Gewinnsteuersystem. Der Grundsatz der Einfachheit gilt als erfüllt, wenn die Entrichtung und Erhebung der Steuer für den Steuerpflichtigen und den Fiskus mit möglichst geringen Kosten verbunden und transparent ist. Der Grundsatz einer gerechten Unternehmensbesteuerung umfasst die Forderung nach einer gleichmäßigen Besteuerung ohne Ausweichmöglichkeiten. Das Postulat der Effizienz strebt die optimale Allokation der Produkte und Produktionsfaktoren im Sinne einer an den Präferenzen der Wirtschaftssubjekte orientierten bestmöglichen Verteilung der knappen Ressourcen und damit eine neutrale Wirkung der Besteuerung auf wirtschaftliche Entscheidungen an.

- Internationaler Steuerwettbewerb zeichnet sich in seiner Wirkung durch die Beschränkung eines sich ausbreitenden Steuerstaates und als Entdeckungsverfahren aus, was positive Effekte auf die Allokationseffizienz beinhaltet. Die Gefahr eines race to the bottom konnte nicht bestätigt werden, ebenso wenig wie stärkere distributive Auswirkungen. Einzig der schädliche Steuerwettbewerb wirkt merklich negativ und sollte daher verhindert werden.

- Eine unterschiedliche Effektivsteuerbelastung in den Mitgliedstaaten der Europäischen Union widerspricht nicht dem Postulat der Standortneutralität, wenn das Verhältnis von Leistung und Gegenleistung weitgehend dem der anderen Mitgliedstaaten entspricht und somit die Wahl des Standortes nicht verzerrt wird. Raum für einen steuerlichen Wettbewerb der Staaten bleibt bestehen, solange keine vollständige Harmonisierung der steuerlichen Rahmenbedingungen gegeben ist. Beschränkt man die steuerliche Rechtsangleichung auf Bereiche, die einen Steuerwettbewerb weiterhin ermöglichen, würden die positiven Aspekte des Steuerwettbewerbs bestehen bleiben. Eine sinnvolle Forderung würde also danach lauten, die intransparentesten Bestandteile der Steuersysteme der Mitgliedstaaten zu vereinheitlichen, steuerliche Hindernisse und Quellen von Verzerrungen der Entscheidungsneutralität abzubauen, ohne eine einheitliche Effektivsteuerbelastung herzustellen. Angestrebt werden sollte weder ein freier, ungeregelter Steuerwettbewerb noch eine vollständige Harmonisierung, sondern eine internationale Steuerwettbewerbsordnung, die durch partielle Rechtsangleichungen und das Verbot wettbewerbsschädlicher und unlauterer Methoden in der Lage ist, einen dauerhaft funktionsfähigen Wettbewerb unter Minimierung der Nachteile zu schaffen.

- Für die Gesetzgebung des Sekundärrechts findet für den Bereich des Steuerrechts auf Ebene der Europäischen Union das traditionelle Anhörungsverfahren Anwendung. Das Parlament hat nur eine beratende Funktion und zumeist sind einstimmige Ratsbeschlüsse notwendig; ändert der Rat jedoch einen Vorschlag der Kommission ab, so muss er zwingend einstimmig beschließen, auch wenn sonst ein Mehrheitsbeschluss ausreichend gewesen wäre.

- Ein Eingreifen der Europäischen Union ist in den Bereichen der diskriminierenden Maßnahmen und hinsichtlich der steuerlichen Beihilfen direkt durch den Vertrag zur Gründung der Europäischen Gemeinschaft legitimiert. Darüber hinaus ist eine Rechtsangleichung im Bereich der direkten Besteuerung gefordert, soweit steuerliche Regelungen das Funktionieren des Binnenmarktes im Sinne der Artikel 2 und 3 EGV gefährden. Artikel 94 EGV bildet im Rahmen der allgemeinen Rechtsangleichungsvorschriften die Legitimationsgrundlage für Harmonisierungsmaßnahmen zur Herstellung und zum Erhalt eines funktionsfähigen Binnenmarktes.

- Die Forderung, den Mitgliedstaaten weiterhin möglichst weitreichende Kompetenzen bezüglich der steuerlichen Rechtsetzung zu belassen, äußert sich im Subsidiaritätsgrundsatz. Demnach darf die Europäische Union in Bereichen, die nicht in ihre ausschließliche Zuständigkeit fallen, nur tätig werden, soweit Ziele der in Betracht gezogenen Maßnahmen auf Ebene der Mitgliedstaaten nicht ausreichend erreicht werden können und daher wegen ihres Umfangs oder ihrer Wirkungen besser von der Gemeinschaftsebene aus gesteuert werden können. Diese Kompetenz der Europäischen Union ist jedoch ausdrücklich auf geeignete Maßnahmen zur Erreichung der vertraglich vereinbarten Ziele beschränkt. Die von der Gemeinschaft ergriffenen Maßnahmen dürfen dabei nicht über das für die Erreichung der Ziele erforderliche Maß hinausgehen. Der Verhältnismäßigkeitsgrundsatz ist zwingend zu wahren.

- Die speziellen Diskriminierungsverbote verbieten Diskriminierungen aus Gründen der Staatsangehörigkeit und fordern einen freien Warenverkehr, die Freizügigkeit der Arbeitnehmer, die Niederlassungs- und Dienstleistungsfreiheit sowie die Freiheit des Kapital- und Zahlungsverkehrs innerhalb der Europäischen Union. Diese Grundfreiheiten wirken durch den Vertrag zur Gründung der Europäischen Gemeinschaft direkt auf das Steuerrecht. Der Europäische Gerichtshof hat mit seiner Rechtsprechung entscheidend zur Interpretation der Diskriminierungsverbote, beispielsweise als Beschränkungsverbote, beigetragen.

- Bestehende Maßnahmen der Europäischen Union im Bereich der direkten Unternehmensbesteuerung sind die Mutter-Tochter-Richtlinie, die Fusionsrichtlinie und die Schiedsverfahrenskonvention. Die Richtlinien stehen wegen ihres eingeschränkten Anwendungsbereiches unter Kritik; daher sind entsprechende Änderungsvorschläge erarbeitet worden. Von der Schiedsverfahrenskonvention wird trotz der Notwendigkeit recht wenig Gebrauch gemacht, da diese unpraktikabel scheint.

- Vorschläge existieren desweiteren für Richtlinien über eine gemeinsame Steuerregelung für Zinsen und Lizenzgebühren, über die Mindestbesteuerung von Zinserträgen und über die Berücksichtigung der Verluste von Tochtergesellschaften und Betriebsstätten. Während eine Verabschiedung der Richtlinie über eine Quellensteuerbefreiung von Zinsen und Lizenzgebühren und der Richtlinie über die Mindestbesteuerung von Zinserträgen bis Ende 2002 angestrebt ist, müsste die Verlustrichtlinie vor einer geplanten Verabschiedung überarbeitet werden.

- Der Verhaltenskodex zur Unternehmensbesteuerung ist ein politischer Konsens der Mitgliedstaaten, um schädlichem Steuerwettbewerb zu begegnen. Die Mitgliedstaaten haben sowohl eine Rücknahme- als auch eine Stillhalteverpflichtung unterzeichnet. Von der zu diesem Zweck eingesetzten

Gruppe „Verhaltenskodex" wurden auf dem Territorium der Europäischen Union 40 Maßnahmen als schädlich identifiziert. Parallel zu den Bemühungen der Mitgliedstaaten der Europäischen Union, schädlichen Steuerwettbewerb zu bekämpfen, hat sich die OECD ebenfalls mit dieser Problematik auseinandergesetzt. Die OECD identifiziert ebenfalls schädliche Maßnahmen und darüber hinaus Steueroasen, gibt Empfehlungen zur Bekämpfung schädlicher Steuerpraktiken und versucht, Nichtmitgliedstaaten der OECD dazu zu bewegen, sich den Bemühungen der OECD anzuschließen. Die beiden teilweise differierenden Ansätze haben sich aufgrund der gemeinsamen Zielsetzung, schädlichen Steuerpraktiken Einhalt zu gebieten, bislang ergänzt und gegenseitig gestützt und durch ihre parallele Existenz der umfassenden internationalen Bewegung stärkeres Gewicht verliehen.

- Weiterer Handlungsspielraum für auf Artikel 94 EGV basierender Rechtsangleichung besteht auf dem Gebiet der direkten Besteuerung, soweit Normen der direkten Besteuerung Einfluss auf die Errichtung oder das Funktionieren des gemeinsamen Markt nehmen und folglich die Europäische Union zu Harmonisierungsmaßnahmen legitimiert bzw. sogar verpflichtet ist.

- Eine Analyse der Effektivsteuerbelastungen in den Mitgliedstaaten ergab, dass Investitionen in immaterielle Wirtschaftsgüter und Maschinen durchweg bevorzugt werden und die Schuldaufnahme unter steuerlichen Gesichtspunkten die günstigste Finanzierungsform in allen Mitgliedstaaten darstellt. Ansonsten ist die Behandlung steuerlicher Faktoren durch die Mitgliedstaaten eher heterogen. Eine Betrachtung der gesamten Effektivsteuerbelastung macht bestehende Unterschiede zwischen den Mitgliedstaaten in einem Ausmaß deutlich, aus dem durchaus ein Standortfaktor erwachsen kann. Dies muss allerdings im Verhältnis gesehen werden zu dem jeweiligen Angebot an öffentlichen Gütern. Die Analyse zeigte zudem auf, dass grenzüberschreitende Geschäftstätigkeiten gegenüber rein nationalen Engagements steuerlich benachteiligt werden.

- Die qualitative Analyse zeigte als besondere steuerliche Hindernisse im gemeinsamen Binnenmarkt die Behandlung von grenzüberschreitenden Zahlungen zwischen verbundenen Unternehmen, die grenzüberschreitende Reorganisation, die grenzüberschreitende Verlustkompensation, die Verrechnungspreisproblematik, Regelungen der Körperschaftsteuersysteme, variierende Steuersätze und die steuerliche Gewinnermittlung sowie Probleme im Bereich der Doppelbesteuerungsabkommen.

- Als Wirkungen der Steuerunterschiede zwischen den Mitgliedstaaten sind steuerliche Wettbewerbsverzerrungen und eine Intransparenz zu verzeichnen, die das Handeln der Wirtschaftssubjekte beeinflussen und mit hohen

Entrichtungskosten einhergehen. Außerdem existieren administrative Probleme der Steuererhebung. Weder das Postulat der Einfachheit der Besteuerung, noch der Gerechtigkeitsgrundsatz, noch die Effizienz bzw. Neutralität der Unternehmensbesteuerung wird derzeit in der Europäischen Union in einem ausreichenden Maße erfüllt. Da aus einem Verstoß gegen die Kriterien der rationalen Unternehmensbesteuerung wettbewerbsbeeinträchtigende Wirkungen resultieren, ist die ungestörte Funktionsfähigkeit des gemeinsamen Marktes gestört. Daraus erwächst ein auf Artikel 94 EGV basierender Handlungsbedarf.

- Hinsichtlich der diskriminierenden und schädlichen Einzelregelungen besteht ebenfalls noch Handlungsbedarf, da sowohl potentiell diskriminierende als auch schädliche Maßnahmen derzeit innerhalb der Europäischen Union angewendet werden. Die fortschreitende Rechtsprechung des Europäischen Gerichtshofes und die Wahrnehmung der Rücknahmeverpflichtung werden diesen Forderungen aber gerecht.

- Empfohlen werden vom Ruding-Ausschuss eine gezielte Überarbeitung der Mutter-Tochter-Richtlinie, die Einführung einer Richtlinie zur Quellensteuerbefreiung von Zinsen und Lizenzgebühren und einer Richtlinie zur Mindestbesteuerung von Zinserträgen sowie eine Verlustrichtlinie. Ein lückenloses Abkommensnetz wird ebenso gefordert wie ein gemeinschaftliches Konzept für den Abschluss von Doppelbesteuerungsabkommen. Hinsichtlich der Körperschaftsteuer weist der Ruding-Ausschuss auf die langfristige Vorteilhaftigkeit einheitlicher Körperschaftsteuersysteme hin. Unterschieden in den Steuersätzen und den steuerlichen Gewinnermittlungsvorschriften wird vom Ruding-Ausschuss aber ein stärkerer Einfluss auf die Verteilung der Ressourcen sowie die dadurch verursachten Wettbewerbsverzerrungen zugesprochen. Daher sei eine Harmonisierung in diesen Bereichen dringlicher. Dies schließe jedoch nicht zwingend die Gewährung von Steuervergünstigungen durch die Mitgliedstaaten aus, solange diese weder eine diskriminierende noch eine wettbewerbsverzerrende Wirkung entfalten.

- Die Kommission sieht im Rahmen gezielter Lösungen unter anderem die Weiterentwicklung der Mutter-Tochter-Richtlinie und der Fusionsrichtlinie, die Ermöglichung des grenzüberschreitenden Verlustausgleiches, Weiterentwicklungen im Bereich der Verrechnungspreise und Anpassungen der Doppelbesteuerungsabkommen vor. Umfassendere Empfehlungen beinhalten Konzepte, die sämtlich an der steuerlichen Bemessungsgrundlage ansetzen. Unterschieden wird zwischen dem Ansatz der „Heimatstaatbesteuerung", dem Ansatz der „gemeinsamen konsolidierten Bemessungsgrundlage", der „Europäischen Körperschaftsteuer" und dem „traditionellen

Ansatz". Im Ergebnis führen alle in Betracht gezogenen Maßnahmen zu einem Rückgang der steuerlichen Hindernisse des grenzüberschreitenden Geschäftsverkehrs; insbesondere bei den umfassenderen Lösungen sind zusätzliche Wohlfahrtseffekte zu erwarten. Mit den meisten positiven Effekten verbunden ist dabei der „traditionelle Ansatz".

- Insgesamt werden neben der Abschaffung diskriminierender und schädlicher Einzelregelungen eine Reihe von Maßnahmen empfohlen, die gezielt bestehende steuerliche Hindernisse im Binnenmarkt vermeiden sollen. Diese umfassen die steuerliche Behandlung von Zahlungen zwischen verbundenen Unternehmen (Dividenden, Zinsen, Lizenzgebühren), die steuerneutrale Reorganisation, den grenzüberschreitenden Verlustausgleich, die Verrechnungspreise und die Vollständigkeit und einheitliche Interpretation der Doppelbesteuerungsabkommen.

- Darüber hinaus wird als mittel- bis langfristige Maßnahme eine Harmonisierung der steuerlichen Bemessungsgrundlagen angestrebt. Der traditionelle Ansatz, der eine Harmonisierung der nationalen Vorschriften und ein einheitliches Körperschaftsteuersystem vorsieht, und die Methode der gemeinsamen konsolidierten Bemessungsgrundlage, die als paralleles System neben den nationalen Vorschriften vorgesehen ist, sind dabei am Besten geeignet. Beim traditionellen Ansatz könnte eine Angleichung der Steuerbemessungsgrundlagen schrittweise durch Richtlinien erfolgen. Die Methode der gemeinsamen konsolidierten Bemessungsgrundlage könnte inhaltlich auf internationalen Rechnungslegungsstandards aufbauen; die Standards müssten aber im Hinblick auf steuerliche Zielsetzungen stark überarbeitet werden. Es sollte möglichst vielen Steuerpflichtigen der Zugang zu der gemeinsamen konsolidierten Bemessungsgrundlage ermöglicht werden und langfristig sollte diese die nationalen Bemessungsgrundlagen ersetzen. Im Endstadium entsprächen die beiden Ansätze in ihrer Wirkung einander. Bei ihrer Entwicklung ist auf die Erfüllung der ökonomischen Kriterien zu achten.

- Hinsichtlich der diskriminierenden und schädlichen Einzelregelungen ist die (politische) Legitimation der Europäischen Union gegeben. Bei den anderen angestrebten Maßnahmen erlaubt Artikel 94 EGV die Angleichung der Rechtsvorschriften nur, wenn diese sich unmittelbar auf die Errichtung oder das Funktionieren des gemeinsamen Marktes auswirken. Beachtet werden muss bei jedem Vorgehen von Seiten der Gemeinschaft sowohl das Subsidiaritätsprinzip als auch der Verhältnismäßigkeitsgrundsatz. Insgesamt sollte die Möglichkeit einer Rechtsangleichung durch Richtlinien in den betroffenen Bereichen durch den Vertrag zur Gründung der Europäischen Gemeinschaft gedeckt sein, ebenso wie die Implementierung einer gemeinsamen

Bemessungsgrundlage. Die Durchsetzung dieser Maßnahmen bleibt aber aufgrund der bislang geforderten Einstimmigkeit in Steuerfragen weiterhin unsicher.

Anhang

Tabelle 1: Liste der von der Gruppe „Verhaltenskodex" identifizierten schädlichen steuerlichen Maßnahmen

Regelung	Mitglied-staat	Merkmal
Koordinierungs-zentren	Belgien	Erheblich niedrigere Bemessungsgrundlage/Kostenaufschlag 8 %. Quellensteuerbefreiung für Dividenden, Zinsen, Lizenzgebühren. Voraussetzung: Zugehörigkeit zu einer internationalen Gruppe.
Vertriebszentren	Belgien	Niedrigere Bemessungsgrundlage/Kostenaufschlag 5 %.
Dienstleistungs-zentren	Belgien	Niedrigere Bemessungsgrundlage/Kostenaufschlag 5–15 % je nach Tätigkeitsart/ Bruttoerlösabschlag 5 %.
Koordinierungs-zentren Baskenland	Spanien	Niedrigere Bemessungsgrundlage/Kostenaufschlag 25 % (unter Ausschluss der Finanzierungsausgaben). Voraussetzung: Zugehörigkeit zu einer internationalen Gruppe.
Koordinierungs-zentren Navarra	Spanien	Niedrigere Bemessungsgrundlage/Kostenaufschlag 25 % (unter Ausschluss der Finanzierungsausgaben). Voraussetzung: Zugehörigkeit zu einer internationalen Gruppe.
Verwaltungs- und Logistikzentren	Frankreich	Kostenaufschlag 6-10 %. Voraussetzung: Zugehörigkeit zu einer internationalen Gruppe.
Koordinierungs-zentren	Luxemburg	Kostenaufschlag 5 %. Voraussetzung: Zugehörigkeit zu einer internationalen Gruppe. Für einige noch verbleibende und bis Februar 1996 anerkannte Unternehmen bestanden bis 2001 weiterhin Vergünstigungen.

Verbindliche Zusage der Anwendung der Kostenaufschlagsmethode (Cost-plus-Ruling)	Niederlande	Kostenaufschlag 5–15 %.
Verbindliche Zusage der Anwendung der Wiederverkaufspreismethode (Resale-minus-Ruling)	Niederlande	Bruttoerlösabschlag 1–3 %.
Konzerninterne Finanzierungstätigkeiten	Niederlande	Festsatz, ohne Anpassung an Zinssatzentwicklungen.
Lizenzgebühren – Patente	Frankreich	Ermäßigter Einkommensteuersatz 19 %. Gilt nicht für Einkommen mit Ursprung in Frankreich.
Holdinggesellschaften nach dem Gesetz von 1929	Luxemburg	Befreiung von den meisten Steuern. Kommerzielle Tätigkeiten aber nicht gestattet. Kein Anspruch auf Anwendung des Musterabkommens.
Holdinggesellschaften	Niederlande	Beteiligungsbefreiung für Dividenden gilt auch für niedrig besteuerte Auslandserträge. Befreiung von Kapitalertragsteuer und Steuerentlastung für Kapitalverluste unter bestimmten Umständen.
Lizenzgebühren	Niederlande	Festsätze: 7 % oder weniger, je nach dem Nettoeinkommen aus den Lizenzen, für Erträge aus Lizenz- und Verwaltungsgebühren.
Holdinggesellschaften (Schachtelbegünstigung)	Österreich	Befreiung für Auslandsdividenden von 25 %igen Tochtergesellschaften, auch für niedrig besteuerte Auslandserträge. Steuerentlastung für Kapitalverluste und Befreiung von Kapitalertragsteuer.

Kontroll- und Koordinierungszentren ausländischer Gesellschaften in Deutschland	Deutschland	Kostenaufschlag 5–10 %. Voraussetzung: Zugehörigkeit zu einer internationalen Gruppe.
Holdinggesellschaften	Dänemark	Befreiungen für Dividenden, auch für niedrig besteuerte Auslandserträge, außer bei Finanzaktivitäten.
Internationales Finanzdienstleistungszentrum (Dublin)	Irland	Körperschaftsteuersatz 10 %, Doppelabzug für Mietkosten, Satz 100/54 %. Im ersten Jahr Vergünstigungen für Neubauten. Bis 2002 Satz von 10 % für bis 1999 anerkannte Gesellschaften (Quote für 1998/99). Bis 2005 Satz von 10 % für bis Mai 1998 anerkannte Gesellschaften.
Finanzdienstleistungs- und Versicherungszentrum Triest	Italien	Befreiung von der Körperschaftsteuer. Ermäßigung der örtlichen Einkommensteuer. Gilt für Osteuropa-Investitionen.
Luxemburgische Finanzgesellschaften	Luxemburg	Steuererhebung auf feste Spanne von 0,25 % oder 0,125 %. Voraussetzung: Zugehörigkeit zu einer internationalen Gruppe. Für einige noch verbleibende bis Februar 1996 anerkannte Gesellschaften bestanden Vergünstigungen noch bis 2001.
Internationale Finanzaktivitäten	Niederlande	Möglichkeit steuerwirksamer Rückstellungen von bis zu 80 % des Gewinns. Voraussetzung: Zugehörigkeit zu einer internationalen Gruppe.
Niederlassungen von Finanzunternehmen	Niederlande	Möglichkeit, 90 % der Gewinne auf Auslandsniederlassung zu übertragen. Nicht möglich für Passiverträge von 1999 an.

Madeira und Sta. Maria (Azoren) Freizonen	Portugal	Befreiung von Körperschaft-, Kommunal- und örtlichen Steuern, Quellensteuern auf Zinserträge und Steuer auf Lizenzgebühren. Erhältlich für Transaktionen mit Gebietsfremden und für Finanzaktivitäten. Konnte von Gesellschaften bis zum Jahr 2000 beantragt werden. Vergünstigungen laufen bis 2011.
Schwankungsrückstellungen in Rückversicherungsgesellschaften	Luxemburg	Möglichkeit steuerwirksamer Rückstellungen in Höhe des 20fachen Prämienaufkommens
Aland Inseln: Captive Versicherungsgesellschaften	Finnland	Ermäßigung der örtlichen Steuer von 11,2 % auf 1,2 %, führt zu einem effektiven Steuersatz von 18 %.
„Geschäftsstellen" ausländischer Gesellschaften (gemäß Gesetz 89/67)	Griechenland	Befreiung von Einkommensteuer und anderen direkten Steuern. Gilt nur für Geschäftsstellen ausländischer Gesellschaften.
Steuersatz von 10 % für das verarbeitende Gewerbe	Irland	Steuersatz von 10 % für eine Vielzahl von Tätigkeiten. Vergünstigung endet 2010. Neue Vorhaben können zu diesem Satz bis 2002 bewilligt werden.
Besteuerung von Erdölgesellschaften	Irland	Steuersatz von 25 % für Erträge aus der Erdölförderung.
Erkundung und Ausbeutung von Kohlenwasserstoffvorkommen	Spanien	Reduzierung der Bemessungsgrundlage um bis zu 100 %, bei zugleich beschränkteren Abschreibungsmöglichkeiten, weniger flexibler Steuerentlastung für Verluste und einem Steuersatz von 40 % (normal 35 %).

Rückstellungen für die Erschließung von Lagerstätten fester mineralischer Stoffe	Frankreich	Steuerwirksame Bildung von Rückstellungen in Höhe von bis zu 50 % der steuerbaren Gewinne oder 15 % der Verkaufserlöse (mit der Auflage einer Wiederanlage binnen fünf Jahren).
Rückstellungen für die Erschließung von Kohlenwasserstofflagerstätten	Frankreich	Steuerwirksame Bildung von Rückstellungen in Höhe von bis zu 50 % der steuerbaren Gewinne oder 23,5 % der Verkaufserlöse (mit der Auflage einer Wiederanlage binnen zwei Jahren)
Shannon Airport Zone	Irland	Körperschaftsteuer 10 %. Auch Finanzgeschäfte. Unternehmen konnten bis 1999 als förderungswürdig eingestuft werden; Förderung möglich bis 2002. Bis Juni 1998 als förderungswürdig eingestufte Unternehmen können bis 2005 gefördert werden. Keine Gebietsquoten.
Regelung für US-Vertriebsunternehmen (FSC)	Belgien	Nur für Verkauf von US-Exporten. Begrenzte Anwendung. Kosten plus 8 % auf verringerter Grundlage.
Verwaltungsentscheidung („ruling") betreffend „immaterielles Kapital"	Belgien	Bis zu 90 % des Gewinns freigestellt durch Berücksichtigung des dem „immateriellen" Kapital zugerechneten Werts.
Regelung für US-Vertriebsunternehmen (FSC)	Niederlande	Nur für Verkauf von US-Exporten. Begrenzte Anwendung. Kosten plus 5–15 %.
Verbindliche Zusage betreffend die Behandlung von „informellem Kapital"	Niederlande	Gewinn verringert durch Berücksichtigung des dem „immateriellen" Kapital zugerechneten Ertrags.
Auslandseinkünfte	Irland	Steuerbefreiung für im Ausland erzielte Dividendeneinkünfte, wenn ein genehmigter Investitionsplan der irischen Muttergesellschaft/des irischen Firmensitzes vorliegt, der zusätzliche Arbeitsplätze in Irland vorsieht.

Steuerbefreiungen	Österreich	Steuerbefreiung von Dividendeneinkünften auch im Falle ihrer Herkunft aus einem Niedrigsteuerland.
Finanzniederlassungen	Luxemburg	Möglichkeit der Aufteilung der Gewinne zwischen Hauptverwaltung und Niederlassung.
Vom Standard abweichende Rulings	Niederlande	Für besondere Situationen bestimmte Abweichung vom normalen Verfahren.
Gibraltar: Unternehmen nach dem Gesetz von 1992	U.K.: Gibraltar	Steuerbefreiung für das gesamte Einkommen von 25 %igen Tochtergesellschaften einschließlich niedrig besteuerter Auslandserträge auf Dividenden von Nicht-EU-Muttergesellschaften. Kein Gebietsansässiger aus Gibraltar darf wirtschaftliches Eigentum an Aktien der Unternehmen – mit Ausnahme von Publikumsgesellschaften – besitzen. 1 % Quellensteuer auf Dividenden von Nicht-EU-Muttergesellschaften.
Captive Versicherungsgesellschaften	U.K.: Gibraltar	Keine gesonderten Regelungen. Es gelten die beiden folgenden Maßnahmen.
Steuerbefreite (Offshore)-Gesellschaften („exempt companies“) und Captive Versicherungsgesellschaften	U.K: Gibraltar	Befreiung von Gewinnsteuer. Kein Gebietsansässiger aus Gibraltar darf wirtschaftliches Eigentum an Aktien des Unternehmens besitzen, und das Unternehmen darf keine Geschäfte mit gebietsansässigen Privatpersonen und Unternehmen führen. Keine Steuer auf Dividendenzahlungen an Gebietsfremde.
„Anerkannte“ (Offshore)-Gesellschaften („qualifying companies“) und Captive Versicherungsgesellschaften	U.K.: Gibraltar	Flexibler Steuersatz zwischen 2 und 18 %. Kein Gebietsansässiger aus Gibraltar darf wirtschaftliches Eigentum an Aktien des Unternehmens besitzen, und das Unternehmen darf keine Geschäfte mit gebietsansässigen Privatpersonen und Unternehmen führen. Keine Quellensteuer auf Zinszahlungen an Gebietsfremde.

Offshore-Untermehmen	Niederländische Antillen	Unternehmen mit gebietsfremden Anteilseignern und Tätigkeiten außerhalb der Antillen werden mit 2,4-3 % besteuert.
Konzerneigene Versicherungsgesellschaften (Captive Insurance)	Niederländische Antillen	Entweder a) Besteuerung nach Festsetzung der Prämieneinnahmen aufgrund einer Verwaltungsentscheidung auf ANG 100 000, mit einem Satz von 2,4 % oder b) Steuerbefreiung für 80 % der Einnahmen und Besteuerung der Resteinnahmen mit einem Satz von 24–30 %.
Freizonen	Niederländische Antillen	In einer Freizone erwirtschaftete Gewinne unterliegen einer Steuer von 2 %.
Offshore-Unternehmen	Aruba	Unternehmen mit gebietsfremden Anteilseignern und Tätigkeiten außerhalb von Aruba unterliegen einem Steuersatz von 2,4–3 %.
Steuerbefreite Unternehmen (AVV)	Aruba	Umfassende Steuerbefreiung. Dürfen nur Offshore-Tätigkeiten betreiben. Versicherungs- und Bankgeschäfte sind ausgeschlossen.
Freizonen	Aruba	Gewinne aus Freizonen werden mit einem Satz von 2 % besteuert.
Konzerneigene Versicherungsgesellschaften (Captive Insurance)	Aruba	Im Wege einer Verwaltungsentscheidung wird das Prämieneinkommen auf 100.000 AWG festgesetzt, die mit einem Satz von 2,4 % besteuert werden.
Steuerbefreite Unternehmen	Guernsey (einschl. Alderney)	Befreiung für alle außerhalb Guernsey anfallenden Einkünfte sowie in Guernsey anfallende Bankzinsen. Aktionäre dürfen nicht in Guernsey ansässig sein.
Internationales Kreditgeschäft	Guernsey (einschl. Alderney)	Gilt für das internationale Kreditgeschäft. Die Banken unterliegen einer Effektivbesteuerung von 2 %.
Internationale Einrichtungen	Guernsey (einschl. Alderney)	Flexibler Steuersatz von 0–30 %. Aktionäre dürfen nicht in Guernsey ansässig sein. Banken und die meisten Versicherungsunternehmen sind ausgeschlossen.

Konzerneigene Versicherungsunternehmen (Captive Insurance)	Guernsey (einschl. Alderney)	Keine Besteuerung erforderlich. Keine förderungsfähigen Unternehmen mehr. Regelung jetzt hinfällig (war aber, als sie noch angewandt wurde, schädlich.).
Offshore-Versicherungsgesellschaften	Guernsey (einschl. Alderney)	Alternativen zu „steuerbefreite Unternehmen“ oder „internationales Kreditgeschäft“ für Offshore-Versicherungsgesellschaften. Keine Besteuerung von Versicherungsgeschäften oder auf vor Ort anfallende Bankzinsen. Gleitende Skala für andere Einkünfte von 20 bis 0,1 %.
Versicherungsgesellschaften	Guernsey (einschl. Alderney)	Geschäftsergebnisse werden nach den üblichen kaufmännischen Grundsätzen berechnet. Entrichtung der Steuer wird solange aufgeschoben, bis die Forderungen abschließend behandelt sind.
Steuerbefreite Unternehmen	Jersey	Befreiung für alle außerhalb Guernsey anfallenden Einkünfte sowie in Guernsey anfallende Bankzinsen (gilt auch für Investmentfonds). Kein Aktionär darf auf Jersey ansässig sein.
Internationale Finanzgesellschaften (International Treasury Operations)	Jersey	Gilt für das internationale Kreditgeschäft. Die Banken unterliegen einer Effektivbesteuerung von 2 %.
Internationale Wirtschaftsgesellschaften (International Business Companies, IBC)	Jersey	Gleitende Skala für die Besteuerung von Gewinnen aus internationalen Geschäften (2–0,5 %). Kein Aktionär darf auf Jersey ansässig sein.
Konzerneigene Versicherungsgesellschaften (Captive Insurance Companies)	Jersey	Das Versicherungsgeschäft wird nicht besteuert. Einkünfte einer solchen Gesellschaft aus Anlagen (investment income) unterliegen einem Steuersatz von 20 %, wobei Managementausgaben und ausländische Steuern abzuziehen sind. Eine konzerneigene Versicherungs-Gesellschaft

		kann jedoch als steuerbefreite Gesellschaft operieren.
Internationale Wirtschaftsgesellschaften (International Business Companies)	Britische Jungferninseln	Befreiung von der Einkommensteuer. IBC dürfen mit in den BVI ansässigen Personen keine Geschäfte tätigen und nicht in dem Versicherungs- oder Rückversicherungsgewerbe tätig sein.
Internationale Wirtschaftsgesellschaften (International Business Companies, IBC)	Man (Isle of Man)	Flexibler Steuersatz von 1–35 %. Kein Aktionär darf in Man ansässig sein. Alle Einkünfte der Gesellschaft, Bankzinsen ausgenommen, müssen außerhalb von Man entstehen.
Steuerbefreiung für Unternehmen im Besitz von Nichtansässigen	Man (Isle of Man)	Nicht in Man anfallende Einkünfte und Bankzinsen sind steuerbefreit. Kein Aktionär darf in Man ansässig sein.
Steuerbefreite Versicherungsunternehmen	Man (Isle of Man)	Umfassende oder teilweise Steuerbefreiung für außerhalb von Man erzielte Gewinne.
Internationales Kreditgeschäft	Man (Isle of Man)	Gilt für das internationale Kreditgeschäft. Effektivbesteuerung von Banken mit 2 %.
Offshore-Banktätigkeit	Man (Isle of Man)	Steuerbefreiung
Fonds-Verwaltung	Man (Isle of Man)	Fonds-Verwaltungsgesellschaften genießen eine 75 %-Befreiung von den Steuern auf Einkünfte aus Jahresgebühren.

Quelle: Gruppe „Verhaltenskodex“: Bericht der Gruppe „Verhaltenskodex“ (Unternehmensbesteuerung) an den Rat „Wirtschaft und Finanzen“ (Tagung am 29. November 1999), in: http://ue.eu.int/newsroom/Load Doc.cfm?MAX =81&DOC =!!!&BID =75&DID =60642&GRP =2309 &LANG =4 und http:// europa.eu.int/ comm/taxation_customs/ french/ taxation/law/primarolo/primarolo_de.pdf.

Tabelle 2: Liste der von der OECD identifizierten „preferential tax regimes"[1]

Country **Regimes**[2]

Insurance

Australia	Offshore Banking Units
Belgium	Co-ordination Centres
Finland	Åland Captive Insurance Regime
Italy Trieste	Financial Services and Insurance Centre[3]
Ireland	International Financial Services Centre
Portugal	Madeira International Business Centre
Luxembourg	Provisions for Fluctuations in Re-Insurance Companies
Sweden	Foreign Non-life Insurance Companies

Financing and Leasing

Belgium	Co-ordination Centres
Hungary	Venture Capital Companies
Hungary	Preferential Regime for Companies Operating Abroad
Iceland	International Trading Companies
Ireland	International Financial Services Centre
Ireland	Shannon Airport Zone
Italy	Trieste Financial Services and Insurance Centre[4]
Luxembourg	Finance Branch
Netherlands	Risk Reserves for International Group Financing
Netherlands	Intra-group Finance Activities
Netherlands	Finance Branch
Spain	Basque Country and Navarra Co-ordination Centres
Switzerland	Administrative Companies

Fund Managers[5]

Greece	Mutual Funds/Portfolio Investment Companies [Taxation of Fund Managers]
Ireland	International Financial Services Centre [Taxation of Fund Managers]
Luxembourg	Management companies [Taxation of management companies that manage only one mutual fund (1929 holdings)]
Portugal	Madeira International Business Centre [Taxation of Fund Managers]

Banking

Australia	Offshore Banking Units
Canada	International Banking Centres
Ireland	International Financial Services Centre
Italy	Trieste Financial Services and Insurance Centre[4]
Korea	Offshore Activities of Foreign Exchange Banks
Portugal	External Branches in the Madeira International Business Centre
Turkey	Istanbul Offshore Banking Regime

Headquarters regimes

Belgium	Co-ordination Centres
France	Headquarters Centres
Germany	Monitoring and Co-ordinating Offices
Greece	Offices of Foreign Companies
Netherlands	Cost-plus Ruling
Portugal	Madeira International Business Centre
Spain	Basque Country and Navarra Co-ordination Centres
Switzerland	Administrative Companies
Switzerland	Service Companies

Distribution Centre Regimes

Belgium	Distribution Centres
France	Logistics Centres
Netherlands	Cost-plus/Resale Minus Ruling
Turkey	Turkish Free Zones

Service Centre Regimes

Belgium	Service Centres
Netherlands	Cost-plus Ruling

Shipping[6]

Canada	International Shipping
Germany	International Shipping
Greece	Shipping Offices
Greece	Shipping Regime (Law 27/75)
Italy	International Shipping
Netherlands	International Shipping
Norway	International Shipping
Portugal	International Shipping Register of Madeira

Miscellaneous Activities

Belgium	Ruling on Informal Capital
Belgium	Ruling on Foreign Sales Corporation Activities
Canada	Non-resident Owned Investment Corporations
Netherlands	Ruling on Informal Capital
Netherlands	Ruling on Foreign Sales Corporation Activities
United States	Foreign Sales Corporations[7]

1 It is recognised that there may be additional regimes which will be examined as part of the future work of the Forum.

2 The preferential tax regimes are listed category-by-category. Certain regimes allow investors to carry out many different types of activities. Forty-seven preferential regimes are identified, but some are included in more than one category of the listing.

[3] Non-operational.

[4] Non-operational.

[5] The taxation of fund managers is complex, given the various legal forms that can be used to structure fund management advice.

[6] The analysis of shipping is complex given the particularities of the activity. The criteria must be developed so as to take into account and be consistent with those particularities and will be considered further in connection with the development of application notes as regards shipping. Also, such further consideration shall compare tax equivalence of alternative regimes and should aim to establish similar standards for all comparable regimes.

[7] As is the case with all regimes, the foreign sales corporation regime is only within the scope of the Report to the extent that it applies to mobile financial and other service activities. It should be noted that the treatment of the foreign sales corporation regime or any other regime for purposes of this Report has no bearing on its classification or treatment in connection with trade disciplines.

Quelle: OECD: Towards Global Tax Co-operation, - Report to the 2000 Ministerial Council Meeting and Recommendations by the Committee on Fiscal Affairs – Progress in Identifying and Eliminating Harmful Tax Practices, in: http://www.oecd.org/pdf/M000014000/M00014130.pdf, S.12-14, Abschnitt 11.

Tabelle 3: Liste der von der OECD identifizierten Steueroasen

Andorra
Anguilla – Overseas Territory of the United Kingdom[2]
Antigua and Barbuda[2]
Aruba – Kingdom of the Netherlands[1]
Commonwealth of the Bahamas[2]
Bahrain[1]
Barbados[2]
Belize[2]
British Virgin Islands – Overseas Territory of the United Kingdom[2]
Cook Islands – New Zealand[2]
The Commonwealth of Dominica[2]
Gibraltar – Overseas Territory of the United Kingdom[2]
Grenada[2]
Guernsey/Sark/Alderney – Dependency of the British Crown
Isle of Man – Dependency of the British Crown[1]
Jersey – Dependency of the British Crown[2]
Liberia
The Principality of Liechtenstein
The Republic of the Maldives[2]
The Republic of the Marshall Islands
The Principality of Monaco
Montserrat – Overseas Territory of the United Kingdom[2]
The Republic of Nauru
Netherlands Antilles – Kingdom of the Netherlands[1]
Niue – New Zealand[2]

Panama
Samoa
The Republic of the Seychelles[1]
St. Lucia[2]
The Federation of St. Christopher & Nevis[2]
St. Vincent and the Grenadines[2]
Tonga[2]
Turks & Caicos – Overseas Territory of the United Kingdom[2]
US Virgin Islands – External Territory of the United States[2]
The Republic of Vanuatu

1 Diese Staaten konnten bereits vor Ende 2001 von der Liste der Steueroasen gestrichen werden. Vgl. OECD: The OECD's Project on Harmful Tax Practices: The 2001 Progress Report, in: http://www.oecd.org/pdf/M00021000/M00021182.pdf.

2 Diese Staaten konnten innerhalb der bis zum 28. Februar 2002 verlängerten Frist von der Liste der Steueroasen gestrichen werden. Vgl. OECD: Tax Haven Update, in: http://www.oecd.org/ EN/document/0,,EN-d...-103-nodirectorate-no-4-4393-22,00.html.

Quelle: OECD: Towards Global Tax Co-operation, - Report to the 2000 Ministerial Council Meeting and Recommendations by the Committee on Fiscal Affairs – Progress in Identifying and Eliminating Harmful Tax Practices, in: http://www.oecd.org/pdf/M000014000/M00014130.pdf, S. 17, Abschnitt 17.

Tabelle 4: Die effektive Unternehmensteuerbelastung unter Variation des Verhältnisses von Fremdkapital zu Eigenkapital

	Verhältnis von Fremdkapital zu Eigenkapital		
Land	**90 : 10**	**50 : 50**	**10 : 90**
Belgien	-11,73	10,33	32,38
Dänemark	-2,17	12,94	28,06
Deutschland	3,15	19,30	34,91
Finnland	-2,17	12,42	27,02
Frankreich	6,22	23,43	40,63
Griechenland	-24,51	-1,99	20,53
Großbritannien	0,26	15,07	29,89
Irland	1,07	7,09	13,12
Italien	-7,61	7,77	23,15
Luxemburg	-8,86	11,20	31,25
Niederlande	-4,39	13,66	31,70
Österreich	-0,10	13,12	26,33
Portugal	-7,73	10,91	29,55
Schweden	-4,13	10,17	24,48
Spanien	-7,35	11,13	29,60

Quelle: Baker & McKenzie: The Effective Tax Burden of Companies in the Member States of the EU – The Perspective of a Multinational Investor, 2001, in: http://www.bakernet.com/publications/documents/1547_tx.html, S. 48.

Tabelle 5: Die effektive Unternehmensteuerbelastung unter Variation des Gewinns vor Steuern

	Gewinn vor Steuern in %				
Land	**3**	**6**	**10**	**12**	**15**
Belgien	14,44	17,22	18,89	19,44	29,09
Dänemark	23,18	19,79	18,81	18,65	18,53
Deutschland	21,13	23,80	25,20	25,62	26,10
Finnland	20,37	18,58	18,09	18,02	17,99
Frankreich	55,37	36,84	30,11	28,57	27,13
Griechenland	1,35	4,89	6,76	7,35	8,03
Großbritannien	30,64	23,40	20,83	20,24	19,70
Irland	14,06	10,64	9,43	9,17	8,92
Italien	6,78	11,54	13,74	14,37	15,04
Luxemburg	13,45	17,12	18,98	19,54	20,17
Niederlande	18,82	19,94	20,67	20,91	21,19
Österreich	26,69	20,42	18,25	17,78	17,37
Portugal	13,44	16,55	18,15	18,64	19,18
Schweden	15,80	15,53	15,73	15,85	16,03
Spanien	12,98	16,56	18,30	18,81	19,36

Quelle: Baker & McKenzie: The Effective Tax Burden of Companies in the Member States of the EU – The Perspective of a Multinational Investor, 2001, in: http://www.bakernet.com/publications/documents/1547_tx.html, S. 41. Der Gewinn vor Steuern ist in Prozent des eingesetzten Kapitals bemessen.

Tabelle 6: Die effektive Unternehmensteuerbelastung unter Variation der eingesetzten Wirtschaftsgüter

	Durchschnitt für jede Art des Wirtschaftsgutes				
Land	**Immaterielle WG**	**Gebäude**	**Maschinen**	**Finanzanlagen**	**Vorratsvermögen**
Belgien	8,49	22,78	5,91	21,70	21,70
Dänemark	-17,73	31,35	14,82	16,70	20,15
Deutschland	13,34	28,18	21,83	25,75	25,75
Finnland	18,23	17,93	14,31	16,19	22,80
Frankreich	14,11	42,67	33,00	25,40	29,76
Griechenland	23,40	3,22	6,43	-6,72	24,96
Großbritannien	12,67	33,02	16,73	16,70	23,59
Irland	7,97	20,42	5,58	7,21	9,83
Italien	2,73	16,37	-1,03	20,20	13,50
Luxemburg	7,95	22,26	11,88	20,42	20,42
Niederlande	21,88	24,00	16,62	19,22	23,37
Österreich	20,92	17,65	16,60	18,73	18,73
Portugal	22,00	16,72	14,34	19,32	19,32
Schweden	4,77	15,78	6,30	15,67	21,83
Spanien	21,88	21,96	11,70	19,22	19,22

Quelle: Baker & McKenzie: The Effective Tax Burden of Companies in the Member States of the EU – The Perspective of a Multinational Investor, 2001, in: http://www.bakernet.com/publications/documents/1547_tx.html, S. 34.

Tabelle 7: Die effektive Unternehmensteuerbelastung unter Variation der Personalintensität

	Personalintensität in %			
Land	**10**	**23,5**	**50**	**90**
Belgien	18,89	18,89	18,89	18,89
Dänemark	18,81	18,81	18,81	18,81
Deutschland	25,20	25,20	25,20	25,20
Finnland	18,09	18,09	18,09	18,09
Frankreich	27,23	30,11	34,75	42,29
Griechenland	6,76	6,76	6,76	6,76
Großbritannien	20,83	20,83	20,83	20,83
Irland	9,43	9,43	9,43	9,43
Italien	13,74	13,74	13,74	13,74
Luxemburg	18,98	18,98	18,98	18,98
Niederlande	20,67	20,67	20,67	20,67
Österreich	14,64	18,25	24,08	33,55
Portugal	18,15	18,15	18,15	18,15
Schweden	15,73	15,73	15,73	15,73
Spanien	18,30	18,30	18,30	18,30

Quelle: Baker & McKenzie: The Effective Tax Burden of Companies in the Member States of the EU – The Perspective of a Multinational Investor, 2001, in: http://www.bakernet.com/publications/documents/1547_tx.html, S. 44.

Tabelle 8: Die effektive Unternehmensteuerbelastung für ausgewählte Branchen

Land	Ausgewählte Branchen												
	Produzierendes Gewerbe	Metallindustrie	Chemische Industrie	Maschinenbau	Elektroindustrie	Automobilherstellung	Nahrungsmittel	Bauindustrie	Handel	Transport	Dienstleistung	Low Tech	High Tech
Belgien	18,89	13,22	25,41	11,26	18,42	21,70	11,88	3,66	1,41	-10,00	7,13	3,47	8,16
Dänemark	18,81	15,75	22,42	14,19	18,20	21,46	14,68	8,35	7,11	5,57	9,21	10,39	11,46
Deutschland	25,20	21,76	29,79	19,43	24,63	27,63	20,57	13,33	12,01	7,50	15,89	14,80	16,30
Finnland	18,09	14,84	21,68	14,06	17,93	20,15	13,88	9,70	7,60	-0,13	9,21	9,27	11,66
Frankreich	30,11	26,28	34,64	26,00	29,93	33,27	23,59	18,56	12,61	18,99	25,08	18,03	18,81
Griechenland	6,76	2,39	9,96	4,52	7,22	10,15	1,15	1,04	-4,57	-21,67	-9,36	-2,83	1,51
Großbritannien	20,83	17,69	24,31	16,91	20,21	23,27	17,27	11,37	10,31	7,48	12,13	13,53	15,92
Irland	9,43	7,99	10,89	7,92	9,00	10,44	8,25	5,20	5,28	5,32	6,50	6,99	8,65
Italien	13,74	9,20	19,43	8,02	13,41	15,32	8,37	3,51	2,05	-7,01	6,27	2,49	6,82
Luxemburg	18,98	14,32	24,86	11,82	18,38	21,84	12,94	4,43	2,62	-5,00	7,68	5,49	8,34
Niederlande	20,67	16,70	25,59	14,90	20,11	23,34	15,70	8,46	6,76	0,16	10,25	9,73	12,35
Österreich	18,25	14,22	22,46	15,21	18,94	20,02	11,12	10,33	2,56	3,77	18,06	4,95	7,07
Portugal	18,15	13,98	23,79	11,28	17,57	20,80	12,67	4,37	2,70	-4,74	7,64	5,53	7,85
Schweden	15,73	12,02	19,17	12,01	15,86	17,44	10,99	8,42	5,84	-4,67	7,27	6,20	9,66
Spanien	18,30	13,93	23,90	11,67	17,63	20,88	13,00	4,58	3,28	-3,52	8,46	6,18	9,35

Quelle: Baker & McKenzie: The Effective Tax Burden of Companies in the Member States of the EU – The Perspective of a Multinational Investor, 2001, in: http://www.bakernet.com/publications/documents/1547_tx.html, S. 51a.

Tabelle 9: Die effektive Unternehmensteuerbelastung in den Mitgliedstaaten der Europäischen Union

Griechenland	6,76
Irland	9,43
Italien	13,74
Schweden	15,76
Finnland	18,09
Portugal	18,15
Österreich	18,25
Spanien	18,30
Dänemark	18,81
Belgien	18,89
Luxemburg	18,98
Niederlande	20,67
Großbritannien	20,83
Deutschland	25,20
Frankreich	30,11

Quelle: Baker & McKenzie: The Effective Tax Burden of Companies in the Member States of the EU – The Perspective of a Multinational Investor, 2001, in: http://www.bakernet.com/publications/documents/1547_tx. html., S. 77.

Literaturverzeichnis

1 Allgemeine Literatur

Abeele, Michel Vanden: Breakthrough on the taxation package, Brüssel 2001, in: http://europa.eu.int/comm/taxation_customs/french/publications/thekey/key-15-00.pdf.

Arndt, Hans-Wolfgang: Europarecht, Heidelberg 1994.

Arndt, Hans-Wolfgang: Nationales Recht und primäres Europarecht – Am Beispiel eines nationalen Alleingangs bei der Energiesteuer, in: Jacobs, Otto H./Spengel, Christoph: Aspekte der Unternehmensbesteuerung in Europa, Baden-Baden 1996, S. 205-220.

Arnull, Anthony: The General Principles of EEC Law and the Individual, Leicester 1990.

Axt, Heinz-Jürgen: Solidarität und Wettbewerb – die Reform der EU-Strukturpolitik – Strategien für Europa, Gütersloh 2000.

Bach, Stefan: Kapitaleinkommensbesteuerung zwischen Wettbewerb und Harmonisierung, in: Müller, Walter/Fromm, Oliver/Hansjürgens, Bernd: Regeln für den europäischen Systemwettbewerb – Steuern und soziale Sicherungssysteme, Marburg 2001, S. 105-132.

Bachmann, Birgit: Diskriminierungsverbote bei direkten Steuern im Regelungsbereich des EG-Vertrages, in: RIW 1994, 40. Jg., S. 849-858.

Baconnier, Robert: Unternehmensbesteuerung in Frankreich, in: Lang, Joachim: Unternehmensbesteuerung in EU-Staaten, Köln 1994, S. 73-92.

Baker & McKenzie: The Effective Tax Burden of Companies in the Member States of the EU – The Perspective of a Multinational Investor, 2001, in: http://www.bakernet.com/publications/documents/1547_tx.html.

Bamberg, Günter/Coenenberg, Adolf G.: Betriebswirtschaftliche Entscheidungslehre, 6. Aufl., München 1991.

Bärtels, Hans-Christian: Schuldzinsenabzug in Frankreich, in: DB 2001, 54. Jg., S. XIV.

Bärtels, Hans-Christian: Stille Gesellschaft im frz. Steuerrecht, in: DB 2001, 54. Jg., S. XII-XIV.

Beermann, Albert: Steuerharmonisierung – Erfordernisse, Möglichkeiten, Grenzen, in: Gerken, Lüder: Europa zwischen Ordnungswettbewerb und Harmonisierung: europäische Ordnungspolitik im Zeichen der Subsidiarität, Berlin u.a. 1995, S. 167-181.

Behrens, Peter: Die Konvergenz der wirtschaftlichen Freiheiten im europäischen Gemeinschaftsrecht, in: EuR 1992, 27. Jg., S. 145-162.

Bergh, Roger van den: The Subsidiarity Principle and the EC Competition Rules: The Costs and Benefits of Decentralisation, in: Schmidtchen, Dieter/Cooter, Robert: Constitutional law and economics of the European Union, Bodmin/Cornwall 1997, S. 142-183.

Bernhard, Winfred: Harmonisierung der steuerlichen Erfassung von Zinserträgen in Europa, in: DB 2001, 54. Jg., S. 664-667.

Berthold, Norbert/Neumann, Michael: Sozialsysteme im Wettbewerb: das Ende der Umverteilung?, in: Müller, Walter/Fromm, Oliver/Hansjürgens, Bernd: Regeln für den europäischen Systemwettbewerb – Steuern und soziale Sicherungssysteme, Marburg 2001, S. 253-286.

Beutler, Bengt/Bieber, Roland/Pipkorn, Jörn/Streil, Jochen: Die Europäische Union, 4. Aufl., Baden-Baden 1993.

Blumenberg, Jens: Die Schlußfolgerungen und Empfehlungen des Ruding-Ausschusses, in: DB 1992, 45. Jg., Beilage Nr. 5.

Bogdandy, Armin von/Nettesheim, Martin: Artikel 5 EGV, in: Grabitz, Eberhard/Hilf, Meinhard: Das Recht der Europäischen Union (Loseblattausg.), München 2001.

Bogdandy, Armin von: Artikel 12 EGV, in: Grabitz, Eberhard/Hilf, Meinhard: Das Recht der Europäischen Union (Loseblattausg.), München 2001.

Bogenschütz, Eugen: Steuerliche Probleme bei europäischen Unternehmenszusammenschlüssen – Erfahrungsbericht aus deutscher Sicht, in: IStR 2000, 9. Jg., S. 609-617.

Boos, Monica/Rehkugler, Heinz: Immaterielle Wirtschaftsgüter – (Dis)Harmonien der Transfer Pricing Vorschriften im internationalen Vergleich – Teil I, in: IStR 2002, 11. Jg., S. 532-536.

Boos, Monica/Rehkugler, Heinz: Immaterielle Wirtschaftsgüter – (Dis)Harmonien der Transfer Pricing Vorschriften im internationalen Vergleich – Teil II, in: IStR 2002, 11. Jg., S. 603-608.

Borstell, Thomas: Zweifel an der Rechtmäßigkeit von Verrechnungspreiskorrekturen nach § 1 AStG – Ausblick nach dem BFH-Beschluss vom 21.06.2001, in: IStR 2001, 10. Jg., S. 757-760.

Bos, W.J.: Netherlands: The Changing World of European Tax Policy, in: European Taxation 2000, 40. Jg., Special Issue: European Union: Tackling Harmful Tax Competition – A Round Table on the Code of Conduct, S. 409-412.

Boss, Alfred/Soltwedel, Rüdiger: Einführung und Überblick, in: Siebert, Horst: Steuerpolitik und Standortqualität: Expertisen zum Standort Deutschland, Tübingen 1996, S. 1-12.

Bourmont, Jaques-Henry de/Rubechi, Guillaume: Verrechnungspreise im deutsch-französischen Umfeld: Wie sollten sich Konzerne auf eine Betriebsprüfung vorbereiten?, in: IStR, 2002, 11. Jg., S. 495-501.

Brachet, Bernard: Le system fiscal français, 6. Aufl., Paris, 1995.

Brandt, Ulrich/Scheifele, Matthias: Die Europäische Aktiengesellschaft und das anwendbare Recht, in: DStR 2002, 40. Jg., S. 547-555.

Buchholz, Rainer/Weis, Regina: Maßgeblichkeitsprinzip ade? Zur inhaltlichen Vereinbarkeit der Gewinnermittlung nach IAS und EStG (Teil I), in: IStR 2002, 11. Jg., S. 512-517.

Buchholz, Rainer/Weis, Regina: Maßgeblichkeitsprinzip ade? Zur inhaltlichen Vereinbarkeit der Gewinnermittlung nach IAS und EStG (Teil II), in: DStR 2002, 40. Jg., S. 559-564.

Bühlmann, Hans/Loeffel, Hans/Nievergelt, Erwin: Entscheidungs- und Spieltheorie, Berlin 1975.

Bullinger, Patrick: Die französische Körperschaftsteuergutschrift (avoir fiscal) für deutsche Direktinvestitionen nach dem Steuersenkungsgesetz, in: IStR 2001, 10. Jg., S. 46-50.

Bundesamt für Finanzen: Texte der Doppelbesteuerungsabkommen, in: http://www.bff-online.de/dba/dba_texte.html.

Bundesministerium der Finanzen: Gemeinsame deutsch-französische Erklärung im Rahmen des Verständigungsverfahrens, in: http://www.bundesfinanz ministerium.de/Internationale-Beziehungen-.597.5860/Deutsch-franzoesisch es-Doppelbesteurungsabkomme...htm.

Bundesministerium der Finanzen: Gemeinsame Stellungnahme der Wissenschaftlichen Beiräte beim Bundesministerium der Finanzen und beim Bundesministerium für Wirtschaft zu „Reform der Einkommen– und Körperschaftsteuer“ vom 2. Oktober 1998, in: Bundesministerium der Finanzen: Der Wissenschaftliche Beirat beim Bundesministerium der Finanzen: Gutachten und Stellungnahmen 1988-1998, Bonn 1999, S. 403-406.

Bundesministerium der Finanzen: Gutachten „Reform der internationalen Kapitaleinkommensbesteuerung" vom 12. Dezember 1998, in: Bundesministerium der Finanzen: Der Wissenschaftliche Beirat beim Bundesministerium der Finanzen: Gutachten und Stellungnahmen 1988-1998, Bonn 1999, S. 407-480.

Bundesministerium der Finanzen: Gutachten „Zur Reform der Unternehmensbesteuerung" vom 16. Februar 1990, in: Bundesministerium der Finanzen: Der Wissenschaftliche Beirat beim Bundesministerium der Finanzen: Gutachten und Stellungnahmen 1988-1998, Bonn 1999, S. 47-80.

Bundesministerium der Finanzen: Pressemitteilung: Anpassung des deutsch-französischen Doppelbesteuerungsabkommens, 20.11.2001, in: http://www.bundesfinanzministerium.de/Pressemitteilungen-.395.8436/Anpassung-des-deutsch-franzoesischen-Doppelbeste...htm.

Bundesministerium der Finanzen: Pressemitteilung: Deutsch-französisches Doppelbesteuerungsabkommen – Erklärung über den Wegfall der französischen Steuergutschrift, 13.07.2001, in: http://www.bundesfinanzministerium.de/Internationale-Beziehungen-.597.htm.

Bundesministerium der Finanzen: Steuerreform 2000 – Graphische Darstellungen und internationale Vergleiche, in: http://www.bundesfinanzministerium.de/Anlage/Graphische-Uebersichten.pdf.

Bundesministerium der Wirtschaft und Technologie: Unternehmenssteuern in Deutschland – Ein Überblick für Auslandsinvestoren, 2001, in: http://www.bmwi.de/Homepage/download/wirtschaftspolitik/Unternehmenssteuern.pdf.

Bundesregierung: Unterrichtung durch die Bundesregierung – Entwurf eines Gesetzes zur Fortentwicklung des Unternehmensteuerrechts (Unternehmensteuerfortentwicklungsgesetz – UntStFG) – Stellungnahme des Bundesrates und Gegenäußerung der Bundesregierung, in: BT-Drs. 14/7084 vom 10.10.2001, S. 1-8.

Burmester, Gabriele: Ausgewählte internationale steuerliche Probleme der stillen Gesellschaft, in: Haarmann, Wilhelm: Unternehmensstrukturen und Rechtsformen im internationalen Steuerrecht: aktuelle Schwerpunkte in der Diskussion: Standortwettbewerb, Doppelansässigkeit, Personengesellschaft, stille Gesellschaft, Trust, Köln 1996, S. 122-150.

Business and Industry Advisory Committee of the OECD: A Business View on Tax Competition, in: European Taxation 2000, 40. Jg., Special Issue: European Union: Tackling Harmful Tax Competition – A Round Table on the Code of Conduct, S. 421-425.

Büttner, Thiess: Empirie des Steuerwettbewerbs: Zum Stand der Forschung, in: Müller, Walter/Fromm, Oliver/Hansjürgens, Bernd: Regeln für den europäischen Systemwettbewerb – Steuern und soziale Sicherungssysteme, Marburg 2001, S. 53-70.

Calliess, Christian: Subsidiaritäts- und Solidaritätsprinzip in der Europäischen Union: Vorgaben für die Anwendung von Art. 3b EGV am Beispiel der gemeinschaftlichen Wettbewerbs- und Umweltpolitik, Baden-Baden 1996.

Carl, Dieter: Neue Vorschläge der Kommission zur Unternehmensbesteuerung, in: EuZW 1991, 2. Jg., S. 369-372.

Carl, Dieter: Neue Vorschläge zur Vereinheitlichung der Unternehmensbesteuerung, in: DStZ 1993, 81. Jg., S. 2-5.

Chennels, Lucy/Griffith, Rachel: Taxing Profits in a Changing World, London 1997.

Commission of the European Communities: Company Taxation in the Internal Market, in: http://europa.eu.int/comm/taxation_customs/publications/official_doc/com/com.htm.

Commission of the European Communities: Memo MEMO/01/335: Commission Company Tax Strategy – Frequently asked Questions, in: http://europa.eu.int/comm/taxation_customs/publications/official_doc/com/com.htm.

Commission of the European Communities: Press Release IP/01/1468: Company taxation: Commission suggests single consolidated tax base, in: http://europa.eu.int/comm/taxation_customs/publications/official_doc/com/com.htm.

Commission of the European Communities: Taxation, in: http://europa.eu.int/comm/taxation_customs/taxation/information_notes/tax_savings.htm.

Coopers & Lybrand: EC Initiatives in Direct Taxation and the National Responses, Deventer/Bosten 1992.

Cozian, Maurice: Précis de fiscalité des entreprises, 19. Aufl., Paris 1995.

Dalton, Hugh: Principles of Public Finance, London 1992.

Dautzenberg, Norbert: EG-Kommission verwirft bestimmte steuerliche Fördermaßnahmen als verbotene Subventionen, in: StuB 2001, 3. Jg., S. 443-445.

Dautzenberg, Norbert: Gemeinschaftsrecht: EuGH: Gewerbesteuer-Hinzurechnung von Miet- und Pachtzinsen EG-rechtswidrig, in: FR 1999, 81. Jg., S. 1327-1331.

Dörrfuß, Peter/Jaguttis, Andrea: Frankreich: Verstößt die Wegzugsbesteuerung gegen Europarecht?, in IStR 2002, 11. Jg., S. 1*-2*.

Dreßler, Günter: Die neuen französischen Verrechnungspreis-Prüfungsrichtlinien vom Juli 1998, in: StBP 1999, 39. Jg., S. 141-152.

Dücker, Reinhard: Aktuelle Entwicklungen des europäischen Bilanzrechts – Harmonisierung durch Internationalisierung?, in: StuB 2002, 4. Jg., S. 70-74.

Duthilleul, Frédéric: Überblick über das Steuerrecht Frankreichs, in: Debatin, Helmut/Wassermeyer, Franz: DBA-Kommentar, München 2000.

Easson, Alexander James: Taxation in the European Community, London 1993.

Eckhoff, Rolf: Diskriminierung im Bereich der Besteuerung des Einkommens und des Vermögens, in: Birk, Dieter: Handbuch des Europäischen Steuer- und Abgabenrechts, Herne/Berlin 1995, S. 461-499.

Eggers, Winfried: Unternehmensbesteuerung in Deutschland – Stand und Reformüberlegungen vor dem Hintergrund des europäischen Integrationsprozesses, in: Jacobs, Otto H./Spengel, Christoph: Aspekte der Unternehmensbesteuerung in Europa, Baden-Baden 1996, S. 139-153.

Ehlermann, Claus-Dieter: Ökonomische Aspekte des Subsidiaritätsprinzips: Harmonisierung versus Wettbewerb der Systeme, in: Integration 1995, 18. Jg., S. 11-21.

Eichenberger, Reiner: Wirkungsvoller Systemwettbewerb durch Deregulierung der Politik, in: Müller, Walter/Fromm, Oliver/Hansjürgens, Bernd: Regeln für den europäischen Systemwettbewerb – Steuern und soziale Sicherungssysteme, Marburg 2001, S. 415-429.

Eigelshoven, Axel: Gemeinschaftsrechtliche Bedenken des BFH gegen § 1 AStG – Anm. zu BFH vom 21.6.2001, in: IWB, Fach 3, Gruppe 1, vom 22.08.2001, S. 1761-1764.

Eilenberger, Guido: Betriebliche Finanzwirtschaft – Einführung in die Finanzpolitik und das Finanzmanagement von Unternehmungen – Investition und Finanzierung, 5. Aufl., München 1994.

Eimermann, Dieter: OECD-Arbeiten zum schädlichen Steuerwettbewerb – ein Zwischenstand, in: IStR 2001, 10. Jg., S. 81-86.

Ekey, Friedrich L.: Vom flüchtigen zum aufmerksamen Verbraucher – Europäischer Gerichtshof prägt ein neues Leitbild im Wettbewerbsrecht, in: http://www.ekey.de/artikel_faz_01.shtml.

Ellis, Maarten J.: The Code of Conduct in 2000: Cracking the Code or Coating the Crack?, in: European Taxation 2000, 40. Jg., Special Issue: European Union: Tackling Harmful Tax Competition – A Round Table on the Code of Conduct, S. 414-416.

Endres, Dieter: Steuergestaltung in Europa aus Sicht der Unternehmenspraxis, in: Jacobs, Otto H./Spengel, Christoph: Aspekte der Unternehmensbesteuerung in Europa, Baden-Baden 1996, S. 183-204.

Europäischer Rat: Schlußfolgerungen des Vorsitzes, Göteborg (15. und 16. Juni 2001), in: http://ue.eu.int/Newsroom/LoadCoc.cfm?MAX=1&DOC=!!!&BID=76&DID=66791&GRP=3565&LANG=4.

Europäischer Rat: Schlußfolgerungen des Vorsitzes, Nizza (7., 8. und 9. Dezember 2000), in: http://ue.eu.int/Newsroom/LoadCoc.cfm?MAX=1&DOC=!!!&BID=76&DID=64249&GRP=3018&LANG=4.

Europäischer Rat: Schlußfolgerungen des Vorsitzes, Santa Maria de Feira (19. und 20. Juni 2000), in: http://europa.eu.int/council/off/conclu/june2000/june2000_de.pdf.

Europäischer Rat: Schlußfolgerungen des Vorsitzes, Stockholm (23. und 24. März 2001), in: http://ue.eu.int/Newsroom/LoadCoc.cfm?MAX=1&DOC=!!!&BID=76&DID=65815&GRP=3314&LANG=4.

Europäischer Rat: Schlußfolgerungen und Aktionsplan, Außerordentliche Tagung, Brüssel (21. September 2001), in: http://ue.eu.int/Newsroom/LoadCoc.cfm?MAX=1&DOC=!!!&BID=76&DID=67811&GRP=3778&LANG=4.

Europäisches Parlament: Richtlinie für die Körperschaftsteuersysteme (Abstimmung), in: ABl. C 6 vom 09.01.1978, S. 31.

Everling, Ulrich: Das Niederlassungsrecht im Gemeinsamen Markt, Berlin, Frankfurt 1963.

Feld, Lars P./Kirchgässner, Gebhard: Fiskalischer Wettbewerb in der EU: Wird der Wohlfahrtsstaat zusammenbrechen?, in: Wirtschaftsdienst, 1995, 75. Jg., S. 562-568.

Feld, Lars P./Kirchgässner, Gebhard: Vor- und Nachteile des internationalen Steuerwettbewerbs, in: Müller, Walter/Fromm, Oliver/Hansjürgens, Bernd:

Regeln für den europäischen Systemwettbewerb – Steuern und soziale Sicherungssysteme, Marburg 2001, S. 21-51.

Feld, Lars P.: Steuerwettbewerb und seine Auswirkungen auf Allokation und Distribution - Ein Überblick und eine empirische Analyse für die Schweiz, Tübingen 2000.

Feldstein, Martin S./Horioka, Charles Y.: Domestic Saving and International Capital Flows, in: Economic Journal 1980, 90. Jg., S. 314-329.

Fischer, Anja: Die Harmonisierung der Unternehmensbesteuerung in der Europäischen Union: Eine Untersuchung ihrer Ziele, Möglichkeiten und Grenzen anhand der Länder Belgien, BRD, Dänemark Frankreich, Großbritannien und die Niederlande, Diss. Stuttgart 1996, Stuttgart 1996.

Flick, Hans F.W.: Zu gut um wahr zu sein: das APA, in: IStR 1996, 5. Jg., S. 161-162.

Förster, Guido/Lange, Carsten: Steuerliche Aspekte der Gründung einer Europäischen Aktiengesellschaft (SE), in: DB 2002, 55. Jg., S. 288-294.

Förster, Jutta: Reaktion der EG-Kommission auf den Ruding-Bericht, in: IWB, Fach 11, Gruppe 2, vom 10.08.1992, S. 69-74.

Froesch, Thomas: Zur EU-Widrigkeit des Mindeststeuersatzes nach § 50 Abs. 3 S. 2 EStG – zugleich Besprechung der Beschlüsse des FG Düsseldorf vom 12.10.1999 und vom 18.08.2000, in: IStR 2001, 10. Jg., S. 51-53.

Fromm, Oliver: Freizügigkeit und Grundsicherung in der EU: Anmerkungen aus ökonomischer Sicht, in: Müller, Walter/Fromm, Oliver/Hansjürgens, Bernd: Regeln für den europäischen Systemwettbewerb – Steuern und soziale Sicherungssysteme, Marburg 2001, S. 359-370.

Fuchs, Rainer G./Hinkelbein, Gerhard/Schabe, Torsten: Leitfaden zur Gründung eines Unternehmens in Frankreich: mit Hinweisen zum Steuer- und Arbeitsrecht, Heidelberg 1992.

Fuest, Winfried: Unternehmensbesteuerung: Reform infolge international unterschiedlicher Belastung, in: Besters, Hans: Unternehmensbesteuerung als Standortfaktor, Baden-Baden 1991, S. 104-124.

Fülbier, Rolf Uwe/Gassen, Joachim: Wider die Maßgeblichkeit der International Accounting Standards für die steuerliche Gewinnermittlung, in: DB 1999, 52. Jg., S. 1511-1513.

Gaëtan Nicodème: Economic Paper: Computing effective corporate tax rates: comparisons and results, in: http://europa.eu.int/comm/economy_finance/ publications/economic_papers/2001/ecp153en.pdf.

Geiger, Rudolf: EG-Vertrag, Kommentar zu dem Vertrag zur Gründung der Europäischen Gemeinschaft, München 1995.

Gerken, Lüder/Märkt, Jörg/Schick, Gerhard: Internationaler Steuerwettbewerb, Tübingen 2000.

Gerken, Lüder: Vertikale Kompetenzverteilung in Wirtschaftsgemeinschaften – Bestimmungsgründe und Probleme, in: Gerken, Lüder: Europa zwischen Ordnungswettbewerb und Harmonisierung: europäische Ordnungspolitik im Zeichen der Subsidiarität, Berlin u.a. 1995, S. 3-33.

Göbes, Christian: Die Unternehmensbesteuerung in Deutschland und Großbritannien vor dem Hintergrund des europäischen Integrationsprozesses: eine qualitative und quantitative Analyse unter besonderer Berücksichtigung der steuerlichen Gewinnermittlung, Diss. Mannheim 1996, Frankfurt am Main u.a. 1996.

Gorden, Roger H./Bovenberg, A. Lans: Why is Capital So Immobile Internationally? Possible Explanations and Implications for Capital Income Taxation, in: American Economic Review 1996, 86. Jg., S. 1057-1075.

Grams, Harald/Molenaar, Dick: EuGH: Neue Vorlage: Besteuerung beschränkt steuerpflichtiger Künstler im Inland, in: IStR 2001, 10. Jg., S. 443-446.

Greif, Martin: Steuergestaltung bei einer international tätigen Personengesellschaft, in: Haarmann, Wilhelm: Unternehmensstrukturen und Rechtsformen im internationalen Steuerrecht: aktuelle Schwerpunkte in der Diskussion: Standortwettbewerb, Doppelansässigkeit, Personengesellschaft, stille Gesellschaft, Trust, Köln 1996, S. 89-121.

Gruppe „Verhaltenskodex“: Bericht der Gruppe „Verhaltenskodex“ (Unternehmensbesteuerung) an den Rat „Wirtschaft und Finanzen“ (Tagung am 29. November 1999), in: http://ue.eu.int/newsroom/LoadDoc.cfm?MAX=81& DOC=!!!&BID=75&DID=60642&GRP=2309&LANG=4 und http://euro pa.eu.int/ comm/taxation_customs/french/taxation/law/primarolo/primarolo _de.pdf.

Hahn, Hartmut: Geht der EuGH bei der Auslegung der Mutter-Tochter-Richtlinie einen Schritt zu weit? Anmerkung zum EuGH-Urteil vom 4.10.2001, in: IStR 2002, 11. Jg., S. 248-250.

Hahn, Hartmut: Grenzüberschreitende Berücksichtigung von Betriebsstättenverlusten? Bemerkungen zu einer neu entfachten Diskussion, in: IStR 2002, 11. Jg., S. 681-687.

Hahn, Hartmut: Kompensation von Zinsnachteilen bei Verstoß gegen Gemeinschaftsrecht – ein bisher unbeachteter Aspekt des EuGH-Urteils in der Rechtssache Hoechst u.a., in: IStR 2002, 11. Jg., S. 105-108.

Hahn, Hartmut: Rückwirkende Versagung gemeinschaftsrechtswidriger Investitionszulage zulässig? – Anmerkung zum Urteil des BFH v. 12.10.2000 – III R 35/95, in: FR 2001, 83. Jg., S. 469-471.

Haller, Heinz: Die Steuern, Grundlinien eines rationalen Systems öffentlicher Abgaben, 2. Aufl., Tübingen 1971.

Hamaekers, Hubert: Introduction, in: European Taxation 2000, 40. Jg., Special Issue: European Union: Tackling Harmful Tax Competition – A Round Table on the Code of Conduct, S. 398-400.

Hansjürgens, Bernd: Das Äquivalenzprinzip als zentraler Maßstab für fairen Steuerwettbewerb. Anmerkungen aus finanzwissenschaftlicher Sicht, in: Müller, Walter/Fromm, Oliver/Hansjürgens, Bernd: Regeln für den europäischen Systemwettbewerb – Steuern und soziale Sicherungssysteme, Marburg 2001, S. 71-88.

Haufler, Andreas: Commodity Tax Harmonization in the European Union – A General Equilibrium Analysis of Tax Policy Options in the Internal Market, Heidelberg 1993.

Haufler, Andreas: Taxation in a global economy, Cambridge 2001.

Hauser, Heinz: WTO-Regeln: Geeigneter Ansatzpunkt für eine Ordnung des internationalen Steuerwettbewerbs?, in: Müller, Walter/Fromm, Oliver/Hansjürgens, Bernd: Regeln für den europäischen Systemwettbewerb – Steuern und soziale Sicherungssysteme, Marburg 2001, S. 169-196.

Hayek, Friedrich A. v.: Der Wettbewerb als Entdeckungsverfahren, Kiel 1968.

Hayn, Sven/Waldersee, Georg Graf: IAS/US-GAAP/HGB im Vergleich: Synoptische Darstellung für den Einzel- und Konzernabschluss, 2. Aufl., Stuttgart 2000.

Heintzen, Markus: EU-Verordnungsentwurf zur Anwendung von IAS: Kein Verstoß gegen Unionsverfassungsrecht, in: BB 2001, 56. Jg., S. 825-829.

Hellio, François: Steuerliche Behandlung von Forderungsverzichten und Subventionen in Frankreich, in: IWB, Fach 5, Gruppe 2, vom 11.10.1995, S. 1053–1056.

Hendricks, Barbara: Germany: A View on Tax Harmonization and the Code of Conduct, in: European Taxation 2000, 40. Jg., Special Issue: European Union: Tackling Harmful Tax Competition – A Round Table on the Code of Conduct, S. 413-414.

Herlinghaus, Andreas: Vereinbarkeit der Hinzurechnungsbesteuerung nach § 1 AStG mit dem Europarecht – Zum Aussetzungsbeschluß des FG Münster vom 31.08.2000 (8 V 4639/00 E), in: FR 2001, 83. Jg., S. 240-244.

Herzig, Norbert/Dautzenberg, Norbert: Der EWG-Vertrag und die Doppelbesteuerungsabkommen – Rechtsfragen im Verhältnis zwischen Doppelbesteuerungsabkommen und den Diskriminierungsverboten des EWGV, in: DB 1992, 45. Jg., S. 2519-2524.

Hey, Friedrich E.F.: Organschaft und Verlustberücksichtigung im Ausland – Adressatenkreis von § 14 Abs. 1 Nr. 5 KStG n.F., in: BB 2002, 57. Jg., S. 915-916.

Hey, Johanna: Einführung zum KStG, in: Hermann, Carl/Heuer, Gerhard/Raupach, Arndt: Einkommensteuer- und Körperschaftsteuergesetz: Kommentar, Köln 1999, S. K1-K327.

Hey, Johanna: Harmonisierung der Unternehmensbesteuerung in Europa: ein Vorschlag unter Auswertung des Ruding-Berichts und der US-amerikanischen „integration debate“, Diss. Köln 1996, Köln 1997.

Heydt, Volker: der Einfluss der Grundfreiheiten des EG-Vertrages auf das nationale Steuerrecht der Mitgliedstaaten und ihre Doppelbesteuerungsabkommen, in: Lehner Moris: Grundfreiheiten im Steuerrecht der EU-Staaten, München 2000, S. 25-38.

Hilpert, Jörg: Führt der Wettbewerb um mobiles Kapital zu einem „race to the bottom“?, in: Wirtschaftsdienst, 1997, 77. Jg., S. 633-636.

Hohaus, Bolko: Steuerwettbewerb in Europa: eine Analyse der Folgen unbeschränkter Güter- und Faktormobilität im Europäischen Binnenmarkt, Diss. München 1995, Frankfurt am Main u.a. 1996.

Holthaus, Jörg: Änderung des § 50d EStG durch StÄndG 2001: Formelle Steuerfalle seit 1.1.2002 bei Ausschüttungen an ausländische Anteilseigner und Vergütungen im Sinne des § 50a Abs. 4 EStG, in: IStR 2002, 11. Jg., S. 664-665.

Holthaus, Jörg: Steuerabzug bei beschränkt steuerpflichtigen Sportlern und Künstlern: Einführung eines Staffeltarifs im § 50a Abs. 4 EStG (StÄndG 2001), in: IStR 2002, 11. Jg., S. 454-456.

Homann, Karl/Kirchner, Christian: Das Subsidiaritätsprinzip in der Katholischen Soziallehre und in der Ökonomik, in: Gerken, Lüder: Europa zwischen Ordnungstheorie und Harmonisierung, Berlin u.a. 1995, S. 45-69.

Höppner, Horst-Dieter: Das Äquivalenzprinzip als zentraler Maßstab für fairen Steuerwettbewerb. Bemerkungen dazu aus Sicht der Finanzverwaltung, in: Müller, Walter/Fromm, Oliver/Hansjürgens, Bernd: Regeln für den europäischen Systemwettbewerb – Steuern und soziale Sicherungssysteme, Marburg 2001, S. 89-104.

Huber, Bernd: Der Steuerwettbewerb: Gefahr oder Chance?, in: List-Forum für Wirtschafts- und Finanzpolitik 1997, 23. Jg., S. 242-256.

Huber-Wilhelm, Claus/Plank, Leo: Verfassungswidrigkeit der Inländerdiskriminierung – Anmerkungen zum Urteil des öVfGH vom 09.12.2000 G 42/99 u.a., in: http://huber-wilhelm.de/inlaender.html.

Institut der deutschen Wirtschaft Köln: Absteiger England, in: iwd 1999, 25. Jg., S. 1.

Institut der deutschen Wirtschaft Köln: Baby-Boom hält jung, in: iwd 1998, 24. Jg., S. 1.

Institut der deutschen Wirtschaft Köln: Deutschland bleibt ein teures Pflaster, in: iwd 1998, 24. Jg., S. 4-5.

Institut der deutschen Wirtschaft Köln: Es geht wieder aufwärts, in: iwd 1999, 25. Jg., S. 7.

Institut der deutschen Wirtschaft Köln: Europa im Wachstumstal, in: iwd 1999, 25. Jg., S. 1.

Institut der deutschen Wirtschaft Köln: Thema: Der Gewinn, in: iwd 1999, 25. Jg., S. 1-4.

Institut der deutschen Wirtschaft Köln: Thema: Unternehmen und Gesellschaft, in: iwd 2000, 26. Jg., S. 1-4.

Institut der deutschen Wirtschaft Köln: Unschöne Erinnerungen an 1995, in: iwd 1999, 25. Jg., S. 4-5.

Institut der deutschen Wirtschaft Köln: Weiter Weg in die Weltliga, in: iwd 1999, 25. Jg., S. 4-5.

Isensee, Tobias: Der tatsächliche Fremdvergleich bei der Bestimmung von Verrechnungspreisen am Beispiel von Vertriebsunternehmen, in: IStR 2002, 11. Jg., S. 465-468.

Jacobs, Otto H./Spengel, Christoph: Aspekte einer Reform der Unternehmensbesteuerung in Europa, in: Siebert, Horst: Steuerpolitik und Standortqualität: Expertisen zum Standort Deutschland, Tübingen 1996, S. 99-144.

Jacobs, Otto H./Spengel, Christoph: Die Europäischen Steuersysteme – Eine Übersicht, in: Aspekte der Unternehmensbesteuerung in Europa, Baden-Baden 1996, S. 11-36.

Jacobs, Otto H./Spengel, Christoph: European Tax Analyser: EDV-gestützter Vergleich der Steuerbelastung von Kapitalgesellschaften in Deutschland, Frankreich und Großbritannien, Baden-Baden 1996.

Jacobs, Otto H./Spengel, Christoph: Measurement and Development of the Effective Tax Burden of Companies – An Overview and International Comparison, in: Intertax 2000, 28. Jg., S. 334-351.

Jacobs, Otto H./Spengel, Christoph: Unternehmensbesteuerung im internationalen Vergleich – Eine Bestandsaufnahme, in: Siebert, Horst: Steuerpolitik und Standortqualität: Expertisen zum Standort Deutschland, Tübingen 1996, S. 49-98.

Jacobs, Otto H.: Internationale Unternehmensbesteuerung, 4. Aufl., München 1999.

Jahn, Andreas: Die Europäische Aktiengesellschaft – Societas Europaea, in: DB 2001, 54. Jg., S. 631-638.

Jestädt, Gottfried: 43 Fragen und Antworten zum Europarecht, in: SteuerStud 1995, 16. Jg., S. 321-329.

Julien-Saint-Armand, Luc/Rubechi, Guillaume: Französisches Steuerrecht, in: Pelka, Jürgen/Niemann, Walter: Beck´sches Steuerberater-Handbuch 2000/2001, München 2000, S. 1057-1075.

Julien-Saint-Armand, Luc/Rubechi, Guillaume: Französisches Steuerrecht, in: Pelka, Jürgen/Niemann, Walter: Beck´sches Steuerberater-Handbuch 2002/2003, München 2002, S. 1008-1017.

Kaefer, Wolfgang/Tillmann, Winfried: Urteil des EuGH in der Sache Eurowings macht Gesetzesänderung erforderlich: Gewerbesteuer bei Leasing verstößt gegen EU-Recht, in: Handelsblatt vom 01.11.1999.

Kallmeyer, Harald: Tragweite des Überseering-Urteils des EuGH vom 5.11.2002 zur grenzüberschreitenden Sitzverlegung, in: DB 2002, 55. Jg., S. 2521-2522.

Kaminski, Bert: Formula Apportionment, in: Müller, Walter/Fromm, Oliver/ Hansjürgens, Bernd: Regeln für den europäischen Systemwettbewerb – Steuern und soziale Sicherungssysteme, Marburg 2001, S. 133-152.

Kellersmann, Dietrich/Treisch, Corinna: Europäische Unternehmensbesteuerung, Wiesbaden 2002.

Kerber, Wolfgang: Zum Problem einer Wettbewerbsordnung für den Systemwettbewerb, in: Volkswirtschaftliche Beiträge, Marburg 1998 (erscheint in: Jahrbuch für Neue Politische Ökonomie, Band 17, 1998).

Kern, Charles: Frankreich: Globaler Plan zur Steuererleichterung und Steuerreform (2001-2003), in: IStR 2000, 9. Jg., S. 1*-2*.

Kern, Charles: Frankreich: Steuergesetz 2001, in: IStR 2001, 10. Jg., S. 4*.

Kern Charles: Frankreich: Umstrukturierung, in: IStR 2002, 11. Jg., S. 2*-3*.

Keun, Friedrich/Scherler, Astrid/Strothotte, Hans-Wilhelm: Rechnungslegungsvorschriften für den Einzelabschluß in Frankreich – Synoptische Darstellung deutsch-französischer Aspekte der Transformationsgesetze zur 4. EG-Richtlinie, in: IWB, Fach 5, Gruppe 3, vom 10.02.1993, S. 435-450.

Kischel, Dieter: Der „wesentliche Inhalt" der EU-Richtlinie zur Harmonisierung der Zinsbesteuerung, in: IWB, Fach 11, Gruppe 2, vom 28.02.2001, S. 459-468.

Kischel, Dieter: EU-Richtlinienvorschlag zur Beseitigung der Quellensteuern auf Zinszahlungen zwischen verbundenen Unternehmen, in: IWB, Fach 11, Gruppe 2, vom 26.08.1998, S. 353-356.

Kischel, Dieter: Richtlinienvorschlag der EU-Kommission zur Harmonisierung der Zinsbesteuerung, in: IWB, Fach 11, Gruppe 2, vom 28.10.1998, S. 357-364.

Kluge, Volker: Das deutsche Internationale Steuerrecht, 3. Aufl., München 1992.

Knobbe-Keuk, Brigitte: Bilanz- und Unternehmenssteuerrecht, 8. Aufl., Köln 1991.

Knobbe-Keuk, Brigitte: Niederlassungsfreiheit: Diskriminierungs- oder Beschränkungsverbot? – Zur Dogmatik des Art. 52 EWG-Vertrag am Beispiel einiger gesellschaftsrechtlicher Beschränkungen, in: DB 1990, 43. Jg., S. 2573-2584.

Kokott, Juliane: Die Bedeutung der europarechtlichen Diskriminierungsverbote und Grundfreiheiten für das Steuerrecht der EU-Mitgliedstaaten, in: Lehner Moris: Grundfreiheiten im Steuerrecht der EU-Staaten, München 2000, S. 1-24.

Kollmeier, Yvonne: Die europäische Sozialpolitik. Vom Stiefkind des europäischen Integrationsprozesses zum Wegbereiter eines Level Playing Field?, in: Müller, Walter/Fromm, Oliver/Hansjürgens, Bernd: Regeln für den europäischen Systemwettbewerb – Steuern und soziale Sicherungssysteme, Marburg 2001, S. 337-357.

Kommission der Europäischen Gemeinschaften: Achtzehnter Jahresbericht über die Kontrolle der Anwendung des Gemeinschaftsrechts (2000), Teil I, Brüssel 2001, in: http://europa.eu.int/eur-lex/de/com/rpt/2002/act309de01/com 2001_0309de01-01.pdf.

Kommission der Europäischen Gemeinschaften: Die Europäische Aktiengesellschaft (SE) – Häufig gestellte Fragen, in: http://europa.eu.int/comm/international_market/de/company/company/news/ecompanyfaq.htm.

Kommission der Europäischen Gemeinschaften: Entscheidung der Kommission vom 21.01.1998 betreffend Steuervergünstigungen aufgrund des § 52 Abs. 8 des deutschen Einkommensteuergesetzes (98/476/EG), in: ABl. L 212 vom 30.07.1998, S. 50-57.

Kommission der Europäischen Gemeinschaften: Entscheidung der Kommission vom 31.10.2000 über die spanischen Körperschaftsteuervorschriften (2001/168/EGKS), ABl. L 60 vom 01.03.2001, S. 57-61.

Kommission der Europäischen Gemeinschaften: Erläuternde Mitteilung der Kommission über die Freiheit des grenzüberschreitenden Dienstleistungsverkehrs, in: ABl. C 334 vom 09.12.1993, S. 3-6.

Kommission der Europäischen Gemeinschaften: Inventar der Steuern, die in den Mitgliedstaaten der Europäischen Union erhoben werden, 17. Aufl., Luxemburg 2000.

Kommission der Europäischen Gemeinschaften: Leitfaden für die Verwaltung von Finanzhilfen (für Antragsteller und Begünstigte), in: http://europa.eu.int/comm/secretariat_general/sgc/info_subv/commun/shortvad-de.pdf.

Kommission der Europäischen Gemeinschaften: Mitteilung der Kommission an den Rat und das Europäische Parlament: Erster Jahresbericht über die Anwendung des Verhaltenskodex für die Unternehmensbesteuerung und über steuerliche Beihilfen: Bericht über den Fortschritt der Arbeiten zur Besteuerung von Zinserträgen und eine gemeinsame Steuerregelung für Zahlungen von Zinsen und Lizenzgebühren zwischen verbundenen Unternehmen, Brüssel 1998, in: http://europa.eu.int/comm/taxation_customs/french/publications/official_doc/com/taxation/com_nov1998/com595de.pdf.

Kommission der Europäischen Gemeinschaften: Mitteilung der Kommission der Europäischen Gemeinschaften an den Rat und das Parlament über Leitlinien zur Unternehmensbesteuerung vom 20.4.1990, SEK (90) 610 endg. Ratsdok. 6128/90, in: BR-Drs. 360/90 vom 18.5.1990, S. 1-27.

Kommission der Europäischen Gemeinschaften: Mitteilung der Kommission über die Anwendung der Vorschriften über staatliche Beihilfen auf Maßnahmen im Bereich der direkten Unternehmensbesteuerung, in: ABl. C 384 vom 10.12.1998, S. 3-9.

Kommission der Europäischen Gemeinschaften: Steuerpolitik in der Europäischen Union, in: http://europa.eu.int/comm/dg10/publications/brochures/more/donane/fiscalite/de.pdf.

Kommission der Europäischen Gemeinschaften: Vorschlag für eine Richtlinie des Rates über die gemeinsame Steuerregelung für Zahlungen von Zinsen und Lizenzgebühren zwischen Mutter- und Tochtergesellschaften verschiedener Mitgliedstaaten, KOM (90) 571 endg., von der Kommission vorgelegt am 06.12.1990, in: ABl. C 53 vom 28.02.1991, S. 26-29.

Kommission der Europäischen Gemeinschaften: Vorschlag für eine Richtlinie des Rates über die gemeinsame Steuerregelung für Zahlungen von Zinsen und Lizenzgebühren zwischen verbundenen Unternehmen verschiedener Mitgliedstaaten, KOM (1998) 67 endg., von der Kommission vorgelegt am 06.03.1998, in: ABl. C 123 vom 22.04.1998, S. 9-13.

Kommission der Europäischen Gemeinschaften: Vorschlag für eine Richtlinie des Rates über eine Regelung für Unternehmen zur Berücksichtigung der Verluste ihrer in anderen Mitgliedstaaten belegenen Betriebsstätten und Tochtergesellschaften, KOM (90) 595 endg., von der Kommission vorgelegt am 06.12.1990, in: ABl. C 53 vom 28.02.1991, S. 30-34.

Kommission der Europäischen Gemeinschaften: Vorschlag für eine Richtlinie des Rates zur Änderung der Richtlinie 90/434/EWG des Rates vom 23. Juni 1990 über das gemeinsame Steuersystem für Fusionen, Spaltungen, die Einbringung von Unternehmensteilen und den Austausch von Anteilen, die Gesellschaften verschiedener Mitgliedstaaten betreffen, KOM (93) 293 endg., von der Kommission vorgelegt am 26.06.1993, in: ABl. C 255 vom 20. August 1993, S. 3-4.

Kommission der Europäischen Gemeinschaften: Vorschlag für eine Richtlinie des Rates zur Änderung der Richtlinie 90/435/EWG des Rates vom 23. Juni 1990 über das gemeinsame Steuersystem der Mutter- und Tochtergesellschaften verschiedener Mitgliedstaaten, KOM (93) 293 endg., von der Kommission vorgelegt am 26.06.1993, in: ABl. C 255 vom 20.08.1993, S. 5-6.

Kommission der Europäischen Gemeinschaften: Vorschlag für eine Richtlinie des Rates zur Gewährleistung eines Minimums an effektiver Besteuerung von Zinserträgen innerhalb der Gemeinschaft, KOM (1998) 295 endg., von der Kommission vorgelegt am 04.06.1998, in: ABl. C 212 vom 08.07.1998, S. 13-18.

Kommission der Europäischen Gemeinschaften: Vorschlag für eine Richtlinie des Rates zur Gewährleistung eines Minimums an effektiver Besteuerung von Zinserträgen innerhalb der Gemeinschaft, KOM (2001) 400 endg., von der Kommission vorgelegt am 18.07.2001, in: http://europa.eu.int/comm/taxation_customs/proposals/taxation/com2001400/com2001400_de.pdf.

Kommission der Europäischen Gemeinschaften: Vorschlag für eine Richtlinie des Rates zur Harmonisierung der Körperschaftsteuersysteme und der Regelungen der Quellensteuer auf Dividenden, in: BT-Drs. 7/3981 vom 18.08.1975, S. 1-14.

Kommission der Europäischen Wirtschaftsgemeinschaft: Bericht des Steuer- und Finanzausschusses, Brüssel 1962.

Köplin, Manfred: Quod erat expectandum! – Einige Überlegungen zum Beschluss des BFH vom 21.6.2001, I B 141/00, in: IStR 2002, 11. Jg., S. 120-123.

Kussmaul, Heinz/Beckmann, Stefan: Die Dividendenbesteuerung im nationalen und internationalen Kontext, in: DB 2001, 54. Jg., S. 608-614.

Kussmaul, Heinz/Schäfer, René: Die Option der Personengesellschaften für eine Besteuerung durch die Körperschaftsteuer im französischen Steuerrecht, in: IStR 2000, 9. Jg., S. 161-166.

Küting, Karlheinz/Altmeier, David/Günther, Barbara: Die Grundpfeiler des französischen Bilanzrechts, in IWB, Fach 5, Gruppe 3, vom 14.01.1998, S. 529-544.

Küting, Karlheinz/Altmeier, David/Günther, Barbara: Wegweiser durch das französische Bilanzrecht, in: IWB, Fach 5, Gruppe 3, vom 25.06.1997, S. 521-528.

Lang, Joachim: Besteuerung der Unternehmen in Staaten der Europäischen Union – Resümee, in: Lang, Joachim: Unternehmensbesteuerung in EU-Staaten, Köln 1994, S. 295-317.

Larbig, Gregor: Der EU-Verhaltenskodex zur Unternehmensbesteuerung. Kodex und OECD-Report im Vergleich, in: Müller, Walter/Fromm, Oliver/Hansjürgens, Bernd: Regeln für den europäischen Systemwettbewerb – Steuern und soziale Sicherungssysteme, Marburg 2001, S. 217-233.

Läufer, Thomas: Vertrag von Amsterdam – Texte des EU-Vertrages und des EG-Vertrages mit den deutschen Begleittexten, Bonn 1999.

Laule, Gerhard: Die Harmonisierung des europäischen Steuerrechts, in: IStR 2001, 10. Jg., S. 297-306.

Lausterer, Martin: Das Ärgernis Betriebsstätten-Diskriminierung - Anmerkung zum Urteil des FG Köln vom 8.2.2001, 13 K 9771/97, in: IStR 2001, 10. Jg., S. 212-215.

Lawall, Lars: Die Folgen des EuGH-Urteils Athinaiki für die bisherige deutsche Dividendenbesteuerung – Anmerkung zur Entscheidung des EuGH vom 4.10.2001, in: IStR 2002, 11. Jg., S. 204-205.

Lefebvre, Francis: Memento Pratique Fiscal 2001, Paris 2001.

Leffers, Ines/Long, Yves: Dokumentations- und Mitwirkungspflichten in Frankreich bei der Überprüfung der Verrechnungspreise, in: IWB, Fach 5, Gruppe 2, vom 25.11.1998, S. 1123-1130.

Lehner, Moris: Der Einfluss des Europarechts auf die Doppelbesteuerungsabkommen, in: IStR 2001, 10. Jg., S. 329-337.

Lehner, Moris: EuGH-Entscheidungen – Hoechst, Metallgesellschaft: Vorauszahlung der Körperschaftsteuer in England, in: IStR 2001, 10. Jg., S. 215-222.

Lenz, Carl-Otto: EG-Vertrag, Kommentar zu dem Vertrag zur Gründung der Europäischen Gemeinschaften, in der durch den Amsterdamer Vertrag geänderten Fassung, 2. Aufl., Köln 1999.

Linklaters Oppenhoff & Rädler: Steueränderungen zum 1.1.2002 im Unternehmensbereich – Unternehmenssteuerfortentwicklungsgesetz, Steueränderungsgesetz 2001, Steuerverkürzungsbekämpfungsgesetz und Gesetz zur

Eindämmung illegaler Betätigung im Baugewerbe, in: DB 2002, 55. Jg., Beilage Nr. 1.

Littwin, Frank: Steueroasen-Regelungen in der Europäischen Union, in: IWB, Fach 11, Gruppe 2, vom 22.07.1998, S. 345-352.

Lüdicke, Jürgen: BFH: Entscheidungen: Mindeststeuersatz für beschränkt Steuerpflichtige gemeinschaftsrechtlich bedenklich, in: IStR 2001, 10. Jg., S. 285-286.

Lutter, Markus: Europäische Aktiengesellschaft – Rechtsfigur mit Zukunft?, in: BB 2002, 57. Jg., S. 1-7.

Maier-Frischmuth, Markus: Neuregelung der Besteuerung französischer Dividendeneinkünfte, in: IStR 2002, 11. Jg., S. 52-55.

Maiterth, Ralf: Wettbewerbsneutralität der Besteuerung, Diss. Berlin 1999, Bielefeld 2001.

Mann, Fritz Karl: Steuerpolitische Ideale: Vergleichende Studien zur Geschichte der ökonomischen und politischen Ideen und ihres Wirkens in der öffentlichen Meinung 1600-1935, Jena 1937.

Mann, Siegfried: Ansätze und Stand der Bestrebungen zur Harmonisierung der direkten und indirekten Steuern in der EG, in: DB 1990, 43. Jg., S. 735.

Meilicke, Wienand: Die Neuregelung der ertragsteuerlichen Organschaft über die Grenze, in: DB 2002, 55. Jg., S. 911-916.

Meinhardt, Volker: Wirkungszusammenhänge von Systemwettbewerb und nationaler Sozialpolitik, in: Müller, Walter/Fromm, Oliver/Hansjürgens, Bernd: Regeln für den europäischen Systemwettbewerb – Steuern und soziale Sicherungssysteme, Marburg 2001, S. 287-305.

Menck, Thomas: Die (un)verborgene Krise des Aussensteuerrechts – Anmerkungen zu einem Beitrag Franz Wassermeyers, in: IStR 2001, 10. Jg., S. 279-281.

Menner, Stefan/Broer, Frank: Europäischer Teilbetriebsbegriff und Zuordnung von Wirtschaftsgütern – Anmerkung zur ersten Entscheidung des EuGH zum Teilbetriebsbegriff nach der EU-Fusionsrichtlinie, in: DB 2002, 55. Jg., S. 815-818.

Mestmäcker, Ernst-Joachim: Wettbewerbsrecht und Wettbewerbspolitik in der Europäischen Union, in: Gerken, Lüder: Europa zwischen Ordnungswettbewerb und Harmonisierung: europäische Ordnungspolitik im Zeichen der Subsidiarität, Berlin u.a. 1995, S. 191-211.

Mick, Marcus: Steuerharmonisierung und Gemeinsamer Markt, in: Birk, Dieter: Handbuch des Europäischen Steuer- und Abgabenrechts, Herne/Berlin 1995, S. 637-662.

Ministère de l'Economie, des Finances et de l'Industrie: Tax Conventions and agreements, in: http://www.francetresor.gouv.fr/oat/us/conv.html.

Moebus, Ulrich: Auch Konzernsteuerrecht muß EG-konform sein – Anmerkung zum EuGH-Urteil in Sachen Hoechst/Metallgesellschaft, in: IStR 2000, 9. Jg., S. 250-252.

Morgenstern, Oskar: Spieltheorie, Stuttgart 1956.

Mors, Matthias: Der EU-Verhaltenskodex zur Unternehmensbesteuerung. Bisherige Erfahrungen und Ergebnisse der „hochrangigen Arbeitsgruppe, in: Müller, Walter/Fromm, Oliver/Hansjürgens, Bernd: Regeln für den europäischen Systemwettbewerb – Steuern und soziale Sicherungssysteme, Marburg 2001, S. 197-215.

Müller, Walter: Einführung und Überblick, in: Müller, Walter/Fromm, Oliver/ Hansjürgens, Bernd: Regeln für den europäischen Systemwettbewerb – Steuern und soziale Sicherungssysteme, Marburg 2001, S. 11-17.

Müller, Walter: Plädoyer für eine Steuerwettbewerbsordnung, in: Müller, Walter/Fromm, Oliver/Hansjürgens, Bernd: Regeln für den europäischen Systemwettbewerb – Steuern und soziale Sicherungssysteme, Marburg 2001, S. 153-168.

Nachreiner, Andreas: Der Vorschlag für eine EU-Richtlinie zur Besteuerung von Zinserträgen und die Auswirkungen im Falle seiner Umsetzung, in: DStZ 1999, 87. Jg., S. 486-491.

Narraina, Laurens/Krause, Michael/Viegener Johannes et al.: Vergleichende Darstellung über die Besteuerung von Betriebsstätten ausländischer Unternehmen, in: IWB, Fach 10, Gruppe 2, vom 10.11.1993, S. 925-950.

Neumann, John von/Morgenstern, Oskar: Theory of Games and Economic Behaviour, Princeton 1947.

Neumark, Fritz: Grundsätze gerechter und ökonomisch rationaler Steuerpolitik, Tübingen 1970.

Niemann, Rainer: Neutrale Steuersysteme unter Unsicherheit – Besteuerung und Realoption, Diss. Tübingen 2000, Bielefeld 2001.

OECD: Harmful Tax Competition – An Emerging Global Issue, Paris 1998 und in: http://www.oecd.org/pdf/M00004000/M00004517.pdf.

OECD: Harmful Tax Practices, in: http:// www.oecd.fr/daf/fa/harm-tax/harmtax. htm.

OECD: Home Harmful Tax Practices, in: http://www.oecd.org/EN/home/0,,EN-home-103-nodirectorate-no-no-no-22,00.html.

OECD: OECD-Musterabkommen 2000 zur Vermeidung der Doppelbesteuerung auf dem Gebiet der Steuern vom Einkommen und vom Vermögen, Stand Dezember 2000, in: www.bundesfinanzministerium.de/Anlage4929/ OECD-Musterabkommen-2000.pdf.

OECD: Tax Haven Update, in: http://www.oecd.org/EN/document/0,,EN-d...-103-nodirectorate-no-4-4393-22,00.html.

OECD: The OECD's Project on Harmful Tax Practices: The 2001 Progress Report, in: http://www.oecd.org.pdf/M00021000/M00021182.pdf.

OECD: Towards Global Tax Co-operation - Report to the 2000 Ministerial Council Meeting and Recommendations by the Committee on Fiscal Affairs – Progress in Identifying and Eliminating Harmful Tax Practices, in: http://www.oecd.org/pdf/M000014000/M00014130.pdf.

OECD: Transfer Pricing Guidelines for Multinational Enterprises and Tax Administrations, Paris 2001.

Oehsen, Johann H. von: Optimale Besteuerung (Optimal Taxation), Frankfurt am Main 1982.

Oestreicher, Andreas/Spengel, Christoph: Anwendung von IAS in der EU – Zukunft des Maßgeblichkeitsprinzips und Steuerbelastung, in: RIW 2001, 47. Jg., S. 889-902.

Oestreicher, Andreas/Spengel, Christoph: International Accounting Standards, Maßgeblichkeitsprinzip und Besteuerung, in: DB 1999, 52. Jg., S. 593-600.

Oestreicher, Andreas/Spengel, Christoph: Replik zu Fülbier, Rolf Uwe/Gassen, Joachim: Wider die Maßgeblichkeit der International Accounting Standards für die steuerliche Gewinnermittlung, in: DB 1999, 52. Jg., S. 1513-1516.

Oppermann, Thomas: Europarecht, München 1991.

Orth, Manfred: Elemente einer grenzüberschreitenden Organschaft im deutschen Steuerrecht, in: GmbHR 1996, 87. Jg., S. 33-40.

Parly, Florence: France: The Code of Conduct and the Fight against Harmful Tax Competition, in: European Taxation 2000, 40. Jg., Special Issue: European Union: Tackling Harmful Tax Competition – A Round Table on the Code of Conduct, S. 406-409.

Pelka, Jürgen/Balmes, Frank: Europäisches Steuerrecht, in: Pelka, Jürgen/Niemann, Walter: Beck'sches Steuerberater-Handbuch 2000/2001, München 2000, S. 979-999.

Pesmatzoglou, Haris: Die Harmonisierung der Kapitaleinkommensbesteuerung in der Europäischen Union, Diss. München 1995, Frankfurt am Main 1996.

Pieper, Stefan Ulrich: Die Europäische Union und die Europäischen Gemeinschaften als Kern des Europarechts, in: Birk, Dieter: Handbuch des Europäischen Steuer- und Abgabenrechts, Herne/Berlin 1995.

Portner, Rosemarie: Advance Pricing Agreements (APAs) im deutschen Steuerrecht – innerstaatliche Aspekte und Abkommensrecht, in: IStR 1996, 5. Jg., S. 156-160.

Postlep, Rolf-Dieter: Zusammenfassung und Kommentar zur Tagung, in: Müller, Walter/Fromm, Oliver/Hansjürgens, Bernd: Regeln für den europäischen Systemwettbewerb – Steuern und soziale Sicherungssysteme, Marburg 2001, S. 409-413.

Presse- und Informationsamt der Bundesregierung: Die Europäische Union – Politik und Organisation, Magdeburg 2001.

Presse- und Informationsamt der Bundesregierung: Europa 2000 – Die Europäische Union, Köln 1997.

Prinz, Ulrich: Kommentar: Verstößt § 8a KStG (a.F.) gegen europarechtliche Grundfreiheiten des Binnenmarktes?, in: FR 2000, 82. Jg., S. 1216-1217.

Prinz, Ulrich: Neues zur Gesellschafter-Fremdfinanzierung (§ 8a KStG) nach der Unternehmenssteuerreform 2001 – Bestandsaufnahme und Gestaltungsmöglichkeiten, in: FR 2000, 82. Jg., S. 1061-1069.

Rädler, Albert J.: Überlegungen zur Harmonisierung der Unternehmensbesteuerung in der Europäischen Gemeinschaft, in: Lang, Joachim: Unternehmensbesteuerung in EU-Staaten, Köln 1994, S. 277-293.

Randelzhofer, Albrecht/Forsthoff, Ulrich: Artikel 43 EGV, in: Grabitz, Eberhard/Hilf, Meinhard: Das Recht der Europäischen Union Europäischen Union (Loseblattausg.), München 2001.

Randzio-Plath, Christa: Vorteile und Nachteile des internationalen Steuerwettbewerbs, in: Müller, Walter/Fromm, Oliver/Hansjürgens, Bernd: Regeln für den europäischen Systemwettbewerb – Steuern und soziale Sicherungssysteme, Marburg 2001, S. 235-249.

Rat der Europäischen Gemeinschaften: Erklärung zu Artikel 73d des Vertrages zur Gründung der Europäischen Gemeinschaft, in: ABl. C 191 vom 29.07.1992, S. 99.

Rat der Europäischen Gemeinschaften: Schlußfolgerungen des Rates vom 9. März 1998 zur Einsetzung der Gruppe „Verhaltenskodex" (Unternehmensbesteuerung), in: ABl. C 99 vom 01.04.1998, S. 1-2.

Rat der Europäischen Gemeinschaften: Schlußfolgerungen des Rates „Wirtschafts- und Finanzfragen" vom 1. Dezember 1997 zur Steuerpolitik – Entschließung des Rates und der im Rat vereinigten Vertreter der Regierungen der Mitgliedstaaten vom 1. Dezember 1997 über einen Verhaltenskodex für die Unternehmensbesteuerung – Besteuerung von Zinserträgen, in: ABl. C 2 vom 06.01.1998, S. 1-6.

Rat der Europäischen Gemeinschaften: Stellungnahme zu dem Vorschlag für eine Richtlinie des Rates zur Änderung der Richtlinie 90/435/EWG vom 23. Juni 1990 über das gemeinsame Steuersystem von Mutter- und Tochtergesellschaften verschiedener Mitgliedstaaten, in: ABl. C 34 vom 02.02.1994, S. 41.

Rat der Europäischen Gemeinschaften: Stellungnahme zu den Schlussfolgerungen und Empfehlungen des unabhängigen Sachverständigenausschusses unter dem Vorsitz von Herrn Ruding zur Unternehmensbesteuerung, und der Mitteilung der Kommission an den Rat und das Europäische Parlament im Anschluß an die Schlußfolgerungen des unabhängigen Sachverständigenausschusses unter dem Vorsitz von Herrn Ruding über die Leitlinien für die Unternehmensbesteuerung im Rahmen der Vertiefung des Binnenmarktes, in: ABl. C 19 vom 25.01.1993, S. 65-71.

Rat „Wirtschaft und Finanzen": Mitteilung an die Presse: 2312. Tagung des Rates Wirtschaft und Finanzen am 26./27. November 2000 in Brüssel, in: http://ue.eu.int/Newsroom/LoadDoc.cfm?M...OC=!!!&BID=93&DID=64441&GRP=2989&LANG=4.

Rättig, Horst/Protzen, Peer Daniel: Die „neue Hinzurechnungsbesteuerung" der §§ 7-14 AStG in der Fassung des UntStFG – Problembereiche und Gestaltungshinweise, in: IStR 2002, 11. Jg., S. 123-128.

Rättig, Horst/Protzen, Peer Daniel: Überblick über die Hinzurechnungsbesteuerung des AStG in der Fassung des Unternehmenssteuerfortentwicklungsgesetzes, in: DStR 2002, 40. Jg., S. 241-246.

Reding, Kurt/Müller, Walter: Einführung in die Allgemeine Steuerlehre, München 1999.

Reimer, Ekkehart: Die Auswirkungen der Grundfreiheiten auf das Ertragsteuerrecht der Bundesrepublik Deutschland – Eine Bestandsaufnahme, in: Lehner Moris: Grundfreiheiten im Steuerrecht der EU-Staaten, München 2000, S. 39-101.

Reiß, Wolfram: Nationales Steuerrecht und Europäisches Gemeinschaftsrecht – Teil I, in: DSWR 1998, 27. Jg., S. 218-221.

Reiß, Wolfram: Nationales Steuerrecht und Europäisches Gemeinschaftsrecht – Teil II, in: DSWR 1998, 27. Jg., S. 255-259.

Richter, Dirk: Einführung einer vereinfachten Einmann-Aktiengesellschaft in Frankreich als Gestaltungsmittel, in: IStR 1999, 8. Jg., S. 702-703.

Richter, Dirk: Neueste Entwicklung der französischen Rechtsprechung zum Außensteuerrecht bei DBA-Staaten, in: IStR 2002, 11. Jg., S. 231-235.

Richter, Wolfram F./Seitz, Helmut/Wiegard, Wolfgang: Steuern und unternehmensbezogene Staatsausgaben als Standortfaktoren, in: Siebert, Horst: Steuerpolitik und Standortqualität: Expertisen zum Standort Deutschland, Tübingen 1996, S. 13-47.

Ritter, Wolfgang: Konzept einer Reform der Unternehmensbesteuerung, in: Besters, Hans: Unternehmensbesteuerung als Standortfaktor, Baden-Baden 1991, S. 61-78.

Ritter, Wolfgang: Perspektiven für die Entwicklung des deutschen internationalen Steuerrechts, in: IStR 2001, 10. Jg., S. 430-437.

Rolfes, Karl-Heinrich: Regionale Wirtschaftsförderung und EWG-Vertrag – Die Aktionsräume von Bund, Ländern und Kommunen, Köln u.a. 1991.

Rose, Manfred/Wiegard, Wolfgang: Zur optimalen Struktur öffentlicher Einnahmen unter Effiziens- und Distributionsaspekten, in: Pohmer, Dieter: Zur optimalen Besteuerung, Berlin 1983, S. 9-162.

Rose, Manfred: Reform der öffentlichen Finanzen zur Stärkung der Standortqualität, in: Siebert, Horst: Steuerpolitik und Standortqualität: Expertisen zum Standort Deutschland, Tübingen 1996, S. 145-191.

Ruppe, Hans Georg: Einführung zum EStG, in: Hermann, Carl/Heuer, Gerhard/ Raupach, Arndt: Einkommensteuer- und Körperschaftsteuergesetz: Kommentar, Köln 1999, S. E1-E359.

Sachs, Holger: Einkommensbesteuerung in Deutschland und Frankreich: Ein Vergleich der Konzeptionen gleichmäßiger Besteuerung, Diss. Freiburg 1998, Frankfurt am Main 1998.

Sandmo, Agnar: Optimal Taxation. An Introduction to the Literature, in: Journal of Public Economics 1976, 6. Jg., S. 37-54.

Santos, António Carlos: Point J of the Code of Conduct or the Primacy of Politics over Administration, in: European Taxation 2000, 40. Jg., Special Issue: European Union: Tackling Harmful Tax Competition – A Round Table on the Code of Conduct, S. 417-421.

Sapusek, Annemarie: Ökonomische und juristische Analyse der Steuerharmonisierung in der Europäischen Union – Umsatzsteuer, spezielle Verbrauchsteuern, direkte Unternehmensteuern, Teil 1, Diss. Wien 1996, Frankfurt am Main u.a. 1997.

Saß, Gert: Statement: Unternehmensbesteuerung in der EG, in: Besters, Hans: Unternehmensbesteuerung als Standortfaktor, Baden-Baden 1991, S. 152-155.

Saß, Gert: Steuerharmonisierung in der EG – Perspektiven für eine Harmonisierung der Körperschaftsteuer und der Gewinnermittlung, in: DB 1993, 46. Jg., S. 113-124.

Saß, Gert: Zum EG-Richtlinienvorschlag vom 28.11.1990 über den Abzug von Verlusten ausländischer Betriebsstätten und Tochtergesellschaften, in: BB 1991, 46. Jg., S. 1161-1165.

Saß, Gert: Zur Vereinbarkeit der Hinzurechnungsbesteuerung nach dem AStG mit den EU-Grundfreiheiten, in: DB 2002, 55. Jg., S. 2342-2346.

Saß, Gert: Zur Verlustberücksichtigung bei grenzüberschreitender Unternehmenstätigkeit in der EU – Anmerkungen zum EuGH-Urteil vom 14.12.2000 Rs. C 141/99, AMID, in: DB 2001, 54. Jg., S. 508-510.

Schaden, Barbara: Effektive Kapitalbesteuerung in Europa. Eine empirische Analyse aus deutscher Sicht, Diss. Konstanz 1995, Heidelberg 1995.

Schaumburg, Harald: Internationales Steuerrecht: Außensteuerrecht, Doppelbesteuerungsrecht, 2. Aufl., Köln 1998.

Scheffler, Wolfram: Steuerfreistellung für Auslandsinvestitionen, in: Jacobs, Otto H./Spengel, Christoph: Aspekte der Unternehmensbesteuerung in Europa, Baden-Baden 1996, S. 155-182.

Schmidt, Lutz/Hageböke, Jens: Die erneute Änderung von § 8b Abs. 5 KStG durch das UntStFG - Unzulässige rückwirkende Erweiterung eines verfassungs- und europarechtswidrigen Steuertatbestandes?, in: IStR 2002, 11. Jg., S. 150-157.

Schneider, Dieter: Investition, Finanzierung und Besteuerung, 7. Aufl., Wiesbaden 1992.

Schneider, Dieter: Statement: Die Bundesrepublik Deutschland als Hochsteuerland?, in: Besters, Hans: Unternehmensbesteuerung als Standortfaktor, Baden-Baden 1991, S. 144-151.

Schnitger, Arne: Geltung der Grundfreiheiten des EGV für Drittstaatsangehörige im Steuerrecht, in: IStR 2002, 11. Jg., S. 711-716.

Schön, Wolfgang: Die Abzugsschranken des § 3c EStG zwischen Verfassungs- und Europarecht, in: FR 2001, 83. Jg., S. 381-392.

Schreiber, Ulrich: Notwendigkeit und Alternativen einer Reform der Besteuerung von Kapitaleinkommen, in: Jacobs, Otto H./Spengel, Christoph: Aspekte der Unternehmensbe-steuerung in Europa, Baden-Baden 1996, S. 85-116.

Schreiber, Ulrich: Steuerwettbewerb, Steuerharmonisierung und neutrale Unternehmensbesteuerung, in: Ballwieser, Wolfgang/Schildbach, Thomas: Rechnungslegung und Steuern international, Tagung des Ausschusses Unternehmensrechnung im Verein für Socialpolitik am 9. und 10. Mai 1997 in Evelle/Frankreich, Düsseldorf 1998, S. 105-144.

Schulte, Bernd: Nationale Mindestsicherung und Freizügigkeit: Ein Problemaufriss, in: Müller, Walter/Fromm, Oliver/Hansjürgens, Bernd: Regeln für den europäischen Systemwettbewerb – Steuern und soziale Sicherungssysteme, Marburg 2001, S. 371-406.

Schulz, Andreas/Eicker, Klaus: The European Company Statute – the German View, in: Intertax 2001, 29. Jg., S. 332-341.

Schulz, Andreas/Geismar, Bernhard: Die Europäische Aktiengesellschaft – Eine kritische Bestandsaufnahme, in: DStR 2001, 39. Jg., S. 1078-1086.

Schwedhelm, Rolf/Binnewies, Burkhard: Grenzüberschreitende Sitzverlegung ins Ausland: Die praktischen Auswirkungen der Centros-Entscheidung des EuGH, in: GmbH-StB 2000, o.Jg., S. 100-105.

Sedemund, Jan: Die Bedeutung des Prinzips der steuerlichen Kohärenz als Rechtfertigungsaspekt für Eingriffe in die Grundfreiheiten des EG-Vertrages, in: IStR 2001, 10. Jg., S. 190–192.

Sedemund, Jan: Direkte und mittelbare Reichweite der Grundfreiheiten des EG-Vertrags am Beispiel des § 8a KStG, in: IStR 2002, 11. Jg., S. 390-396.

Seidl, Christian: Gerechtigkeit und Besteuerung unter besonderer Berücksichtigung der Optimalsteuertheorie, in: Pohmer, Dieter: Zur optimalen Besteuerung, Berlin 1983, S. 163-259.

Selling, Heinz-Jürgen: Deutschland im Steuerwettbewerb der Staaten – Einige steuerpolitische Überlegungen, in: IStR 2000, 9. Jg., S. 225-232.

Selling, Heinz-Jürgen: Steuerharmonisierung im europäischen Binnenmarkt, in: IStR 2000, 9. Jg., S. 417-424.

Sieben, Günter/Schildbach, Thomas: Betriebswirtschaftliche Entscheidungstheorie, 3. Aufl., Düsseldorf 1990.

Sinn, Hans-Werner: Das Selektionsprinzip und der Systemwettbewerb, in: Oberhauser, Alois: Fiskalföderalismus in Europa, Berlin 1997, S. 9-60.

Sinn, Hans-Werner: Deutschland im Steuerwettbewerb, in: Jahrbücher für Nationalökonomie und Statistik 1997, 6. Jg., S. 672-692.

Sinn, Hans-Werner: Wieviel Brüssel braucht Europa? – Subsidiarität, Zentralisierung und Fiskalwettbewerb im Lichte der ökonomischen Theorie, in: Staatswissenschaften und Staatspraxis 1994, 5. Jg., S. 155-186.

Sinz, Andreas: Steuerwirkungen von Gesellschafterbeiträgen im (internationalen) französischen Konzern, in: IStR 2002, 11. Jg., S. 194-200.

Sörgel, Michael: Körperschaftsteuerliche Auswirkungen der „Centros"-Entscheidung des EuGH – Anmerkung zum EuGH-Urteil vom 09.03.1999 Rs. C-212/97, in: DB 1999, 52. Jg., S. 2236-2238.

Sozialdemokratische Partei Deutschlands: Entlastung für alle, in: http://www.spd.de/politik/stichwort/steuerreform/steuerreform.html.

Spengel, Christoph: Europäische Steuerbelastungsvergleiche – Deutschland, Frankreich, Großbritannien, Diss. Mannheim 1995, Düsseldorf 1995.

Spengel, Christoph: Höhe und Struktur der Unternehmensbesteuerung in Europa – Ein Belastungsvergleich auf der Basis eines Unternehmensmodells, in: Jacobs, Otto H./Spengel, Christoph: Aspekte der Unternehmensbesteuerung in Europa, Baden-Baden 1996, S. 37-84.

Stawinoga, Rainer: Handbuch der französischen Körperschaftsteuer, 3. Aufl., Bielefeld 1994.

Storp, Roger: Die vereinfachte Aktiengesellschaft französischen Rechts, in: IWB, Fach 5, Gruppe 3, vom 09.02.2000, S. 579-582.

Streinz, Rudolf: Europarecht, 5. Aufl., Heidelberg 2001.

Streit, Manfred E./Mussler, Werner: Wettbewerb der Systeme und das Binnenmarktprogramm der Europäischen Union, in: Gerken, Lüder: Europa zwischen Ordnungswettbewerb und Harmonisierung: europäische Ordnungspolitik im Zeichen der Subsidiarität, Berlin u. a. 1995, S. 75-107.

Stucki, Dominique: Die Reform der französischen vereinfachten Aktiengesellschaft – Eine kleine Reform, in: DB 1999, 52. Jg., S. 2622-2624.

Szyperski, Norbert/ Winand, Udo: Entscheidungstheorie, Stuttgart 1974.

Takacs, Peter: Das Steuerrecht der Europäischen Union: unter besonderer Berücksichtigung der Regelungen Österreichs und Deutschlands – Steuerharmonisierung, Umsatzsteuer, Ertragsteuern, Verkehrsteuern, Verbrauchsteuern, Wien 1998.

Tempel, Jan van den: Corporation Tax and Individual Income Tax in the European Communities, Brüssel 1970.

Theisen, Manuel René/Wenz, Martin: Die Europäische Aktiengesellschaft – Recht, Steuern und Betriebswirtschaft der Societas Europaea (SE), Düsseldorf 2002.

Thill, Pierre-Sébastien/Hellio, François: Prüfung der Verrechnungspreise im französischen Steuerrecht, in: IWB, Fach 5, Gruppe 2, vom 10.12.1997, S. 1103-1124.

Thömmes, Otmar: § 8b KStG und EG-Recht, in DB 2001, 54. Jg., S. 775-779.

Thömmes, Otmar: EG-rechtliche Anmerkungen zu Ritter, S. 430, in: IStR 2001, 10. Jg., S. 441-442.

Thömmes, Otmar: Konzernfinanzierung und Europäisches Recht – Zugleich eine Besprechung der Schlussanträge von Generalanwalt Alber im Verfahren C-168/01 (Bosal Holding B.V.) und von Generalanwalt Mischo im Verfahren C-324/00 (Lankhorst-Hohorst GmbH), in: DB 2002, 55. Jg., S. 2397-2402.

Tiebout, Charles M.: A Pure Theory of Local Expenditure, in: Journal of Political Economy, 64. Jg., S. 416-424.

Tillmanns, Wolfhard: Das französische Aktienrecht, in: IWB, Fach 5, Gruppe 3, vom 10.07.1996, S. 481-498.

Tillmanns, Wolfhard: Das französische GmbH-Recht, in: IWB, Fach 5, Gruppe 3, vom 12.08.1998, S. 547-552.

Tillmanns, Wolfhard: Das Steuerrecht Frankreichs, in: IWB, Fach 5, Gruppe 2, vom 10.11.1999, S. 1167-1212.

Tillmanns, Wolfhard: Die Personengesellschaft im französischen Recht, in: IWB, Fach 5, Gruppe 3, vom 27.12.1996, S. 499-520.

Tillmanns, Wolfhard: Die Reform der steuerlichen Behandlung von Fusionen in Frankreich, in: IWB, Fach 5, Gruppe 2, vom 09.10.2002, S. 1315-1328.

Tillmanns, Wolfhard: Hinzurechnungsbesteuerung in Frankreich, in: IWB, Fach 5, Gruppe 2, vom 09.05.2001, S. 1263-1264.

Tillmanns, Wolfhard: Steueränderungen in Frankreich 1999/2000, in: IWB, Fach 5, Gruppe 2, vom 26.04.2000, S. 1237-1242.

Tillmanns, Wolfhard: Steueränderungen in Frankreich 2000/2001, in: IWB, Fach 5, Gruppe 2, vom 28.03.2001, S. 1257-1262.

Tillmanns, Wolfhard: Steueränderungen in Frankreich 2001/2002, in: IWB, Fach 5, Gruppe 2, vom 24.04.2002, S. 1301-1306.

Tillmanns, Wolfhard: Verschmelzung, Aufspaltung, Umwandlung und Konzernbildung im französischen Gesellschaftsrecht, in: IWB, Fach 5, Gruppe 3, vom 14.10.1998, S. 553-572.

Tipke, Klaus/Lang, Joachim: Steuerrecht, 17. Aufl., Köln 2002.

Treisch, Corinna: Entscheidungsneutralität der Besteuerung, in: Betriebswirtschaftliche Steuerlehre 2000, S. 368-374.

Unabhängiger Sachverständigenausschuß zur Unternehmensbesteuerung: Report of the Committee of Independent Experts on Company Taxation, Luxemburg 1992.

Ungerer, Werner/Monar, Jörg: Die Europäischen Gemeinschaften auf dem Weg zur Europäischen Union – Entwicklung und Institutionen, in: Lenz, Carl Otto: EG-Handbuch Recht im Binnenmarkt, 2. Aufl., Herne/Berlin 1994, S. 1-50.

Vanberg, Viktor/Kerber, Wolfgang: Institutional Competition Among Jurisdictions: An Evolutionary Approach, in: Constitutional Political Economy 1994, 5. Jg., S. 193-219.

Viegener, Johannes: Vollanrechnung und Schachtelprivileg in Frankreich, in: IWB, Fach 5, Gruppe 2, vom 11.01.1993, S. 933-936.

Vihanto, Martti: Competition Between Local Governments as a Discovery Procedure, in: Journal of Institutional and Theoretical Economics 1992, 148. Jg., S. 411-436.

Viherkenttä, Timo: Das Nordische Modell – Ein alternativer Ansatz der Besteuerung von Kapitaleinkommen, in: Jacobs, Otto H./Spengel, Christoph: Aspekte der Unternehmensbesteuerung in Europa, Baden-Baden 1996, S. 117-138.

Vogel, Klaus: Harmonisierung des Internationalen Steuerrechts in Europa als Alternative zur Harmonisierung des (materiellen) Körperschaftsteuerrechts, in: StuW 1993, 70. Jg., S. 380-388.

Vögele, Alexander: Handbuch der Verrechnungspreise: Betriebswirtschaft, Steuerrecht, OECD- und US-Verrechnungspreisrichtlinien, München 1997.

Vögele, Alexander/Vögele, Florence: Verbindliche Auskünfte zwischen international verbundenen Unternehmen – Advance Pricing Agreements im Rahmen der künftigen deutschen Verwaltungsgrundsätze für die Verfahren bei der Einkunftsabgrenzung, in: SteuerStud 2002, 23. Jg., S. 82-87.

Vögele, Alexander/Vögele, Florence: Advance Pricing Agreements bzw. Verbindliche Auskünfte – Die künftigen deutschen Verwaltungsgrundsätze und die Studie der Europäischen Kommission, in: IStR 2002, 11. Jg., S. 641-644.

Voos, Christoph: Register- und Umsatzsteuer auf Grundstücksübertragungen ab Januar 2000 in Frankreich, in: IWB, Fach 5, Gruppe 2, vom 22.03.2000, S. 1231-1235.

Voß, Reimer: Europäisches und nationales Steuerrecht, in: StuW 1993, 70. Jg., S. 155-168.

Wagener, Andreas: Internationaler Steuerwettbewerb mit Kapitalsteuern, Diss. Siegen 1996, Heidelberg 1997.

Wagner, Franz W.: Welche Kriterien bestimmen die internationale Wettbewerbsfähigkeit der Methoden steuerlicher Gewinnermittlung?, in: BFuP 2000, 52. Jg., S. 183-203.

Wassermeyer, Franz: Die Fortentwicklung der Besteuerung von Auslandsbeziehungen – Anmerkungen zu den derzeitigen Überlegungen zur Reform des Außensteuerrechts, in: IStR 2001, 10. Jg., S. 113-117.

Weerth, Jan de: Das EuGH-Urteil Rs. C-307/97 "Saint Gobain" – Ein Wegweiser zu einem harmonisierten Steuerrecht in der Europäischen Union, in: IStR 1999, 8. Jg., S. 628.

Weerth, Jan de: Rückwirkende Absenkung von steuerrechtlichen Beihilfen nach Feststellung ihrer Unvereinbarkeit mit EG-Recht durch die Kommission zulässig? – Zugleich eine Anmerkung zu BFH, Urteil vom 12.10.2000, III R 35/95, in: IStR 2001, 10. Jg., S. 158-160.

Wehnert, Oliver/Stalberg, Peter: Grundsatzentscheidung des BFH zur Bestimmung von Verrechnungspreisen im internationalen Konzern, in: IStR 2002, 11. Jg., S. 141-144.

Wehrheim, Michael/Renz, Anette: Die Steuerbilanz, München 2003.

Wehrheim, Michael: Einkommensteuer und Steuerwirkungslehre, Wiesbaden 2001.

Wehrheim, Michael: Grundzüge der Unternehmensbesteuerung, München 2002.

Weichenrieder, Alfons J.: Besteuerung und Direktinvestition, Diss. München 1995, Tübingen 1995.

Weide, Klaus-Michael: Harmonisierung der Unternehmenssteuern in der EG, Aachen 1996.

Weiser, Benedikt: Rechtsprechung und Rechtssetzung auf dem Gebiet der direkten Besteuerung in der Europäischen Union: Freistellung oder Anrechnung, Diss. Bremen 1998, Frankfurt am Main u.a. 1998.

Weizsäcker, Carl Christian von: Wettbewerbspolitik in Europa, in: Gerken, Lüder/Schick, Gerhard: Grüne Ordnungsökonomik: Eine Option moderner Wirtschaftspolitik?, Marburg 2000, S. 127-132.

Werra, Matthias: Zum Reformbedarf beim Außensteuergesetz unter besonderer Berücksichtigung des Verhaltenskodex, in: IStR 2001, 10. Jg., S. 438-441.

Wilkie, Tim D./O`Grady, Eileen: EU Commission Approves Investigation of 11 “Harmful” Corporate Tax Regimes, Termination of 4 Others, in: Tax Notes International 2001, o.Jg., S. 420-421.

Wöhe, Günter: Einführung in die Allgemeine Betriebswirtschaftslehre, 18. Aufl., München 1993.

Wollert-Elmendorff Deutsche Treuhand GmbH: Die Umsetzung der EG-Fusionsrichtlinie und der EG-Mutter-Tochter-Richtlinie in den EG-Mitgliedstaaten, Stuttgart 1995.

Wörner, Georg: Handels- und Steuerbilanz nach neuem Recht: mit US-GAAP, IAS und EURO, 6. Aufl., Landsberg/Lech 2000.

Zimmermann, Horst/Henke, Klaus-Dirk: Finanzwissenschaft – Eine Einführung in die Lehre von der öffentlichen Finanzwirtschaft, 7. Aufl., München 1994.

2 Entscheidungen/Erlasse

2.1 Erfolgte Entscheidungen/Erlasse

2.1.1 Europäischer Gerichtshof[1119]

EuGH vom 12.02.1974, Rs. C 152/73 (Sotgiu)

EuGH vom 12.03.1974, Rs. C 41/74 (van Duyn)

EuGH vom 03.12.1974, Rs. 33/74 (van Binsbergen)

EuGH vom 16.02.1978, Rs. C 61/77 (Kommission ./. Irland)

EuGH vom 07.02.1979, Rs. 115/78 (Knoors)

EuGH vom 20.02.1979, Rs. C 120/78 (Cassis de Dijon)

EuGH vom 05.04.1979, Rs. C 148/78 (Ratti)

EuGH vom 29.10.1980, Rs. C 22/80 (Boussac)

EuGH vom 11.11.1981, Rs. 203/80 (Casatiti)

EuGH vom 12.07.1984, Rs. 107/83 (Klopp)

EuGH vom 28.01.1986, Rs. 270/83 (Avoir Fiscal)

EuGH vom 04.12.1986, Rs. 205/86 (Kommission ./. Deutschland; Versicherungsurteil)

EuGH vom 27.09.1988, Rs. 81/87 (Daily Mail)

EuGH vom 22.06.1989, Rs. C 103/88 (Fratelli Constanzo)

EuGH vom 08.05.1990, Rs. C-175/88 (Biehl)

EuGH vom 26.02.1991, Rs. C 154/89 (Kommission ./. Frankreich)

EuGH vom 26.02.1991, Rs. C 180/89 (Kommission ./. Italien)

EuGH vom 26.02.1991, Rs. C 198/89 (Kommission ./. Griechenland)

EuGH vom 28.01.1992, Rs. C-204/90 (Bachmann)

1119 Die Urteile des Europäischen Gerichtshofes sind sämtlich der offiziellen Homepage des Europäischen Gerichtshofes entnommen. Vgl. http://curia.eu.int/jurisp/cgi-bin/form.pl?lang=de.

EuGH vom 28.01.1992, Rs. C-300/90 (Kommission ./. Belgien)

EuGH vom 20.05.1992, Rs. C 106/91 (Ramrath)

EuGH vom 26.01.1993, Rs. C-112/ 91 (Werner)

EuGH vom 31.03.1993, Rs. C 19/92 (Kraus)

EuGH vom 13.07.1993, Rs. C-330/91 (Commerzbank)

EuGH vom 24.11.1993, verb. Rs. C-267/91 und C-268/91 (Keck und Mithouard)

EuGH vom 23.02.1994, Rs. C-236/92 (Comitato)

EuGH vom 12.04.1994, Rs. C-1/93 (Halliburton)

EuGH vom 14.02.1995, Rs. C-279/93 (Schumacker)

EuGH vom 11.08.1995, Rs. C-431/92 (Kommission ./. Deutschland)

EuGH vom 11.08.1995, Rs. C-80/94 (Wielockx)

EuGH vom 26.10.1995, Rs. C-151/94 (Biehl II)

EuGH vom 14.11.1995, Rs. C-484/93 (Svensson-Gustavson)

EuGH vom 30.11.1995, Rs. C-55/94 (Gebhard)

EuGH vom 15.12.1995, Rs. C-415/93 (Bosman)

EuGH vom 06.06.1996, Rs. C-101/94 (Kommission ./. Italien)

EuGH vom 27.06.1996, Rs. C-107/94 (Asscher)

EuGH vom 17.10.1996, Rs. C-283/94, C-291/94, C-292/94 (Denkavit)

EuGH vom 13.07.1997, Rs. C-330/91 (Commerzbank)

EuGH vom 17.07.1997, Rs. C-28/95 (Leur-Bloem)

EuGH vom 19.02.1998, Rs. C-8/97 (Kommission ./. Griechische Republik)

EuGH vom 28.04.1998, Rs. C-118/96 (Safir)

EuGH vom 12.05.1998, Rs. C-336/96 (Gilly)

EuGH vom 16.07.1998, Rs. C-264/96 (ICI)

EuGH vom 29.10.1998, Rs. C-114/97 (Kommission ./. Spanien)

EuGH vom 09.02.1999, Rs. C-383/97 (Van der Laan)

EuGH vom 09.03.1999, Rs. C-212/97 (Centros)

EuGH vom 29.04.1999, Rs. C-311/97 (Royal Bank of Scotland)

EuGH vom 01.07.1999, Rs. C-400-402/97, C-401/97, C-400/97, C-402/97 (Juntas Generales de Guipuzcoa u.a.)

EuGH vom 14.09.1999, Rs. C-391/97 (Gschwind)

EuGH vom 21.09.1999, Rs. C-307/97 (Saint Gobain)

EuGH vom 14.10.1999, Rs. C-439/97 (Sandoz)

EuGH vom 26.10.1999, Rs. C-294/97 (Eurowings)

EuGH vom 28.10.1999, Rs. C-55/98 (Vestergaard)

EuGH vom 18.11.1999, Rs. C-200/98 (X AB und Y AB)

EuGH vom 10.02.2000, Rs. C-50/96 (Dt. Telekom ./. Schröder)

EuGH vom 13.04.2000, Rs. C-251/98 (Baars)

EuGH vom 16.05.2000, Rs., C-87/99 (Zurstrassen)

EuGH vom 06.06.2000, Rs. C-35/98 (Verkooijen)

EuGH vom 08.06.2000, Rs. C 375/98 (Epson)

EuGH vom 19.09.2000, Rs. C 156/98 (Deutschland ./. Kommission)

EuGH vom 07.11.2000, Rs. C-168/98 (Luxemburg ./. Parlament und Rat)

EuGH vom 14.12.2000, Rs. C-141/99 (AMID)

EuGH vom 08.03.2001, Rs. C-397/98 und C-410/98 (Metallgesellschaft/Hoechst AG)

EuGH vom 05.04.2001, Rs. C-123/00 (Bellamy)

EuGH vom 04.10.2001, Rs. C-294/99 (Athinaiki)

EuGH vom 15.01.2002, Rs. C-43/00 (Andersen og Jensen)

EuGH vom 05.11.2002, Rs. C-208/00 (Überseering)

EuGH vom 12.12.2002, Rs. C-324/00 (Lankhorst-Hohorst)

2.1.2 Nationale Gerichte/Institutionen

BFH: Beschluss vom 05.02.2001, Az. I B 140/00, in: BStBl. II 2001, S. 702.

BFH: Beschluss vom 21.06.2001, Az. I B 141/00, in: IStR 2001, 10. Jg., S. 509.

BFH: Urteil vom 12.10.2000, Az. III R 35/95, in: BStBl. II 2001, S. 499.

BFH: Urteil vom 17.10.2001, Az. I R 103/00, in: IStR 2001, 10. Jg., S. 746-753.

FG Düsseldorf: Beschluss vom 12.10.1999, Az. 17 V 4982/99 A (E), in: EFG 2000, 48. Jg., S. 70-72.

FG Düsseldorf: Beschluss vom 18.08.2000, Az. 17 V 2163/00 A (E), in: EFG 2001, 49. Jg., S. 26.

FG Düsseldorf: Urteil vom 25.04.2002, Az. 11 K 5753/99 E, in: IStR 2002, 11.Jg., S. 462-463.

FG Hamburg: Gerichtsbescheid vom 27.07.2001, Az. II 377/00, in: EFG 2001, 49. Jg., S. 1553, Revision eingelegt, BFH Az. I R 75/01.

FG Köln: Urteil vom 08.02.2001, Az. 13 K 9771/97, in: IStR 2001, 10. Jg., S. 224-227, Revision eingelegt, BFH Az. I R 31/01.

FG München: Beschluss vom 22.03.2002, Az. 1 V 4030/01, in: IStR 2002, 11. Jg., S. 418-420.

FG Münster: Beschluss vom 24.01.2000, Az. 9 V 6384/99 K, in: IStR 2000, 9. Jg., S. 342-344.

FG Münster: Beschluss vom 21.08.2000, Az. 9 K 1193/00 K, in: DStRE 2000, 9. Jg., S. 1202-1204.

OLG Hamm: Beschluss vom 01.02.2001, Az. 15 W 390/00, in: DB 2001, 54. Jg., S. 1084-1085.

Bundesministerium für Finanzen: Schreiben vom 02.01.1996, Az. IV B 2 – S 2139 – 58/95, in: BStBl. I 1996, S. 2.

Bundesministerium für Finanzen: Schreiben vom 14.11.2000, Az. IV D 3 – S 1301 Fra – 6/00, gleichlautend OFD Berlin: Verfügung vom 30. November 2000, Az. St – S 1301 – Fra 2/82, in: IStR 2001, 10. Jg., S. 60.

Bundesministerium für Finanzen: Schreiben vom 29.12.2000, Az. IV A 6 – S2139 – 5/00, in: BStBl. I 2001, S. 45.

Bundesministerium für Finanzen: Schreiben vom 07.03.2001, Az. IV A 5 – S2056 – 22/01, in: BStBl. I 2001, S. 235.

Bundesministerium für Finanzen: Schreiben vom 07.05.2002, Az. IV B 4 – S2293 – 26/02, in: IStR 2002, 11. Jg., S. 492-494.

Erlass (koordinierter Ländererlass) vom 24.08.1984, Az. S – 1301 – 65 – V B 5, in: BStBl. I 1984, S. 458.

Erlass (koordinierter Ländererlass) vom 26.10.1999, Az. 3 – G – 1422/18, in: BStBl. I 2000, S. 486.

OFD Frankfurt am Main: Verfügung vom 10.02.1999, Az. S – 2293 A – 72 – St II 22, in: IStR 2001, 10. Jg., S. 59-60.

2.2 Anhängige Verfahren

2.2.1 Europäischer Gerichtshof

EuGH, anhängige Rs. C-209/01 (Schilling)

EuGH, anhängige Rs. C-234/01 (Gerritse)

EuGH, anhängige Rs. C-288/01 (Versicherung)

2.2.2 Nationale Gerichte

BFH, anhängiges Verfahren, Az. I R 75/01

BFH, anhängiges Verfahren, Az. I R 31/01

3 Rechtsquellen

Abgabenordnung (AO 1977), vom 16. März 1976, veröffentlicht in: BGBl. I 1976, S. 613, ber. BGBl. I 1977, S. 269, in: Steuergesetze, München Stand 01.01.2002.

Abkommen zwischen der Bundesrepublik Deutschland und der Französischen Republik zur Vermeidung der Doppelbesteuerungen und über gegenseitige Amts- und Rechtshilfe auf dem Gebiete der Steuern vom Einkommen und vom Vermögen sowie der Gewerbesteuern und der Grundsteuern vom 21. Juli 1959, veröffentlicht in: BGBl. II 1961, S. 397, zuletzt geändert durch Zusatzabkommen vom 20. Dezember 2001, in: http://www.bundes finanzministerium.de/Anlage9476/Zusatzabkommen.pdf.

Code Général des Impôts, Stand 01.01.2001.

Einkommensteuergesetz 1997, in der Fassung der Bekanntmachung vom 16. April 1997, veröffentlicht in: BGBl. I 1997, S. 821, in: Steuergesetze, München Stand 01.01.2002.

Gesetz über die Besteuerung bei Auslandsbeziehungen (Außensteuergesetz), vom 8. September 1972, veröffentlicht in: BGBl. I 1972, S. 1713, in: Steuergesetze, München Stand 01.01.2002.

Gewerbesteuergesetz 1999, in der Fassung der Bekanntmachung vom 19. Mai 1999 veröffentlicht in: BGBl. I 1999, S. 1010, ber. BGBl. I 1999, S. 1419, in: Steuergesetze, München Stand 01.01.2002.

Grundgesetz für die Bundesrepublik Deutschland, vom 23. Mai 1949, veröffentlicht in: BGBl. 1949, S. 1, in: Wirtschaftsgesetze, München Stand 15.03.2002.

Körperschaftsteuergesetz 1999, in der Fassung der Bekanntmachung vom 22. April 1999, veröffentlicht in: BGBl. I 1999, S. 817, in: Steuergesetze, München Stand 01.01.2002.

Loi de finances rectificative pour 1991, Nr. 91-1323 vom 30.12.1991.

Richtlinie (EWG) 77/799 des Rates über die Amtshilfe der zuständigen Behörden der Mitgliedstaaten im Bereich der direkten und indirekten Steuern, vom 19.12.1977, in: ABl. L 336 vom 27.12.1977, S. 15-20.

Richtlinie (EWG) 90/434 über das gemeinsame Steuersystem für Fusionen, Spaltungen, die Einbringung von Unternehmensteilen und den Austausch von Anteilen, die Gesellschaften verschiedener Mitgliedstaaten betreffen, vom 23.06.1990, in: ABl. L 225 vom 20.08.1990, S. 1-5, geändert durch Beitrittsakte 1995, in: ABl. L 1 vom 01.01.1995, S. 1-219.

Richtlinie (EWG) 90/435 über das gemeinsame Steuersystem der Mutter- und Tochtergesellschaften verschiedener Mitgliedstaaten, vom 23.06.1990, in: ABl. L 225 vom 20.08.1990, S. 6-9, ber. ABl. L 226, S. 20, geändert durch Beitrittsakte 1995, in: ABl. L 1 vom 01.01.1995, S. 1-219.

Sechste Richtlinie (EWG) 77/388 zur Harmonisierung der Rechtsvorschriften der Mitgliedstaaten über die Umsatzsteuern – Gemeinsames Mehrwertsteuersystem: einheitliche steuerliche Bemessungsgrundlage, vom 17 05 1977, in: ABl. L 145 vom 13.06.1977, S. 1-40, zuletzt geändert durch Richtlinie 2001/115/EG, in: ABl. L 15 vom 17.01.2002, S. 24-28.

Steueränderungsgesetz vom 25.02.1992, in: BGBl. I 1992, S. 297.

Übereinkommen (EWG) 90/436 über die Beseitigung der Doppelbesteuerung im Falle von Gewinnberichtigungen zwischen verbundenen Unternehmen, in: ABl. L 225 vom 20.08.1990, S. 10-16.

Verordnung (EG) 1606/2002 des Europäischen Parlaments und des Rates vom 19. Juli 2002 betreffend die Anwendung internationaler Rechnungslegungsstandards, in: ABl. L 243 vom 11.09.2002, S. 1-4.

Verordnung (EG) 2157/2002 des Rates vom 8. Oktober 2001 über das Statut der Europäischen Gesellschaft (SE), in: ABl. L 294 vom 10.11.2001, S. 1-21.

Vertrag über die Europäische Union (EU), vom 07.02.1992 in der Fassung vom 02.10.1997, in: Presse- und Informationsamt der Bundesregierung: Vertrag von Amsterdam – Texte des EU-Vertrages und des EG-Vertrages, Bonn 1999.

Vertrag von Nizza zur Änderung des Vertrags über die Europäische Union, der Verträge zur Gründung der Europäischen Gemeinschaften sowie einiger damit zusammenhängender Rechtsakte vom 26.02.2001, in: ABl. C 80 vom 10.03.2001, S. 1-87.

Vertrag zur Gründung der Europäischen Gemeinschaft (EG), vom 7. Februar 1992 in der Fassung vom 02.10.1997, in: Presse- und Informationsamt der Bundesregierung: Vertrag von Amsterdam – Texte des EU-Vertrages und des EG-Vertrages, Bonn 1999.

Vierte Richtlinie (EWG) 78/660 aufgrund von Artikel 54 Absatz 3 Buchstabe g) des Vertrages über den Jahresabschluss von Gesellschaften bestimmter Rechtsformen, vom 25.07.1978, in: ABl. L 222 vom 14.08.1978, S. 11-31, zuletzt geändert durch Richtlinie 2001/65/EG, in: ABl. L 283 vom 27.10.2001, S. 28-32.

Zweite Richtlinie (EWG) 77/91 des Rates vom 13. Dezember 1976 zur Koordinierung der Schutzbestimmungen, die in den Mitgliedstaaten den Gesellschaften im Sinne des Artikels 58 Absatz 2 des Vertrages im Interesse der Gesellschafter sowie Dritter für die Gründung der Aktiengesellschaft sowie für die Erhaltung und Änderung ihres Kapitals vorgeschrieben sind, um diese Bestimmungen gleichwertig zu gestalten, in: ABl. L 26 vom 31.1.1977, S. 1-13, zuletzt geändert durch Beitrittsakte 1995, in: ABl. L 1 vom 01.01.1995, S. 1-219.

4 Internet

http://curia.eu.int/de/pres.htm.

http://curia.eu.int/de/pres/jeu.htm.

http://curia.eu.int/jurisp/cgi-bin/form.pl?lang=de.

http://eca.eu.int/DE/DEPLIANT/flyerde.htm.

http://eca.eu.int/DE/DEPLIANT/flyerde.htm.

http://europa.eu.int/abc/history/1948/1948_de.htm.

http://europa.eu.int/abc/history/1949/1949_de.htm.

http://europa.eu.int/comm/dg10/publications/brochures/docu/abc/txt_de.pdf.

http://europa.eu.int/comm/nice_treaty/ratiftable_de.pdf.

http://europa.eu.int/inst-de.htm.

http://europa.eu.int/inst-de.htm.

http://europa.eu.int/scadplus/leg/de/lvb/126036.htm.

http://europa.int/comm/role_de.htm.

http://ue.eu.int/de/Info/eurocouncil/main.htm.

http://ue.eu.int/de/info/main2/htm.

http://ue.eu.int/info.htm.

http://www.arcs.ac.at/DissDB/diss/UI/RE/trn100037.

http://www.bmwa.gv.at/org02/seki/seki/215a/baupr-rl.doc.

http://www.bundesregierung.de/dokumente/Themen_A-Z/E.../ik627_16297.htm?template=single&id=16297&script=1&ixepf=627_16297.

http://www.euro.gouv.fr/administration/montants/codege.htm.

http://www.fu-berlin.de/jura/fachbereic...en/heintzen/ws2000/oer2/2001-02-15.html.

http://www.huber-wilhelm.de/inlaender.html.

http://www.lemaitre.de/Erlasse/OFDErf20010424.html.

http://www.mpiv-hd.mpg.de/en/rspr95/rspr-95_45.cfm.

http://www.oe-journal.at/Kurznachrichten/nr190799.htm.

http://www.parlinkom.gv.at/pd/pm/BR/BRSP/BRSP_653/653_091.html.

http://www.parlinkom.gv.at/pd/pm/XX/A/texte/008/A00851_.html.

http://www.vda.de/de/vda/intern/organisation/abteilungen/files/AstN-Mai2001.pdf.

http://www.wb-recht.de/tips.htm.

Schriften zum Steuer-, Rechnungs- und Finanzwesen

Herausgegeben von Prof. Dr. Michael Wehrheim
Philipps-Universität Marburg

Der Herausgeber will in dieser Schriftenreihe Forschungsarbeiten aus dem Steuer-, Rechnungs- und Finanzwesen zusammenfassen. Über den Kreis der eigenen Schüler hinaus soll originellen betriebswirtschaftlichen Arbeiten auf diesen Gebieten eine größere Verbreitung ermöglicht werden. Jüngere Wissenschaftler werden gebeten, ihre Arbeiten, insbesondere auch Dissertationen, an den Herausgeber einzusenden.

Band 1 Anja Marquardt: Ertragsbesteuerung von Unternehmen in der Europäischen Union. Erörterung von Grundsatzfragen unter besonderer Berücksichtigung der Mitgliedstaaten Deutschland und Frankreich. 2003.

FSC
www.fsc.org
MIX
Papier | Fördert gute Waldnutzung
FSC® C083411

Kolibri 360 GmbH
Ferdinand-Jühlke-Straße 7
99095 Erfurt, Deutschland
produktsicherheit@kolibri360.de

Druck:
CPI Druckdienstleistungen GmbH
im Auftrag der
Kolibri 360 GmbH
Ferdinand-Jühlke-Str. 7
99095 Erfurt